'공기업/대기업, 부사관/ROTC/사관학교'

이제 AI가 사람을
채용하는 시대

WIN시대로

KB181537

모바일 AI면접
캠이 없어도 OK

준비하고 연습해서
실제 면접처럼~

다양한 게임으로
실전 완벽 대비

AI가 분석하는
면접 평가서

※ 윈시대로는 PC/모바일웹에서 가능합니다.

실제 'AI 면접'에
가장 가까운 체험

동영상으로 보는
셀프 모니터링

단계별 질문 및
AI 게임 트레이닝

면접별 분석 및
피드백 제공

1회 AI면접 무료 사용 쿠폰
www.sdedu.co.kr/winsidaero

OPE3 - 00000 - D091D

(기간 : ~ 2020년 12월 31일)

[쿠폰 사용 안내]
1. 윈시대로(www.sdedu.co.kr/winsidaero) 접속
2. 로그인 또는 회원가입 후 이벤트 페이지 이동
3. 도서에 안내된 쿠폰번호 확인 후 입력
4. [마이페이지]에서 AI면접 실시

※ 무료 쿠폰으로 응시한 면접은 일부 제한된 리포트 제공

WIN시대로 | www.sdedu.co.kr/winsidaero [문의 전화] 1600-3600 평일 9~18시 | 토·공휴일 휴무

맞춤형 온라인 모의고사
무료이용권
지금 바로 등록하세요!

1회
무료 이용권

[온라인 모의고사 무료 쿠폰]

무료 쿠폰	NCS통합 PCW-00000-9CBB4	무료 쿠폰	한국시설안전공단 (채용형 인턴) MHO-00000-996D7	무료 쿠폰	한국시설안전공단 (일반직 9급) ONZ-00000-53161

(기간: ~ 2020년 12월 31일)

 합격시대
(www.sidaegosi.com/pass_sidae)
홈페이지 접속

➤

 홈페이지 상단
'1회 무료 이용권' 클릭
→ 쿠폰번호 등록

➤

 내강의실 > 모의고사 클릭 후
응시하기

합격의 공식 시대에듀

NCS
**2020년
최/신/판**

한국시설
안전공단

NCS 기출예상문제 + 실전모의고사 4회

공사·공단 합격!
시대고시 도서로 **꿈**을 펼쳐 보세요.

다년간의 노하우를 통해 수험생의 합격과 함께하는
2020 최신판 한국시설안전공단 NCS 기출예상문제＋실전모의고사 4회
도서로 공사·공단 합격의 희망을 이뤄 보세요!

2020년도에는 NCS기반 능력중심채용이 더욱 전문화된다.
기존의 NCS기반 능력중심채용이 업무를 위한 기초 지식 평
가에 초점을 두었다면, 2020년에는 해당 공사·공단과 관련
된 업무능력을 확인하는 문제가 증가한다. 또한, 직렬별 전문
지식을 함께 평가하여 필기시험의 전문성이 더욱 높아진다.

이에 **(주)시대고시기획**에서는 공사·공단의 필기시험 유형
에 대한 발빠른 확인과 철저한 분석으로 수험생의 합격에 이
바지하고자 한다.

Preface

머리말

안전하고 편리한 삶의 터전 조성 선도기관,
한국시설안전공단은

2020년에 신입직원을 채용한다. 한국시설안전공단의 채용절차는 「입사지원 → 서류전형 → 필기전형 → 면접전형 → 결격 사유 조회 → 최종 임용」 순서로 진행한다. 한국시설안전공단(채용형 청년인턴·일반직 9급)의 서류전형은 적부판정으로 이루어지고 필기시험은 NCS 직업기초능력 50문항과 직무수행능력평가 50문항으로 평가하며 필기시험에서 합격자의 3～5배수를 선발한다. 따라서 필기시험 유형에 대한 연습과 문제해결능력을 높이는 등 철저한 준비를 통해 타 수험생과의 차별성을 두는 것이 필요하다.

한국시설안전공단 합격을 위해 **(주)시대고시기획**에서는 NCS 도서 시리즈 1위의 출간경험을 토대로 다음과 같은 특징을 가진 도서를 출간하였다.

도서의 특징

첫 째, 합격으로 이끌 가이드를 통한 채용 흐름 파악!
한국시설안전공단 소개 및 주요 뉴스를 통해 채용 흐름을 파악하는 데 도움이 될 수 있도록 하였다.

둘 째, 기출복원문제를 통한 출제 유형 파악!
주요 공기업 NCS 기출복원문제를 수록하여 NCS 필기시험의 전반적인 유형과 경향을 파악할 수 있도록 하였다.

셋 째, 한국시설안전공단 필기전형 출제 영역 맞춤 예상문제로 실력 상승
직업기초능력평가 기출예상문제를 수록하여 NCS 필기시험에 완벽히 대비할 수 있도록 하였다.

넷 째, 모의고사로 완벽한 실전 대비!
철저한 분석을 통해 실제 유형과 유사한 NCS 직업기초능력평가 실전모의고사를 수록하여 최종점검을 할 수 있도록 하였다.

다섯째, 다양한 콘텐츠로 최종 합격까지!
한국시설안전공단 채용 가이드를 수록하여 전반적인 채용을 준비하는 데 부족함이 없도록 하였다.

여섯째, 난이도 체크표를 통한 반복 학습
문제별 난이도 체크표를 통해 수험생 스스로 부족한 부분을 점검할 수 있도록 하였다.

끝으로 본 도서를 통해 한국시설안전공단 채용을 준비하는 모든 수험생 여러분이 합격의 기쁨을 누리기를 진심으로 기원한다.

NCS직무능력연구소 씀

주요 공기업 적중문제 ◎

한국토지주택공사

■ 문제해결능력-입지선정

20 직장인 G씨는 이사를 위해 새로운 집을 알아보던 중 다음과 같은 조건의 원룸을 찾았다. G씨는 자가용을 보유하고 있지 않아 지하철역과의 거리가 10분 이내이며, 1년간 총비용이 가장 적게 드는 곳을 선택하려고 한다. G씨가 선택할 원룸은 어디인가?

〈원룸별 세부사항〉

구 분	보증금	월 세	거래형태	역까지 걸리는 시간
A원룸	1,100만 원	40만 원	직거래	8분
B원룸	500만 원	42만 원	직거래	12분
C원룸	1,500만 원	36만 원	부동산 중개	5분
D원룸	800만 원	40만 원	부동산 중개	9분
E원룸	100만 원	44만 원	직거래	10분

구 분	세부내용	비 고
부동산 중개수수료	(보증금+월세×100)×0.005	직거래 시 비용 없음
1년 이자율	5%	보증금에 대한 이자율

※ (총비용)=(해당기간의 총 월세)+(부동산 중개수수료)+(보증금에 대한 이자)

① A원룸 ② B원룸
③ C원룸 ④ D원룸
⑤ E원룸

❖ 2019 NCS LH 한국토지주택공사 직업기초능력평가 & 실전모의고사 제5편 실전모의고사 20번

한국전력공사

■ 수리능력-전기요금 · 전력량 계산

04 D씨의 전력 사용량은 9월과 10월이 같다. 다음 자료에 기반하여 구한 두 달 요금의 차이는 얼마인가?

[자료1]
주택용 누진제 개선
주택용 누진제도는 1973년 석유파동을 계기로 에너지 다소비층에 대한 소비절약 유도와 저소득층 보호를 위하여 시행되었습니다. 최근 전열기 등 가전기기 보급 확대와 대형화에 따라 가구당 전력사용량이 증가함에 따라, 사용량이 많은 고객은 전기요금이 증가하는 추세입니다.
한전에서는 저소득층 보호취지, 전력수급 상황, 국민여론, 최근의 전력소비 추이변화 등을 종합적으로 고려하여 누진제 완화방안을 검토해 나갈 예정입니다.

[자료2]
산업통상자원부는 서민층과 중소 업체의 전기요금 부담 경감을 위해 가정용 전기요금을 오는 7 ~ 9월 한시 인하하고 산업용 전기요금은 8월 1일부터 1년간 할인한다고 21일 밝혔다. 여름철 냉방이 집중되는 시기인 7 ~ 9월에 4구간 요금을 3구간 요금으로 인하함으로써 서민들의 전기요금 걱정을 한층 덜어줄 것으로 예상된다.

〈가정용 전기요금 한시적 인하안〉

❖ 2019 NCS 한국전력공사 직무능력검사 & 실전모의고사 제2편 직무능력검사 04번

코레일 한국철도공사

17 'ⓐ 사고(思考) : ⓑ 진실(眞實)'의 문맥적 의미 관계와 유사한 것은?

논평에 있어서도 진실한 논평을 하려면 이런 측면 저런 측면을 다 같이 검토하고, 거기에 공정한 판단과 결론을 내려야 한다. 공정한 논평에 있어 가장 중요한 점은 사고의 자유로운 활동이다. 자기에게 불리하다고 해서 문제를 그런 식으로 생각하면 못쓴다거나 또는 이 문제는 이런 방향 이런 각도로만 생각해야 하며, 그 밖의 각도로 생각해서는 안 된다고 주장한다면, 이것이 곧 진실과 반대되는 곡필 논평(曲筆論評)임을 말할 것도 없다. 따라서 곡필을 하기 위해서는 사고하는 것을 포기(抛棄)하지 않으면 안 된다. 자유롭게 다각도의 ⓐ <u>사고(思考)</u>를 하면 ⓑ <u>진실(眞實)</u>이 밝혀지기 때문이다.

① 설득(說得) : 설명(說明)
② 운동(運動) : 건강(健康)
③ 현실(現實) : 이상(理想)
④ 학문(學問) : 학자(學者)
⑤ 능률(能率) : 효율(效率)

❖ 2019 NCS 한국철도공사 직무능력검사 & 실전모의고사 제1회 반반모의고사 17번

한국산업인력공단

56 A기업에서는 4월 1일 월요일부터 한 달 동안 임직원을 대상으로 금연교육 4회, 금주교육 3회, 성교육 2회를 실시하려고 한다. 다음 조건을 근거로 판단할 때 옳은 것은?

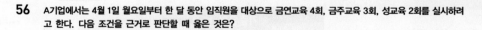

- 금연교육은 정해진 같은 요일에만 주 1회 실시하고, 화, 수, 목요일 중에 해야 한다.
- 금주교육은 월요일과 금요일을 제외한 다른 요일에 시행하며, 주 2회 이상은 실시하지 않는다.
- 성교육은 4월 10일 이전, 같은 주에 이틀 연속으로 실시한다.
- 4월 22일부터 26일까지 워크숍 기간이고, 이 기간에는 어떠한 교육도 실시할 수 없다.
- 교육은 하루에 하나만 실시할 수 있고, 토요일과 일요일에는 교육을 실시할 수 없다.
- 계획한 모든 교육을 반드시 4월에 완료하여야 한다.

① 금연교육이 가능한 요일은 화요일과 수요일이다.
② 금주교육은 같은 요일에 실시되어야 한다.
③ 금주교육은 4월 마지막 주에도 실시된다.
④ 4월 30일에도 교육이 있다.
⑤ 성교육이 가능한 일정 조합은 두 가지 이상이다.

❖ 2019 NCS 한국산업인력공단 직무능력평가 봉투모의고사 4회분 제4회 모의고사 56번

도서 200% 활용하기 📚

STEP 1

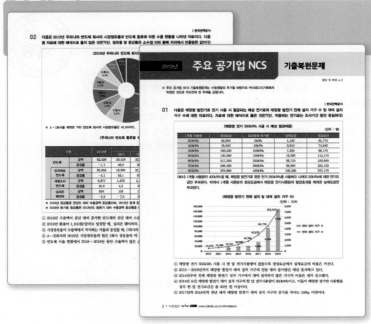

주요 공기업 기출복원문제

◀ 2019년 주요 공기업 NCS 기출복원
문제로 최근 출제 유형을 확인할 수 있다.

STEP 2

NCS 직업기초능력평가

▶ 영역별 합격 취트키를 통해 공부법 및
풀이전략을 파악할 수 있다.

▶ 영역별 기출예상문제를 통해 다양한 출제
유형에 대비할 수 있다.

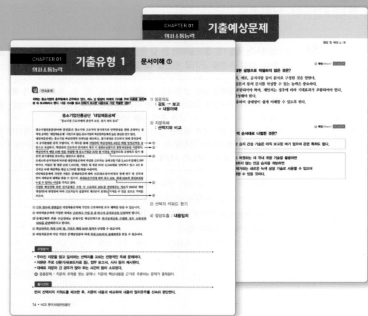

STEP 3

채용 가이드

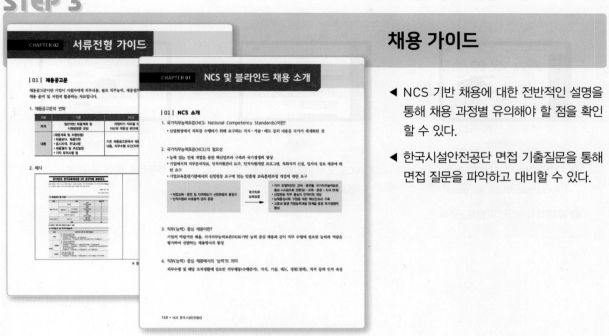

◀ NCS 기반 채용에 대한 전반적인 설명을 통해 채용 과정별 유의해야 할 점을 확인 할 수 있다.

◀ 한국시설안전공단 면접 기출질문을 통해 면접 질문을 파악하고 대비할 수 있다.

STEP 4

실전모의고사

▶ NCS 직업기초능력평가 실전모의고사를 통해 실제 시험에 대비할 수 있다.

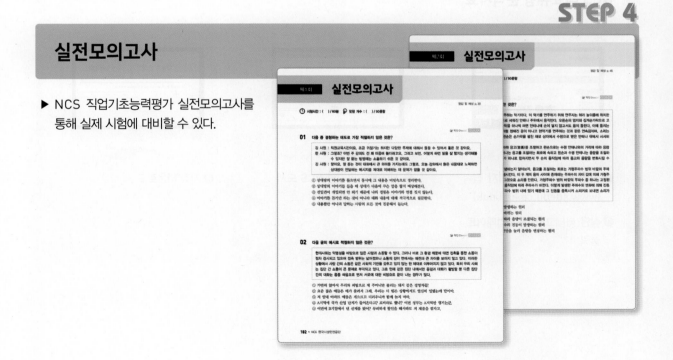

도서 200% 활용하기 📖

🔳 NCS 특강(기출풀이·영역별 전략)

❶ 시대플러스 홈페이지 접속
(www.sdedu.co.kr/plus)

❷ 홈페이지 상단 「이벤트」 클릭

❸ 「NCS 도서구매 특별혜택
이벤트」 클릭

❹ 쿠폰번호 확인 후 입력

🔳 NCS 대표유형 분석자료

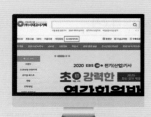

❶ 시대에듀 도서 홈페이지 접속
(www.sdedu.co.kr/book)

❷ 상단 카테고리 「도서업데이트」
클릭

❸ 시대에듀 공기업 NCS 도서
무료 학습자료 검색

❹ 자료 다운로드

🗄 AI면접

❶ AI모의면접 WIN시대로 홈페이지 접속
(www.sdedu.co.kr/winsidaero)

❷ 회원가입 후 홈페이지 우측 [이벤트]
클릭

❸ 쿠폰번호 입력

❹ 쿠폰 등록 후 [마이페이지]에서 이용권
사용

❺ 면접 실시

❻ 결과 확인

기업 소개

◈ 미션

> 예방적 시설관리와 안전한 건설환경 조성으로
> 국민의 행복을 책임진다

◈ 비전

> " 안전하고 편리한 삶의 터전 조성 선도기관 "

◈ 핵심가치

전문성 ——— 생명존중 ——— 신뢰성

◈ 경영방침

안전최우선 ——— 창의혁신 ——— 상생협력

◈ 5대 전략목표

사회기반시설
관리체계 강화

안전한 생활
환경 조성

건설현장
안전성 제고

안전산업
역량 강화

국민과 함께
하는 경영혁신

신입사원 채용공고

📦 응시자격

❶ 채용 및 입사통보 후 즉시 근무가 가능한 자
❷ 공단 인사규정 제20조(결격사유)에 해당되지 않는 자
❸ 병역필 또는 면제자(비대상자 포함)
❹ 임용 예정일 기준 정년(만 61세)에 해당되지 않는 자

📦 전형절차

입사지원 ➡ 서류전형 ➡ 필기전형 ➡ 면접전형 ➡ 결격 사유 조회 ➡ 최종 임용

📦 필기전형(직업기초능력평가만 기재)

시험과목		직렬	출제분야	문항수
채용형 청년인턴	직업기초능력평가 (50문항 / 60분)	전 직렬 공통	의사소통능력	10
			수리능력	10
			문제해결능력	10
			정보능력	10
			조직이해능력	10
일반 9급	직업기초능력평가 (50문항 / 60분)	전 직렬 공통	의사소통능력	15
			수리능력	15
			문제해결능력	10
			정보능력	10

※ 위 채용안내는 2020년 채용공고를 바탕으로 작성하였으나 세부내용은 반드시 확정된 채용공고를 확인하시기 바랍니다.

합격 후기 🎓

✏️ 선택과 집중을 통한 학습!

안녕하세요. 한국시설안전공단에 합격하여 수기를 쓰게 되니 감회가 새롭습니다.

저는 토목을 전공하여 토목직을 뽑는 공기업을 우선으로 하였고, 그중 한국시설안전공단으로 결정했습니다. 제가 가지고 있는 자격증들이 많이 인정되었기 때문입니다. 저는 한국사검정능력시험 자격증 1급을 따서 각 과목별 2%의 가점을 얻을 수 있었고, 입사지원서의 경우 적격자 전원 시험 응시가 가능했지만, 지원서를 토대로 면접까지 이루어지기 때문에 소홀히 작성하지 않았습니다. 필기전형의 경우 전공은 사실 공부하는만큼 점수가 나오는 것 같은데, NCS 직업기초능력시험은 범위가 정해진 시험이 아니기 때문에 많은 수험생이 어떻게 공부해야 할지 막막함을 느끼고 계실 것이라 생각합니다.

제 경우에는 시대고시기획에서 출간한 NCS 통합 도서를 바탕으로 기초를 다졌습니다. 기출복원문제를 통해 실제 시험 문제가 어떤 식으로 출제되었는지 확인하였고, 이를 바탕으로 직업기초능력평가 문제를 풀며 영역별 문제 유형을 파악했습니다. 또한, 다음으로는 영역별 도서를 활용하여 영역별 다양한 문제를 풀며 기본서에서 확인했던 사항을 보완해 가는 형식으로 공부를 진행했습니다. 저는 특히 문제해결능력이 부족하여 따로 문제해결능력 합격노트를 구입해서 공부하기도 했습니다. 공부를 하면서 모르는 부분은 항상 오답노트를 작성하였고, 실제 시험장에는 오답노트만 가지고 제가 부족한 부분을 마지막까지 확인했습니다.

사실 NCS 시험을 준비하면서 가장 힘들었던 것이 꾸준히 공부하는 습관이었습니다. 기약 없이 공부를 하다보니 나태해질 때가 많았습니다. 그러나 꾸준히 계획을 세워 공부하다 보니 쌓이고 쌓여 이렇게 좋은 결과를 얻을 수 있었습니다.

※ 본 독자 후기는 실제 (주)시대고시기획의 도서를 통해 공부하여 합격한 독자들께서 보내주신 후기를 재구성한 것입니다.

학습 플래너 🗓️

📦 STUDY PLANNER 활용법

날짜와 자신이 계획한 학습량을 작성 후 실천 정도에 따라 **CHECK**란에 다음과 같이 표시한다. 자신의 진도, 계획 수행 정도와
시험까지 남은 기간을 한눈에 확인할 수 있어 효율적인 자기 주도 학습이 가능하다.

	표시	의미
	☑	완료
	⊟	연기
	⊡	진행중
	☒	중단

Date	D-day	PART	CHAPTER	Page	CHECK
2월/5일	D-20	I	I	p.013~021	⊡
2월/6일	D-19				☒
2월/8일	D-17	I	I	p.018~030	→
2월/9일	D-16	I	I	p.028~030	☑

STUDY PLANNER

Date	D-day	PART	CHAPTER	Page	CHECK
(　)월/(　)일	D-				☐
(　)월/(　)일	D-				☐
(　)월/(　)일	D-				☐
(　)월/(　)일	D-				☐
(　)월/(　)일	D-				☐
(　)월/(　)일	D-				☐
(　)월/(　)일	D-				☐
(　)월/(　)일	D-				☐
(　)월/(　)일	D-				☐
(　)월/(　)일	D-				☐
(　)월/(　)일	D-				☐
(　)월/(　)일	D-				☐
(　)월/(　)일	D-				☐
(　)월/(　)일	D-				☐
(　)월/(　)일	D-				☐
(　)월/(　)일	D-				☐
(　)월/(　)일	D-				☐
(　)월/(　)일	D-				☐
(　)월/(　)일	D-				☐
(　)월/(　)일	D-				☐

목차 📄

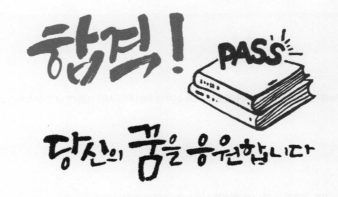

한국시설안전공단, 인천 연안여객터미널 등 '녹색건축물 전환 인증'

- 대구 수성구청 별관, 동두천시 시민회관에도 인정서 발급 -

- 기존 건축물의 에너지 효율 제고 목적 -

〈2020. 04. 10.(금)〉

국토교통부 한국시설안전공단(이사장 박영수)은 8일 국토교통부 녹색건축과와 함께 인천항 연안여객터미널, 대구 수성구청 서측별관, 동두천시 시민회관 등에 대해 '녹색건축물 전환 인정서'를 발급했다. 이는 지난 2016년 최초로 녹색건축물 전환인정을 받은 한국과학기술원 기계공학동에 이은 두 번째 인증이다. 녹색건축물 조성 지원법에 따라 기존 건축물의 에너지 효율을 높이기 위하여 추진되는 '녹색건축물 전환'은, 일정한 기준을 만족하는 성능개선 공사를 마친 건축물을 대상으로 한다. 이번 인정서 발급은 한국시설안전공단이 2015년도부터 수행하고 있는 공공건축물 성능개선 사업의 일환으로 추진되었으며, 녹색건축물 확산의 범위를 기존 건축물까지 넓히는 데 의미가 있다.

인천연안여객터미널은 에너지 시뮬레이션 검토를 통한 리모델링 후 연간 냉난방 에너지요구량을 25% 절감하는 효과를 인정받았고 대구 수성구청 별관은 연간 냉난방 에너지요구량 26.2%의 절감효과를 인정받았다. 고효율인증 냉난방설비를 사용하여 에너지소비를 절감하고 외부 전동 블라인드 설치로 실내 쾌적성 및 편의성도 개선했다.

함께 전환 대상으로 인정받은 동두천시 시민회관은 외벽, 지붕, 바닥 등에 단열을 보강하고 창호를 Low-E 복층유리로 교체하여 단열성과 기밀성을 확보한 것으로 평가받았다.

한국시설안전공단 녹색건축실 안충원 실장은 "공공 부문에서 활성화 되고 있는 녹색건축물 전환 인정을 민간부문으로 확대해나갈 계획"이라고 말했다.

Keyword

• 녹색건축물 : 에너지 이용 효율이 높고 신재생 에너지의 사용 비중이 크며 온실가스 배출을 최소화하는 건축물

예상 면접 질문

Q 기존 건축물의 에너지 효율을 높이는 방안에는 어떤 것이 있겠는가?

Q 건축물 에너지 효율을 높임에 따른 기대효과에 대해 말해 보시오.

해빙기 건설현장 및 시설물 안전점검표 배포

- 건설 공사와 시설물별 붕괴 위험 등 사전 점검에 도움 -

〈2020. 03. 05.(목)〉

한국시설안전공단(이사장 박영수)은 해빙기에 발생하기 쉬운 석축, 옹벽, 비탈면 등 시설물 붕괴사고 예방에 도움이 되도록 일반 국민들이 쉽게 활용할 수 있는 '건설현장 및 시설물 안전점검표'를 공단 홈페이지(www.kistec.or.kr)와 건설공사 안전관리 종합정보망(www.csi.go.kr) 등을 통해 배포했다. 이번에 배포된 안전점검표는 '해빙기 시설물 안전점검표'와 '해빙기 건설공사 등 안전점검표' 두 종류이다. 시설물 점검표는 터널, 교량, 댐, 상수도, 항만, 옹벽·석축, 노후주택, 공동구 등 9종류를 대상으로 하고 있다. 건설공사 점검표는 일반사항(공통), 건설공사장, 기초지반 및 절토부·굴착사면 점검 등으로 구성돼 있다. 공단이 1995년 설립 이후 20년 이상 축적해온 건설 및 시설안전 관련 노하우를 바탕으로 제작한 안전점검표는 효과적인 점검을 돕도록 체크리스트 형식으로 돼 있다. 진행중인 건설공사는 해당 공종에 따라, 사용중인 기존 시설물은 해당 부재별로 해빙기에 나타나는 이상 조짐과 관리 상태를 확인할 수 있도록 만들었다. 안전점검표는 겨울철에 얼었던 지반이 녹으면서 붕괴 우려가 생긴 시설물과 건설공사장의 위험 요소를 미리 찾아내 사고를 예방하는 데 큰 도움이 될 것으로 기대된다.

Keyword

• 해빙기 : 사전적 의미로는 얼음이 녹아 풀리는 때를 말하며, 법적으로 구체적 기간은 명시되어 있지 않으나, 매년 2~4월을 전후로 기상상황 및 지역적 여건 등을 고려하여 탄력적으로 운영된다.

예상 면접 질문

Q 해빙기에 예상되는 건설현장, 건축물의 위험에 대해 말해 보시오.
Q 각급 현장에서 안전점검의 활성화를 위한 방안에 대해 말해 보시오.

한국시설안전공단 뉴스&이슈 📺

사고신고, 이제는 CSI(건설공사 안전관리 종합정보망)로
- 건설사고 예방을 위한 첫 걸음 -

〈2020. 02. 28.(금)〉

한국시설안전공단(박영수 이사장)은 건설기술진흥법(이하 건진법)이 대폭 개정('18.12)됨에 따라 지난해 7월1일부터 건설현장에서 발생하는 모든 사고를 '건설공사 안전관리 종합정보망(CSI)'을 통해 직접 신고를 받고 있다.

지난 6개월간 CSI를 통해 신고된 건설사고 정보를 살펴보면, 총 2,291건의 사고에서 2,329명의 사상자(사망 120명)가 발생한 것으로 집계되었는데, 대부분 건설현장의 가시설 및 기계·장비를 다루는 과정에 발생한 사망사고(75명, 62%)가 주를 이루는 것으로 나타났으며, 사고 유형별로는 떨어짐, 물체에 맞음 및 깔림에 의한 사망사고 빈도(88명, 73%)가 높은 것으로 확인되었다. 이 가운데 특히 떨어짐에 의한 사망사고(55명, 46%)는 건축공사 현장의 가시설 설치·해체 작업 중 가장 빈번하게 발생한 것으로 나타났는데, 대부분 안전시설 미설치·미착용에 따른 사고(22명, 55%)인 것으로 분석되었다. 따라서 고소작업 시 관리자는 반드시 현장의 안전시설물 설치를 확인하도록 하고, 작업자는 개인 안전장구 착용을 실천하는 등 각자의 역할에 맞는 안전의식 고취와 함께 각별한 관심과 주의를 기울인다면 이와 유사한 사고를 예방할 수 있을 것으로 생각된다. 한편, CSI를 통해 신고된 건설사고는 발주청과 인·허가기관은 물론 국토부까지 실시간으로 사고 내용이 공유되므로 건설사고에 대한 관리와 발생 원인별 분석도 훨씬 더 빠르고 정확하게 이뤄질 것으로 기대된다.

특히 건설사고를 신고하지 않은 건설공사 참여자에게는 과태료(300만 원 이하)를 부과하도록 되어 있어 신고율 또한 높아질 것으로 예상된다.

앞으로 국토교통부와 공단은 신고 의무를 인지하지 못해 신고를 누락하는 경우가 없도록 지속적인 안내를 통해 신고율을 높이는 등 건설공사 참여자들의 적극적인 참여를 유도하고, 초기 신고 이후에 실시하는 발주청 및 인·허가기관의 상세 신고 내용도 함께 분석하여 건설공사 단계별 위험요소 등을 도출, 사고를 사전 예방하는 제도도 마련할 계획이다.

Keyword

• 건설공사 안전관리종합정보망(CSI) : 건설사고 정보공유 및 전파를 위하여 국토교통부와 한국시설안전공단이 구축한 시스템으로, 건설공사 사고사례 DB구축, 위험요소 프로파일, 건설공사 안전관리계획서 검토 효율성 향상 등의 효과를 불러올 것으로 예상된다.

예상 면접 질문

Q CSI에 대해 아는 대로 말해 보시오.

Q 건설사고를 은폐하는 이유와, 자발적 신고를 유도할 수 있는 방안에 대해 말해 보시오.

한국시설안전공단 '건축물관리지원센터' 개소식

- 국토교통부, 건축물관리법에 따른 건축물관리지원센터로 한국시설안전공단 지정 -

〈2020. 02. 27.(목)〉

올해 5월로 예정된 건축물관리법 시행을 앞두고 한국시설안전공단(이사장 박영수, 이하 공단)이 24일 국토교통부장관으로부터 '건축물관리지원센터'로 지정됐다.

공단은 27일 오후 진주 본사 인재교육관에서 박영수 이사장과 관계 직원들이 참석한 가운데 건축물관리지원센터(센터장 안충원) 개소식을 개최했다. 공단은 당초 국토교통부 및 관계기관이 참석한 가운데 개소식을 열 계획이었으나, 코로나19 사태의 심각성을 감안하여 행사 규모와 참석 대상을 축소했다.

건축물관리법은 건축물이 생애주기 동안 적정하게 관리하는 데 필요한 사항을 규정한 법으로, 관련 제도의 효율적 추진을 위하여 신규업무 수행에 필요한 전문기술과 인력을 보유한 공단이 공공기관 중 처음으로 건축물관리지원센터로 지정되었다. 앞으로 공단의 건축물관리지원센터는 지자체 및 건축물관리점검기관 등 관계자를 지원하기 위해 콜센터 및 정책설명회 등을 운영하고, 건축물관리의 부실점검 방지와 기술향상을 위해 점검결과를 평가하는 역할을 수행할 계획이다.

또한, 건축물 해체·철거 공사의 안전사고 예방을 위해 해체계획서를 검토하고, 전문성을 갖춘 건축물관리 점검자 양성을 위한 정기점검 교육과 건축물의 사고조사 및 실태조사 등의 업무도 수행할 방침이다.

박영수 이사장은 "이번 건축물관리지원센터 지정을 통해 공단이 건축물의 건설단계부터 해체단계까지 전 생애주기에 걸쳐 안전을 최우선으로 하는 관리기관으로서의 임무를 수행하게 된 것을 뜻깊게 생각한다."며 "건축물의 과학적이고 체계적인 관리를 위한 제도적 지원을 통해 국민의 안전과 복리증진에 기여하겠다."고 다짐했다.

Keyword

• 건축물 생애관리 : 모든 건축물을 기획 단계부터 착공, 완공, 최종 철거될 때까지 지속적으로 관리하는 것

예상 면접 질문

Q 시설안전공단이 건축물관리지원센터로 지정됨에 따라 우리 공단이 추진해야 할 과업은 어떤 것이 있겠는가?

한국시설안전공단 뉴스&이슈

한국시설안전공단 '안전보건경영시스템' 인증 획득

〈2020. 01. 02.(목)〉

한국시설안전공단(박영수 이사장, 이하 공단)은 2일 오전, 진주 본사 1층에서 한국산업안전보건공단 및 한국인증원으로부터의 안전보건경영시스템(KOSHA 18001 & OHSAS 18001) 인증 획득에 따른 현판 제막식을 가졌다.

'안전보건경영시스템'은 사업장의 산업재해를 예방하고 쾌적한 작업환경을 조성하는 것을 목적으로 근로자들이 참여하여 안전보건목표를 수립하고 이를 달성하기 위한 조직, 책임, 절차 등을 규정 및 문서화하여 조직적으로 관리하는 등 P-D-C-A 순환과정의 체계적인 안전보건활동을 말한다. 공단은 이번 안전보건경영시스템 인증 과정에서 전사적으로 사업장에서 발생할 수 있는 위험요소를 사전 발굴하고 저감할 수 있도록 지침서, 절차 등을 제·개정하였고 안전보건상의 문제 개선을 통하여 안전한 작업환경을 조성하는 데 역점을 두었다.

공단은 '안전 우선'을 경영 원칙으로 확립하고 안전한 일터 조성을 위해 시스템 인증을 추진해왔다. 2019년 7월에 신설된 안전전담조직인 재난안전기획단을 중심으로 모든 임직원의 협력과 노력을 통해 짧은 시간에도 불구하고 국내 및 국제 표준을 만족하는 안전보건경영시스템 인증이라는 쾌거를 달성한 것이다.

박영수 이사장은 "건설 및 시설안전 확보를 통한 국민의 편안한 삶뿐만 아니라 공단 임직원들의 안전까지도 함께 아우를 수 있도록 안전경영시스템 운영에 최선을 다하겠다."고 말했다.

Keyword

• 안전보건경영시스템(Occupational Health and Safety Assessment Series) : 산업재해를 예방하고 최적의 작업환경을 조성, 유지할 수 있도록 모든 직원과 이해관계자가 참여하여 기업 내 물적, 인적 자원을 효율적으로 배분하여 조직적으로 관리하는 경영시스템

예상 면접 질문

Q 안전보건경영시스템의 정착 및 발전을 위한 방안에는 무엇이 있겠는가?

Q 현재 건축물 및 시설물 안전관리 시스템의 문제점에 대해 아는 대로 말해 보시오.

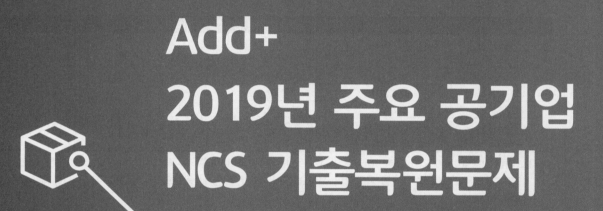

Add+
2019년 주요 공기업
NCS 기출복원문제

※ 주요 공기업 NCS 기출복원문제는 수험생들의 후기를 바탕으로 ㈜시대고시기획에서
복원한 것으로 무단전재 및 복제를 금합니다.

ㅣ한국전력공사

01 다음은 태양광 발전기로 전기 사용 시 절감되는 예상 전기료와 태양광 발전기 전체 설치 가구 수 및 대여 설치 가구 수에 대한 자료이다. 자료에 대한 해석으로 옳은 것은?(단, 적용되는 전기료는 조사기간 동안 동일하다)

〈태양광 전기 350kWh 사용 시 예상 절감비용〉

(단위 : 원)

1개월 사용량	정상요금	요금발생 전기량	실제요금	절감효과
350kWh	62,900	0kWh	1,130	61,770
400kWh	78,850	50kWh	3,910	74,940
450kWh	106,520	100kWh	7,350	99,170
500kWh	130,260	150kWh	15,090	115,170
600kWh	217,350	250kWh	33,710	183,640
700kWh	298,020	350kWh	62,900	235,120
800kWh	378,690	450kWh	106,520	272,170

(예시) 1개월 사용량이 400kWh일 때, 태양광 발전기로 얻은 전기 350kWh를 사용하고 나머지 50kWh에 대한 전기요금만 부과된다. 따라서 1개월 사용량의 정상요금에서 태양광 전기사용량의 절감효과를 제외한 실제요금만 부과된다.

〈태양광 발전기 전체 설치 및 대여 설치 가구 수〉

(단위 : 가구)

① 태양광 전기 350kWh 사용 시 한 달 전기사용량이 많을수록 정상요금에서 실제요금의 비율은 커진다.
② 2015 ~ 2019년까지 태양광 발전기 대여 설치 가구의 전년 대비 증가량은 매년 증가하고 있다.
③ 2014년부터 전체 태양광 발전기 설치 가구에서 대여 설치하지 않은 가구의 비율은 점차 감소했다.
④ 2014년 모든 태양광 발전기 대여 설치 가구의 한 달 전기사용량이 350kWh이고, 이들이 태양광 전기만 사용했을 경우 한 달 전기요금은 총 30만 원 이상이다.
⑤ 2017년과 2018년의 전년 대비 태양광 발전기 대여 설치 가구의 증가율 차이는 55%p 미만이다.

02 다음은 2019년 우리나라 반도체 회사의 시장점유율과 반도체 종류에 따른 수출 현황을 나타낸 자료이다. 다음 중 자료에 대한 해석으로 옳지 않은 것은?(단, 점유율 및 증감률은 소수점 이하 둘째 자리에서 반올림한 값이다)

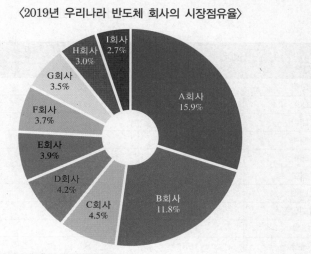

〈2019년 우리나라 반도체 회사의 시장점유율〉

※ A～I회사를 제외한 기타 반도체 회사의 시장점유율은 46.8%이다.

〈우리나라 반도체 종류별 수출 현황〉

(단위 : 백만 달러, %)

구분		2018년	2019년				
			1분기	2분기	3분기	4분기	합계
반도체	금액	62,229	20,519	23,050	26,852	29,291	99,712
	증감률	−1.1	46.9	56.6	64.8	69.8	60.2
집적회로 반도체	금액	55,918	18,994	21,368	24,981	27,456	92,799
	증감률	−2.1	52.1	63.1	70.5	75.1	66.0
개별소자 반도체	금액	5,677	1,372	1,505	1,695	1,650	6,222
	증감률	10.5	4.2	3.8	14.8	15.1	9.6
실리콘 웨이퍼	금액	634	153	177	176	185	691
	증감률	−2.2	−7.5	2.2	7.5	41.3	9.0

※ 2018년 증감률은 전년도 대비 수출금액 증감률이며, 2019년 합계 증감률도 전년도 대비 수출금액 증감률을 뜻한다.
※ 2019년 분기별 증감률은 2018년도 동분기 대비 수출금액 증감률을 나타낸다.

① 2018년 수출액이 전년 대비 증가한 반도체의 전년 대비 수출액 증가율은 2019년이 2018년보다 낮다.
② 2019년 환율이 1,100원/달러로 일정할 때, 실리콘 웨이퍼의 4분기 수출액은 1분기보다 300억 원 이상 많다.
③ 시장점유율이 수출액에서 차지하는 비율과 동일할 때, C회사의 2019년 반도체 수출액은 총 40억 달러 미만이다.
④ A～E회사의 2019년 시장점유율의 합은 I회사 점유율의 약 15배이다.
⑤ 반도체 수출 현황에서 2018～2019년 동안 수출액이 많은 순서는 매년 동일하다.

03 다음은 제9회 사법고시 시험에 대한 대학별 결과를 나타낸 자료이다. 다음 중 자료에 대한 해석으로 옳지 않은 것은?(단, 선택지 비율은 소수점 이하 둘째 자리에서 반올림한다)

<제9회 사법고시 시험 결과표>

(단위 : 명)

로스쿨	입학인원	석사학위 취득자	제9회 사법고시 시험	
			응시자	합격자
A대학	154	123	123	117
B대학	70	60	60	49
C대학	44	32	32	30
D대학	129	104	103	87
E대학	127	97	95	85
F대학	66	48	49	41
G대학	128	95	95	78
H대학	52	41	40	31
I대학	110	85	85	65
J대학	103	82	80	59

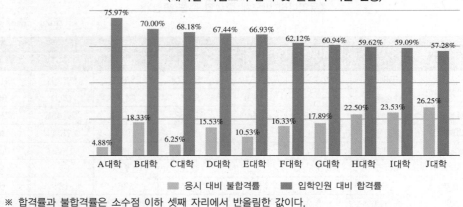

<대학별 사법고시 합격 및 불합격 비율 현황>

※ 합격률과 불합격률은 소수점 이하 셋째 자리에서 반올림한 값이다.

① B대학과 I대학은 입학인원 차이가 석사학위 취득자의 차이보다 15명 많다.
② A~J대학 중 응시 대비 합격률이 가장 높은 로스쿨 3곳은 A, C, E대학이다.
③ 입학자 중 석사학위 취득자 비율은 D대학이 G대학보다 6.4%p 높다.
④ 입학인원 대비 합격률이 가장 낮은 곳의 응시 대비 불합격률은 입학인원 대비 합격률의 50% 이상을 차지한다.
⑤ A~J대학 전체 입학인원 중 D, E, F대학의 총 입학인원은 30% 이상이다.

04 다음은 자아효능감에 관한 자료이다. 다음 빈칸에 들어갈 말이 차례대로 연결된 것은?

〈자아효능감〉

반두라(Bandura)의 이론에 따르면 자아효능감(Self-efficacy)이란 자신이 어떤 일을 성공적으로 수행할 수 있는 능력이 있다고 믿는 개인적 기대와 신념을 의미한다. 반두라는 자아효능감이 (㉠) 경험을 통해 결정된다고 보았다. 이를 위해서는 실제 성공할 수 있는 수준부터 시작하여 단계별로 높여 나가며 목표를 달성하도록 해야 한다. 스스로 해낼 수 있다는 긍정적인 신념은 성공 경험이 쌓임으로써 발생하기 때문이다.

또한 반두라는 실제 자신의 (㉠)보다는 약하지만, 성공한 사람들의 경험을 간접적으로 학습하는 (㉡) 역시 자아효능감 형성에 영향을 미치는 요인으로 보았다. 다른 사람의 성공 사례를 통해 '저 사람이 할 수 있다면 나도 할 수 있다.'는 생각을 가질 수 있다는 것이다. 즉, 반두라는 개인의 행동과 반응이 다른 사람의 행동에 영향을 받는 (㉢) 경험의 역할을 강조하였다.

한편, 자신의 능력에 대한 의심이나 과제에 대한 불안은 자아효능감 형성에 좋지 않은 영향을 미친다고 보았으며, 오히려 적당한 (㉣) 상태에서 온전한 능력을 발휘할 수 있다고 보았다.

	㉠	㉡	㉢	㉣
①	모델링	정서적 각성	수행성취	사회적
②	모델링	수행성취	정서적 각성	사회적
③	정서적 각성	수행성취	모델링	정서적 각성
④	수행성취	모델링	사회적	정서적 각성
⑤	수행성취	모델링	정서적 각성	사회적

※ 다음은 철도차량 개조에 관한 자료이다. 다음 자료를 보고 이어지는 질문에 답하시오. [5~6]

[5~6]

<철도차량의 개조>

• 개요

철도차량을 소유하거나 운영하는 자가 철도차량을 개조하여 운행하려면 국토교통부 장관의 개조승인을 받아야 한다.

• 내용

1) 철도안전법 시행규칙 제75조의3(철도차량 개조승인의 신청 등)

① 철도차량을 소유하거나 운영하는 자(이하 "소유자 등"이라 한다)는 철도차량 개조승인을 받으려면 별지 제45호 서식에 따른 철도차량 개조승인신청서에 다음 각호의 서류를 첨부하여 국토교통부 장관에게 제출하여야 한다.

1. 개조 대상 철도차량 및 수량에 관한 서류
2. 개조의 범위, 사유 및 작업 일정에 관한 서류
3. 개조 전·후 사양 대비표
4. 개조에 필요한 인력, 장비, 시설 및 부품 또는 장치에 관한 서류
5. 개조작업수행 예정자의 조직·인력 및 장비 등에 관한 현황과 개조작업수행에 필요한 부품, 구성품 및 용역의 내용에 관한 서류. 다만, 개조작업수행 예정자를 선정하기 전인 경우에는 개조작업수행 예정자 선정기준에 관한 서류
6. 개조 작업지시서
7. 개조하고자 하는 사항이 철도차량기술기준에 적합함을 입증하는 기술문서

② 국토교통부 장관은 제1항에 따라 철도차량 개조승인 신청을 받은 경우에는 그 신청서를 받은 날부터 15일 이내에 개조승인에 필요한 검사내용, 시기, 방법 및 절차 등을 적은 개조검사 계획서를 신청인에게 통지하여야 한다.

2) 철도안전법 시행규칙 제75조의5(철도차량 개조능력이 있다고 인정되는 자)

국토교통부령으로 정하는 적정 개조능력이 있다고 인정되는 자란 다음 각 호의 어느 하나에 해당하는 자를 말한다.

1. 개조 대상 철도차량 또는 그와 유사한 성능의 철도차량을 제작한 경험이 있는 자
2. 개조 대상 부품 또는 장치 등을 제작하여 납품한 실적이 있는 자
3. 개조 대상 부품·장치 또는 그와 유사한 성능의 부품·장치 등을 1년 이상 정비한 실적이 있는 자
4. 법 제38조의7 제2항에 따른 인증정비조직
5. 개조 전의 부품 또는 장치 등과 동등 수준 이상의 성능을 확보할 수 있는 부품 또는 장치 등의 신기술을 개발하여 해당 부품 또는 장치를 철도차량에 설치 또는 개량하는 자

3) 철도안전법 시행규칙 제75조의6(개조승인 검사 등)

① 개조승인 검사는 다음 각 호의 구분에 따라 실시한다.

1. 개조 적합성 검사 : 철도차량의 개조가 철도차량기술기준에 적합한지 여부에 대한 기술문서 검사
2. 개조 합치성 검사 : 해당 철도차량의 대표편성에 대한 개조작업이 제1호에 따른 기술문서와 합치하게 시행되었는지 여부에 대한 검사
3. 개조형식시험 : 철도차량의 개조가 부품 단계, 구성품 단계, 완성차 단계, 시운전 단계에서 철도차량기술기준에 적합한지 여부에 대한 시험

② 국토교통부 장관은 제1항에 따른 개조승인 검사 결과 철도차량기술기준에 적합하다고 인정하는 경우에는 별지 제45호의4 서식에 따른 철도차량 개조승인증명서에 철도차량 개조승인 자료집을 첨부하여 신청인에게 발급하여야 한다.

③ 제1항 및 제2항에서 정한 사항 외에 개조승인의 절차 및 방법 등에 관한 세부사항은 국토교통부 장관이 정하여 고시한다.

05 다음 중 철도차량 개조 순서가 바르게 연결된 것은?

① 개조신청 – 사전기술 검토 – 개조승인
② 개조신청 – 개조승인 – 사전기술 검토
③ 사전기술 검토 – 개조신청 – 개조승인
④ 사전기술 검토 – 개조승인 – 개조신청
⑤ 개조승인 – 사전기술 검토 – 개조신청

06 K씨는 철도차량 개조를 신청하기 위해 자료를 살펴보았다. 다음 중 K씨가 자료를 통해 알 수 없는 것은?

① 신청 시 구비 서류   ② 개조승인 검사 종류
③ 개조승인 검사 기간   ④ 신청서 처리 기간
⑤ 차량 개조 자격

07 다음은 의약품 종류별 상자 수에 따른 가격표이다. 종류별 상자 수를 가중치로 적용하여 가격에 대한 가중평균을 구하면 66만 원이다. 이때 빈칸에 알맞은 가격은 얼마인가?

〈의약품 종류별 가격 및 상자 수〉

(단위 : 만 원, 개)

구분	A	B	C	D
가격	( )	70	60	65
상자 수	30	20	30	20

① 60만 원   ② 65만 원
③ 70만 원   ④ 75만 원
⑤ 80만 원

08 농도가 12%인 A설탕물 200g, 15%인 B설탕물 300g, 17%인 C설탕물 100g이 있다. A와 B설탕물을 합친 후 300g만 남기고 버린 다음, 여기에 C설탕물을 합친 후 다시 300g만 남기고 버렸다. 마지막 300g 설탕물에 녹아있는 설탕의 질량은?

① 41.5g

② 42.7g

③ 43.8g

④ 44.6g

⑤ 45.1g

09 매년 수입이 4,000만 원인 A씨의 소득 공제 금액이 작년에는 수입의 5%였고, 올해는 수입의 10%로 늘었다. 작년 대비 올해 증가한 소비 금액은 얼마인가?(단, 소비 금액은 천 원 단위 이하 절사하며 공제율은 누진 적용하지 않는다)

〈소비 금액별 소득 공제 비율〉	
소비 금액	공제 적용 비율
1,200만 원 이하	6%
1,200만 원 초과 4,600만 원	(72만 원+1,200만 원 초과금)×15%

① 1,333만 원

② 1,350만 원

③ 1,412만 원

④ 1,436만 원

⑤ 1,455만 원

10 A기차와 B기차가 36m/s의 일정한 속력으로 달리고 있다. 600m 길이의 터널을 완전히 지나는 데 A기차가 25초, B기차가 20초 걸렸다면 각 기차의 길이로 알맞게 짝지어진 것은?

	A기차	B기차
①	200m	150m
②	300m	100m
③	150m	120m
④	200m	130m
⑤	300m	120m

11 다음 중 H부장의 질문에 대한 대답으로 옳지 않은 대답을 한 사원을 모두 고른 것은?

> H부장 : 10진수 21을 2, 8, 16진수로 각각 바꾸면 어떻게 되는가?
> A사원 : 2진수로 바꾸면 10101입니다.
> B사원 : 8진수로 바꾸면 25입니다.
> C사원 : 16진수로 바꾸면 16입니다.

① A사원   ② B사원
③ C사원   ④ A, B사원
⑤ B, C사원

12 일정한 규칙으로 숫자와 문자를 나열할 때, 빈칸에 들어갈 알맞은 것은?

> a   2   c   5   h   13   (   )   34

① k   ② n
③ q   ④ u
⑤ r

13 A사원은 출근하는 도중 중요한 서류를 집에 두고 온 사실을 알게 되었다. A사원은 집으로 시속 5km로 걸어서 서류를 가지러 가고, 회사로 다시 출근할 때에는 자전거를 타고 시속 15km로 달렸다. 집에서 회사까지 거리는 5km이고, 2.5km 지점에서 서류를 가지러 집으로 출발할 때 시각이 오전 7시 10분이었다면, 회사에 도착한 시각은?(단, 집에서 회사까지는 직선거리이며 다른 요인으로 인한 소요시간은 없다)

① 오전 7시 50분   ② 오전 8시
③ 오전 8시 10분   ④ 오전 8시 20분
⑤ 오전 8시 30분

14 다음 방정식에서 미지수 a의 수로 옳지 않은 것은?

> (세트당 a회 스쿼트)×(b세트)=총 60회 스쿼트

① 6
② 9
③ 10
④ 12
⑤ 15

15 Q회사는 해외지사와 화상 회의를 1시간 동안 하기로 하였다. 모든 지사의 업무시간은 오전 9시부터 오후 6시까지이며, 점심시간은 낮 12시부터 오후 1시까지이다. 〈조건〉이 다음과 같을 때, 회의가 가능한 시간은 언제인가?(단, 회의가 가능한 시간은 서울 기준이다)

> **조건**
> • 헝가리는 서울보다 7시간 느리고, 현지시간으로 오전 10시부터 2시간 동안 외부출장이 있다.
> • 호주는 서울보다 1시간 빠르고, 현지시간으로 오후 2시부터 3시간 동안 회의가 있다.
> • 베이징은 서울보다 1시간 느리다.
> • 헝가리와 호주는 서머타임 +1시간을 적용한다.

① 오전 10시 ~ 오전 11시
② 오전 11시 ~ 낮 12시
③ 오후 1시 ~ 오후 2시
④ 오후 2시 ~ 오후 3시
⑤ 오후 3시 ~ 오후 4시

16 A사원은 9월 중 이틀 동안 초과근무를 해야 한다. 다음 〈보기〉를 참고하여 적어도 하루는 특근할 확률을 $\dfrac{p}{q}$ 로 표현할 때, $p+q$의 값은?(단, p와 q는 서로소인 자연수이다)

> **보기**
> • 9월 12 ~ 14일은 추석으로 회사는 쉰다.
> • 9월 1일은 일요일이다.
> • 토요일과 일요일에 회사는 쉰다.
> • 토요일과 일요일에 초과근무를 하는 경우 특근으로 처리한다.
> • 추석 연휴기간에는 특근을 할 수 없다.

① 59
② 113
③ 174
④ 225
⑤ 270

17 M회사는 면접시험을 통해 신입사원을 채용했다. 〈조건〉이 다음과 같을 때, 1차 면접시험에 합격한 사람은 몇 명인가?

> **조건**
> • 2차 면접시험 응시자는 1차 면접시험 응시자의 60%이다.
> • 1차 면접시험 합격자는 1차 면접시험 응시자의 90%이다.
> • 2차 면접시험 합격자는 2차 면접시험 응시자의 40%이다.
> • 2차 면접시험 불합격자 중 남녀 성비는 7 : 5이다.
> • 2차 면접시험에서 남성 불합격자는 63명이다.

① 240명
② 250명
③ 260명
④ 270명
⑤ 280명

18 다음은 2018년도 국가별 국방예산 그래프이다. 그래프를 이해한 내용으로 옳지 않은 것은?(단, 비중은 소수점 이하 둘째 자리에서 반올림한다)

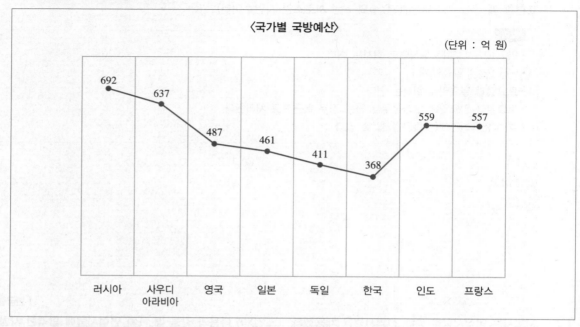

① 국방예산이 가장 많은 국가와 가장 적은 국가의 예산 차이는 324억 원이다.
② 사우디아라비아의 국방예산은 프랑스의 국방예산보다 14% 이상 많다.
③ 인도보다 국방예산이 적은 국가는 5개 국가이다.
④ 영국과 일본의 국방예산 차액은 독일과 일본의 국방예산 차액의 55% 이상이다.
⑤ 8개 국가 국방예산 총액에서 한국이 차지하는 비중은 약 8.8%이다.

19 다음은 연도별 국내 은행대출 현황을 나타낸 표이다. 다음 표를 이해한 내용으로 옳은 것은?

〈연도별 국내 은행대출 현황〉

(단위 : 조 원)

구분	2010년	2011년	2012년	2013년	2014년	2015년	2016년	2017년	2018년
가계대출	403.5	427.1	437.5	450.0	486.4	530.0	583.6	621.8	640.6
주택담보대출	266.8	289.7	298.9	309.3	344.7	380.6	421.5	444.2	455.0
기업대출	404.5	432.7	447.2	468.0	493.3	527.6	539.4	569.4	584.3
부동산담보대출	136.3	153.7	168.9	185.7	205.7	232.8	255.4	284.4	302.4

※ (은행대출)=(가계대출)+(기업대출)

① 2012 ~ 2017년 주택담보대출의 전년 대비 증가액은 부동산담보대출의 증가액보다 매년 높다.
② 2011 ~ 2018년 가계대출이 전년 대비 가장 많이 증가한 해는 2016년이다.
③ 부동산담보대출이 세 번째로 많은 해의 주택담보대출은 가계대출의 70% 미만이다.
④ 2018년 주택담보대출의 2016년 대비 증가율은 기업대출 증가율보다 높다.
⑤ 2015년도 은행대출은 2010년에 비해 40% 이상 증가했다.

20 다음 명제가 모두 참일 때, 반드시 참인 명제는?

- 도보로 걷는 사람은 자가용을 타지 않는다.
- 자전거를 타는 사람은 자가용을 탄다.
- 자전거를 타지 않는 사람은 버스를 탄다.

① 자가용을 타는 사람은 도보로 걷는다.
② 버스를 타지 않는 사람은 자전거를 타지 않는다.
③ 버스를 타는 사람은 도보로 걷는다.
④ 도보로 걷는 사람은 버스를 탄다.

21 신입사원 A는 집에서 거리가 10km 떨어진 회사에 근무하고 있는데, 출근할 때는 자전거를 타고 이동하여 1시간이 걸리고, 퇴근할 때는 회사에서 4km 떨어진 헬스장을 들렸다가 운동 후 7km 거리를 이동하여 집에 도착한다. 퇴근할 때 회사에서 헬스장까지 30분, 헬스장에서 집까지 1시간 30분이 걸린다면 신입사원 A가 출·퇴근하는 평균속력은 몇 km/h인가?

① 5km/h
② 6km/h
③ 7km/h
④ 8km/h

22 H공사의 작년 사원수는 500명이었고, 올해에는 남자 사원이 작년보다 10% 감소하고, 여자 사원이 40% 증가하였다. 전체 사원수는 작년보다 8%가 늘어났을 때, 작년 남자 사원은 몇 명인가?

① 280명
② 300명
③ 315명
④ 320명

23 다과회를 위해 총무팀은 인터넷으로 사과와 배, 귤을 한 개당 사과는 120원, 배는 260원, 귤은 40원으로 구입하였다. 예산은 총 20,000원이며, 예산을 모두 사용하여 각각 20개 이상씩 구입할 때 배를 가장 많이 구입하였다면 구입한 배의 최소 개수는?

① 47개
② 48개
③ 49개
④ 50개

24 D회사 홍보팀은 내년 자사 상품의 홍보를 위해 포스터, 다이어리, 팸플릿, 도서를 만들려고 한다. 인쇄 및 제본 가격이 가격표와 같고 홍보팀에서 구성하려는 샘플 상품이 〈보기〉와 같을 때, 〈보기〉의 상품 중 가격이 가장 저렴한 샘플 상품은?

〈가격표〉

(단위 : 원)

크기	1장 인쇄 가격	포스터	다이어리	팸플릿	도서	제본
A1	100	+40	제작 불가	제작 불가	제작 불가	+150
A2	80	+35	제작 불가	+70	제작 불가	+100
A3	60	+30	+20	+60	+20	+90
A4	50	+25	+15	+50	+10	+70
A5	40	+20	+10	+40	+5	+50
A6	20	+15	+5	+30	제작 불가	+30
A7	10	+10	제작 불가	+20	제작 불가	+20

※ 1장 인쇄 가격을 기본으로 제작하는 상품의 종류 및 특징에 따라 가격이 추가된다.
※ 도서는 100매가 1권으로 제본 비용은 권수마다 추가된다.
※ 포스터, 다이어리, 팸플릿의 경우 제본 비용은 장수에 상관없이 한 번만 추가된다.

보기

상품	포스터			다이어리			팸플릿			도서		
	크기	매수	제본	크기	매수	제본	크기	매수	제본	크기	매수	제본
상품 A	A3	10	○	A4	40	○	A6	10	×	A3	700	×
상품 B	A5	15	×	A5	60	○	A5	15	×	A3	600	○
상품 C	A2	20	○	A6	80	×	A6	16	×	A4	800	×
상품 D	A1	10	×	A3	50	×	A7	12	○	A5	900	○

① 상품 A
② 상품 B
③ 상품 C
④ 상품 D

25 세계적으로 전 세계 인구의 10%가 걸리는 Z병이 문제가 되고 있으며, Z병을 검사했을 때 오진일 확률이 90%이다. A를 포함한 100명이 검사를 받았을 때, A가 검사 후 병에 걸리지 않았다고 진단받았다면 오진이 아닐 확률은?

① 50%   ② 40%

③ 30%   ④ 20%

26 K금고는 두 달 동안 예금과 적금에 가입한 남성과 여성 고객들의 통계를 정리하였다. 여성과 남성은 각각 50명이었으며, 여성 가입고객 중 예금을 가입한 인원은 35명, 적금은 30명이었다. 남성 가입고객의 경우 예금과 적금 모두 가입한 고객은 남성 고객 총인원의 20%였다. 전체 가입고객 중 예금과 적금 모두 가입한 고객의 비중은 몇 %인가?

① 25%   ② 30%

③ 35%   ④ 40%

27 K공단의 T부서는 다과비 50,000원으로 간식을 구매하려고 한다. a스낵은 1,000원, b스낵은 1,500원, c스낵은 2,000원이며 세 가지 스낵을 각각 한 개 이상 산다고 한다. 다과비에 맞춰 스낵을 구입할 때, 구입한 스낵의 최대 개수는 몇 개인가?

① 48개   ② 47개

③ 45개   ④ 43개

28 지혜는 농도가 7%인 소금물 300g과 농도가 8%인 소금물 500g을 모두 섞었다. 섞은 소금물의 물을 증발시켜 농도가 10% 이상인 소금물을 만들려고 할 때, 지혜가 증발시켜야 하는 물의 양은 최소 몇 g 이상인가?

① 200g   ② 190g

③ 185g   ④ 175g

29 K부서 A, B, C, D, E 다섯 명의 직원이 원탁에 앉아 저녁을 먹기로 했다. 자리는 다음 〈조건〉에 따라 원탁에 앉을 때, C직원을 첫 번째로 하여 시계방향으로 세 번째에 앉은 사람은 누구인가?(단, C가 첫 번째 사람이다)

조건

- C 바로 옆 자리에 E가 앉고, B는 앉지 못한다.
- D가 앉은 자리와 B가 앉은 자리 사이에 1명 이상 앉아 있다.
- A가 앉은 자리의 바로 오른쪽은 D가 앉는다.
- 좌우 방향은 원탁을 바라보고 앉은 상태를 기준으로 한다.

---

① A   ② B

③ D   ④ E

30 T여행사에서는 올해에도 크리스마스 행사로 경품 추첨을 진행하려 한다. 작년에는 제주도 숙박권 10명, 여행용 파우치 20명을 추첨하여 경품을 주었으며, 올해는 작년보다 제주도 숙박권은 20%, 여행용 파우치는 10% 더 준비했다. 올해 경품을 받는 인원은 작년보다 몇 명 더 많은가?

① 1명   ② 2명

③ 3명   ④ 4명

31 다음은 K마트의 과자 종류에 따른 가격을 나타낸 표이다. K마트는 A, B, C과자에 기획 상품 할인을 적용하여 팔고 있다. A ~ C과자를 정상가로 각각 2봉지씩 구매할 수 있는 금액을 가지고 각각 2봉지씩 할인된 가격으로 구매 후 A과자를 더 산다고 할 때, A과자를 몇 봉지를 더 살 수 있는가?

〈과자별 가격 및 할인율〉

구분	A	B	C
정상가	1,500원	1,200원	2,000원
할인율	20%		40%

① 4봉지 ② 3봉지
③ 2봉지 ④ 1봉지

32 금연프로그램을 신청한 흡연자 A씨는 국민건강보험공단에서 진료 및 상담비용과 금연보조제 비용의 일정 부분을 지원받고 있다. A씨는 의사와 상담을 6회 받았고, 금연보조제로 니코틴패치 3묶음을 구입했다고 할 때, 다음 지원 현황에 따라 흡연자 A씨가 지불하는 부담금은 얼마인가?

〈금연프로그램 지원 현황〉

구분	진료 및 상담	금연보조제(니코틴패치)
가격	30,000원/회	12,000원/묶음
지원금 비율	90%	75%

※ 진료 및 상담료 지원금은 6회까지 지원한다.

① 21,000원 ② 23,000원
③ 25,000원 ④ 27,000원

33 다음은 직장문화에서 갑질 발생 가능성 정도를 점검하는 설문지이다. A부서의 직원 10명이 다음과 같이 체크를 했다면 가중치를 적용한 점수의 평균은 몇 점인가?

〈A부서 설문지 결과표〉

(단위 : 명)

점검 내용	전혀 아니다 (1점)	아니다 (2점)	보통이다 (3점)	그렇다 (4점)	매우 그렇다 (5점)
1. 상명하복의 서열적인 구조로 권위주의 문화가 강하다.		3	7		
2. 관리자(상급기관)가 직원(하급기관)들의 말을 경청하지 않고 자신의 의견만 주장하는 경우가 많다.		2	5	2	1
3. 관리자(상급기관)가 직원(하급기관)에게 지휘감독이라는 명목 하에 부당한 업무지시를 하는 사례가 자주 있다.	7	3			
4. 업무처리 과정이나 결과가 투명하게 공개되지 않는다.		1	1	6	2
5. 기관의 부당한 행위에 대해 직원들이 눈치 보지 않고 이의제기를 할 수 없다.	6	3	1		
6. 사회적으로 문제가 될 수 있는 부당한 행위가 기관의 이익 차원에서 합리화 및 정당화되는 경향이 있다. (예 협력업체에 비용전가 등)	8	2			
7. 갑질 관련 내부신고 제도 등이 존재하더라도 신고하면 불이익을 당할 수 있다는 의식이 강하다.				8	2
8. 우리 기관은 민간업체에 대한 관리·감독, 인허가·규제 업무를 주로 수행한다.			5	2	3
9. 우리기관이 수행하는 업무는 타 기관에 비해 업무적 독점성이 강한 편이다.		2	6	1	1
10. 우리 기관에 소속된 공직유관단체(투자·출연기관 등)의 수는 타 기관에 비해 많다.		2	7		1

※ 갑질 가능성 정도는 점수와 비례한다.

〈질문 선택지별 가중치〉

전혀 아니다	아니다	보통이다	그렇다	매우 그렇다
0.2	0.4	0.6	0.8	1.0

① 25.7점
② 23.9점
③ 21.6점
④ 18.7점
⑤ 16.5점

34 다음은 사업주 외국인근로자 채용 지원 안내문 중 대행 업무 수수료에 대한 내용이다. 다음 안내문을 이해한 내용으로 적절하지 않은 것은?

- 일반외국인근로자 대행 수수료
  - 고용허가제 대행 업무의 근거조항 법 제27조의2(각종 신청 등의 대행)
  - 한국산업인력공단과 업종별 민간 대행기관이 병행하던 각종 행정 대행 업무를 외국인고용법 개정(2010.4.10. 시행)으로 위탁업무(공단)와 대행 업무(민간대행기관)로 구분
  - 위탁업무에 대한 대행 수수료는 필수로 하되, 각종 신청업무에 대한 대행신청 여부는 사업주가 선택하여 이에 따라 대행 수수료를 납부토록 대행 수수료를 임의화 함

※ 대행 수수료 기준

대행 업무			세부업무		1인당 수수료	
필수	신규 입국자	근로자 도입위탁	근로계약 체결 및 출입국 지원		(신규)60,000원 (재입국)119,000원	
		취업교육	외국인근로자 취업교육	제조·서비스	195,000원	
				농축·어업	210,000원	
				건설업	224,000원	
선택	신규 입국자 및 사업장 변경자	각종 신청 대행	- 내국인 구인신청, 고용허가서 발급신청, 수령 - 사증발급인정서 신청, 수령	신규입국자 고용 시	31,000원 입국 전	61,000원
			- 고용변동신고, 고용허가기간 연장신청 - 외국인근로자 업무상 재해 시 산재·사망신고 - 각종 정보제공 등	신규입국자 고용 시	30,000원(3년) 입국 후	
				사업장 변경자	800원×[잔여체류기간(월)]	
		편의제공	- 통역지원 및 사용자의 고충상담 - 전용보험 가입 및 보험금 신청, 지원 - 외국인근로자의 업무 외 질병 및 상해 수습지원 - 기타 고용노동부장관이 인정하는 업무 등	신규입국자 고용 시	72,000원(3년)	
				사업장 변경자	2,000원×[잔여체류기간(월)]	

- 소수업종 : 농축산업, 건설업, 어업, 냉장·냉동창고업
- 취업교육비에 건강진단비용 포함됨
- 근로자 도입위탁(필수) : 60,000원(신규), 119,000원(재입국)
- 취업교육비(필수)
  - 농축산업, 어업 : 1인당 210,000원
  - 제조업, 서비스업 : 1인당 195,000원
  - 건설업 : 1인당 224,000원
- 입국 전·후 행정 대행료(선택) : 61,000원(3년)
- 편의제공 비용(선택) : 72,000원(3년)

① 건설업체에서 신규 외국인근로자 1명을 고용하고자 도입위탁과 취업교육을 신청하려고 할 때, 이 위탁업무에 대한 총 수수료는 270,000원이다.

② 농부 B씨는 신규 외국인근로자 2명에 대한 도입위탁 대행을 맡기려고 하며, 이에 대한 수수료는 120,000원이다.

③ 축산에 종사하는 A씨가 외국인근로자 신규 입국자 2명을 민간대행기관에 각종 신청 대행 업무를 맡기려고 할 때, 이에 대한 총 수수료는 122,000원이다.

④ 제조회사에 근무하는 D씨는 공단에 3명의 외국인근로자 위탁업무를 신청하였다. 1명의 재입국자와 2명의 신규 입국자에게 들어가는 총 수수료는 824,000원이다.

⑤ 서비스업체에서 신규 외국인근로자 1명의 필수 및 선택 대행 업무를 모두 신청했을 경우 총 수수료는 388,000원이 들어간다.

35 다음은 제54회 전국기능경기대회 지역별 결과이다. 다음 자료에 대한 내용 중 옳은 것은?

〈제54회 전국기능경기대회 지역별 결과표〉

(단위 : 개)

지역＼상	금메달	은메달	동메달	최우수상	우수상	장려상
합계(점)	3,200	2,170	900	1,640	780	1,120
서울	2	5		10		
부산	9		11	3	4	
대구	2					16
인천			1	2	15	
울산	3				7	18
대전	7		3	8		
제주		10				
경기도	13	1				22
경상도	4	8		12		
충청도		7		6		

※ 합계는 전체 참가지역의 각 메달 및 상의 점수합계이다.

① 메달 한 개당 점수는 금메달은 80점, 은메달은 70점, 동메달은 60점이다.

② 메달 및 상을 가장 많이 획득한 지역은 경상도이다.

③ 전국기능경기대회 결과표에서 메달 및 상 중 동메달 개수가 가장 많다.

④ 울산 지역에서 획득한 메달 및 상의 총점은 800점이다.

⑤ 장려상을 획득한 지역 중 금·은·동메달 총 개수가 가장 적은 지역은 대전이다.

36 다음은 한국직업방송 만족도 평가에 대한 연구보고서이다. 다음 자료에 대한 해석으로 옳지 않은 것은?

〈한국직업방송 만족도 평가〉

한국직업방송 시청경험자를 대상으로 실시한 만족도 평가에서 다음과 같은 결과가 나왔다. 교육적이며 공익적인 가치를 선도해나가는 프로그램을 제공했는가를 중점으로 평가한 유익성 항목에서 EBS의 만족도가 가장 높았고, 내용면에서는 실생활 정보 및 세상을 이해하는데 도움을 주는 프로그램으로 WORK TV와 EBS가 뽑혔다. MC의 진행능력은 연합뉴스 TV, 방송대학 TV가 상위권이었으며, 마지막으로 프로그램이 적합한 시간대에 편성되고, 프로그램을 다양한 채널에서 시청가능 여부를 묻는 편의성은 EBS와 방송대학 TV의 만족도가 좋았다.

〈직업방송 관련 채널 만족도〉

(단위 : 점)

구분	WORK TV	연합뉴스 TV	방송대학 TV	JOBS	EBS
유익성	3.4	3.5	3.5	3.8	3.8
내용	4.2	3.4	3.0	3.0	4.1
진행	3.5	4.5	4.3	3.1	3.8
편의성	3.1	3.4	4.0	3.2	4.0

※ 5점 척도(1점=전혀 그렇지 않다, 5점=매우 그렇다)

〈평가 항목별 가중치〉

구분	유익성	내용	진행	편의성
가중치	0.3	0.2	0.1	0.4

※ 각 채널 만족도 점수는 가중치를 적용하여 합한 값이다.

① 실생활 정보에 도움을 주는 프로그램으로 WORK TV의 만족도가 가장 높다.
② 만족도 점수는 JOBS가 연합뉴스 TV보다 0.21점 낮다.
③ 만족도 평가 항목의 중요도는 '편의성 - 유익성 - 내용 - 진행' 순서로 중요하다.
④ 평가 항목 중 모든 채널의 만족도가 4.0점 이상인 것은 1가지 이상이다.
⑤ 직업방송 관련 채널 만족도 점수가 가장 높은 두 채널은 방송대학 TV, EBS이다.

37 다음은 한국산업인력공단에 근무하는 주혜란 사원의 급여명세서이다. 주 사원이 10월에 시간외근무를 10시간 했을 경우 시간외수당으로 받는 금액은 얼마인가?

〈급여지급명세서〉

사번	A26	성명	주혜란
소속	회계팀	직급	사원

• 지급 내역

지급항목(원)		공제항목(원)	
기본급여	1,800,000	주민세	4,500
시간외수당	( )	고용보험	14,400
직책수당	0	건강보험	58,140
상여금	0	국민연금	81,000
특별수당	100,000	장기요양	49,470
교통비	150,000		
교육지원	0		
식대	100,000		
급여 총액	2,150,000	공제 총액	207,510

※ (시간외수당)=(기본급)× $\dfrac{(시간외근무\ 시간)}{200}$ ×150%

① 135,000원   ② 148,000원

③ 167,000원   ④ 195,000원

⑤ 205,000원

38 다음 일정표를 보고 〈조건〉에 따라 모든 직원이 외부출장을 갈 수 있는 날짜는 언제인가?

〈10월 일정표〉

일	월	화	수	목	금	토
		1 건축목공기능사 시험	2	3	4	5
6	7	8	9 경영지도사 시험	10	11 건축도장기능사 합격자 발표	12
13	14	15 가스기사 시험일	16	17 기술행정사 합격자 발표	18	19
20 기술행정사 시험 접수일	21 기술행정사 시험 접수일	22 기술행정사 시험 접수일	23 기술행정사 시험 접수일	24 경영지도사 합격자 발표일	25 물류관리사 시험 접수일	26 물류관리사 시험 접수일
27 물류관리사 시험 접수일	28 물류관리사 시험 접수일	29	30	31		

※ 기사, 기능사, 기술사, 기능장, 산업기사 외에는 전문자격시험에 해당한다.

조건

- 기능사 시험이 있는 주에는 외부출장을 갈 수 없다.
- 전문자격증 시험이 있는 주에는 책임자 한 명은 있어야 한다.
- 전문자격시험 원서 접수 및 시험 시행일에는 모든 직원이 시외 출장을 갈 수 없다.
- 전문자격시험별 담당자는 1명이며, 합격자 발표일에 담당자는 사무실에서 대기 근무를 해야 한다.
- 전문자격시험 시행일이 있는 주에는 직무 교육을 실시할 수 없으며 모든 직원이 의무는 아니다.
- 대리자는 담당자의 책임과 권한이 동등하다.
- 출장은 주중에만 갈 수 있다.

① 10월 10일 ② 10월 17일
③ 10월 19일 ④ 10월 23일
⑤ 10월 29일

39 다음은 국민연금공단의 조직도이다. 다음 중 노후준비지원실은 어디에 속하는가?

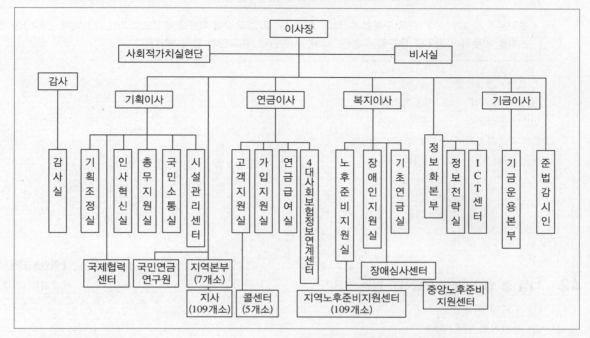

① 지역노후준비지원센터　　　　　　　② 중앙노후준비지원센터
③ 연금이사　　　　　　　　　　　　　④ 복지이사

40 다음 중 맞춤법이 틀린 것은?

재정 추계는 국민연금 재정수지 상태를 점검하고 제도발전 방향을 논의하기 위해 5년마다 실시하는 법정 제도로, 1998년 도입되어 그간 2018년까지 4차례 수행되어 왔다. 재정 추계를 수행하기 위해서는 보험료 수입과 지출의 흐름이 전제되어야 한다. 이를 산출하기 위해서는 투입되는 주요 변수에 대한 가정이 필요하다. 대표적인 가정 변수로는 인구 가정, 임금, 금리 등과 같은 거시경제변수와 기금운용수익율 그리고 제도변수가 있다.

① 추계　　　　　　　　　　　　　　　② 그간
③ 전제　　　　　　　　　　　　　　　④ 수익율

41 다음 빈칸에 들어갈 조직 유형이 바르게 연결된 것은?

> 조직은 (㉠)과 (㉡)으로 구분할 수 있다. (㉠)은 기업과 같이 이윤을 목적으로 하는 조직이며, (㉡)은 정부
> 조직을 비롯하여 공익을 추구하는 병원, 대학, 시민단체, 종교단체 등이 해당한다.

	㉠	㉡
①	공식조직	비공식조직
②	비공식조직	공식조직
③	비영리조직	영리조직
④	영리조직	비영리조직

42 다음 중 업사이클에 해당하지 않는 것은?

① 오르세 미술관
② 자전거로 만든 시계
③ 커피 찌꺼기로 만든 점토
④ 형제·자매의 옷 물려 입기

43 맥킨지의 3S 기법 중 Situation에 해당하는 발언은?

① 죄송하지만 저도 현재 업무가 많아 그 부탁은 들어드리기 힘들 것 같습니다.
② 그 일을 도와드릴 수 있는 다른 사람을 추천해드리겠습니다.
③ 다음 달에는 가능할 것 같은데 괜찮으신가요?
④ 힘드시지 않으세요? 저도 겪어봐서 그 마음 잘 알고 있습니다.

44 다음은 계절별 전기요금표이다. 7월에 전기 460kWh를 사용하여 전기세가 많이 나오자 10월에는 전기사용량을 줄이기로 하였다. 10월에 사용한 전력이 341kWh이라면, 10월의 전기세로 청구될 금액은 얼마인가?

<전기요금표>

- 하계(7.1 ~ 8.31)

	구간	기본요금(원/호)	전력량 요금(원/kWh)
1단계	300kWh 이하 사용	910	93.3
2단계	301 ~ 450kWh	1,600	187.9
3단계	450kWh 초과	7,300	280.6

- 기타 계절(1.1 ~ 6.30, 9.1 ~ 12.31)

	구간	기본요금(원/호)	전력량 요금(원/kWh)
1단계	200kWh 이하 사용	910	93.3
2단계	201 ~ 400kWh	1,600	187.9
3단계	400kWh 초과	7,300	280.6

- 부가가치세(원 미만 반올림) : 전기요금의 10%
- 전력산업기반기금(10원 미만 절사) : 전기요금의 3.7%
- 전기요금(원 미만 절사) : (기본요금)+(전력량요금)
- 청구금액(10원 미만 절사) : (전기요금)+(부가가치세)+(전력산업기반기금)

① 51,020원
② 53,140원
③ 57,850원
④ 64,690원

45 A, B 두 사람은 각각 은행에 같은 날 적금과 예금을 들었다. B는 0.6% 연이자율로 1,200,000원을 예금하였고, A는 월초에 10만 원씩 납입하는 연이자율 2%의 단리적금 상품을 선택하였다. A의 적금상품 이자가 B의 예금 1년 이자보다 많아지는 시기는 몇 개월 후인가?(단, 이자는 소수점 이하 첫째 자리에서 반올림한다)

① 6개월 후
② 7개월 후
③ 8개월 후
④ 9개월 후

46 다음은 K공단의 신용등급이 변화될 가능성을 정리한 표이다. 2018년에 C등급을 받은 K공단이 2020년에도 C등급을 유지할 가능성은?

〈K공단 신용등급 변화 비율〉

구분		n+1년		
		A등급	B등급	C등급
n년	A등급	0.6	0.3	0.1
	B등급	0.2	0.47	0.33
	C등급	0.1	0.22	0.68

• 신용등급은 매년 1월 1일 0시에 산정되며, 'A등급, B등급, C등급' 순으로 높은 등급
• 신용등급 변화 비율은 매년 동일함

① 0.580　　　　　　　　　　　　　　② 0.545
③ 0.584　　　　　　　　　　　　　　④ 0.622

47 다음 밑줄 친 단어의 의미와 유사한 것은?

> 흑사병은 페스트균에 의해 발생하는 급성 열성 감염병으로, 쥐에 기생하는 벼룩에 의해 사람에게 전파된다. 국가위생건강위원회의 자료에 따르면 중국에서는 최근에도 <u>간헐적</u>으로 흑사병 확진 판정이 나온 바 있다. 지난 2014년에는 중국 북서부에서 38살의 남성이 흑사병으로 목숨을 잃었으며, 2016년과 2017년에도 각각 1건씩 발병 사례가 확인됐다.

① 근근이
③ 이따금
⑤ 흔히
② 자못
④ 빈번히

※ 다음 글을 읽고 이어지는 질문에 답하시오. [48~49]

(가) 사실 19세기 중엽은 전화 발명으로 무르익은 시기였고, 전화 발명에 많은 사람이 도전했다고 볼 수 있다. 한 개인이 전화를 발명했다기보다 여러 사람이 전화 탄생에 기여했다는 이야기로 이어질 수 있다. 하지만 결국 최초의 공식 특허를 받은 사람은 벨이며, 벨이 만들어낸 전화 시스템은 지금도 세계 통신망에 단단히 뿌리를 내리고 있다.

(나) 그러나 벨의 특허와 관련된 수많은 소송은 무치의 죽음, 벨의 특허권 만료와 함께 종료되었다. 그레이와 벨의 특허 소송에서도 벨은 모두 무혐의 처분을 받았고, 1887년 재판에서 전화의 최초 발명자는 벨이라는 판결이 났다. 그레이가 전화의 가능성을 처음 인지한 것은 사실이지만, 전화를 완성하기 위한 후속 조치를 취하지 않았다는 것이었다.

(다) 하지만 벨이 특허를 받은 이후 누가 먼저 전화를 발명했는지에 대해 치열한 소송전이 이어졌다. 여기에는 그레이를 비롯하여 안토니오 무치 등 많은 사람이 관련돼 있었다. 특히 무치는 1871년 전화에 대한 임시 특허를 신청하였지만, 돈이 없어 정식 특허로 신청하지 못했다. 2002년 미국 하원 의회에서는 무치가 10달러의 돈만 있었다면 벨에게 특허가 부여되지 않았을 것이라며 무치의 업적을 인정하기도 했다.

(라) 알렉산더 그레이엄 벨은 전화를 처음 발명한 사람으로 알려져 있다. 1876년 2월 14일 벨은 설계도와 설명서를 바탕으로 전화에 대한 특허를 신청했고, 같은 날 그레이도 전화에 대한 특허 신청서를 제출했다. 1876년 3월 7일 미국 특허청은 벨에게 전화에 대한 특허를 부여했다.

┃ LH한국토지주택공사(업무직)

48 다음 중 (가) ~ (라) 문단을 논리적 순서대로 바르게 연결한 것은?

① (가) – (라) – (다) – (나)
② (가) – (다) – (라) – (나)
③ (라) – (가) – (다) – (나)
④ (라) – (나) – (가) – (다)
⑤ (라) – (다) – (나) – (가)

┃ LH한국토지주택공사(업무직)

49 다음 중 글의 내용과 일치하는 것은?

① 법적으로 전화를 처음으로 발명한 사람은 벨이다.
② 그레이는 벨보다 먼저 특허 신청서를 제출했다.
③ 무치는 1871년 전화에 대한 정식 특허를 신청하였다.
④ 현재 세계 통신망에는 그레이의 전화 시스템이 사용되고 있다.
⑤ 그레이는 전화의 가능성을 인지하지 못하였다.

변혁적 리더십은 리더가 조직 구성원의 사기를 고양하기 위해 미래의 비전과 공동체적 사명감을 강조하고, 이를 통해 조직의 장기적 목표를 달성하는 것을 핵심으로 한다. 거래적 리더십이 협상과 교환을 통해 구성원의 동기를 부여한다면, 변혁적 리더십은 구성원의 변화를 통해 동기를 부여하고자 한다. 또한 거래적 리더십은 합리적 사고와 이성에 호소하는 반면, 변혁적 리더십은 감정과 정서에 호소하는 측면이 크다.

이러한 변혁적 리더십은 조직의 합병을 주도하고 신규 부서를 만들어 내며, 조직문화를 창출해 내는 등 조직 변혁을 주도하고 관리한다. 따라서 오늘날 급변하는 환경과 조직의 실정에 적합한 리더십 유형으로 주목받고 있다. 변혁적 리더는 주어진 목적의 중요성과 의미에 대한 구성원의 인식 수준을 제고시키고, 개인적 이익을 넘어서 구성원 자신과 조직 전체의 이익을 위해 일하도록 만든다. 그리고 구성원의 욕구 수준을 상위 수준으로 끌어올림으로써 구성원을 근본적으로 변혁시킨다. 즉, 거래적 리더십을 발휘하는 리더는 구성원에게서 기대되었던 성과만을 얻어내지만, 변혁적 리더는 (   )

변혁적 리더가 변화를 이끌어내는 전문적 방법의 하나는 카리스마와 긍정적인 행동 양식을 보여주는 것이다. 이를 통해 리더는 구성원들의 신뢰와 충성심을 얻을 수 있다. 조직의 비전을 구체화하여 알려주고 어떻게 목표를 달성할 것인지를 설명해 주거나 높은 윤리적 기준으로 모범이 되는 것도 좋은 방법이 된다.

지속적으로 구성원의 동기를 부여하는 것도 매우 중요하다. 팀워크를 장려하고, 조직의 비전을 구체화하여 개인의 일상 업무에도 의미를 부여할 수 있도록 해야 한다. 변혁적 리더는 구성원이 조직의 중요한 부분이 될 수 있도록 노력하게 만드는 데에 초점을 둔다. 따라서 높지만 달성 가능한 목표를 세워 구성원의 생산력을 향상시키고, 구성원에게는 성취 경험을 제공하여 그들이 계속 성장할 수 있도록 만들어야 한다.

현재 상황에 대한 의문은 새로운 변화를 일어나게 한다. 변혁적 리더는 구성원들의 지적 자극을 불러일으켜 조직의 이슈에 대해 적극적으로 관심을 갖도록 만들며, 이를 통해서 참신한 아이디어와 긍정적인 변화가 일어날 수 있도록 한다.

변혁적 리더는 개개인의 관점을 소홀히 생각하지 않는다. 각각의 구성원들을 독특한 재능, 기술 등을 보유한 독립된 개인으로 인지한다. 리더가 구성원들을 개개인으로 인지하게 되면 그들의 능력에 적합한 역할을 부여할 수 있으며, 구성원들 역시 개인적인 목표를 용이하게 달성할 수 있게 된다. 따라서 리더는 각 구성원의 소리에 귀 기울이고, 구성원 개개인에게 관심을 표현해야 한다.

| NH한국토지주택공사 (업무직)

50 다음 중 빈칸에 들어갈 내용으로 적절한 것은?

① 개개인의 성과를 얻어낼 수 있다.
② 구체적인 성과를 얻어낼 수 있다.
③ 기대 이상의 성과를 얻어낼 수 있다.
④ 참신한 아이디어도 함께 얻어낼 수 있다.
⑤ 구성원들의 신뢰도 함께 얻어낼 수 있다.

| NH한국토지주택공사 (업무직)

51 다음 중 글의 내용과 일치하지 않는 것은?

① 변혁적 리더는 구성원의 합리적 사고와 이성에 호소한다.
② 변혁적 리더는 구성원의 변화를 통해 동기를 부여하고자 한다.
③ 변혁적 리더는 구성원이 자신과 조직 전체의 이익을 위해 일하도록 한다.
④ 변혁적 리더는 구성원에게 카리스마와 긍정적 행동 양식을 보여준다.
⑤ 변혁적 리더는 구성원 개개인에게 관심을 표현한다.

52 A대학생은 현재 보증금 3천만 원, 월세 50만 원을 지불하면서 B원룸에 거주하고 있다. 다음 해부터는 월세를 낮추기 위해 보증금을 증액하려고 한다. 다음 규정을 보고 A대학생이 월세를 최대로 낮췄을 때의 월세와 보증금으로 올바르게 짝지어진 것은?

〈B원룸 월 임대료 임대보증금 전환 규정〉

- 1년치 임대료의 56%까지 보증금으로 전환 가능
- 연 1회 가능
- 전환이율 6.72%

※ (환산보증금) = $\dfrac{(전환\ 대상\ 금액)}{(전환이율)}$

---

① 월세 22만 원, 보증금 7천만 원
② 월세 22만 원, 보증금 8천만 원
③ 월세 22만 원, 보증금 9천만 원
④ 월세 30만 원, 보증금 8천만 원
⑤ 월세 30만 원, 보증금 9천만 원

53 H사원은 엘리베이터를 이용하여 A4용지가 들어있는 박스를 사무실로 옮기고 있다. 이 엘리베이터는 적재용량이 305kg이며, 엘리베이터에는 이미 몸무게가 60kg인 J사원이 80kg의 사무용품을 싣고 타 있는 상태이다. 50kg인 H사원이 한 박스당 10kg의 A4용지를 최대 몇 박스까지 가지고 엘리베이터에 탈 수 있는가?

① 9박스   ② 10박스
③ 11박스   ④ 12박스
⑤ 13박스

54 다음은 Q사진관이 올해 찍은 사진의 용량 및 개수를 나타낸 자료이다. 올해 찍은 사진을 모두 모아서 한 개의 USB에 저장하려고 할 때, 최소 몇 GB의 USB가 필요한가?[단, 1MB＝1,000KB, 1GB＝1,000MB이며, 합계 파일 용량(GB)은 소수점 이하 버림한다]

<올해 사진 자료>

구분	크기(cm)	용량	개수
반명함	3×4	150KB	8,000개
신분증	3.5×4.5	180KB	6,000개
여권	5×5	200KB	7,500개
단체사진	10×10	250KB	5,000개

① 3.0GB

② 3.5GB

③ 4.0GB

④ 4.5GB

⑤ 5.0GB

55 다음 글과 관련 있는 속담으로 가장 적절한 것은?

> 한국을 방문한 외국인들을 대상으로 한 설문조사에서 인상 깊은 한국의 '빨리빨리' 문화로 '자판기에 손 넣고 기다리기, 웹사이트가 3초 안에 안 나오면 창 닫기, 엘리베이터 닫힘 버튼 계속 누르기' 등이 뽑혔다. 외국인들에게 가장 큰 충격을 준 것은 바로 '가게 주인의 대리 서명'이었다. 외국인들은 가게 주인이 카드 모서리로 대충 사인을 하는 것을 보고 큰 충격을 받았다고 하였다. 외국에서는 서명을 대조하여 확인하기 때문에 대리 서명은 상상도 할 수 없다는 것이다.

① 가재는 게 편이다.

② 우물에 가 숭늉 찾는다.

③ 봇짐 내어 주며 앉으라 한다.

④ 하나를 듣고 열을 안다.

⑤ 낙숫물이 댓돌을 뚫는다.

56 다음 상황에서 K주임이 처리해야 할 업무 순서로 가장 옳은 것은?

안녕하세요, K주임님. 언론홍보팀 L대리입니다. 다름이 아니라 이번에 공사에서 진행하는 '소셜벤처 성장지원사업'에 관한 보도 자료를 작성하려고 하는데, 디지털소통팀의 업무 협조가 필요하여 연락드렸습니다. 디지털소통팀 P팀장님께 K주임님이 협조해주신다는 이야기를 전해 들었습니다. 자세한 요청 사항은 회의를 통해서 말씀드리도록 하겠습니다. 혹시 내일 오전 10시에 회의를 진행해도 괜찮을까요? 일정 확인하시고 오늘 내로 답변 주시면 감사하겠습니다. 일단 회의 전에 알아두시면 좋을 것 같은 자료는 메일로 발송하였습니다. 회의 전에 미리 확인하셔서 관련 사항 숙지하시고 회의에 참석해주시면 좋을 것 같습니다. 아! 그리고 오늘 2시에 홍보실 각 팀 팀장 회의가 있다고 하니, P팀장님께 꼭 전해주세요.

① 팀장 회의 참석 – 익일 업무 일정 확인 – 메일 확인 – 회의 일정 답변 전달
② 팀장 회의 참석 – 메일 확인 – 익일 업무 일정 확인 – 회의 일정 답변 전달
③ 팀장 회의 일정 전달 – 메일 확인 – 회의 일정 답변 전달 – 익일 업무 일정 확인
④ 팀장 회의 일정 전달 – 익일 업무 일정 확인 – 회의 일정 답변 전달 – 메일 확인
⑤ 팀장 회의 일정 전달 – 익일 업무 일정 확인 – 메일 확인 – 회의 일정 답변 전달

57 다음 글을 통해 알 수 있는 내용으로 옳지 않은 것은?

사물인터넷이 산업 현장에 적용되고, 디지털 관련 도구가 통합됨에 따라 일관된 전력 시스템의 필요성이 높아지고 있다. 다양한 산업시설 및 업무 현장에서의 예기치 못한 정전이나 낙뢰 등 급격한 전원 환경의 변화는 큰 손실과 피해로 이어질 수 있다. 이제 전원 보호는 데이터센터뿐만 아니라 반도체, 석유, 화학 및 기계 등 모든 분야에서 필수적인 존재가 되었다.

UPS(Uninterruptible Power Supply : 무정전 전원 장치)는 일종의 전원 저장소로, 갑작스럽게 정전이 발생하더라도 전원이 끊기지 않고 계속해서 공급되도록 하는 장치이다. 갑작스러운 전원 환경의 변화로부터 기업의 핵심 인프라인 서버를 보호함으로써 기업의 연속성 유지에 도움을 준다.

UPS를 구매할 때는 용량을 우선적으로 고려해야 한다. 너무 적은 용량의 UPS를 구입하면 용량이 초과되어 제대로 작동조차 하지 않는 상황이 나타날 수 있다. 따라서 설비에 필요한 용량의 1.5배 정도인 UPS를 구입해야 한다. 또한 UPS 사용 시에는 주기적인 점검이 필요하다. 특히 실질적으로 에너지를 저장하고 있는 배터리는 일정 시점마다 교체가 필요하다. 일반적으로 UPS에 사용되는 MF배터리의 수명은 1년 정도로, 납산배터리 특성상 방전 사이클을 돌 때마다 용량이 급감하기 때문이다.

① UPS의 필요성
② UPS의 역할
③ UPS 구매 시 고려사항
④ UPS 배터리 교체 주기
⑤ UPS 배터리 교체 방법

58 다음 중 기사의 내용과 일치하지 않는 것은?

한국철도시설공단은 철도산업 경쟁력 강화·일자리 창출·안전사고 예방 등을 위해 공사·용역 분야 계약기준을 개정한다고 밝혔다. 공사 분야 3건, 용역 분야 7건 등 개정된 계약기준은 공단 홈페이지 및 전자조달시스템 사이트에 공개하였으며, 2019년 10월 4일 입찰 공고한 '신안산선(1~6공구) 건설사업관리용역'부터 적용한다.

공사 분야에서는 당초 상위 40%, 하위 20%의 입찰금액을 제외했던 종합심사제 균형가격 산정 기준을 상·하위 20% 입찰금액으로 완화해 적정공사비를 지급하고, 안전 관련 비용 등을 제외하여 저가투찰 유인요소를 개선하고 입찰가격 평가를 합리화하였다. 또한, 종합심사제 '건설인력 고용' 심사 항목을 공사수행능력 평가에 포함하여 0.6점에서 1점으로 배점을 확대하였고, 신인도에서 건설 고용지수, 일자리 창출 실적 등의 '고용개선' 심사 항목을 신설하여 건설 일자리 확대를 도모하였다.

용역 분야에서는 신용평가 등급 기준을 A-에서 BBB-로 낮추고, 신기술개발 및 투자실적 평가의 만점 기준을 완화하여 중소기업의 경영 부담을 줄였다. 또한 경력·실적 만점 기준을 각각 20년에서 15년, 15건에서 10건으로 완화하여 청년기술자 고용 확대 및 업계의 상생·균형 발전을 제도적으로 지원한다.

아울러, 공사 분야 사망사고에 대한 신인도 감점을 회당 -2점에서 -5점으로, 용역 분야 사망사고에서는 9건당 -1점에서 -3점으로 강화하여 철도 건설 현장의 안전을 제고하였다.

한국철도시설공단의 이사장은 "금번 계약제도 개편은 국민 눈높이에 맞는 계약제도 실현을 위해 지난 6월 공단에서 자체 발족한 '고객 중심·글로벌 계약실현 추진반' 성과의 일환"이라며, "공단은 앞으로도 철도산업 경쟁력 강화를 위해 지속적으로 제도를 개선해나가겠다."라고 밝혔다.

---

① 한국철도시설공단의 개정된 공사·용역 분야 계약기준은 공단의 홈페이지에서 확인할 수 있다.

② 새로 개정된 계약기준에 따라 공사 분야 입찰 공고에서 앞으로 상위 40%와 하위 20%의 입찰금액은 제외된다.

③ 중소기업의 경영 부담을 줄이기 위해 용역 분야에서의 신용평가 등급 기준과 신기술개발 및 투자실적 평가의 만점 기준을 완화하였다.

④ 철도 건설 현장의 안전을 위해 공사 분야 사망사고에 대한 신인도 감점은 회당 -5점으로 강화하였다.

59 다음 글을 이해한 내용으로 옳지 않은 것은?

한국철도시설공단은 호남고속철도 건설사업이 환경부로부터 교통 분야 국내 최초로 온실가스 감축 효과가 있는 배출권거래제 외부사업으로 승인받았다고 밝혔다.

배출권거래제는 정부가 온실가스를 배출하는 기업에 연간 정해진 배출권을 할당하고, 부족분과 초과분에 대해 업체 간 거래를 허용하는 제도이다. 배출권거래제 외부사업은 배출권거래제 대상이 아닌 기업이 온실가스 감축 활동에 참여하는 것으로 정부에서 감축 실적을 인증받으면 온실가스 감축량을 배출권 거래 시장에서 매매해 수익을 얻을 수 있다.

이번에 승인된 배출권거래제 외부사업은 버스, 자동차 등 기존 교통수단 대신 고속철도를 이용하여 감축되는 온실가스 감축량을 탄소배출권으로 확보하는 사업이다. 공단은 호남고속철도 건설사업을 건설 초기인 2010년 2월부터 UN 청정개발체제사업(CDM; Clean Development Mechanism)으로 추진하다가 2015년 국내 탄소 시장 개설에 따라 국내 배출권거래제 외부사업으로 전환하여 추진한 결과 10년 만에 결실을 내게 되었다.

본 사업은 UN에서 인정받은 청정개발체제방법론(AM0101)을 활용하여 승인받았으며, 이로써 교통 분야 국내 최초로 호남고속철도 건설사업에서 연평균 23만 톤의 온실가스 감축 성과를 인정받아 승인 기간(10년) 동안 약 380억 원의 탄소배출권 매각 수익을 창출할 수 있을 것으로 예상된다.

한국철도시설공단의 이사장은 "이번 승인으로 철도의 온실가스 감축 효과를 공식적으로 인정받게 되었다."며, "수서 고속철도 건설사업 등 여타 철도사업도 온실가스 감축 사업으로 승인받을 수 있도록 적극 노력하겠다."고 밝혔다.

※ 청정개발체제방법론(AM0101) : 고속철도의 온실가스 감축 성과를 측정하는 계산법

① 정부는 기업의 연간 온실가스 배출량을 제한한다.
② 한국철도시설공단은 배출권거래제 대상 기업이 아니다.
③ 국내 탄소 시장은 2010년에 개설되었다.
④ 호남고속철도 건설사업의 배출권거래제 승인 기간은 10년이다.

60 다음은 한국철도시설공단 감사 규정의 일부 내용이다. 한국철도시설공단 감사의 역할로 옳지 않은 것은?

제4조 감사의 직무
감사는 다음 각호의 사항을 감사한다.
1. 공단의 회계 및 업무
2. 관계 법령·정관 또는 다른 규정이 정하는 사항
3. 이사장 또는 비상임이사 2인 이상의 연서로 요구하는 사항
4. 근무기강, 진정 및 민원 등의 사항
5. 그 밖에 관계기관이 요구하는 사항

제4조의2 감사활동의 독립성 등
① 감사부서는 감사를 효과적으로 수행할 수 있는 적정규모의 조직, 인원, 예산을 확보하여야 하며, 감사는 이사장에게 필요한 지원을 요구할 수 있다.
② 감사인은 다른 법령에 특별한 규정이 있는 경우를 제외하고는 감사업무의 수행을 위하여 수감부서 등의 업무와 관련된 장소, 기록 및 정보에 대하여 완전하고 자유롭게 접근할 수 있다.
③ 감사활동 예산은 임의로 삭감할 수 없으며 예산요구내역을 최대한 반영하여야 한다.
④ 감사부서는 배정된 연간 총예산의 범위에서 자율적으로 집행할 수 있다.

제6조의3 독립성 등
① 감사인은 감사업무를 수행함에 있어 독립성을 유지하여야 한다.
② 감사인은 다음 각호의 어느 하나에 해당하는 경우 해당 감사에 관여할 수 없다.
　1. 감사인이 감사업무 수행과 관련하여 혈연 등 개인적인 연고나 경제적 이해관계로 인해 감사계획, 감사실시 및 감사결과의 처리 과정에 영향을 미칠 우려가 있는 경우
　2. 감사인이 감사대상업무의 의사결정과정에 직·간접적으로 관여한 경우
③ 감사인은 실지감사 시행 전에 감사인 행동강령 등에 따라 자가점검을 시행하고 그 결과를 감사실장에게 보고하여야 한다.

제6조의4 감사인의 보직 등
① 감사인의 보직 및 전보는 감사의 요구에 따라 이사장이 행한다. 다만, 감사의 요구에 따를 수 없는 특별한 사유가 있으면 그 사유를 서면으로 설명하여야 한다.
② 감사인이 법령위반, 그 직무를 성실히 수행하지 아니한 경우 또는 제1항의 규정에 따른 감사의 요구가 있는 경우를 제외하고는 신분상 불리한 처분을 받지 아니한다.
③ 감사인은 전문성 제고 등을 위해 3년 이상 근무하는 것을 원칙으로 한다. 다만, 감사가 요구하거나 징계처분을 받은 경우에는 그렇지 않다.

① 공단의 이사장이 요구하는 사항에 대해 감사한다.
② 공단의 이사장에게 감사 수행에 필요한 지원을 요구한다.
③ 의사결정과정에 간접적으로 관여했던 업무를 감사한다.
④ 실지감사 시행 전 자가점검 시행 결과를 감사실장에게 보고한다.

MEMO

I wish you the best of luck!

시대면접은 win 시대로 www.sdedu.co.kr/winsidaero

PART

1

직업기초능력평가

CHAPTER 01
의사소통능력

합격 Cheat Key

의사소통능력은 포함되지 않는 공사·공단이 없을 만큼 필기시험에서 중요도가 높은 영역이다. 또한, 일부 공사·공단을 제외하고 의사소통능력의 문제 출제 비중이 가장 높다. 이러한 점을 볼 때, 의사소통능력은 공사·공단 NCS를 준비하는 수험생이라면 정복해야 하는 숙명의 과목이다.

국가직무능력표준에 따르면 의사소통능력의 세부 유형은 문서이해, 문서작성, 의사표현, 경청, 기초외국어로 나눌 수 있다. 이때, 문서이해·문서작성과 같은 제시문에 대한 주제, 일치 문제의 출제 비중이 높으며, 공문서·기획서·보고서·설명서 등 문서의 특성을 파악하는 문제도 일부 공사·공단에서 출제되고 있다. 따라서 이러한 분석을 바탕으로 전략을 세우는 것이 매우 중요하다.

01 문제에서 요구하는 바를 먼저 파악하라!

의사소통능력에서 가장 중요한 것은 제한된 시간 안에 빠르고 정확하게 답을 찾아내는 것이다. 그러기 위해서는 우리가 의사소통능력을 공부하는 이유를 잊지 말아야 한다. 우리는 지식을 쌓기 위해 의사소통능력 지문을 보는 것이 아니다. 즉 의사소통능력에서 만큼은 지문이 아닌 문제가 주인공이다! 지문을 보기 전 문제를 먼저 파악해야 한다. 주제찾기 문제라면 첫 문장과 마지막 문장 또는 접속어를 주목하자! 내용일치 문제라면 지문과 문항의 일치 / 불일치 여부만 파악한 뒤 빠져나오자! 지문에 빠져드는 순간 우리의 시간은 속절없이 흘러버린다!

02 잠재되어 있는 언어능력을 발휘하라!

의사소통능력에는 끝이 없다! 의사소통의 방대함에 포기한 적이 있는가? 세상에 글은 많고 우리가 학습할 수 있는 시간은 한정적이다. 이를 극복할 수 있는 방법은 다양한 글을 접하는 것이다. 실제 시험장에서 어떤 내용의 지문이 나올지 아무도 예측할 수 없다. 따라서 평소에 신문, 소설, 보고서 등 여러 글을 접하는 것이 필요하다. 잠재되어 있는 글에 대한 안목이 시험장에서 빛을 발할 것이다.

03   상황을 가정하라!

업무 수행에 있어 상황에 따른 언어 표현은 중요하다. 같은 말이라도 상황에 따라 다르게 해석될 수 있기 때문이다. 그런 의미에서 자신의 의견을 효과적으로 전달할 수 있는 능력을 평가하는 것은 당연하다. 따라서 다양한 상황에서의 언어표현능력을 함양하기 위한 연습의 과정이 요구된다. 업무를 수행하면서 발생할 수 있는 여러 상황을 가정하고 그에 따른 올바른 언어 표현을 정리하는 것이 필요하다. 의사표현 영역의 경우 출제 빈도가 높지는 않지만 상황에 따른 판단력을 평가하는 문항인 만큼 대비하는 것이 필요하다.

04   말하는 이의 입장에서 생각하라!

잘 듣는 것 또한 하나의 능력이다. 상대방의 이야기에 귀 기울이고 공감하는 태도는 업무를 수행하는 관계 속에서 필요한 요소이다. 그런 의미에서 다양한 상황에서의 듣는 능력을 평가한다. 말하는 이가 요구하는 듣는 이의 태도를 파악하고, 이에 따른 판단을 할 수 있도록 언제나 말하는 사람의 입장이 되어보는 연습이 필요하다.

05   반복만이 살길이다!

학창시절 외국어를 공부했을 때를 떠올려 보자! 셀 수 없이 많은 표현들을 익히기 위해 얼마나 많은 반복의 과정을 거쳤는가? 의사소통능력 역시 그러하다. 하나의 문제 유형을 마스터하기 위해 가장 중요한 것은 바로 여러 번, 많이 풀어보는 것이다.

| 01 | 의사소통능력이란?

(1) 의사소통의 중요성

① 의사소통 : 두 사람 또는 그 이상의 사람들 사이에서 일어나는 의사 전달 및 상호 교류를 의미하며, 어떤 개인 또는 집단이 다른 개인 또는 집단에게 정보·감정·사상·의견 등을 전달하고 또 그것들을 받아들이는 과정으로 이루어진다.

② 의사소통의 중요성 : 의사소통은 각기 다른 사람들의 의견 차이를 좁혀줌으로써, 선입견을 줄이거나 제거할 수 있는 수단이다.

③ 의사소통능력 : 상대방과 대화를 나누거나 문서를 통해 의견을 교환할 때 상호 간에 전달하고자 하는 의미를 정확하게 전달할 수 있는 능력을 말하며, 글로벌 시대에 필요한 외국어 문서이해 및 의사표현능력도 여기에 포함된다.

(2) 의사소통능력의 종류

① 문서적인 측면

　㉠ 문서이해능력 : 업무와 관련된 문서를 통해 구체적인 정보를 획득·수집·종합하는 능력

　㉡ 문서작성능력 : 상황과 목적에 적합하도록 문서를 작성하는 능력

② 언어적인 측면

　㉠ 경청능력 : 원활한 의사소통의 방법으로 상대방의 이야기를 듣는 능력

　㉡ 의사표현능력 : 자신의 의사를 목적과 상황에 맞게 설득력을 가지고 표현하는 능력

● 예제풀이 ●

• 문서적인 의사소통 : 문서 이해능력, 문서작성능력
• 언어적인 의사소통 : 경청 능력, 의사표현능력

정답 ①

● 핵심예제 ●

의사소통능력의 종류가 같은 것끼리 연결된 것은?

① 문서이해능력, 문서작성능력
② 의사표현능력, 문서이해능력
③ 경청능력, 문서작성능력
④ 문서작성능력, 의사표현능력

(3) 바람직한 의사소통을 저해하는 요인

① '일방적으로 말하고', '일방적으로 듣는' 무책임한 마음

② '전달했는데', '아는 줄 알았는데'라고 착각하는 마음

③ '말하지 않아도 아는 문화'에 안주하는 마음

(4) 의사소통능력의 개발

① 검토와 피드백을 활용

② 명확하고 쉬운 단어를 선택하여 이해를 높이는 언어 단순화

③ 상대방과 대화 시 적극적으로 경청

④ 감정적으로 메시지를 곡해하지 않고 침착하게 감정 조절

| 02 | 문서이해능력

(1) 문서이해능력

① 문서

제안서·보고서·기획서·편지·이메일·팩스·메모·공지 사항 등 문자로 구성된 것을 말한다. 사람들은 일상생활에서는 물론 직업현장에서도 다양한 문서를 사용한다. 문서를 통하여 효율적으로 의사를 전달함으로써 자신의 의사를 상대방에게 전달하고자 한다.

② 문서이해능력

㉠ 직업현장에서 자신의 업무와 관련된 인쇄물이나 기호화된 정보 등 필요한 문서를 확인하여 읽고, 내용을 이해하여 요점을 파악하는 능력이다.

㉡ 문서에서 주어진 문장이나 정보를 읽고 이해하여 자신에게 필요한 행동이 무엇인지 추론할 수 있어야 하며, 도표·수·기호 등도 이해할 수 있는 능력을 의미한다.

CHECK POINT

✚ 업무에 사용되는 문서의 종류와 용도를 꼭 알아두어야 한다.

● 핵심예제 ●

문서이해능력에 대한 설명으로 옳지 않은 것은?

① 직업현장에서 자신의 업무와 관련된 문서의 내용을 이해하고 요점을 파악하는 것이다.

② 문서이해능력이 없으면 원활한 직업생활을 영위하기 어렵다.

③ 문서를 읽고 자신에게 필요한 행동이 무엇인지 추론하는 것은 불가능하다.

④ 도표·수·기호 등을 이해할 수 있어야 한다.

● 예제풀이 ●

문서에서 주어진 정보를 통해 자신에게 필요한 행동이 무엇인지 추론할 수 있다.

정답 ③

(2) 문서의 종류와 용도

① **공문서** : 행정기관에서 대내적・대외적으로 공무를 집행하기 위해 작성하는 문서
② **기획서** : 적극적으로 아이디어를 내고 기획해 하나의 프로젝트를 문서 형태로 만들어, 상대방에게 기획의 내용을 전달하여 기획을 시행하도록 설득하는 문서
③ **기안서** : 회사의 업무에 대한 협조를 구하거나 의견을 전달할 때 작성하며, 사내 공문서라고 불림
④ **보고서** : 특정한 업무에 관한 현황이나 그 진행 상황 또는 연구・검토 결과 등을 보고하고자 할 때 작성하는 문서
⑤ **설명서** : 대개 상품의 특성이나 사물의 성질과 가치, 작동 방법이나 과정을 소비자에게 설명하는 것을 목적으로 작성한 문서
⑥ **보도자료** : 정부기관이나 기업체, 각종 단체 등이 언론을 상대로 자신들의 정보가 기사로 보도되도록 하기 위해 보내는 자료
⑦ **자기소개서** : 개인의 가정환경과 성장과정, 입사동기와 근무자세 등을 구체적으로 기술하여 자신을 소개하는 문서
⑧ **비즈니스 레터(E-mail)** : 사업상의 이유로 고객이나 단체에 편지를 쓰는 것이며, 직장업무나 개인 간의 연락, 직접 방문하기 어려운 고객관리 등을 위해 사용되는 비공식적 문서이나, 제안서나 보고서 등 공식적인 문서를 전달하는 데도 사용
⑨ **비즈니스 메모** : 업무상 필요한 중요한 일이나 앞으로 체크해야 할 일이 있을 때, 필요한 내용을 메모형식으로 작성하여 전달하는 글

● **예제풀이** ●

비즈니스 메모의 내용이다. 비즈니스 레터는 사업상의 이유로 고객이나 단체에 편지를 쓰는 것이다.

정답 ②

● **핵심예제** ●

다음 문서의 종류와 설명으로 옳지 않은 것은?

① 비즈니스 메모 : 개인이 추진하는 업무나 상대의 업무 추진 상황을 적은 메모
② 비즈니스 레터 : 회의에 참석하지 못한 상사나 동료에게 전달 사항이나 회의 내용에 대해 간략하게 적어 전달
③ 기안서 : 회사의 업무에 대한 협조를 구하거나 의견을 전달할 때 작성하는 문서
④ 자기소개서 : 개인의 가정환경과 성장과정, 입사동기와 근무자세 등을 구체적으로 기술하여 자신을 소개하는 문서

(3) 문서이해를 위한 구체적인 절차와 필요한 사항

① 문서이해의 구체적인 절차
　㉠ 문서의 목적 이해하기
　㉡ 문서가 작성된 배경과 주제 파악하기
　㉢ 문서에 쓰인 정보를 밝혀내고 문서가 제시하고 있는 현안문제 파악하기
　㉣ 문서를 통해 상대방의 욕구와 의도 및 내게 요구하는 행동에 관한 내용 분석하기
　㉤ 문서에서 이해한 목적달성을 위해 취해야 할 행동을 생각하고 결정하기
　㉥ 상대방의 의도를 도표나 그림 등으로 메모하여 요약・정리하기

② 문서이해를 위해 필요한 사항
  ㉠ 문서에서 꼭 알아야 하는 중요한 내용만을 골라 필요한 정보를 획득·수집·종합하는 능력
  ㉡ 다양한 종류의 문서를 읽고, 구체적인 절차에 따라 이해하고 정리하는 습관을 들여 문서이해능력과 내용종합능력을 키워나가는 노력
  ㉢ 책이나 업무에 관련된 문서를 읽고, 나만의 방식으로 소화하여 작성할 수 있는 능력

| 03 | 문서작성능력

(1) 문서작성의 중요성
① 문서작성의 중요성 : 개인의 의사표현이나 의사소통을 위한 과정으로서의 업무일 수도 있지만, 이를 넘어 조직의 사활이 걸린 중요한 업무의 일환이다.
② 문서작성능력 : 직장생활에서 요구되는 업무의 목적과 상황에 적합한 아이디어나 정보를 전달할 수 있도록 문서를 작성할 수 있는 능력이다.

(2) 문서작성 시 고려사항과 구성요소
① 문서작성 시 고려사항 : 대상, 목적, 시기, 기대효과
② 문서작성의 구성요소
  ㉠ 품위 있고 짜임새 있는 골격
  ㉡ 객관적이고 논리적이며 체계적인 내용
  ㉢ 이해하기 쉬운 구조
  ㉣ 명료하고 설득력 있는 구체적인 문장
  ㉤ 세련되고 인상적이며 효과적인 배치

CHECK POINT

문서는 그 문서를 보는 사람의 입장에서 알기 쉽고 간결하게 작성해야 한다.

● 핵심예제 ●

다음 중 문서작성 시 고려 사항이 아닌 것은?

① 시기
② 대상과 목적
③ 기대효과
④ 공간

● 예제풀이 ●

문서작성 시 고려해야 할 사항으로는 대상, 목적, 시기, 기대효과가 있다.

정답 ④

(3) 문서작성법

① 상황에 따른 문서작성법

ⓐ 요청이나 확인을 부탁하는 경우 : 일정한 양식과 격식을 갖추어 공문서 작성

ⓑ 정보 제공을 위한 경우
- 회사 자체에 대한 인력보유 홍보나 기업정보 제공 : 홍보물이나 보도자료 등
- 제품이나 서비스에 대해 정보 제공 : 설명서나 안내서에 시각적인 자료 활용이 효과적

ⓒ 명령이나 지시가 필요한 경우 : 명확한 내용의 업무 지시서

ⓓ 제안이나 기획을 할 경우 : 관련된 내용을 깊이 있게 담을 수 있는 제안서나 기획서

ⓔ 약속이나 추천을 위한 경우
- 약속은 고객이나 소비자에게 제품의 이용에 관한 정보를 제공하고자 할 때
- 추천은 개인이 다른 회사에 지원하거나 이직을 하고자 할 때

② 종류에 따른 문서작성법

ⓐ 공문서 : 회사 외부로 전달되는 문서이므로 '누가, 언제, 어디서, 무엇을, 어떻게, 왜' 등이 정확하게 드러나도록 작성해야 한다.
- 날짜 작성 시 유의사항
  - 연도와 월일을 반드시 함께 기입한다.
  - 날짜 다음에 괄호를 사용할 경우에는 마침표를 찍지 않는다.
- 내용 작성 시 유의사항
  - 한 장에 담아내는 것이 원칙이다.
  - 마지막은 반드시 '끝'자로 마무리한다.
  - 복잡한 내용은 항목별로 구분한다('-다음-' 또는 '-아래-').
  - 대외문서이고, 장기간 보관되는 문서이기 때문에 정확하게 기술한다.

ⓑ 설명서
- 명령형보다 평서형으로 작성한다.
- 상품이나 제품에 대해 정확하게 기술한다.
- 내용의 정확한 전달을 위해 간결하게 작성한다.
- 소비자들이 이해하기 어려운 전문용어는 가급적 사용을 삼간다.
- 복잡한 내용은 도표를 통해 시각화하여 이해도를 높인다.
- 동일한 문장 반복을 피하고 다양하게 표현한다.

ⓒ 기획서
- 기획서 작성 전 유의사항
  - 기획서의 목적을 달성할 수 있는 핵심 사항이 정확하게 기입되었는지 확인한다.
  - 기획서는 상대에게 어필해 상대가 채택하게끔 설득력을 갖춰야 하므로, 상대가 요구하는 것이 무엇인지 고려하여 작성한다.

- 기획서 내용 작성 시 유의사항
  - 내용이 한눈에 파악되도록 체계적으로 목차를 구성한다.
  - 핵심 내용의 표현에 신경을 써야 한다.
  - 효과적인 내용전달을 위해 내용에 적합한 표나 그래프를 활용하여 시각화한다.
- 기획서 제출 시 유의사항
  - 충분한 검토를 한 후 제출한다.
  - 인용한 자료의 출처가 정확한지 확인한다.

② 보고서
- 보고서 내용 작성 시 유의사항
  - 업무 진행 과정에서 쓰는 보고서인 경우, 진행 과정에 대한 핵심 내용을 구체적으로 제시하도록 작성한다.
  - 핵심 사항만을 산뜻하고 간결하게 작성한다(내용의 중복을 피하도록 한다).
  - 복잡한 내용일 때에는 도표나 그림을 활용한다.
- 보고서 제출 시 유의사항
  - 보고서는 개인의 능력을 평가하는 기본 요인이므로, 제출하기 전에 반드시 최종 점검을 한다.
  - 참고자료는 정확하게 제시한다.
  - 내용에 대한 예상 질문을 사전에 추출해 보고, 그에 대한 답을 미리 준비한다.

• 핵심예제 •

문서의 종류와 작성법의 연결이 옳지 않은 것은?

① 공문서 : 마지막엔 반드시 '끝'자로 마무리한다.
② 설명서 : 복잡한 내용은 도표화한다.
③ 기획서 : 상대가 요구하는 것이 무엇인지 고려하여 작성한다.
④ 보고서 : 상대에게 어필해 상대가 채택하게끔 설득력 있게 작성한다.

• 예제풀이 •

기획서에 대한 설명이다. 보고서를 작성할 때는 궁금한 점에 대해 질문을 받을 것에 대비하고, 업무상 진행과정에서 작성하는 경우에는 핵심내용을 구체적으로 제시해야 한다.

[정답] ④

---

(4) 문서작성의 원칙

① 문장은 짧고, 간결하게 작성한다.
② 상대방이 이해하기 쉽게 쓴다.
③ 한자의 사용을 자제해야 한다.
④ 간결체로 작성한다.
⑤ 긍정문으로 작성한다.
⑥ 간단한 표제를 붙인다.
⑦ 문서의 주요한 내용을 먼저 쓴다.

(5) 문서작성 시 주의사항

① 문서는 육하원칙에 의해서 써야 한다.
② 문서는 작성 시기가 중요하다.
③ 문서는 한 사안을 한 장의 용지에 작성해야 한다.
④ 문서작성 후 반드시 다시 한 번 내용을 검토해야 한다.
⑤ 문서의 첨부자료는 반드시 필요한 자료 외에는 첨부하지 않는다.
⑥ 문서 내용 중 금액, 수량, 일자 등의 기재에 정확성을 기하여야 한다.
⑦ 문장표현은 작성자의 성의가 담기도록 경어나 단어 사용에 신경을 써야 한다.

• 예제풀이 •

문서의 작성은 작성 시기가 중요하다. 문서가 작성되는 시기는 문서가 담고 있어야 하는 내용에 상당한 영향을 미친다.

정답 ①

• 핵심예제 •

다음은 문서작성 시 주의해야 할 사항을 설명한 것이다. 다음 중 잘못된 것은?

① 문서의 작성 시기는 중요하지 않다.
② 문서의 첨부자료는 반드시 필요한 자료 외에는 첨부하지 않도록 한다.
③ 문서작성 후 반드시 다시 한 번 내용을 검토해야 한다.
④ 문서 내용 중 금액, 수량, 일자 등의 기재에 정확성을 기하여야 한다.

(6) 문서의 시각화

① 보기 쉬워야 한다.
② 이해하기 쉬워야 한다.
③ 다채롭게 표현되어야 한다.
④ 숫자는 그래프로 표시한다.

• 예제풀이 •

문장은 짧고 간결하게 작성해야 하며, 한자의 사용을 자제해야 한다.

오답분석
② 긍정문으로 작성한다.
③ 숫자는 그래프로 표시한다.
④ 간단한 표제를 붙이고 한 사안을 한 장의 용지에 작성해야 한다.

정답 ①

• 핵심예제 •

전사 프로젝트 회의에 필요한 문서를 작성해야 한다. 다음 중 옳지 않은 것은?

① 임원들이 참여하므로 문장에 여러 내용을 함축하여 자세하게 쓰며, 한자를 활용한다.
② 비관적인 문장보다는 낙관적인 문장으로 쓰며, 경어를 신중히 사용한다.
③ 연도별 매출 추이는 비교가 가능하게끔 막대그래프로 표현한다.
④ 문서의 서두에 표제를 붙이고 한 장의 용지에 작성을 원칙으로 한다.

| 04 | 경청능력

(1) 경청의 중요성

① 경청의 의미

경청이란 다른 사람의 말을 주의 깊게 들으며, 공감하는 능력이다. 경청은 대화의 과정에서 신뢰를 쌓을 수 있는 최고의 방법이다. 듣는 이가 경청하면 상대는 안도감을 느끼고, 듣는 이에게 무의식적으로 믿음을 갖게 된다.

② 경청의 중요성

㉠ 상대방을 한 개인으로 존중하게 된다.
㉡ 상대방을 성실한 마음으로 대하게 된다.
㉢ 상대방의 입장에 공감하며 이해하게 된다.

CHECK POINT

➕ 경청의 방법은 자주 출제되는 내용이므로 꼭 암기해야 한다.

(2) 효과적인 경청의 방법

① 혼자서 대화를 독점하지 않는다.
② 상대방의 말을 가로채지 않는다.
③ 이야기를 가로막지 않는다.
④ 의견이 다르더라도 일단 수용한다.
⑤ 말하는 순서를 지킨다.
⑥ 논쟁에서는 먼저 상대방의 주장을 들어준다.
⑦ 시선을 맞춘다(Eye Contact).
⑧ 귀로만 듣지 말고 오감을 동원해 적극적으로 경청한다.

● 핵심예제 ●

효과적인 경청 방법이 아닌 것은?

① 말하는 사람의 모든 것에 집중해서 적극적으로 들어야 한다.
② 상대방의 의견에 동조할 수 없더라도, 일단 수용한다.
③ 질문에 대한 답이 즉각적으로 이루어질 때만 질문을 한다.
④ 대화의 내용을 주기적으로 요약한다.

● 예제풀이 ●

질문에 대한 답이 즉각적으로 이루어질 수 없다고 하더라도, 질문을 하려고 하면 경청하는 데 적극적이게 되고 집중력이 높아진다.

정답 ③

(3) 대화를 통한 경청훈련

① 주의 기울이기(바라보기, 듣기, 따라하기)
② 상대방의 경험을 인정하고 더 많은 정보 요청하기
③ 정확성을 위해 요약하기
④ 개방적인 질문하기
⑤ '왜?'라는 말은 삼가기

(4) 경청의 올바른 자세

① 상대를 정면으로 마주하는 자세는 그와 함께 의논할 준비가 되었음을 알리는 자세이다.

② 손이나 다리를 꼬지 않는 소위 개방적 자세를 취하는 것은 상대에게 마음을 열어놓고 있다는 표시이다.

③ 상대방을 향하여 상체를 기울여 다가앉은 자세는 자신이 열심히 듣고 있다는 사실을 강조하는 것이다.

④ 우호적인 눈의 접촉은 자신이 관심을 가지고 있다는 사실을 알리는 것이다.

⑤ 비교적 편안한 자세를 취하는 것은 전문가다운 자신만만함과 편안한 마음을 상대방에게 전하는 것이다.

| 05 | 의사표현능력

(1) 의사표현의 중요성

① **의사표현** : 말하는 이가 자신의 생각과 감정을 듣는 이에게 음성언어나 신체언어로 표현하는 행위

② **의사표현의 중요성** : 의사표현은 그 사람의 이미지를 결정한다.

③ **의사표현능력** : 말하는 사람이 자신의 생각과 감정을 듣는 사람에게 음성언어나 신체언어로 표현하는 능력이다.

CHECK POINT

간단·명료하고, 정확하며 친절한 표현을 사용한다.

(2) 상황에 따른 의사표현법

① **상대방의 잘못을 지적할 때** : 먼저 상대방과의 관계를 고려한 다음, 상대방이 알 수 있도록 확실하게 지적한다.

② **상대방을 칭찬할 때** : 칭찬은 별다른 노력을 기울이지 않아도 항상 상대방을 기분 좋게 만든다.

③ **상대방에게 부탁해야 할 때** : 먼저 상대의 사정을 들음으로써 상대방을 우선시하는 태도를 보여준 다음, 응하기 쉽게 구체적으로 부탁한다.

④ **상대방의 요구를 거절해야 할 때** : 먼저 사과한 다음, 응해줄 수 없는 이유를 설명한다.

⑤ **명령해야 할 때** : '○○을 이렇게 해 주는 것이 어떻겠습니까?'라는 식으로 부드럽게 표현하는 것이 효과적이다.

⑥ **설득해야 할 때** : 먼저 양보해서 이익을 공유하겠다는 의지를 보여주어야만 상대방도 받아들이게 된다.

⑦ **충고해야 할 때** : 충고는 마지막 방법이다. 충고를 해야 할 상황이면, 예를 들거나 비유법을 사용하는 것이 바람직하다.

⑧ **질책해야 할 때** : '칭찬의 말＋질책의 말＋격려의 말'처럼, 질책을 가운데 두고 칭찬을 먼저 한 다음 끝에 격려의 말을 하는 샌드위치 화법을 활용한다.

마케팅 예산을 보고하러 온 이 대리가 박 부장을 설득하려고 할 때, 적절한 의사표현법은?

① 먼저 상사의 사정을 우선시한 다음 응하기 쉽게 구체적으로 얘기한다.
② 박 부장에게 자신의 능력을 얘기하며 인정해 달라고 요청한다.
③ 박 부장이 쉽게 받아들이게끔 딱 부러지게 말을 한다.
④ 반론이 제기되지 않게끔 말을 가로막는다.

설득해야 할 때는 상대방의 사정을 우선시한 다음, 응하기 쉽게 먼저 양보해서 이익을 공유하겠다는 의지를 보여주어야 한다.

정답 ①

(3) 원활한 의사표현을 위한 지침

① 올바른 화법을 위해 독서를 하라.
② 좋은 청중이 돼라.
③ 칭찬을 아끼지 마라.
④ 공감하고, 긍정적으로 보이게 하라.
⑤ 겸손은 최고의 미덕임을 잊지 마라.
⑥ 과감하게 공개하라.
⑦ '뒷말'을 숨기지 마라.
⑧ '첫마디'를 준비하라.
⑨ 이성과 감성의 조화를 꾀하라.
⑩ 대화의 룰을 지켜라.
　㉠ 상대방의 말을 가로막지 않는다.
　㉡ 혼자서 의사표현을 독점하지 않는다.
　㉢ 의견을 제시할 때는 반론 기회를 준다.
　㉣ 임의로 화제를 바꾸지 않는다.
⑪ 문장을 완전하게 말하라.

(4) 설득력 있는 의사표현을 위한 지침

① 'Yes'를 유도하여 미리 설득 분위기를 조성하라.
② 대비 효과로 분발심을 불러일으켜라.
③ 침묵을 지키는 사람의 참여도를 높여라.
④ 여운을 남기는 말로 상대방의 감정을 누그러뜨려라.
⑤ 하던 말을 갑자기 멈춤으로써 상대방의 주의를 끌어라.
⑥ 호칭을 바꿔서 심리적 간격을 좁혀라.
⑦ 끄집어 말하여 자존심을 건드려라.
⑧ 정보전달 공식을 이용하여 설득하라.
⑨ 상대방의 불평이 가져올 결과를 강조하라.

PART 1

⑩ 권위 있는 사람의 말이나 작품을 인용하라.

⑪ 약점을 보여 주어 심리적 거리를 좁혀라.

⑫ 이상과 현실의 구체적 차이를 확인시켜라.

⑬ 자신의 잘못도 솔직하게 인정하라.

⑭ 집단의 요구를 거절하려면 개개인의 의견을 물어라.

⑮ 동조 심리를 이용하여 설득하라.

⑯ 지금까지의 노고를 치하한 뒤 새로운 요구를 하라.

⑰ 담당자가 대변자 역할을 하도록 하여 윗사람을 설득하게 하라.

⑱ 겉치레 양보로 기선을 제압하라.

⑲ 변명의 여지를 만들어 주고 설득하라.

⑳ 혼자 말하는 척하면서 상대의 잘못을 지적하라.

● 예제풀이 ●

자기주장을 굽히지 않는 상대방에게는 '밀어서 안 되면 당겨보라.'는 전략을 사용하는 것도 한 가지 방법이 된다. 이쪽이 자기주장을 부정하고 상대방의 주장을 따르는 듯한 자세를 취하면 상대방도 자기주장만 내세울 수 없게 된다.

정답 ②

━ 핵심예제 ━

다음은 설득력 있는 의사표현의 지침 중 어떤 내용인가?

> 자기주장을 일단 양보하여 의견의 일치를 보이는 자세를 취함으로써 강경한 태도를 굽히지 않던 상대방을 결국 이쪽으로 끌어올 수 있다.

① 권위 있는 사람의 말이나 작품을 인용하라.

② 자신의 잘못도 솔직하게 인정하라.

③ 변명의 여지를 만들어 주고 설득하라.

④ 침묵을 지키는 사람의 참여도를 높여라.

| 06 | 기초외국어능력

(1) 기초외국어능력의 필요성

① **기초외국어능력** : 직업생활에 있어 우리의 무대가 세계로 넓어지면서 한국어만이 아닌 다른 나라의 언어로 의사소통을 하는 능력

② **기초외국어능력의 필요성** : 국제화·세계화 시대에 살고 있는 우리는 다른 나라와의 무역을 당연하게 여긴다. 다른 나라와 무역을 하기 위해서는 우리의 언어가 아닌 국제적인 통용어를 사용하거나, 경우에 따라서는 그들의 언어로 의사소통을 해야 하는 경우가 생기기도 한다.

(2) 기초외국어능력이 필요한 상황

① 외국인과의 의사소통 상황에서 전화응대나 안내하는 상황
② 외국에서 들어온 기계가 어떻게 작동되는지 매뉴얼을 봐야 하는 상황
③ 외국으로 보낼 서류를 작성하거나, 외국에서 온 서류를 이해하여 업무를 추진해야 하는 상황

● 핵심예제 ●

기초외국어능력이 필요한 상황이 아닌 것은?

① 외국인과 함께 일하는 국제 비즈니스 상황
② 외국에서 들어온 기계가 어떻게 작동되는지 매뉴얼을 봐야 하는 상황
③ 외국으로 보낼 서류를 작성하는 상황
④ 같은 언어를 사용하는 상사에게 보고하는 상황

● 예제풀이 ●

같은 언어를 사용하는 경우, 사용하는 언어로 보고하면 된다.

정답 ④

(3) 기초외국어능력 향상을 위한 공부법

① 왜 외국어 공부를 해야 하는지 그 목적부터 정하라.
② 매일 30분씩 눈과 손과 입에 밸 정도로 반복하여 공부하자.
③ 실수를 두려워하지 말고, 기회가 있을 때마다 외국어로 말하라.
④ 외국어에 익숙해질 수 있도록 쉬운 외국어 잡지나 원서를 읽자.
⑤ 혼자 공부하는 것보다는 라이벌을 정하고 공부하라.
⑥ 업무와 관련된 외국어 주요용어는 꼭 메모해 두자.
⑦ 출퇴근 시간에 짬짬이 외국어 방송을 보거나, 라디오를 들으라.
⑧ 외국어 단어를 암기할 때 그림카드를 사용해보라.
⑨ 가능하면 외국인 친구를 많이 사귈 수 있는 기회를 만들어 대화를 자주 나눠보라.

(4) 외국어 자신감 부족형의 특징

① 처음부터 잘 못한다는 사실을 지나치게 의식한다.
② 자신의 의사를 명확히 표현하지 못한다.
③ 자신의 의사를 간단하게 정리하지 못한다.
④ 심한 긴장감으로 위축되어 표현력이 떨어진다.

연속출제

귀하는 중소기업의 총무팀에서 근무하고 있다. 어느 날 팀장이 아래의 기사를 주며 내용을 검토해 본 뒤 보고하라고 했다. 다음 기사를 읽고 귀하가 보고한 내용으로 가장 적절한 것은?

1) **질문의도**
: 검토 → 보고
= 내용이해

중소기업진흥공단 '내일채움공제'
"중소기업 근로자에게 금전적 보상, 장기 재직 유도"

중소기업진흥공단(이하 중진공)은 중소기업 근로자의 장기재직과 인력양성을 위해 운영하는 정책성 공제인 '내일채움공제' 사업으로 많은 중소기업과 핵심인력들에게 높은 관심을 받고 있다.

내일채움공제는 중소기업 핵심인력의 인력난을 해소하고, 장기재직을 유도하기 위해 중진공에서 공식출범한 공제 사업이다. 이 제도를 통해 기업주와 핵심인력은 5년간 매월 일정금액을 공동으로 적립하고, 핵심인력 근로자가 만기까지 재직 시 성과보상금으로 공동적립금을 지급한다.

핵심인력이 매달 10만 원을 적립할 때 중소기업은 20만 원 이상을 적립하도록 규정하고 있기 때문에 장기재직을 유도하는 방안으로 꼽힌다.

조세소위 심사자료에 따르면 내일채움공제에 가입한 근로자는 올해 9월 기준 3,441개 업체 8,398명이다. 이들은 월 평균 12만 7,000원, 기업은 월 평균 30만 6,000원을 납입하고 있고 5년 후 공제금 수령 예상액은 평균 2,756만 원(세전) 수준이다.

내일채움공제에 가입한 기업은 공제납입금에 대해 손금(필요경비)인정과 함께 연구 및 인력개발비 세액공제 혜택을 받을 수 있으며, 과세표준구간에 따라 최소 31%, 최대 63%의 절세효과를 누릴 수 있다는 이점을 가지고 있다.

가입한 핵심인력 또한 만기공제금 수령 시 소득세의 50%를 감면해주는 제도가 2015년 세법개정(안)에 반영됨에 따라 근로자들의 실질적인 재산증식 효과도 가져올 수 있을 것으로 기대를 모은다.

→ ②
→ ①
→ ④
→ ⑤
→ ③

3) **지문독해**
: 선택지와 비교

---

① 근무 연수에 상관없이 내일채움공제에 가입한 근로자라면 모두 혜택을 받을 수 있습니다.

② 내일채움공제에 가입한 뒤에는 근로자나 기업 둘 중 하나가 공제부금을 납입하면 됩니다.

☑ 공제금액의 최종 수급권자는 공제가입 핵심인력으로 만기공제금을 수령할 경우 소득세의 50%를 감면해준다고 합니다.

④ 핵심인력은 최대 10만 원, 기업은 최대 20만 원까지 납입할 수 있습니다.

⑤ 내일채움공제 가입 기업은 공제납입금에 대해 최대 50%까지 절세혜택을 받을 수 있습니다.

2) **선택지 키워드 찾기**

4) **정답도출** : 내용일치

유형분석

- 주어진 지문을 읽고 일치하는 선택지를 고르는 전형적인 독해 문제이다.
- 지문은 주로 신문기사(보도자료 등), 업무 보고서, 시사 등이 제시된다.
- 대체로 지문이 긴 경우가 많아 푸는 시간이 많이 소요된다.
- ➕ 응용문제 : 지문의 주제를 찾는 문제나, 지문의 핵심내용을 근거로 추론하는 문제가 출제된다.

풀이전략

먼저 선택지의 키워드를 체크한 후, 지문의 내용과 비교하며 내용의 일치유무를 신속히 판단한다.

기출유형 2 문서이해 ②

📋 **연속출제**

귀하는 공공기관 기획팀에 근무하고 있다. 문서를 정리하던 중, 실수로 물을 쏟는 바람에 문서 일부의 내용이 지워지고 말았다. 남겨진 문서를 읽고 귀하가 맥락적으로 유추한 내용으로 적절하지 않은 것은?

Ⅳ. 기대 효과

O '공공기관 경영평가편람' 전격 개정 … 공공기관 육아휴직 대체인력 정규직화 추진

　㉠ (업무 공백 최소화) 육아휴직의 비율이 높은 기관의 업무 공백을 최소화함으로써 재직자들의 부담 절감

　㉡ (업무의 전문성 유지) 대체인력의 정규직화로 전문적인 업무가 많은 공공기관의 특성에 맞는 인력을 고용·교육함으로써 단기 계약 고용으로 인한 문제 해결 　→ ⑤

　㉢ (일자리 창출 기여) 육아휴직 대체인력으로 청년 취업난 해소 기여 　→ ④

　㉣ (대체인력의 고용안정) 대체 인력의 정규직화로 비정규직 대체인력의 고용 안정화 　→ ②

　㉤ (기업 경영 평가 부담 감소) …… 　→ ③

---

1) 질문의도
: 맥락적 유추

2) 지문파악
: 주제확인

4) 지문독해
: 선택지와 비교

✅ 육아휴직 대체충원으로 기업의 이미지 쇄신 효과가 발생할 수 있다는 의미이다.

② 육아휴직 대체충원 정규직화로 추가 일자리가 창출되었을 뿐 아니라 기존의 비정규직 대체인력의 고용이 안정화되었다는 의미이다.

③ 공공기관 경영평가편람 전격개정으로 육아휴직 대체충원에 따른 초과 인원 발생 시 경영평가에 불이익을 받지 않게 되었다는 의미이다.

④ 육아휴직 대체인력으로 추가 일자리가 창출되어 취업난을 해소할 수 있게 된다는 의미이다.

⑤ 육아휴직 대체인력의 정규직화로 전문인력 고용 및 교육이 가능해졌다는 의미이다.

3) 선택지 키워드 찾기

5) 정답도출

유형분석

- 주어진 지문에 대한 이해를 바탕으로 유추할 수 있는 내용을 고르는 문제이다.
- 지문은 주로 업무 보고서, 기획서, 보도자료 등이 제시된다.
- 일반적인 독해 문제와는 달리 선택지의 내용이 애매모호한 경우가 많으므로 꼼꼼히 살펴보아야 한다.

풀이전략

주어진 지문이 어떠한 내용을 다루고 있는지 파악한 후 선택지의 키워드를 체크한다. 그리고 나서 지문의 내용에서 도출할 수 있는 내용을 선택지에서 찾아야 한다.

📋 연속출제

귀하는 상사로부터 '쉬운 공공언어 쓰기' 점검표를 작성하라는 요청을 받았으며, 아래와 같이 초안을 완성하였다. 귀하는 상사에게 초안을 보고하기 전 검토하려고 한다. 아래 점검표에서 잘못 쓰인 단어는 모두 몇 개인가?

단어	고압적·권위적 표현, 차별적 표현(성, 지역, 인종, 장애 등)은 없는가?	예☐	아니요☐
	일반적으로 널리 쓰이는 쉬운 단어를 사용했는가? (상토적인 한자어, 어렵고 낯선 외국어·외래어를 다드머 썼는가?)	예☐	아니요☐
	줄림말(약어)이나 전문 용어를 친절하게 설명했는가?	예☐	아니요☐
	괄호 안에 쓰지 않고 외국 문자를 바로 노출한 단어는 없는가?	예☐	아니요☐
	한글 맞춤법, 외래어 표기법 등 어문규범에 맞게 썼는가?	예☐	아니요☐
문장	문장이 장황하거나 지나치게 길지 않은가?	예☐	아니요☐
	여러 가지로 해석되는 단어나 문장은 없는가?	예☐	아니요☐
	문장 성분끼리 잘 호응하는가?	예☐	아니요☐
	불필요한 피동·사동 표현이나 번역투 표현은 없는가?	예☐	아니요☐
구성	적절한 형식에 맞춰 제시하였는가?	예☐	아니요☐
	제목이나 소제목이 전달 의도를 잘 보여주는가?	예☐	아니요☐
	논리적으로 베열되어 글이 조리 있게 전개되는가?	예☐	아니요☐
	도표나 수식 등의 보조 자료는 쉽게 이해할 수 있는가?	예☐	아니요☐

① 3개
② 4개
③ 5개
✔ 6개
⑤ 7개

1) 질문의도
   : 잘못 쓰인 단어

2) 지문파악
   : 잘못 쓰인
     단어 찾기

3) 정답도출 : 6개

유형분석

- 주어진 지문에서 잘못 쓰인 단어(→ 총 개수)를 찾는 문제이다.
- 자료는 보고서, 약관, 공지 사항 등 다양하게 제시된다.
- 다른 문제들에 비해 쉬운 편에 속하지만 실수를 하기 쉽다.
- ➕ 응용문제 : 틀린 단어를 올바르게 고치는 등 맞춤법과 관련된 문제가 출제된다.

풀이전략

주어진 지문을 처음부터 끝까지 빠르게 훑어보면서 오·탈자를 찾는다.

기출유형 4 · 문서작성 ②

 연속출제

A기업의 신입사원 교육담당자인 귀하는 상사로부터 아래와 같은 메일을 받았다. 신입사원의 업무역량을 향상시킬 수 있도록 교육하려고 할 때, 포함할 내용으로 적절하지 않은 것은?

> 수신 : ○○○
> 발신 : ○○○
> ─────────────────────────
>
> 제목 : 신입사원 교육프로그램을 구성할 때 참고해 주세요.
> 내용 :
> ○○○ 씨, 오늘 조간신문을 보다가 공감이 가는 내용이 있어서 보내드립니다.
> 신입사원 교육 때, 문서작성능력을 향상시킬 수 있는 프로그램이 추가되면 좋을 것 같습니다.
>
> 기업체 인사담당자들을 대상으로 한 조사에선 신입사원의 국어 능력 만족도가 '그저 그렇다' 가 65.4%, '불만족' 이 23.1%나 됐는데, 특히 '기획안과 보고서 작성능력' 에서 '그렇다' 는 응답 비율(53.2%)이 가장 높았다. 기업들이 대학에 개설되기 희망하는 교과과정을 조사한 결과에서도 가장 많은 41.3%가 '기획문서 작성' 을 꼽았다. 특히 인터넷 세대들은 '짜깁기' 기술엔 능해도 논리를 구축해 효과적으로 커뮤니케이션을 하고 상대를 설득하는 능력에선 크게 떨어진다.
> … 중략 …

① 문서의미를 전달하는 데 문제가 없다면 끊을 수 있는 부분은 가능한 끊어서 문장을 짧게 만들고, 실질적인 내용을 담을 수 있도록 한다.

② 상대방이 이해하기 어려운 글은 좋은 글이 아니므로, 우회적인 표현이나 현혹적인 문구는 되도록 쓰지 않도록 한다.

③ 중요하지 않은 경우 한자의 사용을 자제하도록 하되, 만약 사용할 경우 상용한자의 범위 내에서 사용토록 한다. ───→ 두괄식이 주제 전달에 효과적

☑ 문서의 주요한 내용을 미괄식으로 작성하는 것은 문서작성에서 중요한 부분이다.

⑤ 문서의 내용을 일목요연하게 파악할 수 있도록 간단한 표제를 붙이는 것도 상대방이 쉽게 내용을 이해하는 데 도움이 된다.

[우측 여백 주석]

1) 질문의도
  : 업무역량교육

2) 지문파악
  : 문서작성능력
   향상을 위한 교육

3) 선택지 확인
   올바른
   문서작성방법 X
     ↓
   교육내용으로
   적절 X

4) 정답도출

유형분석

- 문서작성방법을 올바르게 이해하고 있는지를 평가하는 문제이다.
- 지문은 실제 문서 형식, 조언하는 말하기, 조언하는 대화가 주로 제시된다.
- ➕ 응용문제 : 문서 유형별 문서작성방법에 대한 내용이 출제된다. 맞고 틀리고의 문제가 아니라 적합한 방법을 묻는 것이기 때문에 구분이 안 되어 있으면 틀리기 쉽다.

풀이전략

질문의 의도를 파악하는 것이 최우선이다. 그러고 나서 '지문 → 선택지'의 순서로 확인한다.

📋 연속출제

귀하는 화장품회사의 상품기획팀 사원이다. 오늘은 거래처 직원과의 미팅이 있었는데 예상했던 것보다 미팅이 지연되는 바람에 사무실에 조금 늦게 도착하고 말았다. 귀하는 A팀장에게 찾아가 늦게 된 상황을 설명하려 한다. 다음의 대화에서 A팀장이 가져야 할 경청 방법으로 가장 적절한 것은?

귀하 : 팀장님, 외근 다녀왔습니다. 늦어서 죄송합니다. 업무가 지연되는 바람에 늦….

A팀장 : 왜 이렇게 늦은 거야? 오후 4시에 회의가 있으니까 오후 3시 30분까지는 들어오라고 했잖아. 지금 몇 시야? 회의 다 끝나고 오면 어떡해?

귀하 : 죄송합니다, 팀장님. 거래처 공장에서 일이 갑자기 생겨….

A팀장 : 알았으니까 30분 뒤에 외근 업무 내용 보고해.

---

① 상대방과 시선을 맞추며 이야기한다.

② 혼자 대화를 주도하지 않는다.

✔ ③ 상대방의 말을 가로막지 않는다.

④ 다리를 꼬고 앉거나 팔짱을 끼지 않는다.

⑤ 여러 사람과 대화할 경우 말하는 순서를 지킨다.

1) 질문의도
: 경청방법

2) 상황(지문) 파악
: 상대방의 말을 끊음

3) 정답도출
: 상대방의 말을
가로막지 않음

유형분석

• 경청 방법에 대해 이해하고 있는지 묻는 문제이다.

• 주로 대화 상황이 제시된다.

• 경청 방법에 대한 지식이 있어도 대화 상황이나 예가 제시되었을 때 그 자료를 해석하지 못하면 소용이 없다. 지식과 예를 연결 지어 학습해야 한다.

➕ 응용문제 : 경청하는 태도와 방법에 대한 질문뿐만 아니라, 이와는 반대로 예시를 제시하고 왜 잘못된 듣기 태도인지 그 이유를 물어보는 문제도 출제된다.

풀이전략

문제의 질문과 주어진 상황을 정확하게 파악한 후 선택지를 확인한다. 일반적인 수준에서 정답 유무를 판단하여도 대부분은 맞출 수 있다.

기출유형 6 · 의사표현

 연속출제

마케팅 예산을 보고하러 온 이 팀장이 박 부장을 설득해야 할 때 알맞은 의사표현법은?

☑ 먼저 상사의 사정을 우선시한 다음 응하기 쉽게 구체적으로 얘기한다.
② 부장에게 자신의 능력을 얘기하며 인정해달라고 요청한다.
③ 부장이 쉽게 받아들이게끔 딱 부러지게 말을 한다.
④ 반론이 제기되지 않게끔 말을 가로막는다.

1) 질문의도 : 설득

2) 선택지 확인

3) 정답도출

유형분석

• 상황에 적합한 의사표현법에 대한 이해를 묻는 문제이다.
• 지문은 상황(꼭 대화인 것은 아님)이 제시되는 경우가 많다.
• 일반적인 효과적인 의사표현 방법은 상식으로도 풀 수 있지만 위에 제시된 문제처럼 상황별 의사표현 방법에 대해서는 상황별로 분명히 구분지어서 예와 함께 알아두어야 한다.

풀이전략

이 유형의 선택지에는 틀린 내용이 아니라 각 상황별 표현 방법이 제시되기 때문에 선택지를 먼저 확인하는 것은 비효율적이다. 문제에서 묻는 상황이 무엇인지 파악한 뒤, 선택지에서 그 상황에 적합한 표현 방법을 찾아야 한다.

정답 및 해설 p. 18

☑ 확인 Check! ○ △ ✕

01 다음 중 문서작성의 의미와 중요성에 대한 설명으로 적절하지 않은 것은?

① 문서란 제안서, 보고서, 기획서, 편지, 메모, 공지사항 등이 문자로 구성된 것을 말한다.

② 직장인에게 있어 기획서나 보고서, 공문서 등의 문서를 작성할 수 있는 능력은 중요하다.

③ 문서 내용에는 대상·목적·시기가 포함되어야 하며, 제안서는 경우에 따라 기대효과가 포함되어야 한다.

④ 문서는 한 사안을 한 장의 용지에 작성해야 한다.

⑤ 문서를 작성할 때는 주로 한자를 사용하여 상대방이 쉽게 이해할 수 있도록 한다.

☑ 확인 Check! ○ △ ✕

02 다음 문단을 읽고, 이어질 내용을 논리적 순서대로 나열한 것은?

> 전 세계적으로 온난화 기체 저감을 위한 습지 건설 기술은 아직 보고된 바가 없으며 관련 특허도 없다.

> (A) 동남아시아 등에서 습지를 보존하고 복원하는 데 국내 개발 기술을 활용하면
> (B) 이산화탄소를 고정하고 메탄을 배출하지 않는 인공 습지를 개발하면
> (C) 기존의 목적에 덧붙여 온실가스를 제거하는 새로운 녹색 성장 기술로 사용할 수 있으며
> (D) 기술 이전에 따른 별도 효과도 기대할 수 있을 것이다.

① (A) – (B) – (C) – (D)

② (A) – (C) – (B) – (D)

③ (B) – (A) – (C) – (D)

④ (B) – (C) – (A) – (D)

⑤ (A) – (D) – (B) – (C)

03 다음 글의 내용과 일치하지 않는 것은?

'갑'이라는 사람이 있다고 하자. 이때 사회가 갑에게 강제적 힘을 행사하는 것이 정당화되는 근거는 무엇일까? 그것은 갑이 다른 사람에게 미치는 해악을 방지하려는 데에 있다. 특정 행위가 갑에게 도움이 될 것이라든가, 이 행위가 갑을 더욱 행복하게 할 것이라든가 또는 이 행위가 현명하다든가 혹은 옳은 것이라든가 하는 이유를 들면서 갑에게 이 행위를 강제하는 것은 정당하지 않다. 이러한 이유는 갑에게 권고하거나 이치를 이해시키거나 무엇인가를 간청하거나 할 때는 충분한 이유가 된다. 그러나 갑에게 강제를 가하는 이유 혹은 어떤 처벌을 가할 이유는 되지 않는다. 이와 같은 사회적 간섭이 정당화되기 위해서는 갑이 행하려는 행위가 다른 어떤 이에게 해악을 끼칠 것이라는 점이 충분히 예측되어야 한다. 한 사람이 행하고자 하는 행위 중에서 그가 사회에 대해서 책임을 져야 할 유일한 부분은 다른 사람에게 관계되는 부분이다.

① 개인에 대한 사회의 간섭은 어떤 조건이 필요하다.
② 행위 수행 혹은 행위 금지의 도덕적 이유와 법적 이유는 구분된다.
③ 한 사람의 행위는 타인에 대한 행위와 자신에 대한 행위로 구분된다.
④ 사회는 개인의 해악에 관해서는 관심이 있지만, 그 해악을 방지할 강제성의 근거는 가지고 있지 않다.
⑤ 타인과 관계되는 행위는 사회적 책임이 따른다.

04 다음 중 ㉠과 같은 의미로 쓰인 것은?

언어 없이 사고가 불가능하다는 이론도 그렇다. 생각은 있되, 그 생각을 표현할 적당한 말이 없는 경우도 얼마든지 있으며, 생각은 분명히 있지만 말을 잊어서 표현에 곤란을 느끼는 경우도 흔한 것이다. 음악가는 언어라는 매개를 ㉠ 통하지 않고 작곡을 하여 어떤 생각이나 사상을 표현하며, 조각가는 언어 없이 조형을 한다. 또 우리는 흔히 새로운 물건, 새로운 생각을 이제까지 없던 새 말로 만들어 명명하기도 한다.

① 그의 주장은 앞뒤가 잘 통하지 않는다.
② 바람이 잘 통하는 곳에 빨래를 널어야 잘 마른다.
③ 그 시상식은 텔레비전을 통해 전국에 중계되었다.
④ 청소년들은 기성세대와 말이 통하지 않는다고 말한다.
⑤ 부부는 어떤 일을 하든 서로 뜻이 잘 통해야 한다.

05 다음은 안전한 도로이용을 위한 고장 시 조치요령이다. 글의 내용과 일치하지 않는 것은?

〈갓길의 이용〉

고속도로에서 고장이나 연료가 소진되어 운전할 수 없는 경우에 주차하려 할 때는 다른 차의 주행을 방해하지 않도록 충분한 공간이 있는 갓길 등에 주차해야 한다.

〈고장차량 표지의 설치〉

자동차의 운전자는 교통안전표지를 설치하는 경우 그 자동차의 후방에서 접근하는 자동차의 운전자가 확인할 수 있는 위치에 설치해야 한다. 또, 고속도로 등에서 자동차를 운행할 수 없게 되었을 때는 고장자동차의 표지를 설치해야 하며, 그 자동차를 고속도로 등이 아닌 다른 곳으로 옮겨 놓는 등의 필요한 조치를 해야 한다. 밤에는 고장자동차 표지와 함께 사방 500m 지점에서 식별할 수 있는 적색의 섬광신호 · 전기제등 또는 불꽃신호를 추가로 설치해야 한다. 강한 바람이 불 때는 고장차량 표지 등이 넘어지지 않도록 필요한 조치를 마련하고, 특히 차체 후부 등에 연결하여 튼튼하게 해야 한다. 또한, 수리 등이 끝나고 현장을 떠날 때는 고장차량 표지 등 장비를 챙기고 가는 것을 잊어서는 안 된다.

〈차의 이동과 비상 전화 이용〉

고속도로상에서 고장이나 연료가 떨어져서 운전할 수 없을 때는 비상조치를 끝낸 후 가장 가까운 비상전화로 견인차를 부르거나 가능한 한 빨리 그곳으로부터 차를 이동해야 한다.

---

① 고속도로에서 운전할 수 없는 경우에는 갓길 등에 주차해야 한다.
② 교통안전표지는 후방의 운전자가 확인할 수 있는 위치에 설치해야 한다.
③ 밤에 고장자동차의 표지를 설치할 때는 불꽃신호를 추가로 설치해야 한다.
④ 고속도로 등에서 자동차를 운행할 수 없게 되었을 때는 차량을 두고 빨리 대피해야 한다.
⑤ 고속도로에서 비상조치를 끝낸 후 비상전화로 견인차를 부르거나 차를 빨리 이동해야 한다.

06 다음 글의 개요에서 ㉠과 ㉡에 들어갈 내용으로 가장 적절한 것은?

제목 : _____㉠_____

서론 : 환경의 심각성이 날로 도를 더해 간다.

본론

1. 환경오염 현상에 대한 우리의 반응

    (1) 부정적 모습 : 환경오염을 남의 일인 양 생각하는 모습

    (2) 긍정적 모습 : 환경오염의 심각성을 깨닫고 적극적으로 나서는 모습

2. 환경오염의 심각성을 깨닫지 못하는 사람

    (1) 잠시의 편안함을 위해 주위 환경을 함부로 훼손하는 사람

    (2) 다른 사람의 환경오염에 대해 참견하지 않는 사람

3. 환경오염 방지에 적극적으로 나서는 사람

    (1) 자신부터 환경을 오염시키지 않으려는 사람

    (2) 환경오염 방지는 물론 쾌적한 환경을 위해 노력하는 사람

결론 : _____㉡_____

---

① ㉠ : 환경오염에 대한 인식

    ㉡ : 쾌적한 환경을 유지하기 위해 전 국민적인 노력이 필요하다.

② ㉠ : 환경오염 방지의 생활화

    ㉡ : 환경오염 방지를 위한 정부의 대책 마련이 시급하다.

③ ㉠ : 환경 보호의 중요성

    ㉡ : 우리가 물려받은 환경을 우리의 후손에게 물려주어야 한다.

④ ㉠ : 자연적 환경과 문화적 환경

    ㉡ : 자연적 환경뿐만 아니라 문화적 환경에 대한 중요성을 강조한다.

⑤ ㉠ : 환경오염의 원인

    ㉡ : 환경 보호를 위한 방법

07 다음은 중소기업 방송광고 활성화(제작비) 지원사업 절차이다. 이에 대한 설명으로 옳지 않은 것은?

〈중소기업 방송광고 활성화(제작비) 지원사업 절차〉

사업 시행 공고 (한국방송광고진흥공사)	3월, 7월	홈페이지 등에 공고

⇩

지원 신청(해당 기업)	3월, 7월	• 신청자격 : 이노비즈 등 인증 중소기업으로 접수 마감일 기준 최근 1년 이내 지상파(전국) 또는 종합편성방송사에 방송광고 집행 실적이 없는 기업 • 신청 접수 : (1차) 3월 21일~4월 1일, (2차) 7월 18일~7월 29일

⇩

지원대상 선정 (지원협의회)	4월, 8월	• 예비심사(필요 시 시행) • 본심사

⇩

사업 수행 협약 체결 (지원대상기업, 한국방송광고진흥공사)	4월, 8월	선정 통보 후 5일 이내 협약 체결

⇩

사업 수행 (지원대상기업)	협약 후 3개월 이내	• 방송광고 제작 계약서 제출(협약 후 45일 이내) • 방송광고 제작 • 방송광고 청약

⇩

사업 수행 완료 후 기금 지원 신청(지원대상기업 → 한국방송광고진흥공사)	협약 후 3개월 이내	• 완성된 방송광고물 • 완성된 방송광고물의 제작비 상세 명세서 • 완성된 방송광고물의 방송광고 심의 소재 등록증 • 방송광고 청약서 등과 함께 기금 지원 신청서 제출

⇩

검증 및 기금 지원 결정 (지원협의회)	기금 지원 신청 익월	• 기금 지원 신청 금액 및 완성된 방송광고물의 검증 • 지원협의회 최종 승인 및 지급

① 1차 접수를 원한다면 3월에 사업 시행 공고를 보고 4월 1일까지 신청 접수하면 된다.

② 4월과 8월에 지원협의회에서 지원대상을 선정하는데 모두 예비심사와 본심사를 받아야 한다.

③ 지원대상 선정과 같은 달에 사업 수행 협약을 체결한다.

④ 협약 후 45일 이내에 방송광고 제작 계약서를 제출하고, 3개월 이내에 방송광고물을 제작한다.

⑤ 이노비즈 등 인증 중소기업이어야 지원 신청이 가능하다.

08 다음 글의 빈칸에 들어갈 내용으로 가장 적절한 것은?

상품을 만들어 파는 사람이 그 수고의 대가를 받고 이익을 누리는 것은 당연하다. 하지만 그 이익이 다른 사람의 고통을 무시하고 얻어진 경우에는 정당하지 않을 수 있다. 제3세계에 사는 많은 환자가, 신약 가격을 개발국인 선진 국의 수준으로 유지하는 거대 제약회사의 정책 때문에 고통 속에서 죽어가고 있다. 그 약값을 감당할 수 있는 선진 국이 보기에도 이는 이익이란 명분 아래 발생하는 끔찍한 사례이다. 비난의 목소리가 높아지자 제약회사의 대규모 투자자 중 일부는 자신들의 행동이 윤리적인지 고민하기 시작했다. 사람들이 약값 때문에 약을 구할 수 없다는 것은 분명히 잘못된 일이다. 하지만 그렇다고 해서 국가가 제약회사에게 손해를 감수하라는 요구를 할 수는 없다는 데 사태의 복잡성이 있다.

신약을 개발하는 일에는 막대한 비용과 시간이 들며, 그 안전성 검사가 법으로 정해져 있어서 추가 비용이 발생한 다. 이를 상쇄하기 위해 제약회사들은 시장에서 최대한 이익을 뽑아내려 한다. 얼마나 많은 환자가 신약을 통해 고 통에서 벗어나는가에 대한 관심을 이들에게 기대하긴 어렵다. 그러나 만약 제약회사들이 존재하지 않는다면 신약개 발도 없을 것이다.

상업적 고려와 인간의 건강 사이에 존재하는 긴장을 어떻게 해소해야 할까? 제3세계의 환자를 치료하는 일은 응급 사항이며, 제약회사들이 자선하리라고 기대하는 것은 비현실적이다. 그렇다면 그 대안은 명백하다. _____
_____ 물론 여기에도 문제는 있다. 이 대안이 왜 실현되기 어려운 걸까? 그 이유가 무엇인지는 우리가 자신의 주머니에 손을 넣어 거기에 필요한 돈을 꺼내는 순간 분명해질 것이다.

① 제3세계에 제공되는 신약 가격을 선진국과 같게 해야 한다.
② 제3세계 국민에게 필요한 신약을 선진국 국민이 구매하여 전달해야 한다.
③ 선진국들은 자국의 제약회사가 제3세계에 신약을 저렴하게 공급하도록 강제해야 한다.
④ 각국 정부는 거대 제약회사의 신약 가격 결정에 자율권을 주어 개발 비용을 보상받을 수 있게 해야 한다.
⑤ 거대 제약회사들이 제3세계 국민을 위한 신약 개발에 주력하도록 선진국 국민이 압력을 행사해야 한다.

09 다음 글을 읽고 이해한 것으로 올바른 것은?

1896년 『독립신문』 창간을 계기로 여러 가지의 애국가 가사가 신문에 게재되기 시작했는데, 어떤 곡조에 따라 이 가사들을 노래로 불렀는지는 명확하지 않다. 다만 대한제국이 서구식 군악대를 조직해 1902년 '대한제국 애국가'라는 이름의 국가(國歌)를 만들어 나라의 주요 행사에 사용했다는 기록은 남아 있다. 오늘날 우리가 부르는 애국가의 노랫말은 외세의 침략으로 나라가 위기에 처해있던 1907년을 전후하여 조국애와 충성심을 북돋우기 위하여 만들어졌다.

1935년 해외에서 활동 중이던 안익태는 오늘날 우리가 부르고 있는 국가를 작곡하였다. 대한민국 임시정부는 이 곡을 애국가로 채택해 사용했으나 이는 해외에서만 퍼져나갔을 뿐, 국내에서는 광복 이후 정부수립 무렵까지 애국가 노랫말을 스코틀랜드 민요에 맞춰 부르고 있었다. 그러다가 1948년 대한민국 정부가 수립된 이후 현재의 노랫말과 함께 안익태가 작곡한 곡조의 애국가가 정부의 공식 행사에 사용되고 각급 학교 교과서에도 실리면서 전국적으로 애창되기 시작하였다.

애국가가 국가로 공식화되면서 1950년대에는 대한뉴스 등을 통해 적극적으로 홍보가 이루어졌다. 그리고 '국기게양 및 애국가 제창 시의 예의에 관한 지시(1966)' 등에 의해 점차 국가의례의 하나로 간주되었다.

1970년대 초에는 공연장에서 본공연 전에 애국가가 상영되기 시작하였다. 이후 1980년대 중반까지 주요 방송국에서 국기강하식에 맞춰 애국가를 방송하였다. 주요 방송국의 국기강하식 방송, 극장에서의 애국가 상영 등은 1980년대 후반 중지되었으며 음악회와 같은 공연 시 애국가 연주도 이때 자율화되었다.

오늘날 주요 행사 등에서 애국가를 제창하는 경우에는 부득이한 경우를 제외하고 4절까지 제창하여야 한다. 애국가는 모두 함께 부르는 경우에는 전주곡을 연주한다. 다만, 약식 절차로 국민의례를 행할 때 애국가를 부르지 않고 연주만 하는 의전행사(외국에서 하는 경우 포함)나 시상식·공연 등에서는 전주곡을 연주해서는 안 된다.

① 1940년에 해외에서는 안익태가 만든 애국가 곡조를 들을 수 없었다.
② 1990년대 초반에는 국기강하식 방송과 극장에서의 애국가 상영이 의무화되었다.
③ 오늘날 우리가 부르는 애국가의 노랫말은 1896년 『독립신문』에 게재되지 않았다.
④ 시상식에서 애국가를 부르지 않고 연주만 하는 경우에는 전주곡을 연주할 수 있다.
⑤ 안익태가 애국가 곡조를 작곡한 해로부터 대한민국 정부 공식 행사에 사용될 때까지 채 10년이 걸리지 않았다.

10 다음 중 밑줄 친 부분의 의미 관계와 유사한 것은?

논평할 때 진실한 논평을 하려면 이런 측면 저런 측면을 다 같이 검토하고, 거기에 공정한 판단과 결론을 내려야 한다. 공정한 논평에 있어 가장 중요한 점은 사고의 자유로운 활동이다. 자기에게 불리하다고 해서 문제를 그런 식으로 생각하면 못쓴다거나 이 문제는 이런 방향 이런 각도로만 생각해야 하며, 그 밖의 각도로 생각해서는 안 된다고 주장한다면, 이것이 곧 진실과 반대되는 곡필논평(曲筆論評)임을 말할 것도 없다. 곡필논평은 사고하는 것을 포기(抛棄)한 주장이다. 따라서 자유롭게 다각도의 ㉠ 사고(思考)를 하면 ㉡ 진실(眞實)한 논평이라고 할 수 있다.

① 설득(說得) : 설명(說明)
② 운동(運動) : 건강(健康)
③ 현실(現實) : 이상(理想)
④ 학문(學問) : 학자(學者)
⑤ 능률(能率) : 효율(效率)

11 다음 중 글의 흐름상 필요 없는 문장은?

가을을 맞아 기획바우처 행사가 전국 곳곳에서 마련된다. (가) 기획바우처는 문화소외계층을 상대로 '모셔오거나 찾아가는' 맞춤형 예술 체험 프로그램이다. (나) 서울 지역의 '함께 하는 역사 탐방'은 독거노인을 모셔 와서 역사 현장을 찾아 연극을 관람하고 체험하는 프로그램이다. (다) 경기도에서도 가족과 함께 낭만과 여유를 즐길 수 있는 다양한 문화행사를 준비하고 있다. (라) 강원도 강릉과 영월에서는 저소득층 자녀를 대상으로 박물관 관람 프로그램을 준비하고 있다. (마) 부산 지역의 '어울림'은 방문 공연 서비스로서 지역예술가들이 가난한 동네를 돌아다니며 직접 국악, 클래식, 미술 등 재능을 기부한다.

① (가)   ② (나)
③ (다)   ④ (라)
⑤ (마)

(가) 인류의 생명을 위협하는 미세먼지와의 전쟁

먼지는 인류가 지구상에 등장하기 훨씬 전부터 지구 대기를 가득 채우고 있었다. 구름 속에서 눈과 비를 만들고 따가운 햇볕을 가려주는 등 인류에게 이로운 존재였던 먼지가 문제가 된 것은 산업화, 도시화로 인해 자연의 먼지보다 훨씬 작고 위험한 미세먼지가 대기를 덮기 시작했기 때문이다.

보통 지름이 10μm(머리카락 굵기의 $1/5 \sim 1/7$)보다 작고, 2.5μm(머리카락 굵기의 $1/20 \sim 1/30$)보다 큰 입자를 미세먼지라고 부른다. 주로 자동차가 많은 도로변이나 화석연료를 쓰는 산업단지 등에서 발생한다. 지름이 2.5μm 이하의 입자는 '초미세먼지'로 분류되며, 담배 연기나 연료의 연소 시에 생성된다.

이러한 미세먼지가 우리 몸속으로 들어오면 면역력이 급격히 떨어져 감기, 천식, 기관지염 같은 호흡기 질환은 물론 심혈관 질환, 피부질환, 안구질환 등 각종 질병에 노출될 수 있다. 세계보건기구(WHO)는 지난 2014년 한 해 동안 미세먼지로 인해 기대수명보다 일찍 사망한 사람이 700만 명에 이른다고 발표했다. 흡연으로 연간 발생하는 조기 사망자가 600만 명임을 고려하면 미세먼지의 유해성이 얼마나 심각한지 잘 알 수 있다.

(나)

2010년 전 세계 자동차 보유대수는 10억 대를 넘었고, 우리나라는 2014년 10월 말에 세계 15번째로 2,000만 대(차량 1대당 인구 2.26명)를 돌파했다. 궁극적으로 미세먼지를 없애려면 도시에서 자동차 통행을 전면 금지하면 된다. 하지만 이것은 현실적으로 불가능하기에 자동차 통행수요를 줄임으로써 미세먼지 발생을 최소화하는 정책이 필요하다. 실제로 유럽이나 미국, 일본 등 많은 나라에서 다양한 자동차 배출가스 정책을 통해 미세먼지를 줄이려고 노력하고 있다.

(다) 미세먼지 없는 깨끗한 세상을 위한 우리의 정책

우리나라 역시 자동차 배출가스 저감을 통해 미세먼지를 줄이려는 세계적인 추세에 보조를 맞추고 있다. 우선, 자동차 배출가스 배출허용기준을 강화하고, 경유차에 배출가스 저감장치를 부착하도록 함으로써 저공해화를 유도한다. 이 밖에도 연료 품질기준 강화, 자동차 배출가스 검사 강화, 자동차 배출가스 단속 강화 등 다양한 정책을 추진 중이다. 따라서 대도시 미세먼지 기여도 1위의 불명예를 안고 있는 노후 경유차 77%를 퇴출하는 한편, 어린이집, 유치원 밀집지역을 '미세 먼지 프리존(Free Zone)'으로 선정해 노후 경유차 출입 제한 등의 규제 조치를 취한다.

최대 미세먼지 배출국인 중국과의 공조도 활발히 전개하기로 했다. 기존의 연구협력 수준을 넘어 환경기술사업 분야의 협력을 강화한다. 아울러 한중 정상회의에서 미세먼지 문제를 의제화해 공동선언 발표를 추진한다는 계획이다. 이처럼 미세먼지는 국가 간 협력해야 하는 전 세계적 문제라고 할 수 있다.

12 (나)의 제목으로 옳지 않은 것은?

① 자동차의 공급, 대기오염의 원인

② 대기오염의 주범, 자동차 배출가스

③ 미세먼지, 자동차 배출가스 정책으로 줄여

④ 자동차 통행수요, 미세먼지에 영향

⑤ 친환경 자동차 공급, 미세먼지 감소

13 다음 중 글의 내용을 바르게 이해하지 못한 사람은?

① 김 사원 : 미세먼지라고 위험성을 간과하면 안 되겠구나. 미세먼지 때문에 면역력이 감소하게 되면 각종 질병에 노출되니까 말이야.

② 이 사원 : 담배 연기로 생성되는 지름이 $3\mu m$ 이하의 입자는 모두 '초미세먼지'라고 분류하는구나.

③ 홍 대리 : 프랑스 파리에서는 미세먼지가 심각한 날에는 무조건 차량 2부제를 실시한다고 하는데, 이는 (나)의 사례로 적절하네.

④ 손 대리 : 미국에서 자동차 배출가스 정화 장치를 부착하는 것은 미세먼지와 대기오염을 줄이기 위해 노력하는 방안 중 하나이구나.

⑤ 박 과장 : 우리나라의 노력도 중요하지만, 다른 나라와의 협력을 통해 대기오염을 개선하도록 노력하는 것도 매우 중요하구나.

※ A화장품 회사에서는 식품의약품안전처가 발표한 화장품 표시·광고 관리 가이드라인에 따라 기존 광고를 검토 중이다. 자료를 보고 이어지는 질문에 답하시오. **[14~15]**

〈화장품 표시·광고 관리 가이드라인〉

[별표 1] 화장품 표시·광고의 표현 범위 및 기준

구분	금지 표현	비고
질병을 진단·치료·경감·처치 또는 예방, 의학적 효능·효과 관련	아토피, 모낭충, 심신피로 회복, 건선, 노인소양증, 살균·소독, 항염·진통, 해독, 이뇨, 항암, 항진균·항바이러스, 근육 이완, 통증 경감, 면역 강화, 항알레르기, 찰과상, 화상 치료·회복, 관절, 림프선 등 피부 이외 신체 특정부위에 사용하여 의학적 효능, 효과 표방	
	여드름, 기미·주근깨(과색소침착증), 항균	단, [별표 2]에 해당하는 표현은 제외하되, 이 경우에도 액체비누에 대해 트리클로산 또는 트리클로카반 함유로 인해 항균 효과가 '더 뛰어나다', '더 좋다' 등의 비교 표시·광고는 금지

[별표 2]

구분	실증 대상	비고
화장품 표시·광고 실증에 관한 규정 (식약처 고시) 별표에 따른 표현	• 여드름성 피부에 사용하기 적합 • 항균(인체세정용 제품에 한함) • 일시적 셀룰라이트 감소 • 붓기 완화 • 다크서클 완화 • 피부 혈행 개선	인체적용 시험자료로 입증
	피부노화 완화, 안티에이징, 피부노화징후 감소	인체적용 시험자료 또는 인체 외 시험자료로 입증
	• 콜라겐 증가, 감소 또는 활성화 • 효소 증가, 감소 또는 활성화	기능성화장품에서 해당 기능을 실증한 자료로 입증
	기미, 주근깨 완화에 도움	미백 기능성화장품 심사(보고)자료로 입증

14 다음 화장품 광고 문구 중 수정되어야 할 부분이 있는 것은?

① 맑고 투명한 피부를 위한 □□□ 에센스!

② 피지잡는 □□ 크림!

③ 여드름성 피부에 적합한 단 하나의 케어 솔루션!

④ 피부를 해독하고 혈행을 개선시키는 멀티 스킨!

⑤ 다크서클 완화에 효과적인 마법의 아이크림

15 전략팀에서 새로운 광고 문구를 넣기 위해 가이드라인을 검토했더니 이 문구를 쓰기 위해서는 미백 기능성화장품 심사자료로 사실을 입증해야 한다는 것을 발견했다. 이 광고 문구는 무엇인가?

① 피부노화 완화

② 안티에이징

③ 콜라겐 증가

④ 기미, 주근깨 완화

⑤ 효소 활성화

16 다음 문단을 읽고, 이어질 내용을 논리적 순서대로 나열한 것은?

초콜릿은 많은 사람이 좋아하는 간식이다. 어릴 때 초콜릿을 많이 먹으면 이가 썩는다는 부모님의 잔소리를 안 들어 본 사람은 별로 없을 것이다. 그러면 이러한 초콜릿은 어떻게 등장하게 된 것일까?

(A) 한국 또한 초콜릿의 열풍을 피할 수는 없었는데, 한국에 초콜릿이 전파된 것은 개화기 이후 서양 공사들에 의해서였다고 전해진다. 일제강점기 이후 한국의 여러 제과회사는 다양한 변용을 통해 다채로운 초콜릿 먹거리를 선보이고 있다.

(B) 초콜릿의 원료인 카카오 콩의 원산지는 남미로 전해진다. 대항해시대 이전, 즉 유럽인들이 남미에 진입하기 이전에는 카카오 콩은 예식의 예물로 선물하기도 하고 의약품의 대용으로 사용되는 등 진귀한 대접을 받는 물품이었다.

(C) 유럽인들이 남미로 진입한 이후, 여타 남미산 작물이 그러하였던 것처럼 카카오 콩도 유럽으로 전파되어 선풍적인 인기를 끌게 된다. 다만 남미에서 카카오 콩에 첨가물을 넣지 않았던 것과는 달리 유럽에서는 설탕을 넣어 먹었다고 한다.

(D) 카카오 콩에 설탕을 넣어 먹은 것이 바로 우리가 간식으로 애용하는 초콜릿의 원형이라고 생각된다. 설탕과 카카오 콩의 결합물로서의 초콜릿은 알다시피 이후 세계를 풍미하는 간식의 대표주자가 된다.

① (B) − (C) − (D) − (A)
② (B) − (D) − (C) − (A)
③ (B) − (D) − (A) − (C)
④ (C) − (B) − (D) − (A)
⑤ (C) − (B) − (A) − (D)

17 다음 글을 읽고 작성방법을 분석한 것으로 올바른 것은?

> 교육센터는 7가지 코스로 구성된다. 먼저, 기초훈련코스에서는 자동차 특성의 이해를 통해 안전운전의 기본능력을 향상시킨다. 자유훈련코스는 운전자의 운전자세 및 공간 지각능력에 따른 안전위험 요소를 교육한다. 위험회피코스에서는 돌발 상황 발생 시 위험회피 능력을 향상시키며, 직선제동코스에서는 다양한 도로환경에 적응하여 긴급 상황 시 효과적으로 제동할 수 있도록 교육한다. 빗길제동코스에서는 빗길 주행 시 위험요인을 체득하여 안전운전 능력을 향상시키고, 곡선주행코스에서는 미끄러운 곡선주행에서 안전운전을 할 수 있도록 가르친다. 마지막으로 일반·고속주행코스에서는 속도에 따라 발생할 수 있는 다양한 위험요인의 대처 능력을 향상시켜 방어운전 요령을 습득하도록 돕는다. 이외에도 친환경 운전 방법 '에코 드라이브'에 대해 교육하는 에코 드라이빙존, 안전한 교차로 통행방법을 가르치는 '딜레마존'이 있다.
>
> 안전운전의 기본은 운전자의 올바른 습관이다. 교통안전 체험교육센터에서 교육만 받더라도 교통사고 발생확률이 크게 낮아진다.

① 여러 가지를 비교하면서 그 우월성을 논하고 있다.
② 각 구조에 따른 특성을 대조하고 있다.
③ 상반된 결과를 통해 결론을 도출하고 있다.
④ 각 구성에 따른 특징과 그에 따른 기대효과를 설명하고 있다.
⑤ 의견의 타당성을 검증하기 위해 수치를 제시하고 있다.

18 다음 글의 주제 또는 주제어로 가장 적절한 것은?

> 높은 유류세는 자동차를 사용함으로써 발생하는 다음과 같은 문제들을 줄이는 교정적 역할을 수행한다. 첫째, 유류세는 사람들의 대중교통수단 이용을 유도하고, 자가용 사용을 억제함으로써 교통 혼잡을 줄여준다. 둘째, 교통사고 발생 시 대형 차량이나 승합차가 중소형 차량보다 치명적인 피해를 줄 가능성이 높다. 이와 관련해서 유류세는 유류를 많이 소비하는 대형 차량을 운행하는 사람에게 더욱 많은 비용을 치르게 함으로써 교통사고 위험에 대한 간접적인 비용을 징수하는 효과를 가진다. 셋째, 유류세는 유류 소비를 억제함으로써 대기오염을 줄이는 데 기여한다.

① 유류세의 용도
② 높은 유류세의 정당성
③ 유류세의 지속적 인상
④ 에너지 소비 절약
⑤ 유류세의 감소 원인

19 다음 '철학의 여인'의 논지를 따를 때, ⊙으로 적절한 것만을 〈보기〉에서 모두 고르면?

다음은 철학의 여인이 비탄에 잠긴 보에티우스에게 건네는 말이다.

"나는 이제 네 병의 원인을 알겠구나. 이제 네 병의 원인을 알게 되었으니 ⊙ 너의 건강을 회복할 방법을 찾을 수 있게 되었다. 그 방법은 병의 원인이 되는 잘못된 생각을 바로잡아 주는 것이다. 너는 너의 모든 소유물을 박탈당했다고, 사악한 자들이 행복을 누리게 되었다고, 네 운명의 결과가 불의하게도 제멋대로 바뀌었다는 생각으로 비탄에 빠져 있다. 그런데 그런 생각은 잘못된 전제에서 비롯된 것이다. 네가 눈물을 흘리며 너 자신이 추방당하고 너의 모든 소유물을 박탈당했다고 생각하는 것은 행운이 네게서 떠났다고 슬퍼하는 것과 다름없는데, 그것은 네가 운명의 본모습을 모르기 때문이다. 그리고 사악한 자들이 행복을 가졌다고 생각하는 것이나 사악한 자가 선한 자보다 더 행복을 누린다고 한탄하는 것은 네가 실로 만물의 목적이 무엇인지 모르고 있기 때문이다. 다시 말해 만물의 궁극적인 목적이 선을 지향하는 데 있다는 것을 모르고 있기 때문이다. 또한 너는 세상이 어떤 통치 원리에 의해 다스려지는지 잊어버렸기 때문에 제멋대로 흘러가는 것이라고 믿고 있다. 그러나 만물의 목적에 따르면 악은 결코 선을 이길 수 없으며 사악한 자들이 행복할 수는 없다. 따라서 세상은 결국에는 불의가 아닌 정의에 의해 다스려지게 된다. 그럼에도 불구하고 너는 세상의 통치 원리가 정의와는 거리가 멀다고 믿고 있다. 이는 그저 병의 원인일 뿐 아니라 죽음에 이르는 원인이 되기도 한다. 그러나 다행스럽게도 자연은 너를 완전히 버리지는 않았다. 이제 너의 건강을 회복할 작은 불씨가 생명의 불길로 타올랐으니 너는 조금도 두려워할 필요가 없다."

보기

ㄱ. 만물의 궁극적인 목적이 선을 지향하는 데 있다는 것을 아는 것
ㄴ. 세상이 제멋대로 흘러가는 것이 아니라 정의에 의해 다스려진다는 것을 깨닫는 것
ㄷ. 자신이 박탈당했다고 여기는 모든 것, 즉 재산, 품위, 권좌, 명성 등을 되찾을 방도를 아는 것

① ㄱ
② ㄴ
③ ㄱ, ㄴ
④ ㄴ, ㄷ
⑤ ㄱ, ㄴ, ㄷ

20 ○○일보에 근무 중인 A기자는 나들이가 많은 요즘 자동차 사고를 예방하고자 다음과 같은 기사를 작성하였다. 기사의 제목으로 적절한 것은?

> 예전에 비해 많은 사람이 안전띠를 착용하지만, 우리나라의 안전띠 착용률은 여전히 매우 낮다. 2013년 일본과 독일에서 조사한 승용차 앞좌석 안전띠 착용률은 각각 98%와 97%를 기록했다. 하지만 같은 해 우리나라는 84.4%에 머물렀다. 특히 뒷좌석 안전띠 착용률은 19.4%로 OECD국가 중 최하위에 머물렀다.
>
> 지난 4월 13일, ○○공단은 경기도 화성에 있는 자동차안전연구원에서 '부적절한 안전띠 착용 위험성 실차 충돌시험'을 실시했다. 국내에서 처음 시행한 이번 시험은 안전띠 착용 상태에서 안전띠를 느슨하게 풀어주는 장치 사용(성인, 운전석), 안전띠 미착용 상태에서 안전띠를 느슨하게 풀어주는 장치 사용(성인, 운전석), 뒷좌석에 놀이방 매트 설치 및 안전띠와 카시트 모두 미착용(어린이, 뒷좌석) 총 세 가지 상황으로 실시했다.
>
> 성인 인체모형 2조와 3세 어린이 인체모형 1조를 활용해 승용 자동차가 시속 56km로 고정 벽에 정면충돌하도록 했다. 충돌시험 결과 놀랍게도 안전띠의 부적절한 사용은 중상 가능성이 최대 99.9%로 안전띠를 제대로 착용했을 때보다 최대 9배 높게 나타났다.
>
> 세 가지 상황별로 살펴보자. 먼저 안전띠를 느슨하게 풀어주는 장치를 사용할 경우다. 중상 가능성은 49.7%로, 올바른 안전띠 착용보다 약 5배 높게 나타났다. 느슨해진 안전띠로 인해 차량 충돌 시 탑승객을 효과적으로 구속하지 못하기 때문이다. 그리고 안전띠 경고음 차단 클립을 사용한 경우에는 중상 가능성이 80.3%로 더욱 높아졌다. 에어백이 충격 일부를 흡수하기는 하지만 머리는 앞면 창유리에, 가슴은 크래시 패드에 심하게 부딪친 결과다. 마지막으로 뒷좌석 놀이방 매트 위에 있던 3세 어린이 인체 모형은 중상 가능성이 99.9%로 생명에 치명적 위험을 초래하는 것으로 나타났다. 어린이 인체모형은 자동차 충격 때문에 튕겨 나가 앞좌석 등받이와 심하게 부딪쳤고, 안전띠와 카시트를 착용한 경우보다 머리 중상 가능성이 99.9%, 가슴 중상 가능성이 93.9% 이상 높았다.
>
> 또 안전띠를 제대로 착용하지 않으면 에어백의 효과도 줄어든다는 사실을 알 수 있었다. 안전띠를 정상적으로 착용하지 않으면, 자동차 충돌 시 탑승자가 앞으로 튕겨 나가려는 힘을 안전띠가 효과적으로 막아주지 못한다. 이러한 상황에서 탑승자가 에어백과 부딪치면 에어백의 흡수 가능 충격량을 초과한 힘이 탑승자에게 가해져 상해율이 높아지는 것이다.

① 안전띠! 제대로 맵시다.

② 우리나라 안전띠 착용률 OCED국가 중 최하위!

③ 안전띠 경고음 차단 클립의 위험성을 경고한다.

④ 어린이는 차량 뒷좌석에 앉히세요~.

⑤ 우리 가족 안전수호대, 에어백과 안전띠의 특급 콜라보레이션!

CHAPTER 02
수리능력

합격 Cheat Key

수리능력은 사칙연산, 통계, 확률의 의미를 정확하게 이해하고, 이를 업무에 적용하는 능력으로, 기초연산과 기초통계, 도표분석 및 작성의 문제 유형으로 출제된다. 수리능력 역시 포함되지 않는 공사·공단이 거의 없을 만큼 필기시험에서 중요도가 높은 영역이다.

수리능력은 NCS 기반 채용을 진행한 거의 모든 기업에서 다루었으며, 문항 수는 전체의 평균 16% 정도로 많이 출제되었다. 특히, 난이도가 높은 공사·공단의 시험에서는 도표분석, 즉 자료해석 유형의 문제가 많이 출제되고 있고, 응용수리 역시 꾸준히 출제하는 공사·공단이 많기 때문에 기초연산과 기초통계에 관한 공식의 암기와 자료해석능력을 기를 수 있는 꾸준한 연습이 필요하다. 이에, 몇 가지의 전략을 소개한다.

01 응용수리능력의 공식은 반드시 암기하라!

응용수리능력은 지문이 짧지만, 풀이 과정은 긴 문제도 자주 볼 수 있다. 그렇기 때문에 도서에 수록한 응용수리능력의 공식을 반드시 암기하여 문제의 상황에 맞는 공식을 적절하게 적용하여 답을 도출해야 한다. 따라서 문제에서 묻는 것을 정확하게 파악하여 그에 맞는 공식을 적절하게 적용하는 꾸준한 연습과 공식을 암기하는 연습이 필요하다.

02 통계에서의 사건이 동시에 발생하는지 개별적으로 발생하는지 구분하라!

통계에서는 사건이 개별적으로 발생했을 때, 경우의 수는 합의 법칙, 확률은 덧셈정리를 활용하여 계산하며, 사건이 동시에 발생했을 때, 경우의 수는 곱의 법칙, 확률은 곱셈정리를 활용하여 계산한다. 특히, 기초통계능력에서 출제되는 문제 중 순열과 조합의 계산 방법이 필요한 문제도 다수 출제되는 편이므로 순열(순서대로 나열)과 조합(순서에 상관없이 나열)의 차이점을 숙지하는 것 또한 중요하다. 통계 문제에서의 사건 발생여부만 잘 판단하여도 계산과 공식을 적용하기가 수월하므로 문제의 의도를 잘 파악하는 것이 중요하다.

03 자료의 해석은 자료에서 즉시 확인할 수 있는 지문부터 확인하라!

대부분의 공사·공단 취업준비생들이 어려워하는 영역이 수리영역 중 도표분석, 즉 자료해석능력이다. 자료는 표 또는 그래프로 제시되고, 쉬운 지문은 증가 혹은 감소 추이, 간단한 사칙연산으로 풀이가 가능한 지문 등이 있으며, 어려운 지문은 자료의 조사기간 동안 전년 대비 증가율 혹은 감소율이 가장 높은 기간을 찾는 지문 등이 있다. 따라서 일단 증가·감소 추이와 같이 눈으로 확인이 가능한 지문을 먼저 확인한 후 복잡한 계산이 필요한 지문을 확인하는 방법으로 문제를 풀이한다면, 시간을 조금이라도 아낄 수 있다. 특히, 그래프와 같은 경우에는 그래프에 대한 특징을 알고 있다면, 그래프의 길이 혹은 높낮이 등으로 대강의 수치를 빠르게 확인이 가능하므로 이에 대한 숙지도 필요하다. 또한, ㄱ, ㄴ, ㄷ 등의 보기가 주어진 문제 역시 지문을 잘 확인하고 문제를 풀이한다면 불필요한 계산이 줄어들 수 있으므로 항상 지문부터 확인하는 습관을 들이기를 바란다.

04 도표작성능력에서 지문에 작성된 도표의 제목을 반드시 확인하라!

도표작성은 하나의 자료 혹은 보고서와 같은 수치가 표현된 자료를 도표로 작성하는 형식으로 출제되는데, 대체로 표보다는 그래프를 작성하는 형태로 많이 출제된다. 지문을 살펴보면 각 지문에서 주어진 도표에도 소제목이 있는 경우가 대부분이다. 이때, 자료의 수치와 도표의 제목이 일치하지 않는 경우의 함정이 존재하는 문제가 비중이 높으므로 도표의 제목을 반드시 확인하는 것이 중요하다. 도표작성의 경우 대부분 비율 계산이 많이 출제되는데, 도표의 제목과는 다른 수치로 작성된 도표가 존재하는 경우가 있다. 그렇기 때문에 지문에서 작성된 도표의 소제목을 먼저 확인하는 연습을 하여 간단하지 않은 비율 계산을 두 번 하는 일이 없도록 해야 한다.

| 01 | 기초연산능력

(1) 사칙연산

① 사칙연산

㉠ 수에 관한 덧셈(+), 뺄셈(−), 곱셈(×), 나눗셈(÷) 네 종류의 계산법

㉡ 보통 사칙연산은 정수나 분수 등에서 계산할 때 활용되며, 기본적으로 연산은 왼쪽에서 오른쪽으로 수행한다. 여러 개의 연산이 섞여 있는 경우에는 곱셈과 나눗셈을 먼저 계산한다. 단, 식에 괄호가 있을 경우에는 괄호 안을 가장 먼저 계산한다.

② 검산방법

㉠ 역연산 방법 : 덧셈은 뺄셈으로, 뺄셈은 덧셈으로, 곱셈은 나눗셈으로, 나눗셈은 곱셈으로 확인하는 방법이다.

㉡ 구거법 : 어떤 수를 9로 나눈 나머지는 각 자릿수의 합을 9로 나눈 나머지와 같다는 원리. 즉 피연산자를 9로 나눈 나머지 또는 피연산자의 각 자릿수의 합을 9로 나눈 나머지를 좌변과 우변 사이에 비교하여 서로 같은지 판단하면 된다.

(2) 수의 계산

교환법칙	$a+b=b+a, \ a\times b=b\times a$
결합법칙	$a+(b+c)=(a+b)+c, \ a\times(b\times c)=(a\times b)\times c$
분배법칙	$(a+b)\times c=a\times c+b\times c$

• 예제풀이 •

주어진 연산에서 가장 먼저 수행해야 하는 것은 곱셈이다.
$39-(13\times2)+2$
$=39-26+2$
$=15$

정답 15

• 핵심예제 •

다음을 계산하시오.

$$39-13\times2+2$$

(3) 단위환산표

단위	환산
길이	1cm=10mm, 1m=100cm, 1km=1,000m
넓이	$1cm^2=100mm^2$, $1m^2=10,000cm^2$, $1km^2=1,000,000m^2$
부피	$1cm^3=1,000mm^3$, $1m^3=1,000,000cm^3$, $1km^3=1,000,000,000m^3$
들이	$1mL=1cm^3$, $1dL=100cm^3=100mL$, $1L=1,000cm^3=10dL$
무게	1kg=1,000g, 1t=1,000kg=1,000,000g
시간	1분=60초, 1시간=60분=3,600초
할푼리	소수점 첫째 자리$\left(\dfrac{1}{10}\right)$ '할', 소수점 둘째 자리$\left(\dfrac{1}{100}\right)$ '푼', 소수점 셋째 자리$\left(\dfrac{1}{1,000}\right)$ '리'

CHECK POINT

➕ 문제풀이 과정에서 단위 변환이 필요하므로 암기해야 한다.

① 길이
   물체의 한 끝에서 다른 한 끝까지의 거리 예 mm, cm, m, km 등
② 넓이
   평면의 크기를 나타내는 것으로 면적이라고도 함 예 mm^2, cm^2, m^2, km^2 등
③ 부피
   입체가 점유하는 공간 부분의 크기 예 mm^3, cm^3, m^3, km^3 등
④ 들이
   통이나 그릇 따위의 안에 넣을 수 있는 부피의 값 예 mL, dL, L, kL 등
⑤ 무게
   물체의 무거운 정도 예 g, kg, t 등
⑥ 시간
   시각과 시각 사이의 간격 또는 그 단위 예 초, 분, 시 등
⑦ 할푼리
   비율을 소수로 나타내었을 때, 소수점 첫째 자리, 소수점 둘째 자리, 소수점 셋째 자리 등을 이르는 말 예 0.375=3할7푼5리

(4) 수와 식

① 약수와 배수
   a가 b로 나누어 떨어질 때 a는 b의 배수, b는 a의 약수
② 소수
   1과 자기 자신만을 약수로 갖는 수, 즉 약수의 개수가 2개인 수
   예 10 이하의 소수 : 2, 3, 5, 7
③ 합성수
   1과 자기 자신 이외의 수를 약수로 갖는 수, 즉 소수가 아닌 수 또는 약수의 개수가 3개 이상인 수
   ※ 1은 소수도 합성수도 아님

15의 약수는 1, 3, 5, 15이므로 4개의 약수를 가져 합성수이다.

오답분석

① 숫자 1은 소수도 합성수도 아니다.
②·④ 약수의 개수가 2개이므로 소수이다.

정답 ③

CHECK POINT

인수분해와 지수법칙을 통해 복잡한 식을 간단히 정리할 수 있다.

핵심예제

다음 중 합성수인 것은?

① 1   ② 11
③ 15   ④ 17

---

④ **최대공약수**

2개 이상의 자연수의 공통된 약수 중에서 가장 큰 수

⑤ **최소공배수**

2개 이상의 자연수의 공통된 배수 중에서 가장 작은 수

⑥ **서로소**

1 이외에 공약수를 가지지 않는 두 자연수, 즉 최대공약수가 1인 두 자연수

⑦ **소인수분해**

주어진 합성수를 소수의 거듭제곱의 형태로 나타내는 것

※ 거듭제곱이란 같은 수나 문자를 여러 번 곱한 것

예 2의 세제곱은 2를 3번 곱한 것으로

$2^3 = 2 \times 2 \times 2$
$\quad\quad\ \llcorner$ 3개 $\lrcorner$

⑧ **지수법칙**

m, n이 자연수일 때,

- $a^m \times a^n = a^{m+n}$
- $(a^m)^n = a^{m \times n}$
- $m > n \rightarrow a^m \div a^n = a^{m-n}$

  $m = n \rightarrow a^m \div a^n = 1$

  $m < n \rightarrow a^m \div a^n = \dfrac{1}{a^{n-m}}$ (단, $a \neq 0$)

※ $a^0 = 1$

n이 자연수일 때,

- $(ab)^n = a^n b^n$
- $\left(\dfrac{a}{b}\right)^n = \dfrac{a^n}{b^n}$ (단, $b \neq 0$)

⑨ 곱셈공식과 인수분해

곱셈공식	인수분해
㉠ $(a+b)^2 = a^2 + 2ab + b^2$	㉠ $a^2 + 2ab + b^2 = (a+b)^2$
㉡ $(a-b)^2 = a^2 - 2ab + b^2$	㉡ $a^2 - 2ab + b^2 = (a-b)^2$
㉢ $(a+b)(a-b) = a^2 - b^2$	㉢ $a^2 - b^2 = (a+b)(a-b)$
㉣ $(x+a)(x+b) = x^2 + (a+b)x + ab$	㉣ $x^2 + (a+b)x + ab = (x+a)(x+b)$
㉤ $(ax+b)(cx+d) = acx^2 + (ad+bc)x + bd$	㉤ $acx^2 + (ad+bc)x + bd = (ax+b)(cx+d)$

• 핵심예제 •

$13^2 - 7^2$ 을 계산하면?

• 예제풀이 •

$13^2 - 7^2$
$= (13+7)(13-7)$
$= 20 \times 6$
$= 120$

정답 120

⑩ 제곱근

$x^2 = a$ 일 때, x 를 a 의 제곱근 또는 a 의 제곱근을 x 라 함

㉠ 제곱근의 성질

> $a > 0$ 일 때,
> $\sqrt{a^2} = \sqrt{(-a)^2} = a$, $(\sqrt{a})^2 = (-\sqrt{a})^2 = a$
> $\sqrt{a^2} = |a| = \begin{cases} a & (a \geq 0) \\ -a & (a < 0) \end{cases}$

㉡ 제곱근의 연산

> $a > 0$, $b > 0$ 일 때,
> • $\sqrt{a} \times \sqrt{b} = \sqrt{ab}$
> • $\sqrt{a} \div \sqrt{b} = \dfrac{\sqrt{a}}{\sqrt{b}} = \sqrt{\dfrac{a}{b}}$
> • $\sqrt{a^2 b} = a\sqrt{b}$
> • $\sqrt{\dfrac{a}{b^2}} = \dfrac{\sqrt{a}}{b}$
>
> $a > 0$ 일 때,
> • $m\sqrt{a} + n\sqrt{a} = (m+n)\sqrt{a}$
> • $m\sqrt{a} - n\sqrt{a} = (m-n)\sqrt{a}$

㉢ 분모의 유리화

> $$\dfrac{a}{\sqrt{b}} = \dfrac{a \times \sqrt{b}}{\sqrt{b} \times \sqrt{b}} = \dfrac{a\sqrt{b}}{b} \; (단, \; b > 0)$$

| 02 | 응용수리능력

(1) 방정식·부등식의 활용

① 거리·속력·시간

$$(거리)=(속력)\times(시간),\ (속력)=\frac{(거리)}{(시간)},\ (시간)=\frac{(거리)}{(속력)}$$

② 일

전체 작업량을 1로 놓고, 단위 시간 동안 한 일의 양을 기준으로 식을 세움

• 예제풀이 •

영미와 민수가 하루에 할 수 있는 일의 양은 각각 $\frac{1}{4}$, $\frac{1}{6}$ 이다.

민수가 x일 동안 일한다고 하면, $\frac{1}{4}\times2+\frac{1}{6}\times x=1$

$\to \frac{x}{6}=\frac{1}{2}$

$\therefore x=3$

정답 ②

핵심예제

영미가 혼자 하면 4일, 민수가 혼자 하면 6일 걸리는 일이 있다. 영미가 먼저 2일 동안 일하고, 남은 양을 민수가 끝내려고 한다. 민수는 며칠 동안 일을 해야 하는가?

① 2일   ② 3일

③ 4일   ④ 5일

③ 농도

- $(소금물의\ 농도)=\dfrac{(소금의\ 양)}{(소금물의\ 양)}\times100$

- $(소금의\ 양)=\dfrac{(소금물의\ 농도)}{100}\times(소금물의\ 양)$

④ 나이

문제에서 제시된 조건의 나이가 현재인지 과거인지를 확인한 후 구해야 하는 한 명의 나이를 변수로 잡고 식을 세움

⑤ 비율

x가 $a\%$ 증가 : $x\times\left(1+\dfrac{a}{100}\right)$, x가 $a\%$ 감소 : $x\times\left(1-\dfrac{a}{100}\right)$

⑥ 금액

㉠ (정가)=(원가)+(이익)

※ (이익)=(원가)×(이율)

㉡ a원에서 $b\%$ 할인한 가격$=a\times\left(1-\dfrac{b}{100}\right)$

㉢ 단리법·복리법(원금 : a, 이율 : r, 기간 : n, 원리합계 : S)

단리법	복리법
• 정의 : 원금에 대해서만 약정된 이자율과 기간을 곱해 이자를 계산 • $S=a\times(1+r\times n)$	• 정의 : 원금에 대한 이자를 가산한 후 이 합계액을 새로운 원금으로 계산 • $S=a\times(1+r)^n$

⑦ 날짜 · 요일

　㉠ 1일=24시간=1,440(=24×60)분=86,400(=1,440×60)초

　㉡ 월별 일수 : 1, 3, 5, 7, 8, 10, 12월은 31일, 4, 6, 9, 11월은 30일, 2월은 28일 또는 29일

　㉢ 윤년(2월 29일)은 4년에 1회

핵심예제

8월 19일이 월요일이라면 30일 후는 무슨 요일인가?

① 수요일　　　　　　　② 목요일
③ 금요일　　　　　　　④ 토요일

● 예제풀이 ●

일주일은 7일 → 30÷7=4…2, 나머지가 2이므로 월요일에서 이틀 뒤인 수요일이다.

정답 ①

---

⑧ 시계

　㉠ 시침이 1시간 동안 이동하는 각도 : $\dfrac{360°}{12}=30°$

　㉡ 시침이 1분 동안 이동하는 각도 : $\dfrac{30°}{60}=0.5°$

　㉢ 분침이 1분 동안 이동하는 각도 : $\dfrac{360°}{60}=6°$

핵심예제

시계가 4시 20분을 가리킬 때, 시침과 분침이 이루는 작은 각의 각도는?

① 5°　　　　　　　② 10°
③ 15°　　　　　　　④ 20°

● 예제풀이 ●

· 시침 : 30×4+0.5×20
　　=120+10
　　=130°
· 분침 : 6×20=120°
∴ 시침과 분침이 이루는 작은 각의 각도는 10°이다.

정답 ②

---

⑨ 수

　㉠ 연속한 두 자연수 : x, $x+1$

　㉡ 연속한 세 자연수 : $x-1$, x, $x+1$

　㉢ 연속한 두 짝수(홀수) : x, $x+2$

　㉣ 연속한 세 짝수(홀수) : $x-2$, x, $x+2$

　㉤ 십의 자릿수가 x, 일의 자릿수가 y인 두 자리 자연수 : $10x+y$

　㉥ 백의 자릿수가 x, 십의 자릿수가 y, 일의 자릿수가 z인 세 자리 자연수 : $100x+10y+z$

(2) 경우의 수와 확률

① 경우의 수

㉠ 어떤 사건이 일어날 수 있는 모든 가짓수

㉡ 합의 법칙 : 두 사건 A와 B가 동시에 일어나지 않을 때, 사건 A가 일어나는 경우의 수를 m, 사건 B가 일어나는 경우의 수를 n이라 하면, 사건 A 또는 B가 일어나는 경우의 수는 $(m+n)$이다.

㉢ 곱의 법칙 : 사건 A가 일어나는 경우의 수를 m, 사건 B가 일어나는 경우의 수를 n이라 하면, 사건 A와 B가 동시에 일어나는 경우의 수는 $(m \times n)$이다.

• 예제풀이 •

• A에서 짝수의 눈이 나오는 경우의 수
 : 2, 4, 6 → 3가지
• B에서 3 또는 5의 눈이 나오는 경우의 수
 : 3, 5 → 2가지
A, B 주사위는 동시에 던지므로 곱의 법칙에 의해 3×2 =6가지이다.

정답 ④

• 핵심예제 •

A, B 주사위 2개를 동시에 던졌을 때, A에서는 짝수의 눈이 나오고, B에서는 3 또는 5의 눈이 나오는 경우의 수는?

① 2가지
② 3가지
③ 5가지
④ 6가지

② 순열·조합

순열	조합
㉠ 서로 다른 n개에서 r개를 순서대로 나열하는 경우의 수	㉠ 서로 다른 n개에서 r개를 순서에 상관없이 나열하는 경우의 수
㉡ $_n\mathrm{P}_r = \dfrac{n!}{(n-r)!}$	㉡ $_n\mathrm{C}_r = \dfrac{n!}{(n-r)! \times r!}$
㉢ $_n\mathrm{P}_n = n!$, $0! = 1$, $_n\mathrm{P}_0 = 1$	㉢ $_n\mathrm{C}_r = {_n\mathrm{C}_{n-r}}$, $_n\mathrm{C}_0 = {_n\mathrm{C}_n} = 1$

③ 확률

㉠ (사건 A가 일어날 확률)$= \dfrac{(\text{사건 A가 일어나는 경우의 수})}{(\text{모든 경우의 수})}$

㉡ 여사건의 확률 : 사건 A가 일어날 확률이 p일 때, 사건 A가 일어나지 않을 확률은 $(1-p)$이다.

㉢ 확률의 덧셈정리 : 두 사건 A, B가 동시에 일어나지 않을 때 A가 일어날 확률을 p, B가 일어날 확률을 q라고 하면, 사건 A 또는 B가 일어날 확률은 $(p+q)$이다.

㉣ 확률의 곱셈정리 : A가 일어날 확률을 p, B가 일어날 확률을 q라고 하면, 사건 A와 B가 동시에 일어날 확률은 $(p \times q)$이다.

A, B, C 세 사람이 동시에 같은 문제를 풀려고 한다. A가 문제를 풀 확률은 $\frac{1}{4}$, B가 문제를 풀 확률은 $\frac{1}{3}$, C가 문제를 풀 확률은 $\frac{1}{2}$일 때, 어느 한 사람만 문제를 풀 확률은?

① $\frac{2}{9}$

② $\frac{1}{4}$

③ $\frac{5}{12}$

④ $\frac{11}{24}$

- A만 문제를 풀 확률
: $\frac{1}{4} \times \frac{2}{3} \times \frac{1}{2} = \frac{1}{12}$
- B만 문제를 풀 확률
: $\frac{3}{4} \times \frac{1}{3} \times \frac{1}{2} = \frac{1}{8}$
- C만 문제를 풀 확률
: $\frac{3}{4} \times \frac{2}{3} \times \frac{1}{2} = \frac{1}{4}$
∴ 한 사람만 문제를 풀 확률
: $\frac{1}{12} + \frac{1}{8} + \frac{1}{4} = \frac{11}{24}$

정답 ④

| 03 | 수추리능력

(1) 수추리

① 등차수열 : 앞의 항에 일정한 수를 더해 이루어지는 수열
② 등비수열 : 앞의 항에 일정한 수를 곱해 이루어지는 수열
③ 계차수열 : 이웃한 두 항의 차이가 일정한 규칙을 갖는 수열
④ 건너뛰기 수열 : 두 개 이상의 수열이 일정한 간격을 두고 번갈아가며 나타나는 수열
⑤ 피보나치 수열 : 앞의 두 항의 합이 그 다음 항의 수가 되는 수열
⑥ 군수열 : 일정한 규칙성으로 몇 항씩 묶어 나눈 수열
⑦ 표수열 : 다양한 규칙으로 이루어진 표 형태의 수열

(2) 문자추리

① 한글자음

1	2	3	4	5	6	7	8	9	10	11	12	13	14
ㄱ	ㄴ	ㄷ	ㄹ	ㅁ	ㅂ	ㅅ	ㅇ	ㅈ	ㅊ	ㅋ	ㅌ	ㅍ	ㅎ

② 한글모음

1	2	3	4	5	6	7	8	9	10
ㅏ	ㅑ	ㅓ	ㅕ	ㅗ	ㅛ	ㅜ	ㅠ	ㅡ	ㅣ

③ 알파벳

1	2	3	4	5	6	7	8	9	10	11	12	13
A	B	C	D	E	F	G	H	I	J	K	L	M
14	15	16	17	18	19	20	21	22	23	24	25	26
N	O	P	Q	R	S	T	U	V	W	X	Y	Z

● 핵심예제 ●

일정한 규칙으로 문자를 나열할 때, 빈칸에 들어갈 알맞은 문자는?

B E H ( ) N

① I　　　　　　　　　　② J
③ K　　　　　　　　　　④ M

| 04 | 기초통계능력

(1) 통계

집단현상에 대한 구체적인 양적 기술을 반영하는 숫자로 특히, 사회집단 또는 자연집단의 상황을 숫자로 나타낸 것이다.

예 서울 인구의 생계비, 한국 쌀 생산량의 추이, 추출 검사한 제품 중 불량품의 개수 등

(2) 통계치

① 빈도 : 어떤 사건이 일어나거나 증상이 나타나는 정도
② 빈도분포 : 빈도를 표나 그래프로 종합적이면서도 일목요연하게 표시하는 것
③ 평균 : 모든 자료 값의 합을 자료의 개수로 나눈 값
④ 백분율 : 전체의 수량을 100으로 볼 때의 비율

(3) 통계의 계산

① 범위 : (최댓값) − (최솟값)

② 평균 : $\dfrac{(\text{자료 값의 총합})}{(\text{자료의 개수})}$

③ 분산 : $\dfrac{[\{(\text{관찰값}) - (\text{평균})\}^2 \text{의 총합}]}{(\text{자료의 개수})}$

※ (편차) = (관찰값) − (평균)

④ 표준편차 : $\sqrt{\text{분산}}$ (평균으로부터 얼마나 떨어져 있는가를 나타냄)

다음에 제시된 자료들로부터 범위, 평균, 분산, 표준편차를 구하면 각각 얼마인가?

141, 143, 145, 147, 149

- 범위 : $149 - 141 = 8$
- 평균 :

$$\frac{141 + 143 + 145 + 147 + 149}{5}$$

$$= 145$$

- 분산

$$: \frac{4^2 + 2^2 + 2^2 + 4^2}{5} = 8$$

- 표준편차 : $\sqrt{8} = 2\sqrt{2}$

정답 범위 : 8
　　　평균 : 145
　　　분산 : 8
　　　표준편차 : $2\sqrt{2}$

| 05 | 도표분석능력

(1) 선(절선)그래프

① 시간적 추이(시계열 변화)를 표시하는 데 적합하다.

　예 연도별 매출액 추이 변화 등

② 경과·비교·분포를 비롯하여 상관관계 등을 나타낼 때 사용한다.

〈중학교 장학금, 학비감면 수혜현황〉

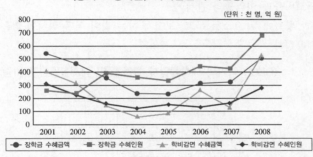

(2) 막대그래프

① 비교하고자 하는 수량을 막대 길이로 표시하고, 그 길이를 비교하여 각 수량 간의 대소 관계를 나타내는 데 적합하다.

　예 영업소별 매출액, 성적별 인원분포 등

② 가장 간단한 형태로 내역·비교·경과·도수 등을 표시하는 용도로 사용한다.

〈연도별 암 발생 추이〉

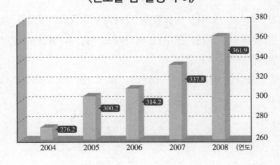

PART 1

(3) 원그래프

① 내역이나 내용의 구성비를 분할하여 나타내는 데 적합하다.
　　예 제품별 매출액 구성비 등
② 원그래프를 정교하게 작성할 때는 수치를 각도로 환산해야 한다.

〈C국의 가계 금융자산 구성비〉

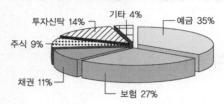

(4) 점그래프

① 지역분포를 비롯하여 도시, 지방, 기업, 상품 등의 평가나 위치, 성격을 표시하는 데 적합하다.
　　예 광고비율과 이익률의 관계 등
② 종축과 횡축에 두 요소를 두고, 보고자 하는 것이 어떤 위치에 있는가를 알고자 할 때 사용한다.

〈OECD 국가의 대학졸업자 취업률 및 경제활동인구 비중〉

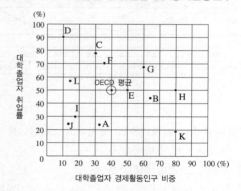

(5) 층별그래프

① 합계와 각 부분의 크기를 백분율로 나타내고 시간적 변화를 보는 데 적합하다.
② 합계와 각 부분의 크기를 실수로 나타내고 시간적 변화를 보는 데 적합하다.
　　예 상품별 매출액 추이 등
③ 선의 움직임보다는 선과 선 사이의 크기로써 데이터 변화를 나타내는 그래프이다.

〈우리나라 세계유산 현황〉

(6) 레이더 차트(거미줄 그래프)

① 다양한 요소를 비교할 때, 경과를 나타내는 데 적합하다. 예 매출액의 계절변동 등
② 비교하는 수량을 직경, 또는 반경으로 나누어 원의 중심에서의 거리에 따라 각 수량의 관계를 나타내는 그래프이다.

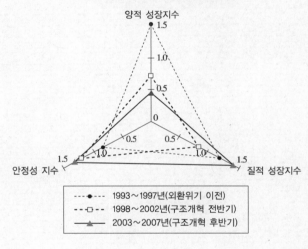

〈외환위기 전후 한국의 경제상황〉

연속출제

다음 숫자들이 나열된 규칙을 찾아 '?'에 들어갈 숫자로 적절한 것을 고르면?

| 30 | 32 | 28 | 34 | 26 | ? |

+2 −4 +6 −8 +10

① 30   ⓥ 36
③ 38   ④ 40
⑤ 44

1) 질문의도 : 규칙 찾기

2) 규칙찾기
   : 건너뛰기 수열

3) 정답도출
   : 26+10=36

유형분석

- 나열된 숫자의 규칙을 찾아 정답을 고르는 수열 문제이다.
- 기존 적성검사의 수 추리 문제와 유사한 유형이다.
- 등차·등비수열 등 다양한 수열 규칙을 미리 알아두면 쉽게 풀어나갈 수 있다.
- ➕ 응용문제 : 나열된 숫자들의 관계가 사칙연산으로 이루어진 형식의 문제가 출제된다.

풀이전략

수열 규칙을 바탕으로 나열된 숫자들의 관계를 찾아내어 정답을 고른다. 사전에 수열 규칙에 대해 학습하도록 한다.

기출유형 2

수열 · 기초연산 ②

 연속출제

K건설회사는 ○○시 신도시 아파트 분양을 위하여 다음 주에 모델하우스를 오픈한다. 아파트 입주자 모집을 성황리에 마무리 짓기 위해 방문하시는 고객에게 소정의 사은품을 나눠 줄 예정이다. K건설회사에 근무 중인 A사원은 오픈행사 시 고객 1인당 1개의 쇼핑백을 나눠 줄 수 있도록 준비 ⟶ ⓐ 중인데, 각 쇼핑백에 각티슈 1개, 위생장갑 1pack, 롤팩 3개, 물티슈 2개, 머그컵 1개가 들어가야 ⟶ ⓑ 한다. 각 물품 수량을 다음과 같이 보유하고 있다면 **최대 몇 명에게 사은품을 줄 수 있는가?**(단, 사은품 구성 물품과 수량은 1개라도 부족해서는 안 된다)

2) 조건확인
: ⓐ ~ ⓒ

1) 질문의도
: 최대 증정 인원 수

⟶ ⓒ

$$\frac{각티슈\ 200개}{1}=200 \quad \frac{위생장갑\ 250pack}{1}=250 \quad \frac{롤팩\ 600개}{3}=200 \quad \frac{물티슈\ 400개}{2}=200 \quad \frac{머그컵\ 150개}{1}=150$$

(K건설회사 로고가 찍힌 쇼핑백은 사은품 구성 Set만큼 주문할 예정임)

3) 계산

① 150명   ② 200명

③ 250명   ④ 300명

⑤ 350명

4) 정답도출
: 최대 150명

PART 1

유형분석

- 문제에서 제공하는 정보를 파악한 뒤 사칙연산을 활용하여 계산하는 전형적인 수리문제이다.
- 다양한 직무상황과 연관을 지어 복잡하게 문제를 출제하지만 실제로 정답을 도출하는 과정은 단순하다.
- 문제를 풀기 위한 정보가 산재되어 있는 경우가 많으므로 꼼꼼히 읽어야 한다.
- ➕ 응용문제 : 표, 그림 및 도표 등이 제시되고 문제에서 요구하는 정보를 찾아야 하는 문제가 출제된다. 이러한 문제의 경우에는 계산이 복잡하거나 단위가 커서 실수하기 쉽다.

풀이전략

문제에서 묻는 것을 정확하게 확인한 후, 필요한 조건 또는 정보를 구분하여 신속하게 풀어간다. 단, 계산에 착오가 생기지 않도록 유의하여야 한다.

연속출제

귀하는 P화장품회사의 영업부에서 근무 중이다. 최근 왕성한 영업활동으로 인해 3개의 시에 있는 각 거래처와 판매계약을 추진하고 있다. 성공적인 계약체결을 위해 당사의 신제품을 오늘 중으로 각 거래처에 샘플로 전달할 예정인데, 업무상 바쁜 관계로 터미널에 가서 정확히 같은 시간에 고속버스 화물 택배로 각 거래처에 보내려고 한다. 고속버스 터미널 지원센터에 유선으로 확인한 결과, 3개의 시로 가는 고속버스가 1시간 전인 10시에 동시 출발했으며 배차 간격은 각각 12분, 18분, 24분이라고 한다. 화물 택배를 의뢰하는 업무가 20분이 소요된다고 판단될 때, 귀하는 늦어도 몇 시까지 터미널로 도착해서 업무를 처리하여야 하는가?(단, 회사에서 터미널까지 20분이 걸린다)

① 11시 10분전에는 도착해야 한다.
② 11시 50분까지는 도착해야 한다.
③ 12시 10분전에는 도착해야 한다.
☑ 12시 04분까지는 도착해야 한다.
⑤ 12시 24분까지는 도착해야 한다.

2) 조건확인
: ⓐ~ⓔ

→ ⓐ
→ ⓑ
→ ⓒ

1) 질문의도
: 도착시간

→ ⓔ
→ ⓓ

3) 계산
: 최소공배수 활용

4) 정답도출
: 12시 24분 – 20분
 =12시 04분

유형분석

- 최소공배수 등 수학 이론을 활용하여 계산하는 문제이다.
- 대체로 중·고등 수준의 수학 이론에 대한 지식을 요구하고 있다.
- 기존 적성검사 문제와 유사한 형태로 출제되고 있다.
- ➕ 응용문제 : 수학 이론을 활용하는 문제는 수리능력뿐만 아니라 문제해결능력, 자원관리능력 등에서도 다양하게 출제되고 있다.

풀이전략

먼저 질문에서 정답을 이끌어내기 위해 필요한 조건을 확인한 다음, 수학 이론을 적절하게 활용하여 정확히 계산한다.

기출유형 4 기초통계

연속출제

귀하는 C은행의 지점에서 수신업무를 담당하고 있다. 본사로부터 2019년도 고객서비스 만족도 평가를 위해 조사기간 동안 내방한 고객들을 대상으로 설문을 실시하여 보고하라는 지침을 받았다. 귀하는 상담했던 고객들에게 해당 지점의 만족도에 대한 설문을 요청하였으며, 취합한 결과는 다음과 같다. 이후 조사결과를 지점장에게 보고하였는데, 잘못된 설문이 있다고 지적을 받았다. 이에 해당하는 것은?

1) 질문의도
: 자료의 잘못된 부분 찾기

만족도	응답자 수(명)	비율(%)
매우 만족	(A)	20%
만족	33	22%
보통	(B)	(C)
불만족	24	16%
매우 불만족	15	(D)
합계	150	100%

3) 선택지 풀이

① 은행업무 상담 고객 중 150명을 대상으로 은행서비스 만족도를 조사하였습니다.

② 응답해주신 고객 중 30명이 본 지점의 서비스를 매우 만족한다고 평가해 주셨고, 특히 ○○○ 행원이 친절하다는 칭찬을 많이 해주셨습니다.

③ 내방 고객의 약 3분의 1이 본 지점의 서비스 만족도를 '보통'으로 평가해 주셨습니다. 지점 내 행원을 대상으로 서비스마인드를 고취하기 위한 교육이 필요해 보입니다.

④ '불만족' 이하 구간이 26%로 큰 비중을 차지하고 있습니다. 고객이 제안해주신 개선안을 바탕으로 본행의 고객응대 매뉴얼을 수정할 필요가 있다고 생각됩니다.

⑤ 전체 고객 중 5분의 1이 '매우 불만족'으로 평가해주셨는데, 지점 내의 서비스 교육과 고객응대 매뉴얼 수정을 통해 향후 만족도를 개선시킬 수 있을 것으로 판단됩니다.

2) 선택지 키워드 찾기

4) 정답도출
: $\dfrac{15}{150} = \dfrac{1}{10}$

유형분석

• 통계와 관련한 이론을 활용하여 계산하는 문제이다.
• 기초연산능력과 마찬가지로 중·고등 수준의 통계 이론을 알아두어야 한다.
• 주로 상대도수, 평균, 표준편차, 최댓값, 최솟값 등이 활용된다.

풀이전략

우선 질문을 꼼꼼히 읽고 정답을 이끌어내기 위한 통계 이론을 적절하게 활용하여 정확히 계산한다.

연속출제

A사원이 아래 자료들을 해석한 내용으로 옳은 것만을 모두 고른 것은?

OO은행 외환팀에 근무 중인 A사원은 2015년 상반기 환율동향을 분석하는 업무를 맡게 되었다.

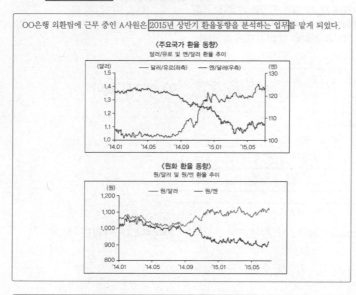

〈주요국가 환율 동향〉
달러/유로 및 엔/달러 환율 추이

〈원화 환율 동향〉
원/달러 및 원/엔 환율 추이

1) 질문의도
   : 도표분석

3) 도표분석
   : 2015년 동향 분석

㉠ 유로화는 유럽중앙은행(ECB)의 양적완화 확대 등으로 달러화 대비 약세가 심화되고 있다.
㉡ 엔화는 달러화에 대해 전반적으로 전년 대비 강세를 보이고 있으나, 글로벌 안전자산 선호 등으로 낙폭은 제한되고 있다.
㉢ 원/달러 환율은 전년 대비 상승하였으나, 방향성이 부재한 가운데 1,000원을 중심으로 등락을 지속하고 있다.
㉣ 원/엔 환율은 전반적으로 900원선을 상회하는 수준에서 완만하게 움직였다.

2) 선택지 키워드 찾기

→ 약세

→ 1,110원

① ㉠, ㉡   ✓ ㉠, ㉣
④ ㉠, ㉢, ㉣   ③ ㉠, ㉡, ㉢
⑤ ㉠, ㉡, ㉢, ㉣

4) 정답도출

유형분석

• 문제에서 주어진 도표를 분석하여 각 선택지의 정답 유무를 판단하는 문제이다.
• 주로 그래프와 표로 많이 제시되며, 경영·경제·산업과 관련된 최신 이슈를 많이 다룬다.
• 정답을 도출하는 데 상당한 시간이 걸리며, 증감률·비율·추세 등을 자주 묻는다.
➕ 응용문제 : 도표(그래프, 표)와 함께 신문기사 혹은 보도자료 등을 함께 제공하여 복합적으로 판단하는 형식의 문제도 출제된다. 때로는 선택지에 경제·경영학 이론을 묻는 경우도 있다.

풀이전략

선택지를 먼저 읽고 필요한 정보를 도표(그래프, 표)에서 찾아 정답 유무를 판단한다.

기출유형 6　도표작성

📋 **연속출제**

귀하는 ○○산업의 제1공장 시설관리를 담당하고 있다. 과거 가뭄으로 인하여 공업용수 부족 등의 피해가 발생되어 제품생산에 차질을 빚어왔다. 이러한 문제점을 예방하고자 과거 강수량 추이를 분석하여 예비 공업용수를 확보하는 등의 예방대책을 수립하고자 한다. 다음과 같은 <u>자료를 분석하여 작성한 기간별 연간 강수량 그래프</u>로 적절하지 <u>않은</u> 것은?

> **우리나라의 항구적 가뭄대책**
>
> 2015년 10월까지의 강수량은 619mm로, 11월과 12월의 2개월간에 대해 지난 55년간 해당 기간의 최대 강수량인 236mm를 더한다고 해도 855mm에 불과하다. 같은 기간 평균 강수량인 71mm를 더하면 690mm이고, 최소 강수량인 10mm를 더하면 629mm이다.
>
> 1966 ~ 2015년 기간 중 강수량이 1,100mm 미만이었던 것은 1973년의 1,065mm, <u>1977년의 1,007mm</u>, 1982년의 1,000mm이다. 또한 1,000mm 미만이었던 것은 <u>1988년의 895mm</u>, 2001년의 997mm, 2008년의 988mm, 그리고 2014년의 809mm이다. 이러한 수치로 보아 올해는 50년만에 최악의 가뭄을 겪은 것으로 분석된다. 뿐만 아니라 지난 50년간 한 번도 연속해서 2년간 강수량이 1천mm 미만을 보인 적은 없었다.
>
> … 중략 …

→ ①
→ ②

1) 질문의도
　: 자료의 시각화

3) 자료 찾기

① <u>1976년 ~ 1985년</u> 연간 강수량

☑ <u>1986년 ~ 1995년</u> 연간 강수량

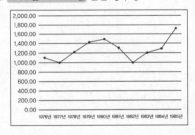

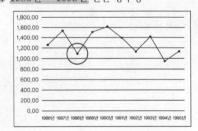

2) 도표제목 확인

4) 정답도출
　: 1,000mm 이상 X

유형분석

- 문제에서 주어진 자료를 읽고 올바르게 작성한 도표를 고르는 문제이다.
- 주어진 자료에 있는 수치와 그래프 또는 표에 있는 수치가 서로 일치하는지 여부를 판단하는 것이다.
- 문제에서 주어지는 자료는 보고서나 신문기사 등의 일부 내용 혹은 표를 제시하고 있다.

풀이전략

각 선택지에 있는 도표의 제목을 먼저 확인한다. 제목에서 어떠한 정보가 필요한지 확인한 후에 문제에서 주어진 자료를 읽으면서 일치 여부를 판단한다.

☑ 확인 Check! ○ △ ✕

01 S공사 홍보실의 L대리는 인근 학교에서 사내 견학을 온 학생들의 강의를 맡았다. '에너지 절약과 온실가스 감축효과'에 대해 강의한 L대리는 학생들의 강의 집중력을 이끌어내기 위해 이산화탄소 배출량 퀴즈 문제를 만들어 정답자에게 문화상품권을 선물로 주었다. 다음 중 문화상품권을 받은 학생은?

"에너지 절약과 온실가스 감축효과"

잠시 쉬어 가는 깜짝 퀴즈(정답을 맞힌 학생에게는 문화상품권 지급)

Q. 연탄 14장, 도시가스 33Nm^3, 전기 451kWh, LPG 37,500원을 사용했을 때 배출되는 이산화탄소량을 모두 더한 값은?(단, 소수점 이하 첫째 자리에서 반올림할 것)

- 연탄 10장을 소비했을 때 배출되는 이산화탄소량=65kgCO_2
- 도시가스 15Nm^{3}를 소비했을 때 배출되는 이산화탄소량=33kgCO_2
- 전기 300kWh를 소비했을 때 배출되는 이산화탄소량=127kgCO_2
- LPG 25,000원을 사용했을 때 배출되는 이산화탄소량=58kgCO_2

책상 위에 놓인 종이에 정답을 적어서 강단 앞 상자에 넣어주세요.

---

① A학생 : 339kgCO_2
② B학생 : 423kgCO_2
③ C학생 : 442kgCO_2
④ D학생 : 458kgCO_2
⑤ E학생 : 523kgCO_2

02 제약회사에서 근무하는 귀하는 의약품 특허출원과 관련하여 조사한 내용을 정리하여 다음과 같이 보고서를 작성하였다. 상사에게 보고서를 제출하기 전에 최종 검토를 하고자 한다. 보고서를 작성할 때 참고한 자료가 다음과 같다면, 보고서 내용 중 수정이 필요한 부분은 무엇인가?

〈보고서 내용 일부〉

2017년부터 2019년까지 의약품의 특허출원은 (A) 매년 감소하였다. 그러나 기타 의약품이 전체 의약품 특허출원에서 차지하는 비중은 매년 증가하여 2019년에는 전체 의약품 특허출원의 (B) 25% 이상을 차지하였다. 다국적기업의 의약품별 특허출원 현황을 살펴보면, 원료의약품에서 다국적기업 특허출원이 차지하는 비중은 다른 의약품에 비해 매년 그 비중이 높아져 2019년에는 (C) 20% 이상을 차지하게 되었다. 한편 2019년 다국적기업에서 출원한 완제의약품 특허출원 중 다이어트제 출원은 (D) 11%였다.

[참고자료]

〈표1〉 의약품별 특허출원 현황

구분＼연도	2017년	2018년	2019년
완제의약품	7,137건	4,394건	2,999건
원료의약품	1,757건	797건	500건
기타 의약품	2,236건	1,517건	1,220건
합계	11,130건	6,708건	4,719건

〈표2〉 의약품별 특허출원 중 다국적기업 출원 현황

구분＼연도	2017년	2018년	2019년
완제의약품	404건	284건	200건
원료의약품	274건	149건	103건
기타 의약품	215건	170건	141건
합계	893건	603건	444건

〈표3〉 완제의약품 특허출원 중 다이어트제 출원 현황

구분	2017년	2018년	2019년
출원 건수	53건	32건	22건

① (A)
② (B)
③ (C)
④ (D)
⑤ 없음

03 문화기획을 하는 A씨는 올해 새로운 공연을 기획하고자 한다. 문화예술에 대한 국민의 관심과 참여 수준을 파악하여 그것을 기획에 반영하고자 할 때, 파악한 내용으로 적절하지 않은 것은?

〈문화예술 관람률〉

(단위 : %)

구분		2013년	2015년	2017년	2019년
전체		52.4	54.5	60.8	64.5
문화예술 성별·연령별 관람률	남자	50.5	51.5	58.5	62.0
	여자	54.2	57.4	62.9	66.9
	20세 미만	77.2	77.9	82.6	84.5
	20 ~ 29세	79.6	78.2	83.4	83.8
	30 ~ 39세	68.2	70.6	77.2	79.2
	40 ~ 49세	53.4	58.7	67.4	73.2
	50 ~ 59세	35.0	41.2	48.1	56.2
	60세 이상	13.4	16.6	21.7	28.9
문화예술 종류별 관람률	음악·연주회	13.9	13.6	11.6	10.7
	연극	13.9	13.5	13.2	11.8
	무용	1.1	1.5	1.4	1.2
	영화	44.8	45.8	50.3	52.8
	박물관	13.8	14.5	13.3	13.7
	미술관	12.5	11.1	10.2	9.8

① 전체 문화예술 관람률은 계속해서 증가하고 있다.

② 2017년도의 전체 인구수를 100명으로 가정했을 때 그 해 미술관을 관람한 사람은 10명이다.

③ 문화예술 관람률이 접근성을 반영한다면, 접근성이 가장 떨어지는 문화예술은 무용이다.

④ 문화예술 관람률은 남자보다는 여자, 고연령층보다는 저연령층의 관람률이 높다.

⑤ 60세 이상 문화예술 관람률은 2013년 대비 2019년에 100% 이상 증가했다.

04 다음은 어느 기업의 콘텐츠 유형별 매출액에 관한 자료이다. 이에 대한 설명으로 옳지 않은 것은?

〈2012 ~ 2019년 콘텐츠 유형별 매출액〉

(단위 : 백만 원)

구분	게임	음원	영화	SNS	전체
2012년	235	108	371	30	744
2013년	144	175	355	45	719
2014년	178	186	391	42	797
2015년	269	184	508	59	1,020
2016년	485	199	758	58	1,500
2017년	470	302	1,031	308	2,111
2018년	603	411	1,148	104	2,266
2019년	689	419	1,510	341	2,959

① 2014년 이후 매출액이 매년 증가한 콘텐츠 유형은 영화뿐이다.
② 2019년의 전년 대비 매출액 증가율이 가장 큰 콘텐츠 유형은 SNS이다.
③ 영화 매출액은 매년 전체 매출액의 40% 이상이다.
④ 2013 ~ 2019년 동안 모든 콘텐츠의 매출액이 전년보다 증가한 해는 2019년뿐이다.
⑤ 2016 ~ 2019년 동안 매년 게임 매출액은 음원 매출액의 2배 이상이다.

05 다음은 A, B, C, D사의 남녀 직원비율을 나타낸 자료이다. 이에 대한 설명으로 옳지 않은 것은?

〈회사별 남녀 직원비율〉

(단위 : %)

구분	A사	B사	C사	D사
남	54	48	42	40
여	46	52	58	60

① 여직원 대비 남직원 비율이 가장 높은 회사는 A이며, 가장 낮은 회사는 D이다.
② B, C, D사의 여직원 수의 합은 남직원 수의 합보다 크다.
③ A사의 남직원이 B사의 여직원보다 많다.
④ A, B사의 전체 직원 중 남직원이 차지하는 비율이 52%라면 A사의 전체 직원 수는 B사 전체 직원 수의 2배이다.
⑤ A, B, C사의 전체 직원 수가 같다면 A, C사 여직원 수의 합은 B사 여직원 수의 2배이다.

06 다음은 R대리가 부산 출장을 갔다 올 때, 선택할 수 있는 교통편에 대한 자료이다. R대리가 교통편 하나를 선택하여 왕복티켓을 모바일로 예매하려고 할 때, 가장 저렴한 교통편은 무엇인가?

〈서울 → 부산 교통편 현황〉

교통편	종류	편도 비용	기타
버스	일반버스	24,000원	–
	우등버스	32,000원	모바일 예매 1% 할인
기차	무궁화호	28,000원	왕복 예매 시 15% 할인
	새마을호	36,000원	왕복 예매 시 20% 할인
	KTX	58,000원	1+1 이벤트(편도 금액으로 왕복 예매 가능)

① 일반버스   ② 우등버스
③ 무궁화호   ④ 새마을호
⑤ KTX

07 L공사는 폐수의 정화에 대한 연구를 하고자 한다. 폐수에 대한 정화공정 및 실험 내용에 대한 정보가 아래와 같다고 할 때, 다음 실험을 거친 폐수에 포함된 P균과 Q균의 양으로 옳은 것은?(단, 소수점 이하 둘째 자리에서 반올림한다)

〈폐수에 대한 정보〉

• 폐수 1L당 P균이 400mL, Q균이 200mL 포함되어 있다.
• 각 정화공정에 따른 P균과 Q균의 변화는 다음과 같다.

구분	P균	Q균
공정 1(150℃ 이상의 온도로 가열)	40% 감소	30% 증식
공정 2(3단 여과기로 물리적 여과)	2/5로 감소	1/3로 감소
공정 3(A형 정화제 투입)	20% 감소	50% 감소

〈실험 내용〉

• 3L의 폐수를 준비하여 다음의 순서로 정화공정을 거친다.
공정 1 → 공정 2 → 공정 3 → 공정 2

	P균	Q균
①	30.7mL	14.4mL
②	92.2mL	43.3mL
③	92.2mL	130mL
④	230.4mL	43.3mL
⑤	288mL	14.4mL

08 A기업은 NCS기반 능력중심채용을 진행하고 있다. 오늘은 마지막 단계인 NCS기반 면접평가가 치러졌다. 추후 면접 결과를 토대로 상위득점자 20명에게 합격통지서를 보낼 예정이다. 면접 결과는 다음과 같은 표로 정리되었는데, 담당자의 실수로 일부 알아볼 수 없게 되었다. 최종 합격자는 최소 몇 점 이상을 받았는가?

면접 점수(점)	인원(명)	백분위수(%)
30	1	100.00
29	( )	98.75
28	2	( )
27	( )	92.50
26	2	( )
25	( )	85.00
24	6	75.00
23	3	67.50
22	( )	63.75
15	6	22.50
14	8	( )
13	2	5.00
12	( )	2.50
11	0	1.25
10	( )	1.25

※ 백분위수는 해당 면접 점수 이하에 전체 면접 참가자의 몇 퍼센트가 분포되어 있는가를 나타내는 수치이다.
※ 면접 점수의 최저는 10점이고, 최고는 30점이다.

① 22점　　　　　　　　　　② 23점
③ 24점　　　　　　　　　　④ 25점
⑤ 26점

09 다음은 2019년 1월부터 11월까지 4개 지역 국제선에 대한 통계이다. 다음 자료에 대한 설명으로 옳은 것은?

⟨지역별 여객 및 화물 현황⟩

(단위 : 명, 톤)

지역명	여객			화물		
	도착	출발	합계	도착	출발	합계
일본	3,661,457	3,683,674	7,345,131	49,302.60	49,812.30	99,114.90
미국	222	107	329	106.7	18.4	125.1
동남아	2,785,258	2,757,248	5,542,506	36,265.70	40,503.50	76,769.20
중국	1,884,697	1,834,699	3,719,396	25,217.60	31,315.80	56,533.40

⟨지역별 운항 현황⟩

(단위 : 편)

지역명	운항		
	도착	출발	합계
일본	21,425	21,433	42,858
미국	5	1	6
동남아	16,713	16,705	33,418
중국	12,427	12,446	24,873

① 중국 국제선의 출발 여객 1명당 출발 화물량은 도착 여객 1명당 도착 화물량보다 적다.
② 미국 국제선의 전체 화물 중 도착 화물이 차지하는 비중은 90%를 초과한다.
③ 동남아 국제선의 도착 운항 1편당 도착 화물량은 2톤 이상이다.
④ 중국 국제선의 도착 운항편수는 일본 국제선의 도착 운항편수의 70% 이상이다.
⑤ 지역별 화물 합계에서 도착 화물이 차지하는 비중은 동남아 국제선이 일본 국제선보다 높다.

10 다음은 K공항의 2018년과 2019년 에너지 소비량 및 온실가스 배출량에 대한 자료이다. 〈보기〉의 설명 중 다음 자료에 대한 설명으로 옳은 것을 모두 고른 것은?

〈K공항 에너지 소비량〉

(단위 : TOE)

구분	에너지 소비량									
	총계	건설 부문				이동 부문				
		소계	경유	도시가스	수전전력	소계	휘발유	경유	도시가스	천연가스
2018년	11,658	11,234	17	1,808	9,409	424	25	196	13	190
2019년	17,298	16,885	58	2,796	14,031	413	28	179	15	191

〈K공항 온실가스 배출량〉

(단위 : 톤CO_2eq)

구분	온실가스 배출량				
	총계	고정연소	이동연소	공정배출	간접배출
2018년	30,823	4,052	897	122	25,752
2019년	35,638	6,121	965	109	28,443

보기

ㄱ. 2019년 에너지 소비량 중 이동 부문에서 경유가 차지하는 비중은 전년 대비 10%p 이상 감소하였다.

ㄴ. 2019년 건설 부문의 도시가스 소비량은 전년 대비 30% 이상 증가하였다.

ㄷ. 2019년 온실가스 배출량 중 간접배출이 차지하는 비중은 2018년 온실가스 배출량 중 고정연소가 차지하는 비중의 5배 이상이다.

① ㄱ

② ㄴ

③ ㄱ, ㄷ

④ ㄴ, ㄷ

⑤ ㄱ, ㄴ, ㄷ

11 다음은 D공단에서 발표한 2013년부터 2019년까지 어린이 보호구역 지정대상 및 지정현황이다. 〈보기〉의 설명 중 아래 자료에 대한 설명으로 옳지 않은 것을 모두 고른 것은?

〈어린이 보호구역 지정대상 및 지정현황〉

(단위 : 곳)

구분		2013년	2014년	2015년	2016년	2017년	2018년	2019년
어린이보호구역 지정대상	합계	17,339	18,706	18,885	21,274	21,422	20,579	21,273
어린이보호구역 지정현황	합계	14,921	15,136	15,444	15,799	16,085	16,355	16,555
	초등학교	5,917	5,946	5,975	6,009	6,052	6,083	6,127
	유치원	6,766	6,735	6,838	6,979	7,056	7,171	7,259
	특수학교	131	131	135	145	146	148	150
	보육시설	2,107	2,313	2,481	2,650	2,775	2,917	2,981
	학원	–	11	15	16	56	36	38

보기

ㄱ. 2016 ~ 2019년 어린이보호구역 지정대상은 매년 증가하였다.

ㄴ. 2014년 어린이보호구역 지정대상 중 어린이보호구역으로 지정된 구역의 비율은 75% 이상이다.

ㄷ. 2017 ~ 2019년 어린이보호구역으로 지정된 구역 중 학원이 차지하는 비중은 매년 증가하였다.

ㄹ. 2013 ~ 2016년 어린이보호구역으로 지정된 구역 중 초등학교가 차지하는 비중은 매년 60% 이상이다.

① ㄱ

② ㄴ

③ ㄱ, ㄷ

④ ㄱ, ㄹ

⑤ ㄱ, ㄷ, ㄹ

12 다음은 R공사의 2015년부터 2019년까지 부채현황에 관한 자료이다. 〈보기〉의 직원 중 다음 부채현황에 대해 옳은 설명을 한 사람을 모두 고른 것은?

〈R공사 부채현황〉

(단위 : 백만 원)

구분	2015년	2016년	2017년	2018년	2019년
자산	40,544	41,968	44,167	44,326	45,646
자본	36,642	38,005	39,295	40,549	41,800
부채	3,902	3,963	4,072	3,777	3,846
금융부채	–	–	–	–	–
연간이자	–	–	–	–	–
부채비율	10.7%	10.4%	10.4%	9.3%	9.2%
당기순이익	1,286	1,735	1,874	1,902	1,898

보기

김 대리 : 2016 ~ 2018년 당기순이익과 부채의 전년 대비 증감추이는 동일해.

이 주임 : 2018년 부채의 전년 대비 감소율은 10% 미만이야.

최 주임 : 2017 ~ 2019년 부채비율은 매년 전년 대비 감소하였어.

박 사원 : 2018년 자산 대비 자본의 비율은 2018년에 전년 대비 증가하였어.

① 김 대리, 이 주임
② 김 대리, 최 주임
③ 최 주임, 박 사원
④ 이 주임, 박 사원
⑤ 이 주임, 최 주임

※ 귀하는 내달 있을 회사 체육대회의 폐회식을 계획하고 있다. 체육대회에서는 짝피구, 줄다리기, 계주 달리기 종목을 진행할 예정이며 각 우승팀에게 시상하려고 한다. 폐회식 일정에 있는 시상식 때 각 종목 우승팀 중 짝피구 2명, 줄다리기 3명, 계주 달리기 1명이 대표로 단상에 올라가 시상 후 대표이사와 함께 일렬로 서서 사진촬영을 할 예정이다. 이어지는 질문에 답하시오. [13~14]

☑ 확인 Check! ○ △ ✕

13 사진촬영 시 대표이사가 가운데 서는 경우의 수는?

① 120가지   ② 256가지
③ 320가지   ④ 480가지
⑤ 720가지

☑ 확인 Check! ○ △ ✕

14 사진촬영 시 대표이사가 가운데에 서고 줄다리기 대표들이 이웃해서 서는 경우의 수는?

① 72가지   ② 80가지
③ 100가지   ④ 120가지
⑤ 195가지

☑ 확인 Check! ○ △ ✕

15 다음 자료는 어느 나라의 2018년과 2019년의 노동가능인구 구성의 비율을 나타낸 것이다. 2018년도와 비교한 2019년도의 상황을 바르게 설명한 것은?

〈노동가능인구 구성의 비율〉

구분	취업자	실업자	비경제활동인구
2018년	55%	25%	20%
2019년	43%	27%	30%

① 이 자료에서 실업자의 수는 알 수 없다.
② 실업자의 비율은 감소하였다.
③ 경제활동인구의 비율은 증가하였다.
④ 취업자 비율의 증감폭이 실업자 비율의 증감폭보다 작다.
⑤ 비경제활동인구의 비율은 감소하였다.

16 다음은 S공사의 금융구조조정자금 총지원 현황이다. 〈보기〉의 설명 중 다음 자료에 대한 설명으로 옳은 것을 모두 고른 것은?

〈금융구조조정자금 총지원 현황〉

(단위 : 억 원)

구분	은행	증권사	보험사	제2금융	저축은행	농협	소계
출자	222,039	99,769	159,198	26,931	1	0	507,938
출연	139,189	4,143	31,192	7,431	4,161	0	186,116
부실자산 매입	81,064	21,239	3,495	0	0	0	105,798
보험금 지급	0	113	0	182,718	72,892	47,402	303,125
대출	0	0	0	0	5,969	0	5,969
총계	442,292	125,264	193,885	217,080	83,023	47,402	1,108,946

보기

ㄱ. 출자 부문에서 은행이 지원받은 금융구조조정자금은 증권사가 지원받은 금융구조조정자금의 3배 이상이다.
ㄴ. 보험금 지급 부문에서 지원된 금융구조조정자금 중 저축은행이 지원받은 금액의 비중은 20%를 초과한다.
ㄷ. 제2금융에서 지원받은 금융구조조정자금 중 보험금 지급 부문으로 지원받은 금액이 차지하는 비중은 80% 이상이다.
ㄹ. 부실자산 매입 부문에서 지원된 금융구조조정자금 중 은행이 지급받은 금액의 비중은 보험사가 지급받은 금액 비중의 20배 이상이다.

① ㄱ
② ㄴ, ㄹ
③ ㄱ, ㄴ, ㄷ
④ ㄱ, ㄷ, ㄹ
⑤ ㄴ, ㄷ, ㄹ

17 다음은 수송부문의 대기 중 온실가스 배출량에 관한 자료이다. 다음 중 옳지 않은 것은?

〈수송부문의 대기 중 온실가스 배출량〉

(단위 : ppm)

구분		이산화탄소	아산화질소	메탄	합계
2015년	합계	82,917.7	197.6	502.6	83,617.9
	산업부문	57,702.5	138	328.3	58,168.8
	가계부문	25,215.2	59.6	174.3	25,449.1
2016년	합계	84,626.3	202.8	513.9	85,343
	산업부문	58,686.7	141.4	332.1	59,160.2
	가계부문	25,939.6	61.4	181.8	26,182.8
2017년	합계	84,306.8	203.1	504.4	85,014.3
	산업부문	59,553.9	144.4	331.7	60,030
	가계부문	24,752.9	58.7	172.7	24,984.3
2018년	합계	85,632.1	205.1	501.1	86,338.3
	산업부문	63,936.9	151.5	374	64,462.4
	가계부문	21,695.2	53.6	127.1	21,875.9
2019년	합계	87,547.49	210.98	502.9	88,261.37
	산업부문	64,973.29	155.87	362.36	65,491.52
	가계부문	22,574.2	55.11	140.54	22,769.85

① 이산화탄소의 비중은 어느 시기든 상관없이 가장 크다.
② 연도별 가계와 산업 부문의 배출량 차이 값은 2019년에 가장 크다.
③ 연도별 가계와 산업 부문의 배출량 차이 값은 지속적으로 증가한다.
④ 해당기간 동안 온실가스 총량은 지속적으로 증가하고 있다.
⑤ 메탄은 항상 아산화질소보다 많은 양이 배출되고 있다.

※ 다음은 전체 인구를 유년인구, 생산가능인구 및 노인인구로 구분하여 인구구성비 추이를 나타낸 자료이다. 이어지는 질문에 답하시오. [18~19]

〈인구구성비 추이〉

(단위 : %)

구분		1970년	1980년	1990년	2000년	2005년	2010년	2015년	2020년	2030년
유년 인구비	전국	42.5	34.0	25.6	21.1	19.1	16.3	13.9	12.6	11.2
	서울	36.3	31.3	24.7	18.6	16.8	14.7	13.4	12.4	10.5
	인천	39.8	31.9	27.1	23.4	20.2	16.5	13.8	12.7	11.4
	울산	40.2	36.2	30.1	25.1	21.9	17.4	13.9	12.4	11.2
	경기	42.9	32.7	26.8	24.1	21.5	18.1	15.4	13.9	12.2
	충남	45.9	35.6	24.3	20.1	18.8	16.3	13.8	12.4	11.5
	전남	46.8	38.9	25.8	20.0	18.4	13.9	11.3	9.2	9.1
생산가능 인구비	전국	54.4	62.2	69.3	71.7	71.8	72.8	73.2	71.7	64.7
	서울	62.1	66.2	71.8	76.1	76.1	75.9	74.6	72.5	66.9
	인천	58.0	65.2	68.9	71.2	72.9	75.0	75.5	73.7	64.7
	울산	56.4	61.0	66.7	70.9	72.9	75.7	76.8	74.6	64.9
	경기	54.0	63.6	68.8	70.2	71.5	73.4	74.6	73.7	66.7
	충남	50.3	58.9	67.8	68.0	66.9	68.3	69.7	69.5	64.2
	전남	48.9	55.6	66.4	66.6	64.1	64.8	65.6	64.9	55.7
노인 인구비	전국	3.1	3.8	5.1	7.2	9.1	10.9	12.9	15.7	24.1
	서울	1.7	2.5	3.5	5.3	7.1	9.4	12.0	15.1	22.6
	인천	2.2	2.9	4.0	5.5	6.9	8.5	10.6	13.6	23.9
	울산	3.5	2.9	3.1	4.0	5.2	6.9	9.3	13.0	23.9
	경기	3.0	3.7	4.5	5.7	7.1	8.5	10.0	12.4	21.1
	충남	3.8	5.5	7.9	11.9	14.4	15.5	16.5	18.0	24.3
	전남	4.3	5.5	7.9	13.4	17.5	21.3	23.2	25.9	35.2

※ 고령화사회 : 전체 인구 중 노인인구가 7% 이상 14% 미만
※ 고령사회 : 전체 인구 중 노인인구가 14% 이상 20% 미만
※ 초고령사회 : 전체 인구 중 노인인구가 20% 이상

※ (인구부양비) = $\dfrac{(유년인구)+(노인인구)}{(생산가능인구)}$

※ (유년부양비) = $\dfrac{(유년인구)}{(생산가능인구)}$

※ (노년부양비) = $\dfrac{(노인인구)}{(생산가능인구)}$

18 2030년 전국 노년부양비는?

① 약 0.27

② 약 0.32

③ 약 0.37

④ 약 0.41

⑤ 약 0.46

19 초고령사회로 분류되는 지역이 처음으로 발생한 연도는?

① 2010년

② 2015년

③ 2020년

④ 2025년

⑤ 2030년

20 다음은 2015 ~ 2019년 우리나라의 출생 및 사망자 수에 관한 자료이다. 다음 중 자료에 대한 설명으로 옳지 않은 것은?

〈우리나라 출생 및 사망자 수 현황〉

(단위 : 명)

구분	2015년	2016년	2017년	2018년	2019년
출생아 수	436,455	435,435	438,420	406,243	357,771
사망자 수	266,257	267,692	275,895	280,827	285,534

① 출생아 수가 가장 많았던 해는 2017년이다.

② 사망자 수는 2016년부터 2019년까지 매년 전년 대비 증가하고 있다.

③ 2015년부터 2019년까지 사망자 수가 가장 많은 해와 가장 적은 해의 사망자 수 차이는 15,000명 이상이다.

④ 2017년 출생아 수는 같은 해 사망자 수의 1.7배 이상이다.

⑤ 2016년 출생아 수는 2019년 출생아 수보다 15% 이상 많다.

CHAPTER 03
문제해결능력

합격 Cheat Key

문제해결능력은 업무를 수행하면서 여러 가지 문제 상황이 발생하였을 때, 창의적이고 논리적인 사고를 통하여 이를 올바르게 인식하고 적절히 해결하는 능력을 말한다. 하위능력으로는 사고력과 문제처리능력이 있다.

문제해결능력은 NCS 기반 채용을 진행하는 대다수의 기업에서 다루어졌으며, 문항 수는 평균 24% 정도로 상당히 많이 출제되고 있다. 하지만 많은 수험생들은 더 많이 출제되는 다른 영역에 몰입하고 문제해결능력은 집중하지 않는 실수를 하고 있다. 다른 영역보다 더 많은 노력이 필요할 수는 있지만 그렇기에 차별화를 가진 득점영역이므로 포기하지 말고 꾸준하게 노력해야 한다. 이에, 몇 가지의 전략을 소개한다.

01 질문의 의도를 정확하게 파악하라!

문제해결능력은 문제에서 무엇을 묻고 있는지 정확하게 파악하여 풀이방향을 설정하는 것이 가장 효율적인 방법이다. 특히, 조건이 주어지고 답을 찾는 창의적, 분석적인 문제가 주로 출제되고 있기 때문에 처음에 정확한 풀이방향이 설정되지 않는다면 시간만 허비하고 결국 문제도 풀지 못하게 되므로 첫 번째로 문제의 도파악에 집중해야 한다.

02 중요한 정보는 반드시 표시하라!

위에 말한 정확한 문제의도파악을 하기 위해서는 문제에서 중요한 정보는 반드시 표시나 메모를 하여 하나의 조건, 단서도 잊고 넘어가는 일이 없도록 해야 한다. 실제 시험에서는 시간의 압박과 긴장감으로 정보를 잘못 적용하거나 잊고 지나쳐 틀리는 실수가 많이 발생하므로 사전에 충분한 연습이 필요하다.

가령 명제문제의 경우 주어진 명제와 그 명제의 대우를 본인이 한 눈에 파악할 수 있도록 기호화, 도식화하여 메모하면 흐름을 이해하기가 더 수월하다. 이를 통해 자신만의 풀이순서와 방향, 기준 또한 생길 것이다.

03 반복풀이를 통해 취약유형을 파악하라!

길지 않은 한정된 시간동안 모든 문제를 다 푸는 것은 조금은 어려울 수도 있다. 따라서 고득점을 얻을 수 있는 방법은 효율적인 문제풀이다.

반복적인 문제풀이를 통해 본인의 취약한 유형을 파악하는 것이 중요하다. 취약유형 파악은 종료시간이 임박했을 때 빛을 발할 것이다. 풀 수 있는 문제부터 빠르게 풀고 취약한 유형은 나중에 푸는 효율적인 문제풀이를 통해 최대한의 고득점을 받는 것이 중요하다. 본인의 취약유형을 파악하기 위해서는 많은 문제를 풀어봐야 한다.

04 타고나는 것이 아니므로 열심히 노력해라!

대부분의 수험생들이 문제해결능력은 공부해도 실력이 늘지 않는 영역이라고 생각한다. 하지만 그렇지 않다. 문제해결능력이야말로 노력을 통해 충분히 득점이 가능한 영역이다. 정확한 질문 의도 파악, 취약한 유형의 반복적인 풀이, 빈출유형 파악 등의 방법으로 충분히 실력 향상할 수 있다. 자신감을 갖고 공부하기 바란다.

| 01 | 문제해결능력

(1) 문제

① 문제와 문제점의 의미

㉠ 문제 : 원활한 업무수행을 하기 위해 해결해야 하는 질문이나 의논 대상

㉡ 문제점 : 문제의 근본원인이 되는 사항으로 문제해결에 필요한 열쇠인 핵심 사항

예 스트레스로 인해 신경성 장염에 걸렸을 때, 신경성 장염의 발생이 '문제'이며, 스트레스는 '문제점'이다.

② 문제의 분류

구분	창의적 문제	분석적 문제
문제제시 방법	현재 문제가 없더라도 보다 나은 방법을 찾기 위한 문제 탐구로, 문제 자체가 명확하지 않음	현재의 문제점이나 미래의 문제로 예견될 것에 대한 문제 탐구로, 문제 자체가 명확함
해결 방법	창의력에 의한 많은 아이디어의 작성을 통해 해결	분석ㆍ논리ㆍ귀납과 같은 논리적 방법을 통해 해결
해답 수	해답의 수가 많으며, 많은 답 가운데 보다 나은 것을 선택	답의 수가 적으며, 한정되어 있음
주요 특징	주관적, 직관적, 감각적, 정성적, 개별적, 특수성	객관적, 논리적, 이성적, 정량적, 일반적, 공통성

CHECK POINT

모듈형 문제가 출제되는 기업에서 문제의 유형에 관한 문제가 자주 출제된다.

③ 문제의 유형

㉠ 기능에 따른 문제 유형 : 제조 문제, 판매 문제, 자금 문제, 인사 문제, 경리 문제, 기술상 문제

㉡ 해결 방법에 따른 문제 유형 : 논리적 문제, 창의적 문제

㉢ 시간에 따른 문제 유형 : 과거 문제, 현재 문제, 미래 문제

㉣ 업무 수행 과정 중 발생한 문제 유형 : 발생형 문제, 탐색형 문제, 설정형 문제

• 발생형 문제 : 이미 일어난 문제로, 당장 걱정하고 해결하기 위해 고민하는 문제

• 탐색형 문제 : 더 잘해야 하는 문제로, 현재의 상황을 개선하거나 효율을 높이기 위한 문제

• 설정형 문제 : 미래상황에 대응하는 장래의 경영전략의 문제로, 앞으로 어떻게 할 것인가 하는 문제

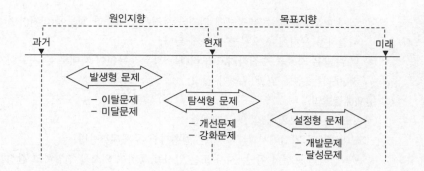

문제에 대한 설명으로 옳지 않은 것은?

① 업무를 수행함에 있어서 답을 요구하는 질문이나 의논하여 해결해야 되는 사항을 의미한다.

② 해결하기를 원하지만 실제로 해결해야 하는 방법을 모르고 있는 상태도 포함된다.

③ 얻고자 하는 해답이 있지만 그 해답을 얻는 데 필요한 일련의 행동을 알지 못한 상태도 있다.

④ 일반적으로 창의적 문제, 분석적 문제, 논리적 문제로 구분된다.

문제는 일반적으로 창의적 문제, 분석적 문제로 구분된다.

정답 ④

(2) 문제해결

① **문제해결의 정의**

문제해결이란 목표와 현상을 분석하고, 이 분석 결과를 토대로 주요 과제를 도출하여 바람직한 상태나 기대되는 결과가 나타나도록 최적의 해결안을 찾아 실행·평가하는 활동을 말한다.

② **문제해결의 기본요소**

㉠ 체계적인 교육훈련

㉡ 문제해결 방법에 대한 다양한 지식

㉢ 문제 관련 지식에 대한 가용성

㉣ 문제해결자의 도전의식과 끈기

㉤ 문제에 대한 체계적인 접근

③ **문제해결 시 필요한 사고**

㉠ 전략적 사고

㉡ 분석적 사고

㉢ 발상의 전환

㉣ 내·외부자원의 효율적인 활용

④ **문제해결 시 장애 요인**

㉠ 문제를 철저히 분석하지 않는 경우 : 근본적인 문제해결을 하지 못하거나 새로운 문제를 야기하는 결과를 초래할 수 있다.

㉡ 고정관념에 얽매이는 경우 : 정해진 규정과 틀에 얽매여서 새로운 아이디어와 가능성을 무시해 버릴 수 있다.

ⓒ 쉽게 떠오르는 단순한 정보에 의지하는 경우 : 단순한 정보에 의지하면 문제를 해결하지 못하거나 오류를 범하게 된다.

ⓔ 너무 많은 자료를 수집하려고 노력하는 경우 : 무엇이 제대로 된 자료인지를 알지 못하는 우를 범할 우려가 많다.

⑤ 문제해결방법

ⓐ 소프트 어프로치에 의한 문제해결
- 대부분의 기업에서 볼 수 있는 전형적인 문제해결방법
- 직접적인 표현이 아닌, 시사 또는 암시를 통하여 의사를 전달하고 감정을 서로 통하게 함으로써 문제해결을 도모하는 방법
- 코디네이터(3자)는 결론을 미리 머릿속에 그려가면서 권위나 공감에 의지하여 의견을 중재하고, 타협과 조정을 통해 해결을 도모
- 결론이 애매하게 끝나는 경우가 적지 않음

ⓑ 하드 어프로치에 의한 문제해결
- 서로의 생각을 직설적으로 주장하고 논쟁이나 협상을 통해 서로의 의견을 조정해가는 방법
- 사실과 원칙에 근거한 토론으로 해결방법을 도모
- 코디네이터(3자)는 구성원들에게 지도와 설득을 하고 전원이 합의하는 일치점을 찾도록 노력
- 합리적이긴 하나, 창조적인 아이디어나 높은 만족감을 이끌어내기는 어려움

ⓒ 퍼실리테이션에 의한 문제해결
- 퍼실리테이션은 '촉진'을 의미하며, 어떤 그룹이나 집단이 의사결정을 잘 하도록 도와주는 일을 의미
- 조직이 어떤 방향으로 나아갈지 알려주고, 주제에 대한 공감을 이룰 수 있도록 도와주는 역할을 담당
- 깊이 있는 커뮤니케이션을 통해 서로의 문제점을 이해하고 공감함으로써 창조적인 문제해결을 도모
- 퍼실리테이션에 의한 방법은 구성원의 동기가 강화되고 팀워크도 한층 강화되는 특징을 가짐
- 코디네이터(3자)가 합의점이나 줄거리를 준비해놓고 예정대로 결론을 도출하는 것은 적절하지 않음

• 예제풀이 •

문제해결에 필요한 기본적 사고
전략적 사고, 분석적 사고, 발상의 전환, 내·외부자원의 활용

정답 ②

• 핵심예제 •

문제해결에 필요한 기본적 사고로 옳은 것은?

① 외부자원만을 효과적으로 활용한다.

② 전략적 사고를 해야 한다.

③ 같은 생각을 유지한다.

④ 추상적 사고를 해야 한다.

|02| 사고력

(1) 창의적 사고

① 창의적 사고의 의미

창의적 사고란 이미 알고 있는 경험과 지식을 해체하고 새로운 정보로 결합함으로써 가치있고 참신한 아이디어를 산출하는 사고를 말한다.

② 창의적 사고의 특징

ⓐ 정보와 정보의 조합이다.

ⓑ 사회나 개인에게 새로운 가치를 창출한다.

ⓒ 창조적인 가능성이다.

③ 창의적 사고의 개발 방법

ⓐ 자유연상법 : 어떤 생각에서 다른 생각을 계속해서 떠올리는 작용을 통해, 어떤 주제에 대해 생각나는 것을 열거해 나가는 발산적 사고 방법

예 브레인스토밍

ⓑ 강제연상법 : 각종 힌트를 강제적으로 연결지어서 발상하는 방법

예 체크리스트

ⓒ 비교발상법 : 주제와 본질적으로 닮은 것을 힌트로 하여 새로운 아이디어를 얻는 방법

예 NM법, Synectics(창조공학)

• 핵심예제 •

창의적 사고의 특징으로 옳지 않은 것은?

① 외부 정보끼리의 조합이다.

② 사회나 개인에게 새로운 가치를 창출한다.

③ 창조적인 가능성이다.

④ 사고력, 성격, 태도 등의 전인격적인 가능성을 포함한다.

• 예제풀이 •

창의적 사고는 정보와 정보의 조합으로, 정보에는 내부 정보와 외부 정보가 있다.

정답 ①

(2) 논리적 사고

① 논리적 사고의 의미

논리적 사고란 사고의 전개에 있어서 전후의 관계가 일치하고 있는지를 살피며, 아이디어를 평가하는 사고를 말한다.

② 논리적 사고를 하기 위해 필요한 요소

생각하는 습관, 상대 논리의 구조화, 구체적인 생각, 타인에 대한 이해·설득

③ 논리적 사고를 개발하는 방법

ⓐ 피라미드 구조 방법 : 하위의 사실이나 현상으로부터 상위의 주장을 만들어 나가는 방법

ⓑ SO WHAT 방법 : 눈앞에 있는 정보로부터 의미를 찾아내어 가치있는 정보를 이끌어내는 방법

• 예제풀이 •

논리적 사고의 요소
생각하는 습관, 상대 논리의
구조화, 구체적인 생각, 타
인에 대한 이해·설득

정답 ④

• 핵심예제 •

논리적 사고를 위한 요소가 아닌 것은?

① 생각하는 습관
② 상대 논리의 구조화
③ 타인에 대한 이해·설득
④ 추상적인 생각

(3) 비판적 사고

① 비판적 사고의 의미

비판적 사고는 제기된 주장에 어떤 오류나 잘못이 있는지를 찾아내기 위하여 지엽적인 부분을 확대하여 문제로 삼는 것이 아니라, 지식·정보를 바탕으로 한 합당한 근거에 기초를 두고 현상을 분석하고 평가하는 사고를 말한다.

② 비판적 사고를 하기 위해 필요한 요소

지적 호기심, 객관성, 개방성, 융통성, 지적 회의성, 지적 정직성, 체계성, 지속성, 결단성, 다른 관점에 대한 존중

③ 비판적인 사고를 하기 위해서는 어떤 현상에 대해 문제의식을 가지고, 고정관념을 타파해야 한다.

| 03 | 문제처리능력

문제처리능력이란 목표와 현상을 분석하고, 이 분석결과를 토대로 문제를 도출하여 최적의 해결책을 찾아 실행·평가하는 활동을 할 수 있는 능력을 말한다.

〈문제해결 절차〉
문제 인식 → 문제 도출 → 원인 분석 → 해결안 개발 → 실행 및 평가

CHECK POINT

3C, SWOT 등의 분석 기법을 바탕으로 문제해결법을 찾는 문제가 출제된다.

(1) 문제 인식

해결해야 할 전체 문제를 파악하여 우선순위를 정하고 선정된 문제에 대한 목표를 명확히 하는 단계로, '환경 분석 → 주요 과제 도출 → 과제 선정'을 통해 수행된다.

환경 분석 시 자주 사용되는 방법

• 3C 분석 : 3C에 대한 체계적인 분석(3C : 자사, 경쟁사, 고객)
• SWOT 분석 : 기업내부의 강점(Strength), 약점(Weakness), 외부환경의 기회(Opportunity), 위협요인(Threat)을 분석·평가하고 이들을 서로 연관 지어 전략과 문제해결 방안을 개발하는 방법

(2) 문제 도출

선정된 문제를 분석하여 해결해야 할 것이 무엇인지를 명확히 하는 단계로, '문제 구조 파악 → 핵심 문제 선정'을 통해 수행된다.

> **문제 구조 파악 시 자주 사용되는 방법**
> Logic Tree 방법 : 문제의 원인을 깊이 파고들어 해결책을 구체화할 때 제한된 시간 속에 넓이와 깊이를 추구하는 데 도움이 되는 기술로, 주요 과제를 나무모양으로 분해・정리하는 방법

(3) 원인 분석

파악된 핵심문제에 대한 분석을 통해 근본 원인을 도출해내는 단계로, '이슈 분석 → 데이터 분석 → 원인 파악'을 통해 수행된다.

(4) 해결안 개발

문제로부터 도출된 근본 원인을 효율적으로 해결할 수 있는 최적의 해결방안을 수립하는 단계로, '해결안 도출 → 해결안 평가 및 최적안 선정'을 통해 수행된다.

(5) 실행 및 평가

해결안 개발을 통해 만들어진 실행계획을 실제 상황에 적용하는 활동으로, 당초 장애가 되는 문제의 원인들을 해결안을 사용하여 제거해 나가는 단계이다. '실행계획 수립 → 실행 → 사후 관리(Follow-up)'를 통해 수행된다.

● 핵심예제 ●

문제해결 과정이 바르게 나열된 것은?

ㄱ. 문제 인식	ㄴ. 실행 및 평가
ㄷ. 원인 분석	ㄹ. 문제 도출
ㅁ. 해결안 개발	

① ㄱ - ㄴ - ㄷ - ㄹ - ㅁ
② ㄱ - ㄹ - ㄷ - ㅁ - ㄴ
③ ㄴ - ㄷ - ㄹ - ㅁ - ㄱ
④ ㄹ - ㄱ - ㄷ - ㅁ - ㄴ

● 예제풀이 ●

문제해결 과정
문제 인식 → 문제 도출 → 원인 분석 → 해결안 개발 → 실행 및 평가

정답 ②

📋 **연속출제**

다음 <u>문장을 읽고 유추</u>할 수 있는 것은?

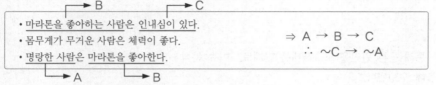

・마라톤을 좋아하는 사람은 인내심이 있다.
・몸무게가 무거운 사람은 체력이 좋다.
・명랑한 사람은 마라톤을 좋아한다.

$\Rightarrow A \rightarrow B \rightarrow C$
$\therefore \sim C \rightarrow \sim A$

① 체력이 좋은 사람은 인내심이 없다.
☑ 인내심이 없는 사람은 명랑하지 않다. (= ∼C → ∼A)
③ 마라톤을 좋아하는 사람은 몸무게가 가볍다.
④ 몸무게가 무겁지 않은 사람은 인내심이 있다.

1) 질문의도 : 명제추리

2) 문장분석 : 기호화

3) 정답도출

유형분석

- 주어진 문장을 토대로 논리적으로 추론하여 참 또는 거짓을 구분하는 문제이다.
- 대체로 연역추론을 활용한 명제 문제가 출제되고 있다.
- ➕ 응용문제 : 자료를 제시하고 새로운 결과나 자료에 주어지지 않은 내용을 추론해 가는 형식의 문제가 출제된다.

풀이전략

각 문장에 있는 핵심단어 또는 문구를 기호화하여 정리한 뒤, 선택지와 비교하여 참 또는 거짓을 판단한다.

📋 **연속출제**

인사업무를 담당하고 있는 귀하는 전 직원을 대상으로 몇 년 동안의 기혼 여부와 업무성과를 연계하여 조사를 실시해왔다. 그 결과 안정적인 가정을 꾸린 직원이 더 높은 성과를 달성한다는 사실을 확인할 수 있었다. 조사 내용 중 특히 신입사원의 혼인율이 급격하게 낮아지고 있으며, 최근 그 수치가 매우 낮아 향후 업무성과에 좋지 못한 영향을 미칠 것으로 예상되었다. 이러한 <u>문제의 근본원인</u>을 찾아 도식화하여 팀장에게 보고하려고 한다. 다음 중 <u>현상 간의 인과관계</u>를 따져볼 때 귀하가 (D) 부분에 입력할 내용으로 적절한 것은 무엇인가?

1) 질문의도
   : 근본원인+인과관계
      → 5Why 기법

2) 사고법 적용

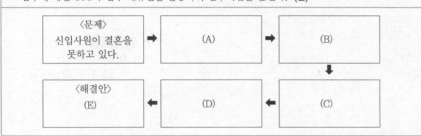

- 배우자를 만날 시간이 없다. (A)
- 신입사원이어서 업무에 대해 잘 모른다. (D)
- 매일 늦게 퇴근한다. (B)
- 업무를 제때에 못 마친다. (C)
- 업무에 대한 OJT나 업무 매뉴얼을 활용하여 업무시간을 줄인다. (E)

〈문제〉 신입사원이 결혼을 못하고 있다.	→	(A)	→	(B)
〈해결안〉 (E)	←	(D)	←	(C)

① 배우자를 만날 시간이 없다.
☑ 신입사원이어서 업무에 대해 잘 모른다.
③ 매일 늦게 퇴근한다.
④ 업무를 제때에 못 마친다.
⑤ 업무에 대한 OJT나 업무 매뉴얼을 활용하여 업무시간을 줄인다.

3) 정답도출

유형분석

- 문제해결에 필요한 사고력을 평가하기 위한 문제이다.
- 주로 피라미드 구조 기법, 5Why 기법, So What 기법 등을 활용한 문제들이 출제되고 있다.

풀이전략

질문을 읽고 문제를 해결하기 위해 필요한 사고법을 선별한 뒤 적용하여 풀어나간다.
- 피라미드 구조 기법 : 하위의 사실이나 현상으로부터 상위의 주장을 만들어 나가는 방법
- 5Why 기법 : 주어진 문제에 대해서 계속하여 이유를 물어 가장 근본이 되는 원인을 찾는 방법
- So What 기법 : '그래서 무엇이지?'라고 자문자답하며 눈앞에 있는 정보로부터 의미를 찾아내어 가치 있는 정보를 이끌어 내는 방법

PART 1

연속출제

귀하의 회사에서 OOO 제품을 개발하여 중국시장에 진출하고자 한다. 귀하의 상사가 3C 분석 결과를 건네며, 사업 계획에 반영하고 향후 해결해야 할 회사의 전략 과제가 무엇인지 정리하여 보고하라는 지시를 내렸다. 다음 중 회사에서 해결해야 할 전략 과제로 적절하지 않은 것은?

Customer	Competitor	Company
• 전반적인 중국시장은 매년 10% 성장 • 중국시장 내 제품의 규모는 급성장 중임 • 20~30대 젊은 층이 중심 • 온라인 구매가 약 80% 이상 ➡ ② • 인간공학 지향 ➡ ⑤	• 중국기업들의 압도적인 시장점유 • 중국기업들 간의 치열한 가격경쟁 • A/S 및 사후관리 취약 ➡ ④ • 생산 및 유통망 노하우 보유	• 국내시장 점유율 1위 • A/S등 고객서비스 부문 우수 ➡ ③ • 해외 판매망 취약 ➡ ① • 온라인 구매시스템 미흡 (보안, 편의 등) ➡ ② • 높은 생산원가 구조 ➡ ② • 높은 기술개발력 ➡ ④

① 중국 시장의 판매유통망 구축
② 온라인 구매시스템 강화
☑ 고객서비스 부문 강화
④ 원가 절감을 통한 가격 경쟁력 강화
⑤ 인간공학을 기반으로 한 제품 개발 강화

1) 질문의도
   : 3C 분석
     → 전략과제

2) 결과분석

3) 정답도출
   : 이미 우수함
     =과제가 아님

유형분석

• 상황에 대한 환경 분석 결과를 통해 주요 과제를 도출하는 문제이다.
• 주로 3C 분석 또는 SWOT 분석을 활용한 문제들이 출제되고 있으므로 해당 분석도구에 대한 사전 학습이 요구된다.

풀이전략

문제에서 제시된 분석도구가 무엇인지 확인한 후, 분석결과를 종합적으로 판단하여 각 선택지의 전략 과제와 일치하는지를 판단한다.

연속출제

※ 다음 상황을 보고 이어지는 질문에 답하시오.

> 공기업 자재관리팀에 근무 중인 귀하는 회사 행사 때 사용할 배너를 제작하는 업무를 맡았다.

■ **다음은 행사 장소를 나타낸 도면이다.**

■ **행사 장소** : 본 건물 3관

■ **배너 설치 비용(배너 제작비+배너 거치대)**
- 배너 제작 비용 : 일반 배너 한 장당 15,000원, 양면 배너 한 장당 20,000원
- 배너 거치대 : 건물 내부용 10,000원, 건물 외부용 15,000원

■ **현수막 제작 비용**
- 기본 크기(세로×가로) : 1m×3m → 5,000원
- 기본 크기에서 추가 시 → 1m²당 3,000원씩 <u>추가</u>

3) 조건확인(ⅱ)
   : 제작비용

귀하는 배너 비용을 계산한 후 이를 상사에게 보고하였다. 상사의 [추가 지시]에 따라 계산한 [현수막 설치 비용]은?

1) 질문의도
   : 추가지시
   → 비용산출

> 상사 : 행사장 위치를 명확하게 알리려면 현수막도 설치하는 것이 좋을 것 같네요. 정문하고 후문에 하나씩 걸고 2관 건물 입구에도 하나를 답시다. 정문하고 후문에는 <u>3m×8m의 크기</u>로 하고, 2관 건물 입구에는 <u>1m×4m의 크기</u>가 적당할 것 같아요. 견적 좀 부탁할게요.
> ⓐ
> ⓑ

2) 조건확인(ⅰ)
   : ⓐ~ⓑ

① 84,000원   ② 98,000원
③ 108,000원   ④ 120,000원
☑ 144,000원

4) 정답도출
   : 설치비용 계산

유형분석

- 주어진 상황과 정보를 종합적으로 활용하여 풀어가는 문제이다.
- 비용, 시간, 순서, 해석 등 다양한 주제를 다루고 있어 문제유형을 한 가지로 단일화하기가 어렵다.
- 대체로 2문제 혹은 3문제가 묶여서 출제되고 있으며, 문제가 긴 경우가 많아 푸는 시간이 많이 걸린다.

풀이전략

먼저 문제에서 묻는 것을 파악한 후, 필요한 상황과 정보를 찾아 이를 활용하여 문제를 풀어간다.

☑ 확인 Check! ○△✕

01 연경, 효진, 다솜, 지민, 지현 5명 중에서 1명이 선생님의 책상에 있는 화병에 꽃을 꽂아 두었다. 이 가운데 두 명의 이야기는 모두 거짓이지만 세 명의 이야기는 모두 참이라고 할 때, 선생님 책상에 꽃을 꽂아둔 사람은?

- 연경 : 화병에 꽃을 꽂아두는 것을 나와 지현이만 보았다. 효진이의 말은 모두 맞다.
- 효진 : 화병에 꽃을 꽂아둔 사람은 지민이다. 지민이가 그러는 것을 지현이가 보았다.
- 다솜 : 지민이는 꽃을 꽂아두지 않았다. 지현이의 말은 모두 맞다.
- 지민 : 화병에 꽃을 꽂아두는 것을 세 명이 보았다. 효진이는 꽃을 꽂아두지 않았다.
- 지현 : 나와 연경이는 꽃을 꽂아두지 않았다. 나는 누가 꽃을 꽂는지 보지 못했다.

① 연경
② 효진
③ 다솜
④ 지민
⑤ 지현

☑ 확인 Check! ○△✕

02 〈조건〉을 바탕으로 추론한 것으로 옳은 것은?

조건
- 분야별 인원 구성
  - A분야 : a(남자), b(남자), c(여자)
  - B분야 : 가(남자), 나(여자)
  - C분야 : 갑(남자), 을(여자), 병(여자)
- 4명씩 나누어 총 2팀(1팀, 2팀)으로 구성한다.
- 같은 분야의 같은 성별인 사람은 같은 팀에 들어갈 수 없다.
- 각 팀에는 분야별로 적어도 한 명 이상이 들어가야 한다.
- 한 분야의 모든 사람이 한 팀에 들어갈 수는 없다.

① 갑과 을이 한 팀이 된다면 가와 나도 한 팀이 될 수 있다.
② 4명으로 나뉜 두 팀에는 남녀가 각각 2명씩 들어간다.
③ a가 1팀으로 간다면 c는 2팀으로 가야 한다.
④ 가와 나는 한 팀이 될 수 없다.
⑤ c와 갑은 한 팀이 될 수 있다.

03 A, B, C, D가 키우는 동물의 종류에 대해서 다음과 같은 사실이 알려져 있다. 다음을 통해 추론한 것으로 옳은 것은?

> • A는 개, C는 고양이, D는 닭을 키운다.
> • B는 토끼를 키우지 않는다.
> • A가 키우는 동물은 B도 키운다.
> • A와 C는 같은 동물을 키우지 않는다.
> • A, B, C, D 각각은 2종류 이상의 동물을 키운다.
> • A, B, C, D는 개, 고양이, 토끼, 닭 이외의 동물은 키우지 않는다.

① B는 개를 키우지 않는다.
② B와 C가 공통으로 키우는 동물 종류는 없다.
③ C는 키우지 않지만 D가 키우는 동물 종류가 있다.
④ 3명이 공통으로 키우는 동물 종류는 없다.
⑤ 3가지 종류의 동물을 키우는 사람은 없다.

04 L기업은 사옥 내에 구내식당을 운영하고 있다. 구내식당의 공간이 부족하여 부서별로 순서를 정하여 이용하고 있다. 올해는 A, B, C, D, E부서 순서로 식사를 했으나, 내년에는 모든 부서가 새로운 순서로 식사하기로 했다. 내년에 C부서가 E부서 바로 다음에 식사하기로 하였다면, 다음 중 옳은 것은?

① 총 4가지 방법이 있다.
② B부서는 맨 마지막에 식사할 수 없다.
③ E부서는 맨 마지막 순서를 제외한 나머지 모든 순서에 위치할 수 있다.
④ D부서가 가장 먼저 식사한다면, 바로 그다음에는 반드시 A부서가 식사한다.
⑤ A부서가 맨 마지막에 식사하는 경우는 한 가지 방법뿐이다.

05 새롭게 비품관리를 담당하게 된 A사원은 기존에 거래하던 ○○문구와 다른 업체들과의 가격 비교를 위해 △△문구와 □□문구에 견적서를 요청한 뒤 세 곳을 비교하려고 한다. 비품의 성능 차이는 다르지 않으므로 비교 후 가격이 저렴한 곳과 거래할 예정이다. 견적서의 총액과 최종적으로 거래할 업체를 바르게 짝지은 것은?(단, 배송료는 총주문금액 계산 이후 더하며 백 원 미만은 절사한다)

○○문구			
품명	수량	단가	공급가액
MLT – D209S[호환]	1	28,000원	32,000원
A4 복사용지 80G(2박스 묶음)	1	18,900원	31,900원
친환경 진행 문서 파일	1	1,500원	2,500원

※ 총주문금액에서 20% 할인 쿠폰 사용 가능
※ 배송료 : 4,000원(10만 원 이상 구매 시 무료 배송)

△△문구			
품명	수량	단가	공급가액
PGI – 909 – PINK[호환]	1	20,000원	25,000원
더블비 A4 복사용지 80G(2박스 묶음)	1	17,800원	22,800원
친환경 진행 문서 파일	1	1,200원	1,800원

※ 4만 원 이상 구매 시 판매가의 7% 할인
※ 배송료 : 2,500원(7만 원 이상 구매 시 무료 배송)

□□문구			
품명	수량	단가	공급가액
MST – D128S	1	20,100원	24,100원
A4 복사용지 75G(2박스 묶음)	1	18,000원	28,000원
문서 파일	1	1,600원	3,600원

※ 첫 구매 적립금 4,000포인트 사용 가능
※ 5만 원 이상 구매 시 문서 파일 1개 무료 증정
※ 배송료 : 4,500원(6만 원 이상 구매 시 무료 배송)

① ○○문구 – 49,000원
② △△문구 – 46,100원
③ □□문구 – 48,200원
④ △△문구 – 48,600원
⑤ □□문구 – 51,700원

06 A과장은 월요일에 사천연수원에서 진행될 세미나에 참석해야 한다. 세미나는 월요일 낮 12시부터 시작이며, 수요일 오후 6시까지 진행된다. 갈 때는 세미나에 늦지 않게만 도착하면 되지만, 올 때는 목요일 회의 준비를 위해 최대한 일찍 서울로 올라와야 한다. 교통비는 회사에 청구하지만 가능한 적은 비용으로 세미나 참석을 원할 때, 교통비는 얼마가 들겠는가?

〈KTX〉

구분	월요일		수요일		가격
서울 – 사천	08:00 ~ 11:00	09:00 ~ 12:00	08:00 ~ 11:00	09:00 ~ 12:00	65,200원
사천 – 서울	16:00 ~ 19:00	20:00 ~ 23:00	16:00 ~ 19:00	20:00 ~ 23:00	66,200원 (10% 할인 가능)

※ 사천역에서 사천연수원까지 택시비는 22,200원이며, 30분이 걸린다.

〈비행기〉

구분	월요일		수요일		가격
서울 – 사천	08:00 ~ 09:00	09:00 ~ 10:00	08:00 ~ 09:00	09:00 ~ 10:00	105,200원
사천 – 서울	19:00 ~ 20:00	20:00 ~ 21:00	19:00 ~ 20:00	20:00 ~ 21:00	93,200원 (10% 할인 가능)

※ 사천공항에서 사천연수원까지 택시비는 21,500원이며, 30분이 걸린다.

① 168,280원　　　　　　　② 178,580원
③ 192,780원　　　　　　　④ 215,380원
⑤ 232,080원

※ 자동차에 번호판을 부여하는 규칙이 다음과 같을 때, 이어지는 질문에 답하시오. [7~8]

〈자동차 번호판 부여 규칙〉

○ **12가 0000** ○

① ② ③

각 숫자는 다음의 사항을 나타낸다.
① 자동차의 종류
② 자동차의 용도
③ 자동차의 등록번호

▶ 자동차의 종류

구분	숫자 기호
승용차	01 ~ 69
승합차	70 ~ 79
화물차	80 ~ 97
특수차	98 ~ 99

▶ 자동차의 용도

구분		문자 기호
비사업용		가, 나, 다, 라, 마, 거, 너, 더, 러, 머, 서, 어, 저, 고, 노, 도, 로, 모, 보, 소, 오, 조, 구, 누, 두, 루, 무, 부, 수, 우, 주
사업용	택시	아, 바, 사, 자
	택배	배
	렌터카	하, 허, 호

▶ 자동차의 등록번호 차량의 고유번호로 임의로 부여

☑ 확인 Check! ○ △ ✕

07 A씨는 이사하면서 회사와 거리가 멀어져 출퇴근을 위해 새 승용차를 구입하였다. A씨가 부여받을 수 있는 자동차 번호판으로 올바르지 않은 것은?

① 23겨 4839
② 67거 3277
③ 42서 9961
④ 31주 5443
⑤ 12모 4839

☑ 확인 Check! ○ △ ✕

08 다음 중 성격이 다른 하나는?

① 80가 8425
② 84배 7895
③ 92보 1188
④ 81오 9845
⑤ 97주 4763

09 다음은 ○○기업의 재고 관리 사례이다. 금요일까지 부품 재고 수량이 남지 않게 완성품을 만들 수 있도록 월요일에 주문할 A∼C부품 개수로 옳은 것은?(단, 주어진 조건 이외에는 고려하지 않는다)

〈부품 재고 수량과 완성품 1개당 소요량〉

부품명	부품 재고 수량	완성품 1개당 소요량
A	500	10
B	120	3
C	250	5

〈완성품 납품 수량〉

항목 \ 요일	월	화	수	목	금
완성품 납품 개수	없음	30	20	30	20

※ 부품 주문은 월요일에 한 번 신청하며, 화요일 작업 시작 전에 입고된다.
※ 완성품은 부품 A, B, C를 모두 조립해야 한다.

	A	B	C
①	100	100	100
②	100	180	200
③	500	100	100
④	500	150	200
⑤	500	180	250

PART 1

※ K공사는 직원들의 명함을 다음의 명함 제작 기준에 따라 제작한다. 다음을 읽고 이어지는 질문에 답하시오. **[10~11]**

〈명함 제작 기준〉

(단위 : 원)

구분	100장	추가 50장
국문	10,000	3,000
영문	15,000	5,000

※ 고급종이로 제작할 경우 정가의 10% 가격 추가

☑ 확인 Check! ○△✕

10 올해 신입사원이 입사해서 국문 명함을 만들었다. 명함은 1인당 150장씩 지급하고 일반종이로 만들어 총 제작비용이 195,000원이라고 할 때, 신입사원은 총 몇 명인가?

① 12명   ② 13명

③ 14명   ④ 15명

⑤ 16명

☑ 확인 Check! ○△✕

11 이번 신입사원 중 해외영업 부서로 배치받은 사원이 있다. 해외영업부 사원들에게는 고급종이로 영문 명함을 200장씩 만들어 주려고 한다. 총인원이 8명일 때, 명함 제작에 드는 총액은 얼마인가?

① 158,400원   ② 192,500원

③ 210,000원   ④ 220,000원

⑤ 247,500원

12 같은 해에 입사한 동기 A, B, C, D, E는 모두 K기업 소속으로 서로 다른 부서에서 일하고 있다. 이들이 근무하는 부서와 해당 부서의 성과급은 다음과 같다. 부서배치에 관한 조건, 휴가에 관한 조건을 참고했을 때 다음 중 항상 옳은 것은?

〈부서별 성과급〉

비서실	영업부	인사부	총무부	홍보부
60만 원	20만 원	40만 원	60만 원	60만 원

※ 각 사원은 모두 각 부서의 성과급을 동일하게 받는다.

〈부서배치 조건〉

- A는 성과급이 평균보다 적은 부서에서 일한다.
- B와 D의 성과급을 더하면 나머지 세 명의 성과급 합과 같다.
- C의 성과급은 총무부보다는 적지만 A보다는 많이 받는다.
- C와 D 중 한 사람은 비서실에서 일한다.
- E는 홍보부에서 일한다.

〈휴가 조건〉

- 영업부 직원은 비서실 직원보다 휴가를 더 늦게 가야 한다.
- 인사부 직원은 첫 번째 또는 제일 마지막으로 휴가를 가야 한다.
- B의 휴가 순서는 이들 중 세 번째이다.
- E는 휴가를 반납하고 성과급을 두 배로 받는다.

① A의 3개월 치 성과급은 C의 2개월 치 성과급보다 많다.
② C가 맨 먼저 휴가를 갈 경우, B가 맨 마지막으로 휴가를 가게 된다.
③ D가 C보다 성과급이 많다.
④ 휴가철이 끝난 직후, 급여명세서에 D와 E의 성과급 차이는 세 배이다.
⑤ B는 A보다 휴가를 먼저 출발한다.

13 다음 자료를 근거로 판단할 때, 연구모임 A ~ E 중 두 번째로 많은 지원금을 받는 모임은?

〈지원계획〉

• 지원을 받기 위해서는 한 모임당 6명 이상 9명 미만으로 구성되어야 한다.
• 기본지원금
  모임당 1,500천 원을 기본으로 지원한다. 단, 상품개발을 위한 모임의 경우는 2,000천 원을 지원한다.
• 추가지원금

등급	상	중	하
추가지원금(천 원/명)	120	100	70

※ 추가지원금은 연구계획 사전평가결과에 따라 달라진다.
• 협업 장려를 위해 협업이 인정되는 모임에는 위의 두 지원금을 합한 금액의 30%를 별도로 지원한다.

〈연구모임 현황 및 평가결과〉

모임	상품개발 여부	구성원 수	연구계획 사전평가결과	협업 인정 여부
A	○	5	상	○
B	×	6	중	×
C	×	8	상	○
D	○	7	중	×
E	×	9	하	×

① A모임
② B모임
③ C모임
④ D모임
⑤ E모임

14 제시된 자료와 〈보기〉를 바탕으로 철수, 영희, 민수, 철호가 상품을 구입한 쇼핑몰을 올바르게 연결한 것은?

〈이용약관의 주요내용〉

쇼핑몰	주문 취소	환불	배송비	포인트 적립
A	주문 후 7일 이내 취소 가능	10% 환불수수료+송금수수료 차감	무료	구입 금액의 3%
B	주문 후 10일 이내 취소 가능	환불수수료+송금수수료 차감	20만 원 이상 무료	구입 금액의 5%
C	주문 후 7일 이내 취소 가능	환불수수료+송금수수료 차감	1회 이용 시 1만 원	없음
D	주문 후 당일에만 취소 가능	환불수수료+송금수수료 차감	5만 원 이상 무료	없음
E	취소 불가능	고객 귀책 사유에 의한 환불 시에만 10% 환불수수료	1만 원 이상 무료	구입 금액의 10%
F	취소 불가능	원칙적으로 환불 불가능 (사업자 귀책 사유일 때만 환불 가능)	100g당 2,500원	없음

보기

ㄱ. 철수는 부모님의 선물로 등산용품을 구입하였는데, 판매자의 업무착오로 배송이 지연되어 판매자에게 전화로 환불을 요구하였다. 판매자는 판매금액 그대로를 통장에 입금해주었고 구입 시 발생한 포인트도 유지하여 주었다.

ㄴ. 영희는 옷을 구매할 때 배송료를 고려하여 한 가지씩 여러 번에 나누어 구매하기보다는 가능한 한 한꺼번에 주문하곤 하였다.

ㄷ. 인터넷 사이트에서 영화티켓을 20,000원에 주문한 민수는 다음날 같은 티켓을 18,000원에 파는 가게를 발견하고 전날 주문한 물건을 취소하려 했지만 취소가 되지 않아 곤란을 겪은 적이 있다.

ㄹ. 가방을 100,000원에 구매한 철호는 도착한 물건의 디자인이 마음에 들지 않아 환불 및 송금수수료와 배송료를 감수하는 손해를 보면서도 환불할 수밖에 없었다.

	철수	영희	민수	철호
①	E쇼핑몰	B쇼핑몰	C쇼핑몰	D쇼핑몰
②	F쇼핑몰	E쇼핑몰	D쇼핑몰	B쇼핑몰
③	E쇼핑몰	D쇼핑몰	F쇼핑몰	C쇼핑몰
④	F쇼핑몰	C쇼핑몰	E쇼핑몰	B쇼핑몰
⑤	E쇼핑몰	C쇼핑몰	B쇼핑몰	D쇼핑몰

15 자동차 회사에 근무하고 있는 P씨는 중국 공장에 점검차 방문하기 위해 교통편을 알아보고 있다. 내일 새벽 비행기를 타기 위한 여러 가지 방법 중 가장 적은 비용으로 공항에 도착하는 방법은?

〈숙박요금〉

구분	공항 근처 모텔	공항 픽업 호텔	회사 근처 모텔
요금	80,000원	100,000원	40,000원

〈대중교통 요금 및 소요시간〉

구분	버스	택시
회사 → 공항 근처 모텔	20,000원 / 3시간	40,000원 / 1시간 30분
회사 → 공항 픽업 호텔	10,000원 / 1시간	20,000원 / 30분
회사 → 회사 근처 모텔	근거리이므로 무료	
공항 픽업 호텔 → 공항	픽업으로 무료	
공항 근처 모텔 → 공항		
회사 근처 모텔 → 공항	20,000원 / 3시간	40,000원 / 1시간 30분

※ 소요시간도 금액으로 계산한다(시간당 10,000원).

① 공항 근처 모텔로 버스 타고 이동 후 숙박
② 공항 픽업 호텔로 버스 타고 이동 후 숙박
③ 공항 픽업 호텔로 택시 타고 이동 후 숙박
④ 회사 근처 모텔에서 숙박 후 버스 타고 공항 이동
⑤ 회사 근처 모텔에서 숙박 후 택시 타고 공항 이동

16 제시된 자료를 읽고 K사원이 2020년 1월 출장여비로 받을 수 있는 총액을 올바르게 구한 것은?

〈출장여비 계산기준〉

• 출장여비는 출장수당과 교통비의 합으로 계산된다.
• 출장수당의 경우 업무추진비 사용 시 1만 원이 차감되며, 교통비의 경우 관용차량 사용 시 1만 원이 차감된다.

〈출장지별 출장여비〉

출장지	출장수당	교통비
D시	10,000원	20,000원
D시 외	20,000원	30,000원

※ D시 이외 지역으로 출장을 갈 경우 13시 이후 출장 시작 또는 15시 이전 출장 종료 시 출장수당에서 1만 원 차감된다.

〈K사원의 2019년 1월 출장내역〉

출장일	출장지	출장 시작 및 종료 시각	비고
1월 8일	D시	14 ~ 16시	관용차량 사용
1월 16일	S시	14 ~ 18시	
1월 19일	B시	09 ~ 16시	업무추진비 사용

① 6만 원
② 7만 원
③ 8만 원
④ 9만 원
⑤ 10만 원

17 실속과 품격을 따지기로 유명한 G회사에서 새로운 기계를 구매하기 위해 검토 중이라는 소문을 B회사 영업사원인 귀하가 입수했다. G회사 구매 담당자인 A상무는 회사 방침에 따라 실속(가격)이 최우선이며 그다음이 품격(디자인)이고 구매하려는 기계의 제작사들이 비슷한 기술력을 가지고 있기 때문에 성능은 다 같다고 생각하고 있다. 따라서 사후관리(A/S)를 성능보다 우선시하고 있다고 한다. 귀하는 오늘 경쟁사와 자사 기계에 대한 종합 평가서를 참고하여 A상무를 설득시킬 계획이다. 귀하가 A상무에게 할 수 있는 설명으로 옳지 않은 것은?

〈종합 평가서〉

구분	A사	B사	C사	D사	E사	F사
성능(높은 순)	1	4	2	3	6	5
디자인(평가가 좋은 순)	3	1	2	4	5	6
가격(낮은 순)	1	3	5	6	4	2
A/S 특징(신속하고 철저한 순)	6	2	5	3	1	4

※ 숫자는 순위를 나타낸다.

① A사 제품은 가격은 가장 저렴하나 A/S가 늦고 철저하지 않습니다. 우리 제품을 사면 제품 구매 비용은 A사보다 많이 들어가나 몇 년 운용을 해보면 실제 A/S 지체 비용으로 인한 손실액이 A사보다 적기 때문에 실제로 이익입니다.

② C사 제품보다는 우리 회사 제품이 가격이나 디자인 면에서 우수하고 A/S 또한 빠르고 정확하기 때문에 비교할 바가 안 됩니다. 성능이 우리 것보다 조금 낮다고는 하나 사실 이 기계의 성능은 서로 비슷하기 때문에 우리 회사 제품이 월등하다고 볼 수 있습니다.

③ D사 제품은 먼저 가격에서나 디자인 그리고 A/S에서 우리 제품을 따라올 수 없습니다. 성능도 엇비슷하기 때문에 결코 우리 회사 제품과 견줄 것이 못 됩니다.

④ E사 제품은 A/S 면에서 가장 좋은 평가를 받고 있으나 성능 면에서 가장 뒤처지기 때문에 고려할 가치가 없습니다. 특히 A/S가 잘되어 있다면 오히려 성능이 뒤떨어져서 일어나는 사인이기 때문에 재고할 가치가 없습니다.

⑤ F사 제품은 우리 회사 제품보다 가격은 저렴하지만 A/S나 디자인 면에서 우리 제품이 더 좋은 평가를 받고 있으므로 우리 회사 제품이 더 뛰어납니다.

18 K공사는 직원들의 교양증진을 위해 사내 도서관에 도서를 2권 추가하고자 한다. 새로 구매할 도서는 직원들을 대상으로 한 사전조사 결과를 바탕으로 한 선정점수를 결정한다. 다음 〈조건〉에 따라 추가로 구매할 도서를 선정할 때, 다음 중 최종 선정될 도서는?

〈후보 도서 사전조사 결과〉

도서명	저자	흥미도 점수	유익성 점수
재테크, 답은 있다	정우택	6	8
여행학개론	W. George	7	6
부장님의 서랍	김수권	6	7
IT혁명의 시작	정인성, 유오진	5	8
경제정의론	S. Collins	4	5
건강제일주의	임시학	8	5

조건

• 공사는 전 직원들을 대상으로 후보 도서들에 대한 사전조사를 하였다. 각 후보 도서들에 대한 흥미도 점수와 유익성 점수는 전 직원들이 10점 만점으로 부여한 점수의 평균값이다.
• 흥미도 점수와 유익성 점수를 3 : 2의 가중치로 합산하여 1차 점수를 산정하고, 1차 점수가 높은 후보 도서 3개를 1차 선정한다.
• 1차 선정된 후보 도서 중 해외저자의 도서는 가점 1점을 부여하여 2차 점수를 산정한다.
• 2차 점수가 가장 높은 2개의 도서를 최종선정한다. 만일 선정된 후보 도서들의 2차 점수가 모두 동일한 경우, 유익성 점수가 가장 낮은 후보 도서는 탈락시킨다.

① 재테크, 답은 있다 / 여행학개론
② 재테크, 답은 있다 / 건강제일주의
③ 여행학개론 / 부장님의 서랍
④ 여행학개론 / 건강제일주의
⑤ IT혁명의 시작 / 건강제일주의

19 다음 자료를 참고할 때, 〈보기〉에 제시된 주민등록번호의 빈칸 ㉠에 해당하는 숫자로 옳은 것은?

우리나라에서 국민에게 발급하는 주민등록번호는 각각의 번호가 고유한 번호로, 13자리 숫자로 구성된다. 13자리 숫자는 생년, 월, 일, 성별, 출생신고지역, 접수번호, 검증번호로 구분된다.

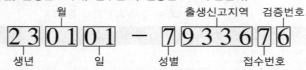

여기서 13번째 숫자의 검증번호는 주민등록번호의 정확성 여부를 검사하는 번호로, 앞의 12자리 숫자를 이용해서 구해지는데 계산법은 다음과 같다.

• 1단계 : 주민등록번호의 앞 12자리 숫자에 가중치 2, 3, 4, 5, 6, 7, 8, 9, 2, 3, 4, 5를 곱한다.
• 2단계 : 가중치를 곱한 값의 합을 계산한다.
• 3단계 : 가중치의 합을 11로 나눈 나머지를 구한다.
• 4단계 : 11에서 나머지를 뺀 수를 10으로 나눈 나머지가 검증번호가 된다.

보기

240202 - 803701(㉠)

① 4

② 5

③ 6

④ 7

⑤ 8

20 S공사 인력지원실 인사부의 P사원은 직원들의 근무평정 업무를 수행하고 있다. 가점평정 기준표를 참고했을 때, P사원이 K과장에게 부여해야 할 가점은?

〈가점평정 기준표〉

구분		내용	가점	인정범위	비고
근무경력		본부 근무 1개월(본부, 연구원, 인재개발원 또는 정부부처 파견근무기간 포함)	0.03점 (최대 1.8점)	1.8점	동일 근무기간 중 다른 근무경력 가점과 원거리, 장거리 및 특수지
		지역본부 근무 1개월(지역본부 파견근무기간 포함)	0.015점 (최대 0.9점)	1.8점	가점이 중복될 경우, 원거리, 장거리 및 특수지 근무가점은 1/2만 인정
		원거리 근무 1개월	0.035점 (최대 0.84점)		
		장거리 근무 1개월	0.025점 (최대 0.6점)		
		특수지 근무 1개월	0.02점 (최대 0.48점)		
내부평가		내부평가결과 최상위 10%	월 0.012점	0.5점	현 직급에 누적됨 (승진 후 소멸)
		내부평가결과 차상위 10%	월 0.01점		
제안	제안상 결정 시	금상	0.25점	0.5점	수상 당시 직급에 한정함
		은상	0.15점		
		동상	0.1점		
	시행 결과평가	탁월	0.25점	0.5점	제안상 수상 당시 직급에 한정함
		우수	0.15점		

〈K과장 가점평정 사항〉

- 입사 후 36개월 동안 본부에서 연구원으로 근무
- 지역본부에서 24개월 근무
  - 지역본부에서 24개월 근무 중 특수지에서 12개월 동안 파견근무
- 본부로 복귀 후 현재까지 총 23개월 근무
- 팀장(직급 : 과장)으로 승진 후 현재까지
  - 내부평가결과 최상위 10% 총 12회
  - 내부평가결과 차상위 10% 총 6회
  - 금상 2회, 은상 1회, 동상 1회 수상
  - 시행결과평가 탁월 2회, 우수 1회

① 3.284점
② 3.454점
③ 3.604점
④ 3.854점
⑤ 3.974점

CHAPTER 04
정보능력

합격 Cheat Key

정보능력은 업무를 수행함에 있어 기본적인 컴퓨터를 활용하여 필요한 정보를 수집, 분석, 활용하는 능력을 의미한다. 또한 업무와 관련된 정보를 수집하고, 이를 분석하여 의미있는 정보를 얻는 능력이다.
국가직무능력표준에 따르면 정보능력의 세부 유형은 컴퓨터 활용 능력·정보처리능력으로 나눌 수 있다.

정보능력은 NCS 기반 채용을 진행한 기업 중 52% 정도가 다뤘으며, 문항 수는 전체에서 평균 6% 정도 출제되었다.

01 평소에 컴퓨터 활용 스킬을 틈틈이 익혀라!

윈도우(OS)에서 어떠한 설정을 할 수 있는지, 응용프로그램(엑셀 등)에서 어떠한 기능을 활용할 수 있는지를 평소에 직접 사용해 본다면 문제를 보다 수월하게 해결할 수 있다. 여건이 된다면 컴퓨터활용능력에 관련된 자격증 공부를 하는 것도 이론과 실무를 익히는 데 도움이 될 것이다.

02 문제의 규칙을 찾는 연습을 하라!

일반적으로 코드체계나 시스템 논리체계를 제공하고 이를 분석하여 문제를 해결하는 유형이 출제된다. 이러한 문제는 문제해결능력과 같은 맥락으로 규칙을 파악하여 접근하는 방식으로 연습이 필요하다.

03 현재 보고 있는 그 문제에 집중하자!

정보능력의 모든 것을 공부하려고 한다면 양이 너무나 방대하다. 그렇기 때문에 수험서에서 본인이 현재
보고 있는 문제들을 집중적으로 공부하고 기억하려고 해야 한다. 그러나 엑셀의 함수 수식, 연산자 등 암기
를 필요로 하는 부분들은 필수적으로 암기를 해서 출제가 되었을 때 오답률을 낮출 수 있도록 한다.

04 사진·그림을 기억하자!

컴퓨터의 활용 능력을 파악하는 영역이다 보니 컴퓨터 속 옵션, 기능, 설정 등의 사진·그림이 문제에 같이
나오는 경우들이 있다. 그런 부분들은 직접 컴퓨터를 통해서 하나하나 확인을 하면서 공부한다면 더 기억에
잘 남게 된다. 조금 귀찮더라도 한 번씩 클릭하면서 확인을 해보도록 한다.

| 01 | 정보능력

(1) 자료와 정보

① **자료(Data)** : 객관적 실제의 반영이며, 그것을 전달할 수 있도록 기호화한 것
   예 고객의 주소·성별·이름·나이, 스마트폰 기종, 스마트폰 활용 횟수 등

② **정보(Information)** : 자료를 특정한 목적과 문제해결에 도움이 되도록 가공한 것
   예 중년층의 스마트폰 기종, 중년층의 스마트폰 활용 횟수

③ **정보처리(Information Processing)** : 자료를 가공하여 이용 가능한 정보로 만드는 것, 자료처리(Data Processing)라고도 함

④ **지식(Knowledge)** : 정보를 집적하고 체계화하여 장래의 일반적인 사항에 대비해 보편성을 갖도록 한 것
   예 스마트폰 디자인에 대한 중년층의 취향, 중년층을 주요 타깃으로 신종 스마트폰 개발

(2) 정보화 사회

① **정보화 사회** : 정보가 사회의 중심이 되는 사회로 컴퓨터 기술과 정보통신 기술을 활용하여 사회 각 분야에서 필요로 하는 가치 있는 정보를 창출하고, 보다 유익하고 윤택한 생활을 영위하는 사회로 발전시켜 나가는 것

② **미래 사회**

   ㉠ 부가가치 창출요인의 전환 : 토지, 자본, 노동 → 지식 및 정보 생산 요소

   > **미래 사회의 6T**
   > 정보기술(IT), 생명공학(BT), 나노기술(NT), 환경기술(ET), 문화산업(CT), 우주항공기술(ST)

   ㉡ 세계화의 진전
      예 WTO·FTA 등에 의한 무역 개방화, 국가 간의 전자 상거래(EC; Electronic Commerce), 가상은행, 사이버 백화점, 사이버 대학교, 한국 기업의 외국 공장 설립, 다국적 기업의 국내 설치 및 산업 연수생들의 국내산업체 근무, 외국 대학 및 학원의 국내 설치 등

   ㉢ 지식의 폭발적인 증가

③ **정보화 사회에서 꼭 해야 할 일** : 정보검색, 정보관리, 정보전파

다음 중 산업 사회와 정보화 사회의 특징을 비교한 것으로 옳지 않은 것은?

구분	산업 사회	정보화 사회
①	아날로그 정보 신호 처리	디지털 정보 신호 처리
②	지역 분산형 정보 관리 서비스	중앙 집중형 정보 관리 서비스
③	소품종 대량 생산	다품종 소량 생산
④	하드웨어 중심의 기술 개발	소프트웨어 중심의 기술 개발

● 예제풀이 ●

산업 사회는 중앙 집중형 정보 관리 서비스를, 정보화 사회는 지역 분산형 정보 관리 서비스 체계를 사용한다.

[정답] ②

(3) 컴퓨터의 활용 분야

① **기업 경영 분야** : 생산에서부터 판매, 회계, 재무, 인사 및 조직관리는 물론 금융 업무까지 활용

[예] 경영정보시스템(MIS; Management Information System), 의사결정지원시스템(DSS; Decision Support System), 사무자동화(OA; Office Automation), 전자상거래(EC; Electronic Commerce) 등

② **행정 분야** : 민원처리, 각종 행정 통계 등 여러 가지 행정에 관련된 정보를 데이터베이스로 구축하여 활용

[예] 행정 업무의 사무자동화(OA; Office Automation), 정보통신망을 이용한 민원서류의 원격지 발급, 가까운 은행에서의 세금 및 공과금 납부 등

③ **산업 분야** : 공업·상업 등 각 분야에서 널리 활용될 뿐만 아니라 중요한 역할을 담당

[예] 컴퓨터 이용 설계(CAD; Computer Aided Design), 컴퓨터 이용 생산(CAM; Computer Aided Manufacturing), 산업용 로봇 등을 이용한 공장 자동화(FA; Factory Automation), 편의점이나 백화점 등의 상품 판매시점 관리(POS; Point Of Sales) 시스템, 농축산업 및 어업 등에도 다양하게 활용

④ **기타 분야** : 교육, 연구소, 출판, 가정, 도서관, 예술 분야 등에도 널리 활용

[예] 교육 분야의 컴퓨터 보조 교육(CAI; Computer Assisted Instruction), 컴퓨터 관리 교육(CMI; Computer Managed Instruction)

공장 자동화(FA; Factory Automation)에 대한 설명으로 옳은 것은?

① 강의나 학습 등에 컴퓨터를 이용하는 것이다.
② 제어 시스템이나 생산 관리 등은 해당하지 않는다.
③ 각종 정보 기기와 컴퓨터 시스템이 유기적으로 연결된 구조이다.
④ 기계가 하던 자동화 시스템을 사람으로 대체해 가는 것이 목표이다.

● 예제풀이 ●

공장 자동화(FA; Factory Automation)
모든 제품 공정 과정을 자동화하여 생산성 향상과 원가 절감, 불량품 감소 등 제품 경쟁력 향상에 활용한다.

오답분석
① 컴퓨터 보조 교육(CAI), 컴퓨터 관리 교육(CMI)

[정답] ③

(4) 정보의 활용

① **정보의 기획** : 정보의 전략적 기획이란 정보활동의 가장 첫 단계로서 정보관리의 가장 중요한 단계이며 보통 5W 2H에 의해 기획한다.

> **5W 2H**
> - What(무엇을?) : 정보의 입수 대상을 명확히 한다.
> - Where(어디에서?) : 정보의 소스(정보원)를 파악한다.
> - When(언제까지?) : 정보의 요구(수집) 시점을 고려한다.
> - Why(왜?) : 정보의 필요 목적을 염두에 둔다.
> - Who(누가?) : 정보활동의 주체를 확정한다.
> - How(어떻게?) : 정보의 수집 방법을 검토한다.
> - How much(얼마나?) : 정보수집의 비용(효용성)을 중시한다.

② **정보의 수집** : 다양한 정보원으로부터 목적에 적합한 정보를 입수하는 것
③ **정보의 관리** : 수집된 다양한 형태의 정보(가공하지 않은 있는 그대로의 정보)를 어떤 문제해결이나 결론 도출에 사용하기 쉬운 형태로 바꾸는 일

> **정보관리의 3원칙**
> - 목적성 : 사용 목적을 명확히 설명해야 한다.
> - 용이성 : 쉽게 작업할 수 있어야 한다.
> - 유용성 : 즉시 사용할 수 있어야 한다.

④ **정보활용능력** : 정보기기에 대한 이해나 최신 정보기술이 제공하는 주요 기능, 특성에 대한 지식을 아는 능력

● **예제풀이** ●

정보관리의 3원칙
목적성, 용이성, 유용성

정답 ④

● **핵심예제** ●

정보관리의 3원칙이 아닌 것은?

① 목적성
② 용이성
③ 유용성
④ 상대성

(5) 인터넷의 역기능

CHECK POINT

➕ 인터넷(사이버)상의 침해 사례 및 인터넷 예절을 꼭 알아 두어야 한다.

① **인터넷의 역기능** : 불건전 정보의 유통, 개인 정보 유출, 사이버 성폭력, 사이버 언어폭력, 언어 훼손, 인터넷 중독, 불건전 교제, 저작권 침해, 컴퓨터 바이러스, 해킹(Hacking), 스팸 메일(Spam Mail) 등

> **컴퓨터 바이러스 예방법**
> 1. 출처가 불분명한 전자 우편의 첨부파일은 백신 프로그램으로 바이러스 검사 후 사용한다.
> 2. 실시간 감시 기능이 있는 백신 프로그램을 설치하고 정기적으로 업데이트한다.
> 3. 바이러스가 활동하는 날에는 시스템을 사전에 미리 검사한다.
> 4. 정품 소프트웨어를 구입하여 사용하는 습관을 들인다.
> 5. 중요한 파일은 습관적으로 별도의 보조 기억 장치에 미리 백업을 해 놓는다.
> 6. 프로그램을 복사할 때는 바이러스 감염 여부를 확인한다.

② **네티켓** : 사이버 공간에서 지켜야 할 예절

네트워크(Network) + 에티켓(Etiquette) = 네티켓(Netiquette)

㉠ 전자우편(E-mail)을 사용할 때의 네티켓
- 메시지는 가능한 짧게 요점만 작성한다.
- 메일을 보내기 전에 주소가 올바른지 다시 한번 확인한다.
- 제목은 메시지 내용을 함축해 간략하게 써야 한다.
- 가능한 한 메시지 끝에 Signature(성명, 직위, 단체명, 메일주소, 전화번호 등)를 포함시키되, 너무 길지 않도록 한다.
- 메일상에서 타인에 대해 말할 때는 정중함을 지켜야 한다. 메일은 쉽게 전파될 수 있기 때문이다.
- 타인에게 피해를 주는 언어(비방이나 욕설)는 쓰지 않는다.

㉡ 온라인 대화(채팅)를 할 때의 네티켓
- 마주 보고 이야기하는 마음가짐으로 임한다.
- 대화방에 들어가면 지금까지 진행된 대화의 내용과 분위기를 경청한다.
- 엔터키를 치기 전에 한번 더 생각한다.
- 광고, 홍보 등의 목적으로 악용하지 않는다.
- 유언비어·속어와 욕설 게재는 삼가고, 상호 비방의 내용은 금한다.

㉢ 게시판을 사용할 때의 네티켓
- 글의 내용은 간결하게 요점만 작성한다.
- 제목에는 글의 내용을 파악할 수 있는 함축된 단어를 쓴다.
- 글을 쓰기 전에 이미 같은 내용의 글이 없는지 확인한다.
- 글의 내용 중에 잘못된 점이 있으면 빨리 수정하거나 삭제한다.
- 게시판의 주제와 관련 없는 내용은 올리지 않는다.

ⓔ 공개 자료실에서의 네티켓
- 음란물을 올리지 않는다.
- 상업용 소프트웨어를 올리지 않는다.
- 공개 자료실에 등록한 자료는 가급적 압축한다.
- 프로그램을 올릴 때에는 사전에 바이러스 감염 여부를 점검한다.
- 유익한 자료를 받았을 때에는 올린 사람에게 감사의 편지를 보낸다.

ⓗ 인터넷 게임을 할 때의 네티켓
- 상대방에게 항상 경어를 사용한다.
- 인터넷 게임에 너무 집착하지 않는다.
- 온라인 게임은 온라인상의 오락으로 끝나야 한다.
- 게임 중에 일방적으로 퇴장하는 것은 무례한 일이다.
- 상대를 존중하는 것을 잊어서는 안 된다.
- 게이머도 일종의 스포츠맨이므로 스포츠맨십을 지켜야 한다.
- 이겼을 때는 상대를 위로하고, 졌을 때는 깨끗하게 물러서야 한다.

● 예제풀이 ●

오답분석
ㄴ. 출처가 불분명한 전자우편의 첨부파일은 백신 프로그램으로 바이러스 검사 후 사용한다.
ㄹ. 공개 자료실은 자료의 변경, 침입 등에 취약하다.

정답 ②

핵심예제

컴퓨터 바이러스를 예방하는 방법으로 옳은 것을 〈보기〉에서 모두 고른 것은?

보기
ㄱ. 백신 프로그램을 설치하고 자주 업데이트한다.
ㄴ. 전자우편(E-mail)은 안전하므로 바로 열어서 확인한다.
ㄷ. 인터넷에서 자료를 받았을 때는 바이러스 검사 후에 사용한다.
ㄹ. 좋은 자료가 많은 폴더는 공개 자료실에 올려 서로 공유한다.

① ㄱ, ㄴ   ② ㄱ, ㄷ
③ ㄴ, ㄷ   ④ ㄷ, ㄹ

CHECK POINT

기업에서는 업무와 관련된 고객 등의 개인정보를 수집한다. 이러한 개인정보 유출로 인한 문제가 대두되면서 개인정보 보호에 많은 관심이 기울여지고 있다.

(6) 개인정보

개인정보란 생존하는 개인에 관한 정보로서 정보에 포함되어 있는 성명, 주민등록번호 등의 사항에 의하여 개인을 식별할 수 있는 정보를 말한다.

① 개인정보의 종류

분류	내용
일반 정보	이름, 주민등록번호, 운전면허번호, 주소, 전화번호, 생년월일, 출생지, 본적지, 성별, 국적 등
가족 정보	가족의 이름, 직업, 생년월일, 주민등록번호, 출생지 등
교육 및 훈련 정보	최종학력, 성적, 기술자격증 / 전문면허증, 이수훈련 프로그램, 서클활동, 상벌사항, 성격 / 행태보고 등
병역 정보	군번 및 계급, 제대유형, 주특기, 근무부대 등

부동산 및 동산 정보	소유주택 및 토지, 자동차, 저축현황, 현금카드, 주식 및 채권, 수집품, 고가의 예술품, 보석 등
소득 정보	연봉, 소득의 원천, 소득세 지불 현황 등
기타 수익 정보	보험가입현황, 수익자, 회사의 판공비 등
신용 정보	대부상황, 저당, 신용카드, 담보설정 여부 등
고용 정보	고용주, 회사주소, 상관의 이름, 직무수행 평가 기록, 훈련기록, 상벌기록 등
법적 정보	전과기록, 구속기록, 이혼기록 등
의료 정보	가족병력기록, 과거 의료기록, 신체장애, 혈액형 등
조직 정보	노조가입, 정당가입, 클럽회원, 종교단체 활동 등
습관 및 취미 정보	흡연 / 음주량, 여가활동, 도박성향, 비디오 대여기록 등

② 개인정보 유출 방지 방법

　㉠ 회원 가입 시 이용 약관 읽기

　㉡ 이용 목적에 부합하는 정보를 요구하는지 확인하기

　㉢ 비밀번호를 정기적으로 변경하기

　㉣ 정체불명의 사이트는 멀리하기

　㉤ 가입 해지 시 정보 파기 여부 확인하기

　㉥ 뻔한 비밀번호 쓰지 않기

● 핵심예제 ●

개인정보의 유출을 방지하기 위한 방법이 아닌 것은?

① 정체불명의 사이트는 멀리하라.

② 비밀번호는 주기적으로 교체하라.

③ 회원 가입 시 이용 약관을 읽어라.

④ 비밀번호는 기억하기 쉬운 전화번호를 사용하라.

● 예제풀이 ●

전화번호, 생년월일 등 남들이 쉽게 유추할 수 있는 비밀번호는 사용하지 말아야 한다.

정답 ④

|02| 컴퓨터활용능력

(1) 인터넷 서비스

　① 전자우편(E-mail 서비스)

전자우편의 주소

사용자 ID	@	도메인 이름

예 guest@daehan.hs.kr

② 인터넷 하드디스크(Internet Harddisk) : 웹 서버에 대용량의 저장 기능을 갖추고 사용자가 개인용 컴퓨터(PC)의 하드디스크와 같은 기능을 인터넷을 통하여 이용할 수 있게 하는 서비스

> 인터넷 하드디스크(Internet Harddisk), 웹 디스크(Web-disk), 웹 하드(Web Hard) 등 다양한 용어 중 가장 많이 사용하는 용어는 웹 하드와 웹 디스크이다.

CHECK POINT

클라우드 컴퓨팅과 같은 최신 인터넷 관련 기술을 알아 두어야 한다.

③ 메신저(Messenger) : 인터넷에서 실시간으로 메시지와 데이터를 주고 받을 수 있는 소프트웨어
④ 클라우드 컴퓨팅(Cloud Computing) : 사용자들이 복잡한 정보를 보관하기 위해 별도의 데이터 센터를 구축하지 않고도, 인터넷을 통해 제공되는 서버를 활용해 정보를 보관하고 있다가 필요할 때 꺼내 쓰는 기술
⑤ SNS(Social Networking Service) : 온라인 인맥 구축을 목적으로 개설된 커뮤니티형 웹사이트
예 미국의 트위터・마이스페이스・페이스북, 한국의 싸이월드 등
⑥ 전자상거래
  ㉠ 좁은 뜻 : 인터넷이라는 전자 매체를 통하여 상품을 사고 팔거나, 재화나 용역을 거래하는 사이버 비즈니스
  ㉡ 넓은 뜻 : 소비자와의 거래뿐만 아니라 거래와 관련된 공급자, 금융기관, 정부기관, 운송기관 등과 같이 거래에 관련된 모든 기관과의 관련행위를 포함

• 예제풀이 •

오답분석

ㄷ. 전자상거래는 거래에 관련된 모든 기관과의 관련행위를 포함한다.
ㄹ. 인터넷이라는 전자 매체를 이용한 재화 및 용역 거래는 전자상거래이다.

정답 ①

• 핵심예제 •

전자상거래(Electronic Commerce)에 관한 설명으로 옳은 것을 〈보기〉에서 모두 고른 것은?

보기
ㄱ. 내가 겪은 경험담도 전자상거래 상품이 될 수 있다.
ㄴ. 인터넷 서점, 홈쇼핑, 홈뱅킹 등도 전자상거래 유형이다.
ㄷ. 개인이 아닌 공공기관이나 정부는 전자상거래를 할 수 없다.
ㄹ. 팩스나 전자우편 등을 이용하면 전자상거래가 될 수 없다.

① ㄱ, ㄴ   ② ㄱ, ㄷ
③ ㄴ, ㄷ   ④ ㄷ, ㄹ

(2) 정보 검색

여러 곳에 분산되어 있는 수많은 정보 중에서 특정 목적에 적합한 정보만을 신속하고 정확하게 찾아내어 수집, 분류, 축적하는 과정

① **정보검색 단계** : 검색주제 선정 → 정보원 선택 → 검색식 작성 → 결과 출력

② **검색엔진의 유형**

　ᄀ 키워드 검색 방식 : 찾고자 하는 정보와 관련된 핵심 언어인 키워드를 직접 입력하여 이를 검색엔진에 보내 검색엔진이 키워드와 관련된 정보를 찾는 방식

　ᄂ 주제별 검색 방식 : 인터넷상에 존재하는 웹 문서들을 주제별・계층별로 정리하여 데이터베이스를 구축한 후 이용하는 방식

　ᄃ 자연어 검색 방식 : 검색엔진에서 문장 형태의 질의어를 형태소 분석을 거쳐 언제(When), 어디서(Where), 누가(Who), 무엇을(What), 왜(Why), 어떻게(How), 얼마나(How much)에 해당하는 5W 2H를 읽어내고 분석하여 각 질문에 대한 답이 들어 있는 사이트를 연결하는 방식

　ᄅ 통합형 검색 방식 : 사용자가 입력하는 검색어들이 연계된 다른 검색엔진에 보내지고, 이를 통하여 얻어진 검색 결과를 사용자에게 보여주는 방식

③ **정보검색 연산자** : 정보 검색 결과를 줄이기 위해 검색과 관련 있는 2개 이상의 단어를 연산자로 조합하여 키워드로 사용하는 것이 일반적이다. 연산자는 대・소문자의 구분이 없고, 앞뒤로 반드시 공백(Space)을 넣어주어야 한다.

〈공통적으로 사용하는 연산자의 종류와 검색 조건〉

기호	연산자	검색 조건
*, &	AND	두 단어가 모두 포함된 문서를 검색 예 인공위성 and 자동차, 인공위성 * 자동차
|	OR	두 단어가 모두 포함되거나, 두 단어 중에서 하나만 포함된 문서를 검색 예 인공위성 or 자동차, 인공위성 | 자동차
-, !	NOT	'-' 기호나 '!' 기호 다음에 오는 단어를 포함하지 않는 문서를 검색 예 인공위성 not 자동차, 인공위성 ! 자동차
&, near	인접 검색	앞뒤의 단어가 가깝게 인접해 있는 문서를 검색 예 인공위성 near 자동차

● **핵심예제** ●

검색엔진을 사용하여 인터넷에서 조선 중기의 유학자 이율곡의 어머니가 누구인지 알아보려고 한다. 키워드 검색방법을 사용할 때 가장 적절한 검색식은 무엇인가?

① 유학자 & 이율곡
② 유학자 ! 어머니
③ 이율곡 | 어머니
④ 이율곡 & 어머니

● **예제풀이** ●

중복으로 검색이 되어야 하기 때문에 AND 연산자가 적절하다. 즉, '조선 중기 & 유학자 & 이율곡 & 어머니'로 검색하면 가장 근접한 검색 결과가 나타날 것으로 예상되며, 그중 '이율곡 & 어머니'의 검색 결과가 상세 검색과 유사할 것으로 판단할 수 있다.

정답 ④

④ 검색엔진의 종류 및 특징
　　㉠ 검색엔진(Search Engine) : 인터넷상에 산재해 있는 정보를 수집한 후, 이를 체계적인 데이터베이스로 구축하여 사용자가 원하는 정보를 쉽게 찾을 수 있도록 도움을 주는 웹 사이트 또는 프로그램
　　㉡ 포털 사이트(Portal Site) : 사용자가 인터넷에서 어떤 정보를 찾으려고 할 때 가장 먼저 접속하는 사이트

> 최근 대부분의 포털 사이트에서는 정보 검색뿐만 아니라 카페, 뉴스, 웹 메일, 블로그, 미니홈피, 커뮤니티 형성 등 매우 다양한 인터넷 서비스를 제공하고 있다.

　　㉢ 국내 포털 사이트
　　　• 네이버(Naver) – http://www.naver.com/
　　　• 다음(Daum) – http://www.daum.net/
　　　• 네이트(Nate) – http://www.nate.com/
⑤ 인터넷 정보 검색 주의사항
　　㉠ 각각의 검색엔진 특징 파악
　　㉡ 데이터 특성에 따른 검색엔진 선택
　　㉢ 구체적이고 자세한 키워드 선택, 결과 내 재검색 기능 활용
　　㉣ 해당 검색엔진의 검색 연산자와 키워드 조합
　　㉤ 검색 속도가 느린 웹 브라우저에서는 그림 파일을 보이지 않게 설정
　　㉥ 웹 검색 외 각종 BBS, 뉴스 그룹, 메일링 리스트, 도서관 자료, 정보 소유자 요청 등 다른 방법들도 활용
　　㉦ 검색엔진이 제시하는 결과물은 정확하지 않을 수 있으므로 직접 보고 원하는 자료인지 판단해야 함

• 예제풀이 •

인터넷에서 검색한 정보는 잘못된 정보도 있으며 오래되고 낡은 정보도 있으므로 검색한 자료를 너무 신뢰하지 말고 자신이 원하는 자료인지를 정확하게 판단해야 한다.

정답 ④

• 핵심예제 •

다음 중 정보를 검색할 때의 주의사항으로 옳지 않은 것은?

① BBS, 뉴스그룹, 메일링 리스트 등도 사용한다.
② 키워드의 선택이 중요하므로 검색어를 구체적으로 입력한다.
③ 검색 결과에 자료가 너무 많으면 결과 내 재검색 기능을 사용한다.
④ 검색한 모든 자료는 신뢰할 수 있으므로 자신의 자료로 계속 사용한다.

(3) 소프트웨어

컴퓨터를 이용하여 문제를 처리하는 프로그램 집단

① 워드 프로세서(Word Processor)

　㉠ 정의 : 여러 가지 형태의 문자와 그림·표·그래프 등을 활용한 문서를 작성·편집·저장·인쇄할 수 있는 프로그램

　㉡ 주요 기능
- 입력기능 : 키보드나 마우스를 통하여 한글·영문·한자 등 각국의 언어와 숫자·특수문자·그림·사진·도형 등을 입력할 수 있는 기능
- 표시기능 : 입력한 내용을 표시 장치를 통해 화면에 나타내주는 기능
- 저장기능 : 입력된 내용을 저장하여 필요할 때 사용할 수 있는 기능
- 편집기능 : 문서의 내용이나 형태 등을 변경해 새롭게 문서를 꾸미는 기능
- 인쇄기능 : 작성된 문서를 프린터로 출력하는 기능

② 스프레드 시트(Spread Sheet)

　㉠ 정의 : 워드프로세서와 같이 문서를 작성하고 편집하는 기능 이외에 수치나 공식을 입력하여 그 값을 계산해내고, 계산 결과를 차트로 표시할 수 있는 프로그램

　㉡ 구성단위 : 셀, 열, 행, 영역

③ 프레젠테이션(Presentation)

　㉠ 정의 : 컴퓨터나 기타 멀티미디어를 이용하여 그 속에 담겨 있는 각종 정보를 사용자 또는 대상자에게 전달하는 행위를 의미하며, 프레젠테이션 프로그램은 보고·회의·상담·교육 등에서 정보를 전달하는 데 주로 활용된다.

　㉡ 대표 프로그램 : 파워포인트, 프리랜스 그래픽스 등

④ 데이터베이스(Database)

　㉠ 정의 : 대량의 자료를 관리하고 내용을 구조화하여 검색이나 자료 관리 작업을 효과적으로 실행하는 프로그램

　㉡ 대표 프로그램 : 오라클(Oracle), 액세스(Access) 등

⑤ 그래픽 소프트웨어(Graphic Software)

　㉠ 정의 : 새로운 그림을 그리거나 그림 또는 사진 파일을 불러와 편집하는 프로그램

　㉡ 대표 프로그램 : 포토샵(Photoshop), 일러스트레이터(Illustrator), 3DS MAX, 코렐드로(CorelDRAW) 등

⑥ 유틸리티 프로그램

　㉠ 정의 : 사용자가 컴퓨터를 좀더 쉽게 사용할 수 있도록 도와주는 소프트웨어(프로그램)

　㉡ 프로그램의 종류 : 파일 압축 유틸리티, 바이러스 백신 프로그램, 화면 캡처 프로그램, 이미지 뷰어 프로그램, 동영상 재생 프로그램

● 예제풀이 ●

여러 줄의 블록 설정과 문서 전체에 대한 블록 설정 모두 가능하다.

정답 ③

● 핵심예제 ●

워드 프로세서에 대한 설명으로 옳지 않은 것은?

① 작성된 문서를 다양한 편집 형태로 출력할 수 있다.

② 새 창을 열지 않고 여러 개의 문서를 불러올 수 있다.

③ 한 줄 블록 설정은 가능하나 문서 전체를 블록 설정할 수는 없다.

④ 문서 안에 다른 프로그램을 연결한 문서를 삽입하여 기능을 확장시킬 수 있다.

(4) 데이터베이스

① 데이터베이스의 정의와 관리시스템

　㉠ 정의 : 대량의 자료를 구조화하여 검색이나 자료 관리 작업을 효과적으로 실행하는 프로그램

　㉡ 데이터베이스 관리시스템(DBMS) : 데이터베이스와 사용자 사이를 연결해주는 프로그램으로, 저장한 데이터 내에서 필요한 자료를 찾을 수 있도록 하는 소프트웨어

> **쿼리(질의)**
> 저장한 데이터에서 사용자들이 필요로 하는 자료를 데이터베이스에 요청하는 것

　㉢ 파일관리시스템 : 한 번에 한 개의 파일에 대해서 생성·유지·검색할 수 있는 소프트웨어

② 데이터베이스의 필요성

　㉠ 데이터 중복을 줄인다.

　㉡ 데이터의 무결성을 높인다.

　㉢ 검색을 쉽게 해준다.

　㉣ 데이터의 안정성을 높인다.

　㉤ 프로그램의 개발 기간을 단축한다.

③ 데이터베이스의 기능 : 입력 기능, 데이터의 검색 기능, 데이터의 일괄 관리, 보고서 기능

④ 데이터베이스의 작업 순서

시작 → 데이터베이스 제작 → 자료 입력 → 저장 → 자료 검색 → 보고서 인쇄 → 종료

데이터베이스의 필요성에 관한 옳은 설명만을 〈보기〉에서 모두 고른 것은?

> **보기**
>
> ㄱ. 데이터의 중복을 줄이고 안정성을 높인다.
> ㄴ. 데이터의 양이 많아 검색이 어려워진다.
> ㄷ. 프로그램의 개발이 쉽고 개발 기간도 단축한다.
> ㄹ. 데이터가 한 곳에만 기록되어 있어 결함 없는 데이터를 유지하기 어려워진다.

① ㄱ, ㄴ   ② ㄱ, ㄷ
③ ㄴ, ㄷ   ④ ㄷ, ㄹ

오답분석
ㄴ. 데이터의 중복을 줄여주며, 검색을 쉽게 해준다.
ㄹ. 데이터의 무결성과 안정성을 높인다.

정답 ②

| 03 | 정보처리능력

(1) 정보수집

① **정보가 필요한 이유** : 의사결정을 하거나 문제의 답을 알아내고자 할 때 그 상황을 해결하기 위해 새로운 정보가 필요하다.

② **정보원(Sources)** : 필요한 정보를 수집할 수 있는 원천

　㉠ 1차 자료 : 원래의 연구 성과가 기록된 자료
　　예 단행본, 학술지와 학술지 논문, 학술회의자료, 연구보고서, 학위논문, 특허정보, 표준 및 규격자료, 레터, 출판 전 배포자료, 신문, 잡지, 웹 정보자원 등

　㉡ 2차 자료 : 1차 자료를 효과적으로 찾아보기 위한 자료 혹은 1차 자료에 포함되어 있는 정보를 압축·정리해서 읽기 쉬운 형태로 제공하는 자료
　　예 사전, 백과사전, 편람, 연감, 서지 데이터베이스 등

③ **효과적인 정보수집**

　㉠ 정보원 관리 : 중요한 정보는 신뢰관계가 전제되어야 수집이 가능하다.

　㉡ 인포메이션 VS 인텔리전스
　　• 인포메이션(Information) : 하나하나의 개별적인 정보
　　• 인텔리전스(Intelligence) : 사회의 많은 정보 중 몇 가지를 선별해 연결시켜 무언가를 판단하기 쉽게 도와주는 정보 덩어리

　㉢ 선수필승(先手必勝) : '공격은 최대의 방어', 즉 다른 사람보다 1초라도 빨리 정보를 쥔 사람이 우위에 선다.

　㉣ 머릿속에 서랍을 많이 만들자.

　㉤ 정보수집용 하드웨어 활용

(2) 정보분석

① **정보분석** : 여러 정보를 상호 관련지어 새로운 정보를 생성해내는 활동
② 정보분석의 절차

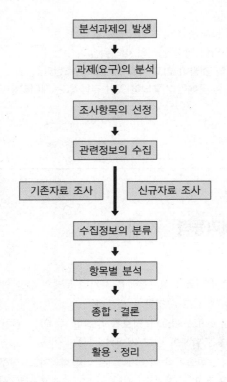

분석과제의 발생
↓
과제(요구)의 분석
↓
조사항목의 선정
↓
관련정보의 수집
↓
기존자료 조사   신규자료 조사
↓
수집정보의 분류
↓
항목별 분석
↓
종합 · 결론
↓
활용 · 정리

● 예제풀이 ●

좋은 자료가 있다고 해서 항상 훌륭한 분석이 되는 것은 아니다.

정답 ③

● **핵심예제** ●

우리 주위에는 수많은 정보가 있지만 그 자체로는 의미가 없으며 정보를 분석하고 가공하여야만 정보로서의 가치를 가질 수 있다. 정보분석에 대한 설명으로 옳지 않은 것은?

① 정보분석이란 여러 정보를 상호관련지어 새로운 정보를 생성해 내는 활동이다.
② 서로 상반되거나 큰 차이가 있는 정보의 내용을 판단해서 새로운 해석을 할 수 있다.
③ 좋은 자료는 항상 훌륭한 분석이 될 수 있다.
④ 한 개의 정보만으로 불분명한 사항을, 다른 정보로써 명백히 할 수 있다.

(3) 정보관리

어떤 정보를 언제 어떤 이유로 소장하게 되었는지 기록하거나 분류하면 필요 시 문제해결 및 새로운 지식 생산에 효율적으로 활용할 수 있다.

① 목록을 이용한 정보관리 : 정보에서 중요한 항목을 찾아 기술한 후 정리

② 색인을 이용한 정보관리 : 주요 키워드나 주제어를 가지고 소장하고 있는 정보원(Sources)을 관리

| 색인어 | + | 위치정보 | = | 색인 |

③ 분류를 이용한 정보관리 : 정보를 유사한 것끼리 모아 체계화하여 정리

기준	내용	예시
시간적 기준	정보의 발생 시간별로 분류	2015년 가을, 7월 등
주제적 기준	정보의 내용에 따라 분류	정보사회, 서울대학교 등
기능적·용도별 기준	정보가 이용되는 기능이나 용도에 따라 분류	참고자료용, 강의용, 보고서 작성용 등
유형적 기준	정보의 유형에 따라 분류	도서, 비디오, CD, 한글파일, 파워포인트 파일 등

(4) 정보활용

① 동적정보 : 시시각각으로 변화하는 정보 → 유효기간이 짧음

　예 신문이나 텔레비전의 뉴스

② 정적정보(저장정보) : 보존되어 변화하지 않는 정보

　예 잡지나 책에 들어 있는 정보, CD-ROM이나 비디오테이프 등에 수록되어 있는 영상정보

연속출제

2020년에 출시될 음료 제품의 블라인드 테스트를 진행한 뒤, 〈설문 응답표〉를 엑셀 표로 정리하였다. 〈결과표〉를 만들고 싶을 때 필요한 엑셀 기능은?

1) 질문의도
  : 응답표 → 결과표
   = 엑셀함수

설문지

문항 1. 음료를 개봉했을 때, 냄새가 바로 느껴지는가?
  1. 매우 그렇다. 2. 그렇다. 3. 보통이다. 4. 아니다. 5. 매우 아니다.

문항 2. 음료를 마신 후, 이전에 먹어본 비슷한 음료가 생각나는가?
  1. 매우 그렇다. 2. 그렇다. 3. 보통이다. 4. 아니다. 5. 매우 아니다.
  ...

2) 자료비교
  : (조건)+(개수세기)

	A	B	C	D	E	F	G
1			〈설문 응답표〉				
2		설문자A	설문자B	설문자C	설문자D	설문자E	...
3	문항1	1	2	3	4	5	...
4	문항2	5	4	3	2	1	...
5	문항3	1	1	1	1	1	...
6	문항4	2	2	2	3	3	...
7	문항5	4	4	5	1	2	...
8	...	...	...	...	...	...	...

설문자 명단별

↓

응답번호별   3) 정답도출

	A	B	C	D	E	F	G
1			〈결과표〉				
2		매우 그렇다(1)	그렇다(2)	보통(3)	아니다(4)	매우 아니다(5)	...
3	문항1	1	1	1	1	1	...
4	문항2	1	1	1	1	1	...
5	문항3	5	0	0	0	0	...
6	문항4	0	3	2	0	0	...
7	문항5	1	1	0	2	1	...
8	...	...	...	...	...	...	...

✔ COUNTIF ② COUNT
③ COUNTA ④ DSUM
⑤ SUMIF

유형분석

• 문제에서 주어진 상황에서 사용할 적절한 엑셀함수가 무엇인지 묻는 문제이다.
• 주로 업무수행 중에 많이 활용되는 대표적인 엑셀함수가 많이 사용된다.
➕ 응용문제 : 엑셀시트를 제시하여 각 셀에 들어갈 함수식을 고르는 문제가 출제된다.

풀이전략

제시된 상황에서 사용할 엑셀함수가 무엇인지 파악한 후 선택지에서 적절한 함수식을 고른다. 대표적인 엑셀함수를 사전에 익혀두면 풀이시간을 줄일 수 있다.

연속출제

귀하는 전세버스 대여를 전문으로 하는 여행업체에 근무하고 있다. 지난 10년 동안 상당한 규모로 성장해온 자사는 현재 보유하고 있는 버스의 현황을 실시간으로 파악할 수 있도록 식별번호를 부여하였다. 다음은 총 20대의 전세버스 식별 코드이다. 식별 코드 부여 방식을 참고할 때, 다음 설명 중 올바르지 않은 것은?

1) 질문의도
: 코드체계

〈식별 코드 부여 방식〉
[버스등급] - [승차인원] - [제조국가] - [모델 번호] - [제조연월]

버스등급	코드	제조국가	코드
대형버스	BX	한국	KOR
중형버스	MF	독일	DEU
소형버스	RT	미국	USA

3) 문제풀이
: RT-5대,
DEU-2대

Ex. BX-45-DEU-15-1510
2015년 10월 독일에서 생산된 45인승 대형버스 15번 모델

〈자사보유 전세버스 현황〉

BX-28-DEU-24-1308	MF-35-DEU-15-0910	RT-23-KOR-07-0628
MF-35-KOR-15-1206	BX-45-USA-11-0712	BX-45-DEU-06-1105
MF-35-DEU-20-1110	BX-41-DEU-05-1408	RT-16-USA-09-0712
RT-25-KOR-18-0803	RT-25-DEU-12-0904	MF-35-KOR-17-0901
BX-28-USA-22-1404	BX-45-USA-19-1108	BX-28-USA-15-1012
RT-16-DEU-23-1501	MF-35-KOR-16-0804	BX-45-DEU-19-1312
MF-35-DEU-20-1005	BX-45-USA-14-1007	

① 보유 중인 대형버스는 전체의 40% 이상을 차지한다.
② 대형버스 중 28인승은 3대이나, 한국에서 생산된 차량은 없다.
③ 보유하고 있는 소형버스의 절반 이상은 독일에서 생산되었다.
④ 중형버스의 모델은 최소 3가지 이상이며, 모두 2013년 이전에 생산된 것들이다.
⑤ 2015년 3월 한국에서 생산된 16인승 리무진 소형버스 04번 모델은 RT-16-KOR-04-1503이라고 코드를 표시하여야 한다.

2) 선택지 키워드 찾기

4) 정답도출
: 절반 이상
독일 생산 X

유형분석

• 문제에서 제시한 코드체계를 파악한 후 이를 적용하여 풀어가는 문제이다.
• 대체로 문제에서 코드번호(일련번호)가 생성되는 규칙을 제공하고 있으며 해당 규칙을 적용하여 새로운 코드번호를 만들거나 혹은 만들어진 코드번호를 해석하는 등의 문제가 출제된다.

풀이전략

문제에서 코드체계(번호체계 등)가 주어지면 먼저 선택지의 핵심 키워드를 확인한다. 각 선택지에서 요구하는 내용에 맞춰 코드체계를 대입하여 정답유무를 판단한다.

☑ 확인 Check! ○△✕

01 다음 중 데이터 입력에 대한 설명으로 옳지 않은 것은?

① 셀 안에서 줄 바꿈을 하려면 〈Alt〉＋〈Enter〉 키를 누른다.

② 한 행을 블록 설정한 상태에서 〈Enter〉 키를 누르면 블록 내의 셀이 오른쪽 방향으로 순차적으로 선택되어 행단위로 데이터를 쉽게 입력할 수 있다.

③ 여러 셀에 숫자나 문자 데이터를 한 번에 입력하려면 여러 셀이 선택된 상태에서 데이터를 입력한 후 바로 〈Shift〉＋〈Enter〉 키를 누른다.

④ 열의 너비가 좁아 입력된 날짜 데이터 전체를 표시하지 못하는 경우 셀의 너비에 맞춰 '#'이 반복 표시된다.

⑤ 〈Ctrl〉＋세미콜론(;)을 누르면 오늘 날짜, 〈Ctrl〉＋〈Shift〉＋세미콜론(;)을 누르면 현재 시각이 입력된다.

☑ 확인 Check! ○△✕

02 H교사는 학생들의 상·벌점을 관리하고 있다. 학생들에 대한 상·벌점 영역인 [B3:B9]에 대해 [셀 서식]－[사용자 지정 형식] 기능을 이용하여 양수는 파란색으로, 음수는 빨간색으로 표현하고자 할 때, 표시 형식의 내용으로 올바른 것은?(단, [B3:B9]의 영역의 표시결과는 그대로 나타나야 한다)

◢	A	B
1	〈상·벌점 현황〉	
2	이름	상·벌점
3	감우성	10
4	김지훈	8
5	김채연	−12
6	나선정	−5
7	도지환	15
8	도현수	7
9	모수빈	13

① [빨강]#;[파랑]#

② [빨강]#;[파랑]−#

③ [파랑]＋#;[빨강]−#

④ [파랑]#;[빨강]#

⑤ [파랑]#;[빨강]−#

03 다음은 K사 영업팀의 실적을 정리한 파일이다. 고급 필터의 조건 범위를 [E1:G3] 영역으로 지정한 후 고급필터를 실행했을 때 나타나는 데이터에 대한 설명으로 옳은 것은?(단, [G3] 셀에는 「=C2>=AVERAGE($C$2:$C$8)」 이 입력되어 있다)

	A	B	C	D	E	F	G
1	부서	사원	실적		부서	사원	식
2	영업2팀	최지원	250,000		영업1팀	*수	
3	영업1팀	김창수	200,000		영업2팀		TRUE
4	영업1팀	김홍인	200,000				
5	영업2팀	홍상진	170,000				
6	영업1팀	홍상수	150,000				
7	영업1팀	김성민	120,000				
8	영업2팀	황준하	100,000				

① 부서가 '영업1팀'이고 이름이 '수'로 끝나거나, 부서가 '영업2팀'이고 실적이 실적의 평균 이상인 데이터
② 부서가 '영업1팀'이거나 이름이 '수'로 끝나고, 부서가 '영업2팀'이거나 실적이 실적의 평균 이상인 데이터
③ 부서가 '영업1팀'이고 이름이 '수'로 끝나거나, 부서가 '영업2팀'이고 실적의 평균이 250,000 이상인 데이터
④ 부서가 '영업1팀'이거나 이름이 '수'로 끝나고, 부서가 '영업2팀'이거나 실적의 평균이 250,000 이상인 데이터
⑤ 부서가 '영업1팀'이고 이름이 '수'로 끝나고, 부서가 '영업2팀'이고 실적의 평균이 250,000 이상인 데이터

04 다음 중 엑셀의 틀 고정 및 창 나누기에 대한 설명으로 옳지 않은 것은?

① 화면에 나타나는 창 나누기 형태는 인쇄 시 적용되지 않는다.
② 창 나누기를 수행하면 셀 포인터의 오른쪽과 아래쪽으로 창 구분선이 표시된다.
③ 창 나누기는 셀 포인터의 위치에 따라 수직, 수평, 수직·수평 분할이 가능하다.
④ 첫 행을 고정하려면 셀 포인터의 위치에 상관없이 [틀 고정] – [첫 행 고정]을 선택한다.
⑤ 셀 편집 모드에 있거나 워크시트가 보호된 경우에는 틀 고정 명령을 사용할 수 없다.

PART 1

05 다음 중 제시된 개인 정보 유출 방지책들 중 올바른 것들끼리 묶여 있는 것은?

> A. 기억하기 쉬운 비밀번호 사용하기
> B. 가입 해지 시 정보 파기 요구하기
> C. 비밀번호를 정기적으로 교체하기
> D. 회원가입 시 이용 약관 확인하기
> E. 이용 목적에 부합하는 정보를 요구하는지 확인하기
> F. 회사 업무에 필요한 개인 정보를 공유하기

① A, B, C, D   ② A, B, E, F
③ B, C, D, E   ④ B, C, D, F
⑤ A, C, D, E

06 K공사 총무부에서 근무하는 S사원은 워드프로세서 프로그램을 사용해 결재 문서를 작성해야 하는데 결재란을 페이지마다 넣어야 한다. 다음 중 S사원이 사용해야 하는 워드프로세서 기능은?

① 스타일   ② 쪽 번호
③ 미주   ④ 머리말
⑤ 글자 겹치기

07 S공사에서 근무하고 있는 K사원은 2019년 12월 발전소별 생산실적을 엑셀을 이용해 정리하려고 한다. 다음 (A) ~ (E) 셀에 K사원이 입력해야 할 함수로 올바르지 않은 것은?

	A	B	C	D	E	F	G
1							
2				2019년 12월 발전소별 생산실적			
3							
4		구분	열용량(Gcal)	전기용량(MW)	열생산량(Gcal)	발전량(MWH)	발전량의 순위
5		파주	404	516	144,600	288,111	(B)
6		판교	172	146	94,657	86,382	
7		광교	138	145	27,551	17	
8		수원	71	43	42,353	321,519	
9		화성	407	512	141,139	6,496	
10		청주	105	61	32,510	4,598	
11		대구	71	44	46,477	753	
12		삼송	103	99	2,792	4,321	
13		평균		(A)	(E)		
14							
15					열용량의 최댓값(Gcal)	열생산량 중 세 번째로 높은 값 (Gcal)	
16					(C)	(D)	

① (A) : = AVERAGE(D5:D12)

② (B) : = RANK(F5,$F$5:$F$12,1)

③ (C) : = MAX(C5:C12)

④ (D) : = LARGE(E5:E12,3)

⑤ (E) : = AVERAGE(E5:E12)

08 아래의 워크시트를 참조하여 작성한 수식 「=INDEX(A3:E9,MATCH(SMALL(B3:B9,2),B3:B9,0),5)」의 결과는?

◢	A	B	C	D	E
1					(단위 : 개, 원)
2	상품명	판매수량	단가	판매금액	원산지
3	참외	5	2,000	10,000	대구
4	바나나	12	1,000	12,000	서울
5	감	10	1,500	15,000	부산
6	포도	7	3,000	21,000	대전
7	사과	20	800	16,000	광주
8	오렌지	9	1,200	10,800	전주
9	수박	8	10,000	80,000	춘천

① 21,000 ② 대전
③ 15,000 ④ 광주
⑤ 사과

09 A물산에 근무하는 B사원은 제품 판매 결과보고서를 작성할 때, 자주 사용하는 여러 개의 명령어를 묶어 하나의 키 입력 동작으로 만들어서 빠르게 완성하였다. 그리고 판매 결과를 여러 유통 업자에게 알리기 위해 같은 내용의 안내문을 미리 수집해 두었던 주소록을 활용하여 쉽게 작성하였다. 이러한 사례에서 사용한 워드프로세서(한글 2010)의 기능으로 옳은 것을 〈보기〉에서 고른 것은?

> **보기**
> ㄱ. 매크로 ㄴ. 글맵시
> ㄷ. 메일 머지 ㄹ. 하이퍼링크

① ㄱ, ㄴ ② ㄱ, ㄷ
③ ㄴ, ㄷ ④ ㄴ, ㄹ
⑤ ㄷ, ㄹ

10 G기업은 출근 시스템 단말기에 직원들이 카드로 출근 체크를 하면 엑셀 워크시트에 실제 출근시간(B4:B10) 데이터가 자동으로 전송되어 입력된다. 총무부에서 근무하는 귀하는 데이터에 따라 직원들의 근태상황을 체크하려고 할 때, [C8] 셀에 입력할 함수는?(단, 9시까지는 출근으로 인정한다)

〈출근시간 워크시트〉

	A	B	C	D
1			날짜	2019.08.11
2	〈직원별 출근 현황〉			
3	이름	체크시간	근태상황	비고
4	이청용	7:55		
5	이하이	8:15		
6	구자철	8:38		
7	박지민	8:59		
8	손흥민	9:00		
9	박지성	9:01		
10	홍정호	9:07		

① =IF(B8>=TIME(9,1,0),"지각","출근")

② =IF(B8>=TIME(9,1,0),"출근","지각")

③ =IF(HOUR(B8)>=9,"지각","출근")

④ =IF(HOUR(B8)>9,"출근","지각")

⑤ =IF(B8>=TIME(9,0,0),"지각","출근")

CHAPTER 05
조직이해능력

조직이해능력은 업무를 원활하게 수행하기 위해 조직의 체제와 경영을 이해하고 국제적인 추세를 이해하는 능력이다. 현재 많은 공사·공단에서 출제 비중을 높이고 있는 영역이기 때문에 미리 대비하는 것이 중요하다. 실제 업무능력에서 조직이해능력을 요구하기 때문에 중요도는 점점 높아 질 것이다.

국가직무능력표준에 따르면 조직이해능력의 세부 유형은 조직체제이해능력·경영이해능력·업무이해능력·국제감각으로 나눌 수 있다. 조직도를 제시하는 문제가 출제되거나 조직의 체계를 파악해 경영의 방향성을 예측하고, 업무의 우선순위를 파악하는 문제가 출제된다.

조직이해능력은 NCS 기반 채용을 진행한 기업 중 70% 정도가 다뤘으며, 문항 수는 전체에서 평균 5% 정도로 상대적으로 적게 출제되었다.

01 문제 속에 정답이 있다!

경력이 없는 경우 조직에 대한 이해가 낮을 수밖에 없다. 그러나 문제 자체가 실무적인 내용을 담고 있어도 문제 안에는 해결의 단서가 주어진다. 부담을 갖지 않고 접근하는 것이 중요하다.

02 경영·경제학원론 정도의 수준은 갖추도록 하라!

지원한 직군마다 차이는 있을 수 있으나, 경영·경제이론을 접목시킨 문제가 꾸준히 출제되고 있다. 따라서 기본적인 경영·경제이론은 익혀 둘 필요가 있다.

03 지원하는 공사·공단의 조직도를 파악하자!

출제되는 문제는 각 공사·공단의 세부내용일 경우가 많기 때문에 지원하는 공사·공단의 조직도를 파악해 두어야 한다. 조직이 운영되는 방법과 전략을 이해하고, 조직을 구성하는 체제를 파악하고 간다면 조직이해 능력영역에서 조직도가 나올 때 단시간에 문제를 풀 수 있을 것이다.

04 실제 업무에서도 요구되므로 이론을 익혀두자!

각 공사·공단의 직무 특성상 일부 영역에 중요도가 가중되는 경우가 있어서 많은 취업준비생들이 일부 영역에만 집중한다. 하지만 실제 업무 능력에서 직업기초능력 10개 영역이 골고루 요구되는 경우가 많고, 현재는 필기시험에서도 조직이해능력을 출제하는 기관의 비중이 늘어나고 있기 때문에 미리 이론을 익혀 둔다면 모듈형 문제에서 고득점을 노릴 수 있다.

| 01 | 경영이해능력

(1) 의의
직업인이 자신이 속한 조직의 경영목표와 경영방법을 이해하는 능력

(2) 경영의 구성요소 : 경영목적, 인적자원, 자금, 전략
① 경영목적
  ㉠ 조직의 목적을 어떤 과정과 방법을 택하여 수행할 것인가를 구체적으로 제시해
    준다.
  ㉡ 경영자 평가 : 조직의 목적 달성 여부에 따라 경영자가 평가를 받게 된다.
② 인적자원
  ㉠ 경영성과에 영향 : 조직의 구성원들이 가진 역량과 직무수행 결과에 따라 경영
    성과가 달라진다.
  ㉡ 경영자 역할 : 경영자는 조직의 목적과 필요에 부합하는 인적자원을 채용하여
    이를 적재적소에 배치·활용해야 한다.
③ 자금
  ㉠ 경영활동에 사용할 수 있는 금전을 의미한다.
  ㉡ 사기업에서 새로운 이윤을 창출하는 기초가 된다.
④ 전략
  ㉠ 조직이 가지고 있는 자원의 효율적 운영을 통한 조직의 수행과제와 달성 목표를
    제시해준다.
  ㉡ 기업 내 모든 인적·물적 자원을 경영목적 달성을 위해 조직화하고, 이를 실행
    에 옮겨 경쟁우위를 달성하는 활동이다.

(3) 경영의 과정
① 경영자가 경영목표를 설정하고 경영자원을 조달·배분하여 경영활동을 실행하며,
  이를 평가하는 일련의 과정
② 단계 : 경영계획 → 경영실행 → 경영평가
  ㉠ 경영계획 : 조직의 미래상을 설정하여 이를 달성하기 위한 대안을 분석하고, 목
    표를 수립하여 실행방안을 선정
  ㉡ 경영실행 : 조직목적을 달성하기 위한 활동과 조직구성원 관리
  ㉢ 경영평가 : 수행결과를 감독·교정하여 다시 경영계획 단계로의 피드백

(4) 경영활동 유형
① 외부경영활동
  ㉠ 조직외부에서 조직의 효율성을 높이기 위해 이루어지는 활동
  ㉡ 대표적인 대외적 이윤추구활동 : 마케팅 활동
② 내부경영활동
  ㉠ 조직내부에서 인적·물적 자원 및 생산기술을 관리하는 활동
  ㉡ 인사관리, 재무관리, 생산관리 등이 해당

(5) 의사결정의 과정 : 점진적 의사결정 모형 활용
① 확인단계 : 의사결정이 필요한 문제를 인식·진단
  ㉠ 문제의 심각성에 따라 체계적 또는 비공식적으로 이루어진다.
  ㉡ 문제를 신속히 해결할 필요가 있는 경우에는 진단시간을 줄이는 즉각적인 대응이 필요하다.
② 개발단계 : 확인된 문제에 대한 해결방안 모색
  ㉠ 기존 해결방법 중에서 찾는 탐색과정 : 조직 내 관련자와의 대화나 공식적인 문서를 참고한다.
  ㉡ 이전에 없었던 새로운 문제의 해결안 설계 : 다양한 의사결정 기법을 통하여 시행착오 과정을 거치면서 적합한 해결방안을 찾는다.
③ 선택단계 : 한 사람의 의사결정권자의 판단에 의한 선택, 경영과학 기법과 같은 분석에 의한 선택, 이해관계집단의 토의와 교섭에 의한 선택

CHECK POINT

의사결정 과정의 순서를 알고 있는지 확인하는 문제가 주로 출제된다.

● 핵심예제 ●

의사결정과정에 대한 설명으로 옳은 것은?
① 확인단계는 의사결정이 필요한 문제를 인식하는 것으로, 외부환경의 변화나 내부에서 문제가 발생했을 시 이루어진다.
② 개발단계는 문제의 심각성에 따라 체계적으로 이루어지기도 하고 비공식적으로 이루어지기도 한다.
③ 진단단계는 기존 해결방법 중에서 새로운 문제의 해결방법을 찾는 탐색과정이다.
④ 선택단계는 의사결정자들이 모호한 해결방법만을 가지고 있기 때문에 다양한 의사결정기법을 통하여 시행착오 과정을 거치면서 적합한 해결방법을 찾아나가는 것이다.

● 예제풀이 ●

오답분석
② 확인단계에 대한 설명이다.
③ 개발단계는 확인된 문제에 대해 해결방안을 모색하는 단계로 새로운 문제의 해결방법을 찾는 탐색과정과 이전에 없었던 새로운 문제의 해결안을 설계하는 2가지 방식으로 이루어질 수 있다.
④ 개발단계에 대한 설명이다.

정답 ①

(6) 집단의사결정의 특징
① 한 사람이 가진 지식보다 집단이 가지고 있는 지식과 정보가 더 많아 효과적인 결정을 할 수 있다.
② 각자 다른 시각으로 문제를 바라봄에 따라 다양한 견해를 가지고 접근할 수 있다.
③ 장점 : 결정된 사항에 대해 의사결정에 참여한 사람들이 해결책을 수월하게 수용하고, 의사소통의 기회도 향상된다.

④ 단점 : 의견이 불일치하는 경우 의사결정을 내리는 데 시간이 많이 소요되며, 특정 구성원에 의해 의사결정이 독점될 가능성이 있다.

(7) 브레인스토밍
① 여러 명이 한 가지의 문제를 놓고 아이디어를 비판 없이 제시하여 최선책을 찾아내는 방법
② 브레인스토밍의 규칙
   ㉠ 다른 사람의 아이디어에 대한 비판 자제
   ㉡ 문제에 대한 자유로운 제안
   ㉢ 가급적 많은 아이디어 제시
   ㉣ 제안된 아이디어를 결합하여 해결책 제시

(8) 경영전략의 추진과정
① 전략목표 설정 : 비전 설정, 미션 설정
② 환경 분석 : 내부환경 분석, 외부환경 분석(SWOT 분석기법)
③ 경영전략 도출 : 조직전략, 사업전략, 부문전략
④ 경영전략 실행 : 경영목적 달성
⑤ 평가 및 피드백 : 경영전략 결과 평가, 전략목표 및 경영전략 재조정

(9) 경영전략의 유형 : 마이클 포터(Michael E. Porter)의 본원적 경쟁전략
① 원가우위 전략 : 원가절감을 통해 해당 산업에서 우위를 점하는 전략
② 차별화 전략 : 생산품이나 서비스를 차별화하여 고객에게 가치 있고 독특하게 인식되도록 하는 전략
③ 집중화 전략 : 경쟁조직들이 소홀히 하는 한정된 시장을 집중적으로 공략하는 전략

(10) 경영참가제도
① 목적 : 경영의 민주성 제고
   ㉠ 노사 간의 세력 균형 : 근로자 또는 노동조합의 의사를 반영하여 공동으로 문제를 해결
   ㉡ 경영의 효율성 제고 : 근로자나 노동조합이 새로운 아이디어 제시, 현장에 적합한 개선방안 마련
② 유형
   ㉠ 경영참가 : 경영자의 권한인 의사결정과정에 근로자 또는 노동조합이 참여하는 것
   ㉡ 이윤참가 : 조직의 경영성과를 근로자에게 배분하여 조직체에 대한 구성원의 몰입과 관심을 높이는 방법
   ㉢ 자본참가 : 근로자가 조직 재산의 소유에 참여하여 근로자들의 주인의식과 충성심, 성취동기를 유발하는 방법

③ 문제점
  ㉠ 경영능력이 부족한 근로자가 경영에 참여할 경우 신속하고 합리적인 의사결정이 어려워질 수 있다.
  ㉡ 대표로 참여하는 근로자가 조합원들의 권익을 지속적으로 보장할 수 있는지는 불투명하다.
  ㉢ 경영자의 고유한 권리인 경영권을 약화시킨다.
  ㉣ 노동조합의 단체교섭 기능이 약화될 수 있다.

● 핵심예제 ●

경영참가제도에 대한 설명으로 옳지 않은 것은?

① 목적은 경영의 민주성을 제고하는 것으로 근로자 또는 노동조합이 경영과정에 참여하여 자신의 의사를 반영함으로써 공동으로 문제를 해결하고, 노사 간의 세력 균형을 이루는 것이다.
② 유형으로는 경영참가, 이윤참가, 자본참가 등이 있다.
③ 경영자의 고유한 권리인 경영권을 강화시키고 분배문제를 해결함으로써 노동조합의 단체교섭 기능이 강화될 수 있다는 장점이 있다.
④ 대표로 참여하는 근로자가 조합원들의 권익을 지속적으로 보장할 수 있는가의 문제점이 있다.

● 예제풀이 ●

경영자의 고유한 권리인 경영권을 약화시키고, 오히려 경영참가제도를 통해 분배문제를 해결함으로써 노동조합의 단체교섭 기능이 약화될 수 있다.

정답 ③

| 02 | 체제이해능력

(1) 의의

조직의 구조와 목적, 체제 구성요소, 규칙, 규정 등을 이해하는 능력

(2) 조직목표의 기능 및 특징

① 기능
  ㉠ 조직이 존재하는 정당성과 합법성 제공
  ㉡ 조직이 나아갈 방향 제시
  ㉢ 조직구성원 의사결정의 기준
  ㉣ 조직구성원 행동수행의 동기유발
  ㉤ 수행평가 기준
  ㉥ 조직설계의 기준
② 특징
  ㉠ 공식적 목표와 실제적 목표가 상이할 수 있음
  ㉡ 다수의 조직목표 추구 가능
  ㉢ 조직목표 간 위계적 관계 존재
  ㉣ 가변적 속성
  ㉤ 조직의 구성요소와 상호관계를 가짐

공식적 목표와 실제적 목표
가 다를 수 있으며 다수의 조
직목표를 추구할 수 있다.

정답 ②

• 핵심예제 •

조직목표에 대한 설명으로 옳지 않은 것은?

① 조직이 달성하려는 장래의 상태로, 미래지향적이지만 현재의 조직행동의 방향
을 결정해주는 역할을 한다.

② 조직의 단합을 위해 공식적 목표와 실제적 목표는 항상 일치해야 하며, 하나의
조직목표만을 추구해야 한다.

③ 조직목표들은 한번 수립하면 달성될 때까지 지속되는 것이 아니라 환경이나 조
직 내의 다양한 원인들에 의하여 변동되거나 없어지고 새로운 목표로 대체되기
도 한다.

④ 조직구성원들이 공통된 조직목표 아래서 소속감과 일체감을 느끼고 행동수행의
동기를 가지게 하며, 조직구성원들의 수행을 평가할 수 있는 기준이 된다.

(3) 조직목표의 분류

① 전체성과 : 조직의 성장목표

② 자원 목표 : 조직에 필요한 재료와 재무자원 획득

③ 시장 목표 : 시장점유율, 시장에서의 지위 향상

④ 인력개발 목표 : 교육훈련, 승진, 성장

⑤ 혁신과 변화 목표 : 환경변화에 대한 적응, 유연성 향상

⑥ 생산성 목표 : 투입된 자원 대비 산출량 증가

(4) 조직구조의 구분과 결정요인

조직구조 결정요인		조직구조 설계		결과
• 전략 • 규모 • 기술 • 환경	⇨	• 기계적 조직 • 유기적 조직	⇨ ↑ 개인 · 조직 문화 특성	• 조직성과 • 만족

(5) 조직구조의 형태

① 기능적 조직구조 형태

㉠ CEO가 조직의 최상층이고 조직구성원들이 단계적으로 배열되는 구조이다.

㉡ 안정적인 환경이나 일상적인 기술 및 조직의 내부 효율성을 중요시하며, 기업의
규모가 작을 때 이루어지는 형태이다.

② 사업별 조직구조 형태

㉠ 제품에 따라 조직이 구성되며, 각 사업별 구조 아래 생산 · 판매 · 회계 등의 역
할이 이루어진다.

㉡ 급변하는 환경 변화에 효과적으로 대응하고, 제품 · 지역 · 고객별 차이에 신속
하게 적응하기 위한 분권화된 의사결정이 가능하다.

조직구조의 형태에 대한 설명으로 옳지 않은 것은?

① 조직도를 통해 조직 내적인 구조는 확인할 수 있지만, 구성원들의 임무, 수행하는 과업, 근무 장소 등과 같이 일하는 방식과 관련된 체계는 알 수 없다.

② 대부분의 소규모 조직은 CEO가 조직의 최상층에 있고, 조직 구성원들이 단계적으로 배열되는 구조를 가지고 있다.

③ 안정적인 환경, 일상적인 기술, 조직의 내부 효율성을 중요시하며 기업의 규모가 작을 때에는 업무의 내용이 유사하고 관련성이 있는 것들을 결합해서 기능적 조직구조 형태를 이룬다.

④ 급변하는 환경변화에 효과적으로 대응하고 제품·지역·고객별 차이에 신속하게 적응하기 위하여 분권화된 의사결정이 가능한 사업별 조직구조가 나타나게 되었다.

조직도를 살펴보면 조직 내적인 구조는 볼 수 없지만, 구성원들의 임무, 수행하는 과업, 일하는 장소 등과 같은 일하는 방식과 관련된 체계를 알 수 있으므로 조직을 이해하는 데 유용하다.

정답 ①

---

(6) 조직문화의 기능

① 조직구성원들에게 일체감, 정체성 부여
② 조직몰입 향상
③ 조직구성원들의 행동지침
④ 조직의 안정성 유지

(7) 조직문화의 구성요소

피터(Peter)와 워터맨(Waterman)의 7S 모형에서 '7S'는 공유가치(Shared Value), 리더십 스타일(Style), 구성원(Staff), 시스템(System), 구조(Structure), 전략(Strategy), 관리기술(Skill)을 말한다.

(8) 집단의 유형

① **공식적인 집단** : 조직의 공식적인 목표를 추구하기 위해 의도적으로 만든 집단으로, 목표와 임무가 명확히 규정됨

② **비공식적인 집단** : 구성원들의 요구에 따라 자발적으로 형성된 집단으로, 스터디 모임, 봉사활동 동아리 등이 포함됨

(9) 집단 간 관계

집단 간 경쟁이 일어나면 집단 내부의 응집성이 강화되고 집단의 활동이 더욱 조직화되기도 하지만, 집단 간 과열된 경쟁은 자원 낭비, 업무 방해, 비능률 등의 문제를 초래

(10) 팀의 역할과 성공조건

① **팀의 역할** : 신속한 의사결정 등으로 생산성을 높이고, 구성원들의 다양한 창의성 향상 도모

② **성공 조건** : 조직 구성원들의 협력의지와 관리자층의 지지

|03| 업무이해능력

(1) 의의

직업인이 자신에게 주어진 업무의 성격과 내용을 알고 그에 필요한 지식·기술·행동을 확인하는 능력

(2) 업무의 종류

① 각 조직의 외부적인 상황, 오랜 세월에 걸쳐 형성된 특유의 조직문화와 내부권력구조, 성공여건 및 조직의 강점과 약점이 서로 다르므로 다양하게 구성될 수 있다.
② 대부분의 조직에서는 총무부, 인사부, 기획부, 회계부, 영업부로 나누어 업무를 담당한다.

(3) 업무의 특성

① 조직의 공통된 목적 지향
② 요구되는 지식·기술·도구의 다양성
③ 다른 업무와의 관계, 해당 업무의 독립성
④ 업무수행의 자율성, 재량권

● 예제풀이 ●

업무는 직업인들에게 부여되며 개인이 선호하는 업무를 임의로 선택할 수 있는 재량권이 매우 적다.

정답 ①

● 핵심예제 ●

업무에 대한 설명으로 옳지 않은 것은?

① 보통 업무는 직업인들에게 부여되는 것이 아니라 개인이 선호하는 업무를 임의로 선택한다.
② 같은 규모의 조직이라 하더라도 업무의 종류와 범위가 다를 수 있다.
③ 상품이나 서비스를 창출하기 위한 생산적인 활동으로 조직의 목적을 달성하기 위해 업무는 중요한 근거가 된다.
④ 총무부 업무의 예로는 주주총회 및 이사회 개최 업무, 차량 및 통신시설의 운영 등이 있다.

(4) 업무수행의 절차

업무지침 확인	⇨	활용자원 확인	⇨	업무수행 시트 작성
• 조직의 업무지침 • 나의 업무지침		• 시간 • 예산 • 기술 • 인간관계		• 간트 차트 • 워크플로 시트 • 체크리스트

(5) 업무수행 방해요인의 통제와 관리

① 시간 정하기
　ㄱ 인터넷 : 하루 일과 중 메일을 확인하는 시간을 3시간마다 10분 단위로 계획
　ㄴ 방문 및 메신저 : 외부 방문시간과 메신저 접속 시간 정하기
　ㄷ 전화 : 각 통화마다 3분 이내 통화원칙 세우기

② 갈등관리
　ㄱ 갈등의 부정적 효과 : 업무시간 지체, 정신적 스트레스 발생
　ㄴ 갈등의 긍정적 효과 : 문제를 바라보는 새로운 시각 형성, 다른 업무에 대한 이해 증진, 조직의 침체 예방
　ㄷ 갈등관리의 효과적 방법 : 갈등 발생의 원인 파악, 장기적인 조직의 이익을 위한 해결책 고찰, 대화와 협상을 통한 의견일치

③ 스트레스
　ㄱ 과중한 스트레스는 정신적 불안감을 조성하여 조직에 부정적인 결과를 초래한다.
　ㄴ 적정수준의 스트레스는 개인의 능력을 개선하고 최적의 성과를 내게 해주는 긍정적인 자극제이다.
　ㄷ 스트레스 관리 방법 : 시간 관리를 통한 업무과중 극복, 긍정적인 사고방식 함양, 신체적 운동, 전문가의 도움

| 04 | 국제감각

(1) 의의
직장생활을 하는 동안에 다른 나라의 문화를 이해하고 국제적인 동향을 이해하는 능력

(2) 세계화

① 세계화의 정의 : 활동범위가 세계로 확대되는 것
② 국제경영의 중요성 : 다국적 내지 초국적 기업의 등장으로 인한 범지구적 시스템과 네트워크 안에서 이루어지는 기업 활동
③ 세계화에 따른 변화
　ㄱ 다국적 기업의 증가에 따른 세계적인 경제통합의 강화
　ㄴ 정치적인 전망이나 산업에 대한 조직들의 태도 변화
　ㄷ 국가적으로 운영·관리하던 공기업의 민영화 추세

(3) 국제적 식견과 능력의 필요성

① 경쟁이 세계적인 수준에서 더욱 치열해짐으로써 국제적인 감각으로 세계화 대응전략 마련이 시급하다.
② 조직구성원들도 다양한 문화의 사람들을 만나고 대화하며 거래 혹은 협상해야 할 일들이 증가한다.
③ 조직의 시장이 세계로 확대되는 것에 맞춰 세계수준의 의식과 태도, 행동 함양의 노력이 필요하다.

(4) 다른 문화권에 대한 이해

① 문화충격

    ㉠ 한 문화권에 속한 사람이 다른 문화를 접했을 때 체험하게 되는 충격

    ㉡ 문화충격의 대비책 : 다른 문화에 대한 개방적인 태도 견지, 자신이 속한 문화를 기준으로 다른 문화의 평가 자제, 자신의 정체성을 유지한 상태에서 새로운 경험에 대해 적극적인 자세 취하기

② (이문화 커뮤니케이션)＝(언어적 커뮤니케이션)＋(비언어적 커뮤니케이션)

    ㉠ 언어적 커뮤니케이션 : 의사 전달과 직결된 외국어 사용능력

    ㉡ 비언어적 커뮤니케이션 : 상대국의 문화적 배경에 입각한 생활양식, 행동규범, 가치관 등

(5) 국제동향 파악 방법

① 관련 분야 해외사이트 방문을 통한 최신이슈 확인

② 매일 신문의 국제면 읽기

③ 업무와 관련된 분야의 국제잡지 정기 구독

④ 관련 사이트 방문을 통한 국제동향 확인

⑤ 국제학술대회 참석

⑥ 업무와 관련된 주요 용어의 외국어 습득

⑦ 해외서점 사이트 방문을 통해 최신 서적 목록과 주요 내용 파악

⑧ 외국인 친구와의 지속적인 소통

(6) 국제적인 법규나 규정 숙지의 필요성

① 업무와 관련된 국제적인 법규나 규정을 제대로 숙지해야 큰 피해를 방지할 수 있다.

② 각 나라마다 산업 활동을 규제해 놓은 법이 있기 때문에 우리나라에서는 합법적인 행동이 다른 나라에서는 불법일 수 있다.

(7) 글로벌 경쟁력을 갖추기 위한 국제매너

① 인사하는 법

    ㉠ 영미권에서의 악수 방법 : 상대방의 눈이나 얼굴을 보면서 오른손으로 상대방의 오른손을 잠시 힘주어서 잡았다가 놓아야 한다.

    ㉡ 미국에서의 대화법 : 이름이나 호칭을 어떻게 부를지 먼저 물어보는 것이 예의이며, 인사를 하거나 이야기할 때 상대방의 개인공간을 지켜줘야 한다.

    ㉢ 아프리카의 대화법 : 눈을 바라보며 대화하는 것은 실례이므로 코 끝 정도를 보면서 대화한다.

    ㉣ 영미권의 명함

      • 사교용과 업무용으로 나누어진다.

      • 업무용 명함

        - 악수를 한 후 교환한다.

　　　　－ 아랫사람이나 손님이 먼저 꺼내 오른손으로 상대방에게 주고, 받는 사람은
　　　　　두 손으로 받는 것이 예의이다.
　　　　－ 받은 명함을 탁자 위에 보이게 놓은 채로 대화하거나 명함지갑에 넣어야 한다.
　　　　－ 명함을 구기거나 계속 만지는 것은 예의에 어긋난다.
　② 시간약속 지키기
　　㉠ 미국 : 시간엄수를 매우 중요하게 생각한다.
　　㉡ 라틴아메리카·동부 유럽·아랍지역 : 시간 약속을 형식적으로 생각하여 상대
　　　방이 당연히 기다려줄 것으로 생각한다.
　③ 식사예절
　　㉠ 수프는 소리 내면서 먹지 않는다.
　　㉡ 몸의 바깥쪽에 있는 포크나 나이프부터 사용한다.
　　㉢ 뜨거운 수프는 입으로 불어서 식히지 않고 숟가락으로 저어서 식혀야 한다.
　　㉣ 빵은 수프를 먹고 난 후부터 먹으며, 디저트 직전 식사가 끝날 때까지 먹을 수
　　　있다.
　　㉤ 빵은 손으로 떼어 먹는다.
　　㉥ 생선요리는 뒤집어 먹지 않는다.
　　㉦ 스테이크는 잘라가면서 먹는 것이 좋다.

● 핵심예제 ●

국제매너로 옳지 않은 것은?

① 명함을 구기거나 계속 만지는 것은 예의에 어긋나는 일이다.
② 러시아, 라틴아메리카 사람들과 포옹으로 인사하는 것은 예의에 어긋난다.
③ 동부 유럽 사람들은 약속 시간에 상대방이 늦으면 기다리는 것을 당연하게 여
　긴다.
④ 식사를 할 때, 수프는 소리 내며 먹지 않는다.

● 예제풀이 ●

러시아, 라틴아메리카 사람들은 친밀감의 표시로 포옹을 하기 때문에 인사도 포옹으로 하는 경우가 많다.

정답 ②

📋 **연속출제**

직장생활을 하면서 해외 바이어를 만나는 경우도 있다. 알아두고 있어야 할 국제매너로 옳지 <u>않은</u> 것은?

① 악수를 한 이후 명함을 건네는 것이 순서이다.

② 러시아, 라틴아메리카 사람들은 포옹으로 인사를 하는 경우가 많다.

③ 이라크 사람들은 상대방이 약속시간이 지나도 기다려 줄 것으로 생각한다.

☑️ 미국인들과 악수를 할 때에는 손끝만 살짝 잡아서 해야 한다.

1) 질문의도
: 국제매너

2) 정답도출
: 손끝만 X
→ 잠시 힘주어
잡아야 함

유형분석

- 국제 예절에 대한 이해를 묻는 문제이다.
- 문제에서 별다른 단서가 주어지지 않고 국제 예절을 알고 있는지 직접적으로 묻기 때문에 정확한 정리가 필수이다.
- ➕ 응용문제 : 국제 공통 예절과 국가별 예절을 구분해서 알아야 하고, 특히 식사예절은 필수로 알아두어야 한다.

풀이전략

질문에서 무엇을 묻고 있는지(옳은, 옳지 않은)를 분명히 표시해 놓고 선택지를 읽어야 한다.

기출유형 2 조직경영

 연속출제

다음 중 경영의 4요소에 대한 설명으로 적절한 것을 모두 고르면?

ㄱ. 조직의 목적을 달성하기 위해 경영자가 수립하는 것으로 보다 구체적인 방법과 과정이 담겨 있다. ⟶ 경영목적

ㄴ. 조직에서 일하는 구성원으로, 경영은 이들의 직무수행에 기초하여 이루어지기 때문에 이것의 배치 및 활용이 중요하다. ⟶ 인적자원

ㄷ. 생산자가 상품 또는 서비스를 소비자에게 유통시키는 데 관련된 모든 체계적 경영활동이다.

ㄹ. 특정의 경제적 실체에 관하여 이해관계를 이루는 사람들에게 합리적인 경제적 의사결정을 하는 데 있어 유용한 재무적 정보를 제공하기 위한 것으로, 이러한 일련의 과정 또는 체계를 뜻한다.

ㅁ. 경영을 하는 데 사용할 수 있는 돈으로 이것이 충분히 확보되는 정도에 따라 경영의 방향과 범위가 정해지게 된다. ⟶ 자금

ㅂ. 조직이 변화하는 환경에 적응하기 위하여 경영활동을 체계화하는 것으로, 목표달성을 위한 수단이다. ⟶ 전략

1) 질문의도
   : 경영의 4요소

2) 선택지 분석

3) 정답도출

① ㄱ, ㄴ, ㄷ, ㄹ
② ㄱ, ㄴ, ㄷ, ㅁ
③ ㄱ, ㄴ, ㅁ, ㅂ
④ ㄴ, ㄷ, ㄹ, ㅂ
⑤ ㄷ, ㄹ, ㅁ, ㅂ

유형분석

• 경영을 구성하는 요소에 대한 이해를 묻는 문제이다.
• 지식이 없으면 어려운 문제이다. 조직의 유지에는 경영이 필수이기 때문에 이 영역(조직이해)에서 경영 이론에 대한 기본적인 내용은 정리해두어야 한다.
➕ 응용문제 : 경영 단계와 그 특징에 관한 문제가 출제된다.

풀이전략

문제를 읽어 질문을 확인한 뒤 지문을 읽는다. 지문은 묻는 질문에 대한 진술과 아닌 진술이 섞여 있는 형태이므로 키워드를 표시하면서 걸러내야 한다.

☑ 확인 Check! ○ △ ✕

01 다음 중 맥킨지 7S 모델에서 이야기하는 조직문화를 구성하는 요소로 옳지 않은 것은?

① Structure : 구조
② System : 제도와 절차
③ Style : 리더십 스타일
④ Savvy : 지식, 상식
⑤ Strategy : 전략

☑ 확인 Check! ○ △ ✕

02 기사를 보고 근로자가 적절하게 선택한 행동으로 옳은 내용만을 〈보기〉에서 고른 것은?

> 담합은 경제에 미치는 악영향도 크고 워낙 은밀하게 이뤄지는 탓에 경쟁 당국 입장에서는 적발하기 어렵다는 현실적인 문제가 있다. 독과점 사업자는 시장에서 어느 정도 드러나기 때문에 부당행위에 대한 감시·감독을 할 수 있지만, 담합은 그 속성상 증거가 없으면 존재 여부를 가늠하기 힘들기 때문이다.

> **보기**
> ㄱ. 신고를 통해 개인의 이익을 얻고 사회적으로 문제 해결을 한다.
> ㄴ. 내부에서 먼저 합리적인 절차에 따라 문제 해결을 하고자 노력한다.
> ㄷ. 근로자 개인이 받는 피해가 클지라도 기업 활동의 해악이 심각하면 이를 신고한다.

① ㄱ
② ㄴ
③ ㄱ, ㄷ
④ ㄴ, ㄷ
⑤ ㄱ, ㄴ, ㄷ

03 다음과 같은 상황에서 A과장이 취할 수 있는 가장 좋은 행동(Best)과 가장 좋지 않은 행동(Worst)을 바르게 묶은 것은?

> A과장은 동료 직원과 공동으로 맡은 프로젝트가 있다. 프로젝트의 업무 보고서를 내일까지 E차장에게 작성해서 제출해야 한다. 또한 A과장은 오늘 점심식사 후에 있을 회의 자료도 준비해야 한다. 회의 시작까지 남은 시간은 3시간이고, 프로젝트 업무 보고서 제출기한은 내일 오전 중이다.

번호	행동
1	동료 직원과 업무 보고서에 관해 논의한 뒤 분담해 작성한다.
2	동료 직원의 업무 진행상황을 묻고 우선순위를 논의한 뒤 회의 자료를 준비한다.
3	다른 팀 사원에게 상황을 설명하고 도움을 요청한 뒤 회의 자료를 준비한다.
4	회의 자료를 준비한 후 동료와 업무 진행 상황을 논의해 우선순위를 정하고, 업무 보고서를 작성한다.

① Best : 1, Worst : 3
② Best : 2, Worst : 4
③ Best : 3, Worst : 1
④ Best : 4, Worst : 1
⑤ Best : 3, Worst : 2

04 어떤 주제나 주장 등을 적극적으로 분석 · 종합 · 평가하는 능동적 사고를 '비판적 사고'라고 한다. 다음 중 비판적 사고 개발을 위한 내용으로 적절하지 않은 것은?

① 업무에 있어서 나타나는 문제를 자신의 문제로 여기고 진지하게 다루어야 해.
② 어떤 문제에 있어 주관적인 판단을 통해 명확한 결론을 내려야겠지.
③ 비판을 통해 나타나는 고정관념으로 일방적인 평가를 내릴 수 있으니 조심해야 해.
④ 정보에 대한 개방성을 가지고 편견을 갖지 않아야 해.
⑤ 자신이 지닌 문제와 목적을 정확하게 파악하는 것이 우선이겠지.

05 다음은 개인화 마케팅에 대한 내용이다. 다음 글을 읽고 개인화 마케팅의 사례로 가장 먼 것은?

> 소비자들의 요구가 점차 다양해지고, 복잡해짐에 따라 개인별로 맞춤형 제품과 서비스를 제공하며 '개인화 마케팅'을 펼치는 기업이 늘어나고 있다. 개인화 마케팅이란 각 소비자의 이름, 관심사, 구매이력 등의 데이터를 기반으로 특정 고객에 대한 개인화 서비스를 제공하는 활동을 의미한다. 이러한 개인화 마케팅은 개별적 커뮤니케이션 실현을 통한 효율성 증대 및 기업 이윤 창출을 목적으로 하고 있다.
>
> 이러한 개인화 마케팅은 기업들의 지속적인 투자를 통해 다양한 방식으로 계속되고 있다. 빠르게 변화하고 있는 마케팅 시장에서 개인화된 서비스 제공을 통해 소비자 만족도를 끌어낼 수 있다는 점은 충분히 매력적일 수 있기 때문이다.

① 고객들의 사연을 받아 지하철역 에스컬레이터 벽면에 광고판을 만든 A배달업체는 고객들로 하여금 자신의 사연이 뽑히지 않았는지 관심을 갖도록 유도하여 광고 효과를 톡톡히 보고 있다.

② 최근 B전시관은 시각적인 시원한 민트색 벽지와 그에 어울리는 시원한 음향, 상쾌한 민트 향기, 민트맛 사탕을 나눠주며 민트에 대한 다섯 가지 감각을 이용한 미술관 전시로 화제가 되었다.

③ C위생용품회사는 자사의 인기 상품에 대한 단종으로 사과의 뜻을 담은 뮤직비디오를 제작했다. 고객들은 뮤직비디오를 보기 전에 자신의 이름을 입력하면, 뮤직비디오에 자신의 이름이 노출되어 자신이 직접 사과를 받는 듯한 효과를 느낄 수 있다.

④ 참치캔을 생산하는 D사는 최근 소외계층에게 힘이 되는 응원 메시지를 댓글로 받아 77명을 추첨하여 댓글 작성자의 이름으로 소외계층들에게 참치캔을 전달하는 이벤트를 진행하였다.

⑤ 커피전문점 E사는 고객이 자사 홈페이지에서 회원 가입 후 이름을 등록한 경우, 음료 주문 시 "○○○ 고객님, 주문하신 아메리카노 나왔습니다."와 같이 고객의 이름을 불러주는 서비스를 제공하고 있다.

06 국제문화를 접할 때, 완전히 다른 문화환경이나 새로운 사회환경을 접함으로써 감정의 불안을 느끼거나 무엇을 어떻게 해야 하는지 모르는 판단의 부재 상태에 놓일 수 있는데, 이를 문화충격이라고 한다. 다음 중 문화충격을 예방하는 방법으로 적절하지 않은 것은?

① 다른 문화환경에 대한 개방적인 태도를 갖도록 한다.
② 자신이 속한 문화를 기준으로 다른 문화를 평가하지 않도록 한다.
③ 새롭고 다른 것을 경험하는 데 적극적인 자세를 취하도록 한다.
④ 새로운 사회환경 적응을 위해서 자신의 정체성은 포기하도록 한다.
⑤ 다른 문화에 대한 정보를 미리 습득하도록 한다.

07 ○○부서의 A부장은 직원들의 업무 효율성이 많이 떨어졌다는 생각이 들어 각자의 의견을 들어 보고자 회의를 열었다. 다음 회의에서 나온 의견 중 올바르지 않은 것은?

① B대리 : 요즘 업무 외적인 통화에 시간을 낭비하는 경우가 많은 것 같습니다. 확실한 목표업무량을 세우고 목표량 달성 후 퇴근을 하는 시스템을 운영하면 개인 활동으로 낭비되는 시간이 줄어 생산성이 높아지지 않을까요?
② C주임 : 여유로운 일정이 주원인이라고 생각합니다. 1인당 최대 작업량을 잡아 업무를 진행하면 업무 효율성이 극대화될 것입니다.
③ D대리 : 계획을 짜면 업무를 체계적으로 진행할 수 있다는 의미에서 C주임의 말에 동의하지만, 갑자기 발생할 수 있는 일에 대해 대비해야 한다고 생각합니다. 어느 정도 여유 있게 계획을 짜는 게 좋지 않을까요?
④ E사원 : 목표량 설정 이외에도 업무 진행과정에서 체크리스트를 사용해 기록하고 전체적인 상황을 파악할 수 있게 하면 효율이 높아질 것입니다.
⑤ F사원 : 업무시간 내에 끝내지 못한 일이 있다면 무리해서 하는 것보다 다음날 예정사항에 적어놓고 차후에 적절히 시간을 분배해 마무리하면 작업 능률이 더 오를 것입니다.

08 다음 중 주혜정 씨가 가장 마지막에 처리할 업무는?

> Henry Thomas의 부하직원 주혜정은 Mr. Thomas와 국내 방송사 기자와의 인터뷰 일정을 최종 점검 중이다. 다음은 기자와의 통화내용이다.
>
> 주혜정 : 공진호 기자님 안녕하세요. 저는 Sun Capital의 주혜정입니다. Mr. Thomas와의 인터뷰 일정 확인 차 연락드립니다. 지금 통화 가능하세요?
>
> 공진호 : 네, 말씀하세요.
>
> 주혜정 : 인터뷰 예정일이 7월 10일 오후 2시인데 변동사항이 있나 확인하고자 합니다.
>
> 공진호 : 네, 예정된 일정대로 진행 가능합니다. Sun Capital의 회의실에서 하기로 했죠?
>
> 주혜정 : 맞습니다. 인터뷰 준비 관련해서 저희 측에서 더 준비해야 하는 사항이 있나요?
>
> 공진호 : 카메라 기자와 함께 가니 회의실 공간이 좀 넓어야 하겠고, 회의실 배경이 좀 깔끔해야 할 텐데 준비가 가능할까요?

① 총무팀에 연락하여 인터뷰 당일 회의실 예약을 미리 해놓는다.

② 기자에게 인터뷰의 방영 일자를 확인하여 인터뷰 영상 내용을 자료로 보관하도록 한다.

③ 인터뷰 당일 Mr. Thomas의 점심 식사 약속은 될 수 있는대로 피하도록 한다.

④ 인터뷰 진행 시 통역이 필요한지 아닌지 확인하고, 질문지를 사전에 받아 Mr. Thomas에게 전달한다.

⑤ 인터뷰를 진행할 때 질문을 미리 정리해놓는다.

09 현재 시각은 오전 11시이다. 오늘 중 마쳐야 하는 다음 네 가지의 업무가 있을 때 업무의 우선순위는 어떻게 되는가?(단, 업무시간은 오전 9시부터 오후 6시까지이며, 점심시간은 12시부터 1시간이다)

업무 내용	처리 시간
ㄱ. 기한이 오늘까지인 비품 신청	1시간
ㄴ. 오늘 내에 보고해야하는 보고서 초안을 작성해 달라는 부서장의 지시	2시간
ㄷ. 가능한 빨리 보내 달라는 인접 부서의 협조 요청	1시간
ㄹ. 오전 중으로 고객에게 보내기로 한 자료 작성	1시간

① ㄱ - ㄴ - ㄷ - ㄹ   ② ㄴ - ㄷ - ㄹ - ㄱ

③ ㄷ - ㄴ - ㄹ - ㄱ   ④ ㄴ - ㄱ - ㄷ - ㄹ

⑤ ㄹ - ㄴ - ㄷ - ㄱ

10 다음 기사를 읽고 필리핀 EPS 센터에 근무 중인 S대리가 취할 행동으로 적절하지 않은 것은?

> 최근 필리핀에서 한국인을 노린 범죄행위가 기승을 부리고 있다. 외교부 보고에 따르면 최근 5년간 해외에서 우리 국민을 대상으로 벌어진 살인 사건이 가장 많이 발생한 국가가 필리핀인 것으로 나타났다. 따라서 우리나라는 자국민 보호를 위해 한국인 대상 범죄 수사를 지원하는 필리핀 코리안 데스크에 직원을 추가 파견하기로 했다.

① 저녁에 이루어지고 있는 필리핀 문화 교육 시간을 오전으로 당겨야겠군.
② 우리 국민이 늦은 시간에 혼자 다니지 않도록 해야겠어.
③ 주필리핀 한국대사관과 연결하여 자국민 보호 정책을 만들 수 있도록 요청해야겠어.
④ 경찰과 연합해서 우리 국민 보호에 더 신경을 써야겠네.
⑤ 우리나라에 취업하기 위해 들어오는 필리핀 사람들에 대한 규제를 강화해야겠어.

2

PART

NCS 기반
블라인드 채용 가이드

CHAPTER 01

NCS 및 블라인드 채용 소개

| 01 | NCS 소개

1. 국가직무능력표준(NCS; National Competency Standards)이란?

- 산업현장에서 직무를 수행하기 위해 요구되는 지식・기술・태도 등의 내용을 국가가 체계화한 것

2. 국가직무능력표준(NCS)의 필요성

- 능력 있는 인재 개발을 통한 핵심인프라 구축과 국가경쟁력 향상
- 기업에서의 직무분석자료, 인적자원관리 도구, 인적자원개발 프로그램, 특화자격 신설, 일자리 정보 제공에 대한 요구
- 기업교육훈련기관에서의 산업현장 요구에 맞는 맞춤형 교육훈련과정 개설에 대한 요구

직업교육・훈련 및 자격제도가 산업현장과 불일치 / 인적자원의 비효율적 관리 운용	국가직무능력표준 →	각각 운영되었던 교육・훈련을 국가직무능력표준 중심 시스템으로 전환(일 – 교육・훈련 – 자격 연계) / 산업현장 직무 중심의 인적자원 개발 / 능력중심사회 구현을 위한 핵심인프라 구축 / 고용과 평생 직업능력개발 연계를 통한 국가경쟁력 향상

3. 직무(능력) 중심 채용이란?

기업의 역량기반 채용, 국가직무능력표준(NCS)기반 능력 중심 채용과 같이 직무 수행에 필요한 능력과 역량을 평가하여 선발하는 채용방식의 통칭

4. 직무(능력) 중심 채용에서의 '능력'의 의미

직무수행 및 해당 조직생활에 필요한 직무행동(수행준거), 지식, 기술, 태도, 경험(경력), 자격 등의 인적 속성

| 02 | 블라인드 채용 소개

1. 블라인드 채용이란?

- 채용 과정에서 편견이 개입되어 불합리한 차별을 야기할 수 있는 출신지, 가족관계, 학력, 외모 등은 배제하고, 실력(직무능력)만을 평가하여 인재를 채용하는 방식
- 직무(능력) 중심 채용은 '편견이 개입되는 차별적 요소를 제외'하고, '직업기초능력평가'를 통해 채용을 실행

※ 서류전형 : 無 서류전형 또는 블라인드 지원서
※ 면접전형 : 블라인드 오디션 또는 블라인드 면접 등

2. 블라인드 채용의 필요성

- 채용의 공정성에 대한 사회적 요구
  - 누구나 실력만으로 경쟁할 수 있는 균등한 고용기회를 제공해야 하나 아직도 채용 과정의 공정성에 대한 불신 존재
  - 채용상 차별 금지에 대한 법적 요건이 권고적 성격에서 처벌을 동반한 의무적 성격으로 점차 강화되는 추세
  - 시민의식과 지원자의 권리의식 성숙으로 차별에 대한 법적 대응 가능성 증가
- 우수 인재 채용을 통한 기업의 경쟁력 강화 필요
  - 직무능력과 무관한 학벌, 외모 위주의 선발로 우수 인재 선발 기회 상실 및 기업 경쟁력이 약화된 상태
  - 채용 과정에서 차별 없이 직무능력중심으로 선발한 우수 인재 확보 필요
- 공정한 채용을 통한 사회적 비용 감소 필요
  - 편견에 의한 차별적 채용은 우수 인재 선발을 저해하고 외모·학벌 지상주의 등의 심화로 불필요한 사회적 비용 증가
  - 채용에서의 공정성을 높여 사회의 신뢰수준 제고

3. 블라인드 채용의 기대효과

- 채용의 공정성 및 직무(능력) 중심 채용 문화형성
  - 채용직무에 대한 사전 정보 공개
  - 직무와 무관한 편견이 개입되는 항목 제외
- 적합한 인재 확보로 기업 경쟁력 강화
  - 직무에 적합한 인재 확보, 빠른 조기 전력화 및 이직률 감소
  - 인재의 다양성 및 창의력 향상
  - 조직만족도 증가, 공정한 조직문화 정착, 기업이미지 제고

- 공정한 경쟁을 통해 불필요한 사회적 비용 감소
  - 불필요한 스펙 형성 비용 감소
  - 직무에 적합한 능력을 향상시키는 데 노력과 비용을 투자

4. 일반채용 VS 직무(능력) 중심 채용

구분	일반채용	직무(능력) 중심 채용
서류전형	• 학력, 가족사항, 스펙 등의 입사지원서 작성 • 성장과정, 지원동기 등에 대한 자기소개서 작성	• 직무능력 중심 입사지원서 작성 • 직무능력 위주의 경험, 교육 자기소개서 작성
필기전형	• 인성 및 일반적 인지능력평가 • 전공 필기평가	• 직업기초능력을 활용한 필기평가 • 직무능력을 활용한 필기평가
면접전형	• 임원진 경험에 근거한 면접평가	• 직업기초 및 직무능력 관련 경험(경험면접), 직무수행 시 상황 대처방법(상황면접), 발표, 토론 등 구조화된 면접평가 • 지원자의 종합적인 능력과 임원진의 경험에 근거한 면접평가 • 직업기초능력＋직무수행능력＋기관의 비전과 지향점에 대한 면접평가

5. 블라인드 채용의 절차

[채용공고] • 자격 미제한 • 직무설명자료 공시	성별, 학력, 나이 등의 제한 없음을 표기하고 직무 관련 내용 및 필요 항목에 관한 직무기술서를 통해 사전 안내
[서류전형] • 기본인적사항 • 기관 적합 필요내용	**입사지원서** • 출신지역, 가족관계, 신체적 조건(키·체중, 용모), 학력 등에 대한 요구 원칙적 불가 　다만, 신체적 조건·학력은 채용 직무를 수행하는 데 있어 반드시 필요한 경우 예외적으로 인정 　예 특수경비직 채용 시 시력·건강한 신체 요구 　　　연구직 채용 시 논문·학위 요구 등 • 채용 직무와 관련된 교육·훈련, 자격, 경험 등의 항목으로 구성 　※ 법령에서 자격 또는 면허 등을 필요로 하는 경우 기본적으로 포함 　예 어학능력을 필요로 하는 직무인 경우, 사전에 그 사유를 채용공고 또는 직무기술서에 명시 **자기소개서** 기관의 적합한 인재를 선발하기 위해 인재상 및 직무 관련 내용을 평가하도록 문항 구성
[필기전형] • 직무 및 필요항목 평가	기관의 인재상, 직무와 관련된 지식·기술 등을 평가 ※ 일반상식, 시사 등 연관성 없는 필기형식 지양
[면접전형] • 실무면접 • 임원면접	인성, 직무와 관련된 지식·태도 등을 평가하기 위해 경험·상황 면접 실시

CHAPTER 02

서류전형 가이드

| 01 | 채용공고문

채용공고문이란 기업이 지원자에게 직무내용, 필요 직무능력, 채용절차, 근무조건 등을 안내하는 것으로 지원자들이 채용 준비 및 지원에 활용하는 자료입니다.

1. 채용공고문의 변화

구분	기존	NCS	블라인드
목적	일반적인 채용계획 및 지원방법을 알림	지원자가 직무를 이해하고 자신의 적합성 판단에 도움을 줌	지원자에겐 공정한 채용기회, 기업엔 적합한 인재 선발에 도움
내용	[채용계획 및 지원방법] • 채용분야, 채용인원 • 응시자격, 우대사항 • 채용절차 및 추진일정 • 기타 유의사항 등	기존 채용공고문에서 채용분야의 직무내용, 직무수행 요건(직무능력)을 추가	NCS 채용공고문에서 편견적 요소(출신지, 연령, 성별 등)를 배제

2. 예시

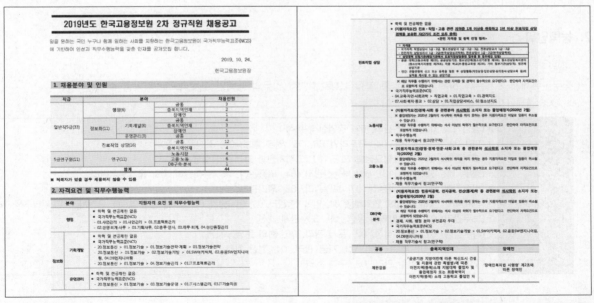

※ 한국고용정보원 채용공고(2019년 하반기) 일부 내용 발췌

| 02 | 직무기술서

직무기술서란 직무수행의 내용과 필요한 능력(지식·기술·태도), 관련 자격, 직업기초능력 등을 상세히 기재한 것으로 입사 후 수행하게 될 업무에 대한 정보가 수록되어 있는 자료입니다.

1. 채용분야

설명

NCS 직무분류 체계에 따라 직무에 대한 「대분류 – 중분류 – 소분류 – 세분류」 체계를 확인할 수 있습니다.
채용직무에 대한 모든 직무기술서를 첨부하게 되며 실제 수행 업무를 기준으로 세부적인 분류정보를 제공합니다.

		대분류	중분류	소분류	세분류
채용분야	행정	02. 경영·회계·사무	01. 기획사무	01. 경영기획	01. 경영기획
				02. 홍보·광고	01. PR
				03. 마케팅	02. 고객관리
			02. 총무·인사	01. 총무	01. 총무
					03. 비상기획
				02. 인사·조직	01. 인사
					02. 노무관리
				03. 일반사무	02. 사무행정
			03. 재무·회계	02. 회계	01. 회계·감사
			04. 생산·품질관리	01. 생산관리	01. 구매조달

2. 능력단위

설명

직무분류체계의 세분류 하위능력단위 중 실질적으로 수행할 업무의 능력만 구체적으로 파악할 수 있습니다.
※ NCS 홈페이지에서 능력단위별 정의 확인 가능

능력단위	• (경영기획) 06. 예산 관리, 07. 경영실적 분석 • (PR) 03. 온라인 PR, 04. 오프라인 PR, 05. 언론 홍보, 06. 조직문화 전파 • (고객관리) 06. 고객 필요정보 제공, 10. 고객지원과 고객관리 실행 • (총무) 02. 행사지원관리, 03. 부동산관리, 04. 비품관리, 06. 용역관리, 08. 총무문서관리 • (비상기획) 06. 민방위관리, 07. 보안관리, 08. 위기관리 • (인사) 01. 인사기획, 03. 인력채용, 04. 인력이동관리, 05. 인사평가, 07. 교육훈련 운영, 09. 급여지급, 10. 복리후생 관리 • (노무관리) 07. 노사협의회 운영, 09. 노사관계 개선 • (사무행정) 01. 문서 작성, 02. 문서 관리, 06. 회의 운영·지원 • (회계·감사) 01. 전표 관리, 02. 자금 관리, 04. 결산 처리 • (구매조달) 04. 발주 관리, 09. 구매 계약

3. 직무수행내용

[설명]

세분류 영역의 기본정의를 통해 직무수행내용을 확인할 수 있습니다. 입사 후 수행할 직무내용을 구체적으로 확인할 수 있으며, 이를 통해 입사서류 작성부터 면접까지 직무에 대한 명확한 이해를 바탕으로 자신의 희망직무인지 아닌지 해당 직무가 자신이 알고 있던 직무가 맞는지 확인할 수 있습니다.

직무수행 내용	• (경영기획) 경영목표를 효과적으로 달성하기 위한 전략을 수립하고 최적의 자원을 효율적으로 배분하도록 경영진의 의사결정을 체계적으로 지원 • (PR) 조직의 긍정적 이미지를 제고하기 위하여 전략과 계획의 수립, 온·오프라인 매체를 이용한 커뮤니케이션 활동, 효과 측정과 피드백 등을 수행 • (고객관리) 현재의 고객과 잠재고객의 이해를 바탕으로 고객이 원하는 제품과 서비스를 지속적으로 제공함으로써 기업과 브랜드에 호감도가 높은 고객의 유지와 확산을 위해 고객과의 관계를 관리 • (총무) 조직의 경영목표를 달성하기 위하여 자산의 효율적인 관리, 임직원에 대한 원활한 업무지원 및 복지지원, 대·내 외적인 회사의 품격 유지를 위한 제반 업무를 수행 • (인사) 조직의 목표 달성을 위해 인적 자원을 효율적으로 활용하고 육성하기 위하여 직무조사 및 직무 분석을 통해 채용, 배치, 육성, 평가, 보상, 승진, 퇴직 등의 제반 사항을 담당하며, 조직의 인사제도를 개선 및 운영하는 업무를 수행 • (회계·감사) 기업 및 조직 내·외부에 있는 의사결정자들이 효율적인 의사결정을 할 수 있도록 유용한 정보를 제공하며, 제공된 회계정보의 적정성을 파악 • (구매조달) 조직의 경영에 필요한 자재, 장비, 장치를 조달하기 위해 구매전략 수립, 구매계약의 체결, 구매 협력사 관리, 구매품 품질, 납기, 원가 관리를 수행

4. 필요지식 · 필요기술 · 직무수행태도

[설명]

원활한 직무수행을 위해 필요한 지식(K), 기술(S), 태도(A)를 구조화하여 정리한 것입니다. 구직자는 이 내용을 탐색하여 서류 전형부터 면접까지 자신의 역량 중 어떤 부분을 더욱 중점적으로 강조해야 하는지 방향 수립이 가능합니다. 채용 과정을 통해 직무에 대한 분석은 되어 있는지, 직무수행에 적합한 역량을 가졌는지를 객관적으로 증명해야 합니다.

필요지식	• 예산계획 수립원칙 및 예산 편성 지침 • 경영 전략과 사업 핵심 활동 • 환경분석 기법 • 홍보전략 • 커뮤니케이션 방법 및 채널별 특성 • 성과지표요소 • 홈페이지 운영방법 • 고객 관계관리 • 고객 세분화에 대한 이해 • 고객 응대 매뉴얼 작성 및 프로세스 모델링 방법 • 고객 요구분석 방법 • 행사 기획 및 운영 • 부동산 관련 법률 • 비품관리 규정	• 통계분석법 • 보안업무 관련 지침 • 정부 기관 감사 지침 • 인사전략 환경 분석법 • 채용, 인·적성 검사, 면접기법 • 취업 규칙 및 단체협약 • 근로자참여 및 협력증진에 관한 법률 • 문서관리 및 보안 규정 • 문서대장 관리 규정 • 대금의 지급방법 및 지급기준 • 기업 실무에 적용되는 회계 관련 규정 • 계정과목에 대한 지식 • 계약 프로세스 및 계약서 구성체계 • 구매 계약 관련 법규

필요기술	• 회계 계정·세목 분류 기술 • 기획력 및 기획서 작성 기술 • 문제 해결 방법론(Logic Tree, MECE) • 정보수집 능력 • 홍보방법 개발능력 • 이슈 분석 및 개선안 도출 능력 • 다양한 요구에 대응하기 위한 고객 응대 기술 • 문제 상황 분석 및 문제 해결 능력 • 고객 프로파일링 기법 • 행사 운영기술 • 위기 대비 업무수행계획 수립 기술	• 컴퓨터 활용기술 • 문서 기안·작성 능력, Spread Sheet 기술 • 커뮤니케이션 및 협상 기술 • 제안서 검토를 위한 정보 분석력 • 근로계약서 및 취업규칙 작성 기술 • 의사 표현 능력 • 거래 유형별 전표 작성 능력 • 손익산정 능력 • 재무제표 작성과 표시 능력 • 구매견적서 검토 능력 • 구매계약서 작성 능력
직무수행 태도	• 예산 편성 우선순위에 대한 전략적 사고 • 예산 편성 기준을 준수하려는 자세 • 분석적 사고 및 체계적 사고 • 현황파악을 위한 주의 깊은 관찰 노력 • 다양한 의견의 경청 • 피드백에 대한 수용성 • 편집과 교정의 꼼꼼함 • 문제점에 대한 개선 의지 • 고객을 대하는 매너와 서비스 마인드 • 고객 대응을 위한 고객과 공감하려는 자세 • 종합적으로 사고하려는 자세 • 타부서와의 협업 자세	• 보안을 준수하려는 태도 • 안전을 고려한 태도 • 정확성을 높이기 위한 적극적 태도 • 공정하고 객관적인 자세 • 윤리의식 및 도덕성 • 성취 지향성 • 법률을 세심하게 검토하는 자세 • 자료의 객관성 유지 • 거래를 신속하고 정확하게 구분하려는 태도 • 주인의식을 가지는 태도 • 조직의 목표와 연계된 협상 전략을 계획하려는 체계적인 사고(Systemic Thinking)

5. 관련자격사항 · 직업기초능력 · 참고

[설명]

• 관련자격사항 : 해당 직무와 직접적인 연관성이 있는(우대되는) 자격증을 확인할 수 있습니다.

• 직업기초능력 : 직업인의 기본 소양 10가지를 정의해 놓은 것으로 그중 꼭 필요한 능력을 기재해 놓은 항목입니다.

직무수행에 필요한 기본 소양으로 업무 중 발생하는 환경에 빠르게 적응하고 대처할 수 있는 능력을 갖추었는지의 기준이 됩니다.

직업기초능력 또한 채용을 진행하며 증명해야 하는 역량 중 하나입니다.

관련자격사항	공인노무사, 경영지도사, 재경관리사, CPSM, 워드프로세서, 컴퓨터활용능력 등
직업기초능력	의사소통능력, 문제해결능력, 자원관리능력, 정보능력, 조직이해능력 등
참고	http://www.ncs.go.kr

| 03 | 지원서

1. 개인정보

성명(한글)		성명(한자)	
성명(영문)	이름 : 성 :		
이메일			
휴대전화	( )-( )-( )		
긴급연락처	( )-( )-( )		
청년 여부	대상 ( ) 비대상 ( ) ※ 청년고용촉진 특별법 시행령 제2조에 따른 만 15세 이상 만 34세 이하인 자		
비수도권/ 지역인재 여부	비수도권 ( ) 이전지역인재 ( ) 비대상 ( ) ※ 대학까지의 최종학력을 기준으로 비수도권 지역/○○지역 소재의 학교를 졸업(예정)·중퇴한 자 또는 재학· 휴학 중인 자 ※ 석사 이상 학위 소지자는 학사 대학 소재지 기준		
보훈 여부	대상 ( ) 비대상 ( )		
	보훈번호 ( ) 가점 5% ( ) 가점 10% ( ) ※ 보훈대상자는 주소지 관할 보훈지청에서 발급받은 취업지원대상자 증명서를 확인 후 보훈번호 및 가점을 정확 히 기재하여 주시기 바랍니다.		
기초생활수급자	대상 ( ) 비대상 ( )		
장애 여부	대상 ( ) 비대상 ( )		
	장애종류 ( ) 급수 ( )급		

작성요령

- 이름, 성별, 생년월일, 주소, 연락처(이메일, 휴대전화, 집 전화번호 등)는 지원자의 인적사항을 알아보기 위한 정보이므로 주민등록에 기재된 것을 기준으로 하는 것이 좋습니다.
- 연락처는 명확히 기재하고 면접을 위한 연락 시 분실이나 번호가 바뀌는 등의 바로 연락이 어려울 경우를 대비하여 비상연락망을 기재하는 것도 좋으며, 비상연락망은 가족이나 친구도 무방하나 구직활동 중임을 인지하여 기업의 전화를 응대할 수 있게 이야기를 해 두어야 합니다.
- 보훈 및 장애 여부 우대는 사내규정에 따라 적용될 수 있으며 증명서를 첨부해야 합니다. 가산 기준 등은 기관마다 차이가 있습니다.

PART 2

2. 병역사항

병역구분	군필 ( ) 미필 ( ) 면제 ( )
면제사유	

작성요령

- 여성의 경우 병역사항은 해당 사항이 없으며, 남성의 경우 평가를 위한 기준이 아닌 군필 여부를 확인하는 용도로 작성하게 됩니다. 면제 시 사유를 기재하시기 바랍니다.

3. 최종학력

최종학력	고졸 ( ) 대졸예정 ( ) 대졸 ( ) 대학원졸예정 ( ) 대학원졸 ( )		
학력	전공(계열)	학교소재지	비고
고등학교			
대학교			
대학원(석사)			
대학원(박사)			

작성요령

- 학력사항은 최종학력부터 기재하도록 합니다. 일반적으로 고교시절과 대학시절의 학력을 기술하는데 대학명과 전공명, 본교 및 분교 여부, 재학기간(년/월) 등을 정확히 써야 합니다.
- 또한, 편입한 경우에는 전 학교 및 현재의 학교명을 기재하고, 학점을 기재해야 할 경우 기업마다 만점의 기준이 다른 경우가 있으니 기업에서 제시한 기준을 확인하여 기재합니다.
- 최종학력은 졸업을 기준으로 체크하시기 바랍니다(수료는 해당하지 않음).
- NCS기반 능력 중심 채용의 불필요한 스펙에는 출신학교, 학교소재지 등이 포함되고 만약 '학교소재지'란이 있다면 지역 인재 확인의 용도입니다.

※ NCS기반 능력 중심 채용을 학력초월 채용으로 인식하면 안 됩니다. 또한 블라인드 채용으로 기타 불필요한 항목은 삭제될 수 있습니다.

4. 직업교육

교육명	교육기관	이수시간(h)	주요 내용

작성요령

• 직무 관련 지식 중에서 학교 교육(수업) 외 전문성을 키우기 위해 노력했던 교육 사항에 대해 작성하는 항목입니다. 어떤 교육을 통해 어떤 지식을 습득했는지 파악할 수 있게 작성하시기 바랍니다.

Tip

1. 자격증을 취득하기 위해 받은 교육도 작성합니다(자격증을 취득하지 못했더라도 관련 지식을 인정받을 수 있습니다).
2. 온라인 교육(수료증 발급)도 가능하고 학회에서 진행하는 단기교육도 가능합니다.

5. 자격사항

자격증명	자격(면허)번호	발행처	취득일자

작성요령

• 직무와 관련 있는 자격증을 작성하는 항목으로 직무기술서의 관련 자격 사항을 참고하여 작성하고, 자격증별 세부내용은 정확해야 합니다(추후 사본제출 시 이력서와 다른 점은 불이익을 받을 수 있습니다).

Tip

1. 자격증의 변동사항을 체크합니다(해당등급의 폐지, 자격증 유효기간 만료 등).
2. 동일 자격증에 대해 복수 등급 소지 시 가장 높은 등급의 자격증만 기재합니다.

PART 2

6. 경력사항

기관명	근무기간	직위	담당업무

작성요령

• 근로관계에 의해 정식 급여를 받으며 근로했던 기간이 있을 시 작성하는 항목입니다.
• 경력사항은 학력사항과 마찬가지로 가장 최근의 경력부터 기술하며 지원하는 직무와 관련된 업무일 경우 다른 경력사항보다 더 상세하게 적는 것이 좋습니다. 자신의 경력과 해당 직무의 연관성을 파악하여 담당업무를 작성하고 경력기간을 충족하는지 확인해야 합니다(세부내용은 정확하게 기재되어야 합니다).
• 자신이 근무한 회사명과 주요 사업, 소속 부서, 최종직급, 근무기간, 주요 업무 및 성과 등을 표기하며, 근무기간은 연도와 월을 기재하고 만약 부서이동이나 직책 승진, 해외 근무 등이 있었다면 별도로 표기합니다.

Tip

1. 인턴도 경력 사항에 기재합니다(정해진 기간에 금전적 보수를 받고 근무했던 이력 조건에 부합).
2. 담당업무는 직무기술서에 나와 있는 용어와 단어를 활용해야 합니다.

7. 경험사항

소속조직	활동기간	주요 역할	경험내용

작성요령

• 일정한 금전적인 보수 없이 수행한 직무 관련 활동을 작성하는 항목으로 다양한 영역의 경험을 떠올려 작성합니다.
• 경험은 직업 외적인(금전적 보수를 받지 않고 수행한) 활동을 의미하며, 산학협력, 프로젝트 참여, 자문위원회 참여, 일·경험 수련생 활동, 연구회, 동아리/동호회 등에서 수행한 활동이 포함될 수 있습니다.

Tip

1. 다양한 경험 중 특정 경험을 지정하여 직업기초능력을 어필해 봅니다.
2. '(주요 역할)=(핵심역량)'으로 어필되도록 작성합니다(경험이 가진 역량과 직무역량의 연관성 찾기).

|04| 경력 및 경험 기술서와 자기소개서

1. 경력 및 경험 기술서

- 입사지원서에 기술한 경력 및 경험 중 대표적인 것에 대해 구체적으로 기술하십시오.
- 경력을 기술할 경우 구체적으로 직무영역, 활동·경험·수행 내용, 역할, 주요 성과 등에 대해 작성하시기 바랍니다.
- 경험을 기술할 경우 구체적으로 학습경험 혹은 활동 내용, 활동 결과에 대해 작성하시기 바랍니다.

작성요령

- 지원자의 직무역량, 관심도, 준비도 등을 확인할 수 있는 항목입니다.
- 담당업무에 자신의 업무를 단순 기술하는 것은 지양하는 것이 좋으며, 지원하는 직무와 관련된 주요 업무를 기술하고 이를 통해 자신이 만들어낸 성과를 수치를 활용해 어필해야 합니다.

> **Tip**
> 1. 직무 연관성이 높은 최근의 경험 및 경력 위주로 작성합니다.
> 2. 규칙을 준수하고 높은 윤리의식을 강조하는 것도 효과적입니다.

2. 자기소개서

자기소개서는 인사담당자가 지원자의 성격과 태도, 회사에 대한 지원동기와 직무역량 등의 정보를 얻기 위해 활용하는 서류입니다. 지원하는 기업이 자신을 채용하도록 설득하기 위해서는 지원 직무를 분석하여 직무에 맞는 지식과 역량, 경험을 구체적인 사례로 뒷받침할 때 더욱 의미 있는 자기소개서가 될 수 있습니다.

① ○○공사에 지원하게 된 동기 및 지원 분야의 직무수행을 위해 준비해 온 과정에 대해 자유롭게 기술하십시오.

② 공동의 목표를 달성하기 위해 다른 사람들과 긴밀하게 소통하며 성공적으로 협업을 이루었던 경험에 대하여 기술하십시오.

③ 다양한 정보 또는 데이터를 체계적으로 수집·분석·조직하여 활용해 본 경험에 대하여 기술하십시오.

작성요령

• 자기소개서는 직무수행에 필요한 역량을 파악하기 위한 항목과 직업인으로서 기본적으로 갖춰야 하는 소양(직업기초능력 10가지)을 판단하기 위한 항목으로 구성됩니다.
• 기관마다 자체 평가기준에 맞춰 필요한 역량이 무엇인지 제시하고 지원자가 이를 충족시킬 수 있는 자질을 얼마나 갖추고 있는지를 평가하고자 하는 것으로 취지에 적합하게 작성해야 합니다.

Tip

1. 지원하는 기업 및 직무에 대한 다각적인 분석이 먼저 이루어진 후 작성해야 합니다.
2. 자신만의 핵심 역량이 무엇이고 그 역량을 갖추기 위해 어떤 노력과 준비를 해왔는지, 입사 후 어떻게 활용할 것인지 작성해야 합니다.
3. 공공기관의 경우 책임의식, 도덕성 등 높은 직업윤리가 필요합니다.
4. 기업별 이력서상에서 배제하는 항목 및 내용을 언급하지 않아야 합니다.
5. 억지로 부풀린 내용이 없어야 하며, 설득력 있게 작성해야 합니다.
6. 읽는 이의 입장을 고려하여 읽기 편하게, 요점을 정확히 강조하여 작성합니다.

CHAPTER 03

필기전형 가이드

| 01 | 필기전형 소개

1. 소개

- 필기전형은 기술직무서에 있는 직무능력(지식·기술·태도·직업기초능력)을 측정하기 위한 전형입니다.
- 직무에 필요한 능력, 직무수행 시 발생할 수 있는 상황과 이에 대한 행동, 직무수행에 적합한 기본 소양을 갖추었는지 등을 기관별 방식을 도입하여 평가합니다.

2. 필기전형의 변화

기존 필기전형	개선요구
• 직군·직무에 따른 평가요소 구분 없음 • 인지능력 중심 평가 • 속도 중심 검사 • 탈맥락적 문제상황 및 자료(소설, 수필 등 실제 직무상황과 다름)	• 다양한 맥락의 실제 직무 환경 존재 • 아는 지식의 양보다, 이를 어떻게 선별해 적용하는가 예 특혜점수가 높으면 　– 보고서를 잘 쓸 수 있을까? 　– 제품 개발을 잘할 수 있을까? 　– 고객안내를 잘할 수 있을까?

직무(능력) 중심 채용

특징 및 장점

직무에 필요한 능력 직무수행능력, 직업기초능력	개연성 직무 상황이나 조건 제시
행동 증거 요구 '아는 것' 이상의 주어진 상황에서의 조치 요구	타당도 평가 결과와 실제 직무 간의 연계성 높음

3. 필기전형의 구성

- NCS기반 직무능력에 대한 평가로 능력 단위별 핵심역량을 파악하기 위한 문항이 출제됩니다.
- 직무 이해도에 대한 평가뿐만 아니라 업무 중 발생할 수 있는 상황을 제시하고, 업무능력을 활용하여 처리할 수 있는지에 대해서도 평가합니다.
- 직무기술서에 기재된 직업기초능력을 가졌는지 또는 기본 소양을 갖추고 있는지 등을 측정할 수 있는 문항들로 구성됩니다.
- 평가방식은 일반적으로 객관식(선다형)으로 출제되고 있습니다.

| 02 | 직업기초능력 영역별 문제 동향 및 준비 TIP

1. 의사소통능력

업무를 수행함에 있어 글과 말을 읽고 들음으로써 다른 사람이 뜻한 바를 파악하고, 자기가 뜻한 바를 글과 말을 통해 정확하게 쓰거나 말하는 능력을 평가합니다.

2. 수리능력

업무를 수행함에 있어 사칙 연산, 통계, 확률의 의미를 정확하게 이해하고 이를 업무에 적용하는 능력을 평가합니다.

3. 문제해결능력

업무를 수행함에 있어 문제 상황이 발생하였을 경우, 창조적이고 논리적인 사고를 통하여 이를 올바르게 인식하고 적절히 해결하는 능력을 평가합니다.

4. 자기개발능력

업무를 추진하는 데 스스로를 관리하고 개발하는 능력을 평가합니다.

5. 자기관리능력

업무를 수행하는 데 시간, 예산, 물적자원, 인적자원 등의 자원 가운데 무엇이 얼마나 필요한지를 확인하고, 이용 가능한 자원을 최대한 수집하여 실제 업무에 어떻게 활용할 것인지를 계획하고, 계획대로 업무 수행에 이를 할당 하는 능력을 평가합니다.

6. 대인관계능력

업무를 수행함에 있어 접촉하게 되는 사람들과 문제를 일으키지 않고 원만하게 지내는 능력을 평가합니다.

7. 정보능력

업무와 관련된 정보를 수집하고, 분석하여 의미 있는 정보를 찾아내며, 찾은 정보를 업무 수행에 적절하도록 조직 하고, 관리하며, 이를 업무 수행에 활용하는 능력을 평가합니다.

8. 기술능력

업무를 수행함에 있어 도구, 장치 등을 포함하여 필요한 기술에는 어떠한 것들이 있는지 이해하고, 실제로 업무를 수행함에 있어 적절한 기술을 선택하여 적용하는 능력을 평가합니다.

9. 조직이해능력

업무를 원활하게 수행하기 위해 국제적인 추세를 포함하여 조직의 체제와 경영에 대해 이해하는 능력을 평가합니다.

10. 직업윤리

업무를 수행함에 있어 원만한 직업생활을 위해 필요한 태도, 매너, 올바른 직업관을 평가합니다.

CHAPTER 04

인성검사 소개 및 모의테스트

| 01 | 인성검사 유형

인성검사는 지원자의 성격특성을 객관적으로 파악하고 그것이 각 기업에서 필요로 하는 인재상과 가치에 부합하는가를 평가하기 위한 검사입니다. 대표적으로 KPDI(한국인재개발진흥원), K-SAD(한국사회적성개발원), KIRBS(한국행동과학연구소), SHR(에스에이치알) 등의 전문기관을 통해 각 기업의 특성에 맞는 검사를 선택하여 실시합니다. 대표적인 인성검사의 유형에는 크게 다음과 같은 세 가지가 있으며, 채용 대행업체에 따라 달라집니다.

1. KPDI 검사

조직적응성과 직무적합성을 알아보기 위한 검사로, 인성검사, 직업성격검사, 인적성검사, 직종별 인적성검사 등의 다양한 검사 도구를 구현합니다. KPDI 인성검사는 성격을 파악하고 정신건강 상태 등을 측정하고, 직무검사는 해당 직무를 수행하기 위해 기본적으로 갖추어야 할 인지적 능력을 측정합니다. 역량검사는 특정 직무 역할을 효과적으로 수행하는 데 직접적으로 관련 있는 개인의 행동, 지식, 스킬, 가치관 등을 측정합니다.

2. KAD(Korea Aptitude Development) 검사

K-SAD(한국사회적성개발원)에서 실시하는 적성검사 프로그램입니다. 개인의 성향, 지적 능력, 기호, 관심, 흥미도를 종합적으로 분석하여 적성에 맞는 업무가 무엇인가 파악하고, 직무수행에 있어서 요구되는 기초능력과 실무능력을 분석합니다.

3. SHR 직무적성검사

직무수행에 필요한 다양한 사고 능력을 다양한 적성검사(Paper and Pencil Test)로 평가합니다. SHR의 모든 직무능력검사는 표준화 검사입니다. 표준화 검사는 표본집단의 점수를 기초로 규준이 만들어진 검사이므로 개인의 점수를 규준에 맞추어 해석·비교하는 것이 가능합니다. S(Standardized Tests), H(Hundreds of Version), R(Reliable Norm Data)을 특징으로 하며, 직군·직급별 특성과 선발 수준에 맞추어 검사를 적용할 수 있습니다.

|02| 인성검사와 면접

인성검사는 특히 면접질문과 관련성이 높습니다. 면접관은 지원자의 인성검사 결과를 토대로 질문을 하기 때문입니다. 일관적이고 이상적인 답변을 하는 것이 가장 좋지만, 실제 시험은 매우 복잡하여 전문가라 해도 일정 성격을 유지하면서 답변을 하는 것이 힘듭니다. 또한, 인성검사에는 라이 스케일 설문이 전체 설문 속에 교묘하게 섞여 들어가 있으므로 겉치레적인 답을 하게 되면 회답태도의 허위성이 그대로 드러나게 됩니다. 예를 들어 '거짓말을 한 적이 한 번도 없다.'에 '예'로 답하고, '때로는 거짓말을 하기도 한다.'에 '예'라고 답하여 라이 스케일의 득점이 올라가게 되면 모든 회답의 신빙성이 사라지고 '자신을 돋보이게 하려는 사람'이라는 평가를 받을 수 있으므로 주의해야 합니다. 따라서 모의테스트를 통해 인성검사의 유형과 실제 시험 시 어떻게 문제를 풀어야 하는지 연습해 보고 체크한 부분 중 자신의 단점과 연결되는 부분은 면접에서 질문이 들어왔을 때 어떻게 대처해야 하는지 생각해 보는 것이 좋습니다.

|03| 유의사항

1. 기업의 인재상을 파악하라!

인성검사를 통해 개인의 성격특성을 파악하고 그것이 기업의 인재상과 가치에 부합하는지를 평가하는 시험이기 때문에 해당 기업의 인재상을 먼저 파악하고 시험에 임하는 것이 좋습니다. 모의테스트에서 인재상에 맞는 가상의 인물을 설정하고 문제에 답해 보는 것도 많은 도움이 됩니다.

2. 일관성 있는 대답을 하라!

짧은 시간 안에 다양한 질문에 답을 해야 하는데, 그 안에는 중복되는 질문이 여러 번 나옵니다. 이때 앞서 자신이 체크했던 대답을 잘 기억해뒀다가 일관성 있는 답을 하는 것이 중요합니다.

3. 모든 문항에 대답하라!

많은 문제를 짧은 시간 안에 풀려다 보니 다 못 푸는 경우도 종종 생깁니다. 하지만 대답을 누락하거나 끝까지 다 못 했을 경우 안 좋은 결과를 가져올 수도 있으니 최대한 주어진 시간 안에 모든 문항에 답할 수 있도록 해야 합니다.

| 04 | KPDI 모의테스트

※ 모의테스트는 질문 및 답변 유형 연습을 위한 것으로 실제 시험과 다를 수 있습니다.

번호	내용	예	아니오
001	나는 솔직한 편이다.	☐	☐
002	나는 리드하는 것을 좋아한다.	☐	☐
003	법을 어겨서 말썽이 된 적이 한 번도 없다.	☐	☐
004	거짓말을 한 번도 한 적이 없다.	☐	☐
005	나는 눈치가 빠르다.	☐	☐
006	나는 일을 주도하기보다는 뒤에서 지원하는 것을 선호한다.	☐	☐
007	앞일은 알 수 없기 때문에 계획은 필요하지 않다.	☐	☐
008	거짓말도 때로는 방편이라고 생각한다.	☐	☐
009	사람이 많은 술자리를 좋아한다.	☐	☐
010	걱정이 지나치게 많다.	☐	☐
011	일을 시작하기 전 재고하는 경향이 있다.	☐	☐
012	불의를 참지 못한다.	☐	☐
013	처음 만나는 사람과도 이야기를 잘 한다.	☐	☐
014	때로는 변화가 두렵다.	☐	☐
015	나는 모든 사람에게 친절하다.	☐	☐
016	힘든 일이 있을 때 술은 위로가 되지 않는다.	☐	☐
017	결정을 빨리 내리지 못해 손해를 본 경험이 있다.	☐	☐
018	기회를 잡을 준비가 되어 있다.	☐	☐
019	때로는 내가 정말 쓸모없는 사람이라고 느낀다.	☐	☐
020	누군가 나를 챙겨주는 것이 좋다.	☐	☐
021	자주 가슴이 답답하다.	☐	☐
022	나는 내가 자랑스럽다.	☐	☐
023	경험이 중요하다고 생각한다.	☐	☐
024	전자기기를 분해하고 다시 조립하는 것을 좋아한다.	☐	☐
025	감시받고 있다는 느낌이 든다.	☐	☐

번호	내용	예	아니오
026	난처한 상황에 놓이면 그 순간을 피하고 싶다.	☐	☐
027	세상엔 믿을 사람이 없다.	☐	☐
028	잘못을 빨리 인정하는 편이다.	☐	☐
029	지도를 보고 길을 잘 찾아간다.	☐	☐
030	귓속말을 하는 사람을 보면 날 비난하고 있는 것 같다.	☐	☐
031	막무가내라는 말을 들을 때가 있다.	☐	☐
032	장래의 일을 생각하면 불안하다.	☐	☐
033	결과보다 과정이 중요하다고 생각한다.	☐	☐
034	운동은 그다지 할 필요가 없다고 생각한다.	☐	☐
035	새로운 일을 시작할 때 좀처럼 한 발을 떼지 못한다.	☐	☐
036	기분 상하는 일이 있더라도 참는 편이다.	☐	☐
037	업무능력은 성과로 평가받아야 한다고 생각한다.	☐	☐
038	머리가 맑지 못하고 무거운 느낌이 든다.	☐	☐
039	가끔 이상한 소리가 들린다.	☐	☐
040	타인이 내게 자주 고민상담을 하는 편이다.	☐	☐

※ 모의테스트는 질문 및 답변 유형 연습을 위한 것으로 실제 시험과 다를 수 있습니다.

※ 이 성격검사의 각 문항에는 서로 다른 행동을 나타내는 네 개의 문장이 제시되어 있습니다. 이 문장들을 비교하여, 자신의 평소 행동과 가장 가까운 문장을 'ㄱ' 열에 표기하고, 가장 먼 문장을 'ㅁ' 열에 표기하십시오.

01 나는 _____

	ㄱ	ㅁ
A. 실용적인 해결책을 찾는다.	☐	☐
B. 다른 사람을 돕는 것을 좋아한다.	☐	☐
C. 세부 사항을 잘 챙긴다.	☐	☐
D. 상대의 주장에서 허점을 잘 찾는다.	☐	☐

02 나는 _____

	ㄱ	ㅁ
A. 매사에 적극적으로 임한다.	☐	☐
B. 즉흥적인 편이다.	☐	☐
C. 관찰력이 있다.	☐	☐
D. 임기응변에 강하다.	☐	☐

03 나는 _____

	ㄱ	ㅁ
A. 무서운 영화를 잘 본다.	☐	☐
B. 조용한 곳이 좋다.	☐	☐
C. 가끔 울고 싶다.	☐	☐
D. 집중력이 좋다.	☐	☐

04 나는 _____

    A. 기계를 조립하는 것을 좋아한다.

    B. 집단에서 리드하는 역할을 맡는다.

    C. 호기심이 많다.

    D. 음악을 듣는 것을 좋아한다.

ㄱ	ㅁ
☐	☐
☐	☐
☐	☐
☐	☐

05 나는 _____

    A. 타인을 늘 배려한다.

    B. 감수성이 예민하다.

    C. 즐겨하는 운동이 있다.

    D. 일을 시작하기 전에 계획을 세운다.

ㄱ	ㅁ
☐	☐
☐	☐
☐	☐
☐	☐

06 나는 _____

    A. 타인에게 설명하는 것을 좋아한다.

    B. 여행을 좋아한다.

    C. 정적인 것이 좋다.

    D. 남을 돕는 것에 보람을 느낀다.

ㄱ	ㅁ
☐	☐
☐	☐
☐	☐
☐	☐

PART 2

07 나는 _____

	ㄱ	ㅁ
A. 기계를 능숙하게 다룬다.	☐	☐
B. 밤에 잠이 잘 오지 않는다.	☐	☐
C. 한 번 간 길을 잘 기억한다.	☐	☐
D. 불의를 보면 참을 수 없다.	☐	☐

08 나는 _____

	ㄱ	ㅁ
A. 종일 말을 하지 않을 때가 있다.	☐	☐
B. 사람이 많은 곳을 좋아한다.	☐	☐
C. 술을 좋아한다.	☐	☐
D. 휴양지에서 편하게 쉬고 싶다.	☐	☐

09 나는 _____

	ㄱ	ㅁ
A. 뉴스보다는 드라마를 좋아한다.	☐	☐
B. 길을 잘 찾는다.	☐	☐
C. 주말엔 집에서 쉬는 것이 좋다.	☐	☐
D. 아침에 일어나는 것이 힘들다.	☐	☐

10 나는 _____

	ㄱ	ㅁ
A. 이성적이다.	☐	☐
B. 할 일을 종종 미룬다.	☐	☐
C. 어른을 대하는 게 힘들다.	☐	☐
D. 불을 보면 매혹을 느낀다.	☐	☐

11 나는 _____

	ㄱ	ㅁ
A. 상상력이 풍부하다.	☐	☐
B. 예의 바르다는 소리를 자주 듣는다.	☐	☐
C. 사람들 앞에 서면 긴장한다.	☐	☐
D. 친구를 자주 만난다.	☐	☐

12 나는 _____

	ㄱ	ㅁ
A. 나만의 스트레스 해소 방법이 있다.	☐	☐
B. 친구가 많다.	☐	☐
C. 책을 자주 읽는다.	☐	☐
D. 활동적이다.	☐	☐

CHAPTER 05

면접전형 가이드

| 01 | 면접전형 소개

1. 소개

- NCS 면접전형은 업무를 수행하는 데 있어 꼭 필요한 역량(지식, 기술, 태도, 인성)을 갖추고 있는지, 갖추고 있다면 기업(관)에 입사하여 발휘될 수 있는지를 평가하는 절차입니다.
- 면접전형에서는 면접관이 서류나 필기 전형에서 볼 수 없었던 행동에 대해 면접자를 평가할 수 있으며, 이전 과정을 통해 생긴 궁금한 부분을 직접 확인하고 지원자를 심층적으로 파악하기가 쉽습니다. 또한, 의사소통방식 및 언어적 특성(습관)에 대한 정보를 얻을 수 있습니다.
- 평가 방법은 구조화 면접의 성격으로 사전에 필요한 기본 질문 및 추가 질문을 계획해 놓고 역량 검증에 집중한 면접 방식으로 진행되고 있습니다.

2. 면접전형의 구성

NCS 직업기초능력면접		NCS 직무능력면접
• 해당 직무수행 시 요구하는 직업기초능력(기초 소양)을 평가하기 위한 과정입니다. • 직무기술서에 언급된 직업기초능력을 검증하기 위한 문항을 개발하고 객관적으로 평가할 수 있는 문항으로 구성됩니다.		• 실제 직무수행과 관련한 지식, 기술, 태도를 객관적으로 평가할 수 있는 평가 문항들로 구성됩니다. • 실질적인 업무 능력 파악을 위해 가지고 있는 능력(지식, 기술, 태도)을 업무수행 중 적용할 수 있는지를 평가하기 위한 내용으로 구성되어 있습니다.

| 02 | NCS 구조화 면접 유형 소개

1. 경험면접

- 방식
  해당 역량의 발휘가 요구되는 일반적인 상황을 제시하고, 그러한 상황에서 어떻게 행동했었는지(과거경험)를 파악
- 판단기준
  해당 역량의 수준, 경험 자체의 구체성, 진실성 등
- 특징
  추상적인 생각이나 의견 제시가 아닌 과거 경험 및 행동 중심의 질의가 이루어지므로 지원자는 사전에 본인의 과거 경험 및 사례를 정리하는 것이 필요

Tip

답변을 통해 알고자 하는 역량이 명확하게 정해져 있으며 답변의 질에 따라 평가 기준이 확실한 것이 구조화 면접의 특징입니다. 면접자는 해당 역량이 돋보일 수 있는 답변 프로세스를 구축하는 것이 좋습니다.
- 답변 프로세스 구축 팁 : 상황 및 문제점 제시 → 자신의 행동 → 결과 → 결론

2. 발표(프레젠테이션)면접

- 방식
  지원자가 특정 주제와 관련된 자료를 검토하고, 그에 관한 자신의 생각을 면접관 앞에서 발표하며, 질의응답을 함
- 판단기준
  지원자의 사고력, 논리력, 문제해결능력 등
- 특징
  - 과제를 부여한 후, 지원자들이 과제를 수행하는 과정과 결과를 관찰·평가
  - 과제수행의 결과뿐 아니라, 과제수행 과정에서의 행동을 모두 평가

Tip

자료 분석부터 발표까지 일련의 과정으로 준비해야 합니다.
- 발표면접 팁
  ① 모든 기준을 지켜야 한다.
    이미 알고 있던 지식, 정보를 총망라해서 만드는 것이 아닌 제공된 과제 자료를 활용해야 함을 명심하시기 바랍니다. 또한, 발표 시간을 지키는 것도 기억해야 합니다. 면접도 순서가 있고 정해진 시간이 있으므로 다른 면접자에게 피해를 줄 수 있는 행동은 금해야 합니다.
  ② 질문을 예상해야 한다.
    발표가 끝나면 통상적으로 질의응답이 이뤄지게 됩니다. 이때 예상 질문을 생각해 보고 답변을 준비하는 것이 좋고, 발표 시간을 고려하여 주요 내용을 질의할 수 있게 유도하는 것도 좋은 방법이 됩니다.

3. 토론면접

- 방식
  상호갈등적 요소를 가진 과제 또는 공통의 과제를 해결하는 내용의 토론 과제 제시, 그 과정에서의 개인 간의 상호작용 행동 관찰
- 판단기준
  팀워크, 갈등 조정, 의사소통능력 등
- 특징
  면접에서 최종안을 도출하는 것도 중요하나 주장의 옳고 그름이 아닌 결론을 도출하는 과정과 말하는 자세 등도 중요

> **Tip**
>
> - 토론면접 핵심 3요소
>   ① 배려심 : 말이 겹쳤을 시 타인에게 발언권을 양보하거나 대화에 참여하지 못하는 지원자에게 발언 기회를 준다면 타인에 대한 배려심을 보여줄 수 있습니다.
>   ② 경청의 자세 : 타인이 말을 할 때 허공을 바라보거나 땅을 보는 것보다, 고개를 끄덕이고 중요한 것은 메모하며 적극적으로 타인의 이야기를 듣고 있다는 표현을 한다면 경청의 자세를 보여줄 수 있습니다.
>   ③ 논리정연 : 주장에 대한 근거가 없다면? 타인의 생각과 다른데 자신의 주장이 없다면? 장황하게 말이 늘어진다면? 자기 생각을 잘 정리하여 근거와 함께 이야기하는 것이 중요합니다.

4. 상황면접

- 방식
  직무수행 시 접할 수 있는 상황들을 제시하고, 그러한 상황에서 어떻게 행동할 것인지(행동의도)를 파악
- 판단기준
  해당 상황에 맞는 해당 역량의 구체적 행동지표
- 특징
  지원자의 가치관, 태도, 사고방식 등의 요소를 평가하는 데 용이

> **Tip**
>
> 바로 해결책을 제시하려는 다급함이 아닌 상황을 인지하고 어떻게 대처해야 할지 인식하려는 노력이 중요합니다.

|03| NCS 구조화 면접 예시

1. 경험면접 질문 예시

- 학창시절 리더로서 이끌어간 경험이 있는가?
- 행사준비 과정에서 어려움이 있을 때 어떻게 극복했는가? (총무 – 행사지원 – 행사운영)

직무수행능력 평가요소	수행태도	직업기초능력 평가요소	문제해결능력

- 취업준비를 하며 정보를 검색하고 수집한 내용을 쉽게 찾기 위해 관리한 방법이 있다면 무엇인가?
  (사무행정 – 문서관리 – 문서 수·발신)

직무수행능력 평가요소	업무역량, 전문지식	직업기초능력 평가요소	자원관리능력

- 다른 사람과 갈등이 생기는 상황을 어떻게 해결했고 느낀 점은 무엇인가? (직업기초 – 대인관계 – 갈등관리능력)

직무수행능력 평가요소	수행태도	직업기초능력 평가요소	대인관계능력

2. 상황면접 질문 예시

- 금주 금요일 창립기념일 행사 예정인데 수요일 현재 30% 정도만이 참여 의사를 밝혔다면, 참여를 독려하기 위한 방법은 어떤 것이 있는가? (총무 – 행사지원 – 행사운영)

직무수행능력 평가요소	업무역량	직업기초능력 평가요소	조직이해능력, 문제해결능력

- 회사 내 많은 공문서를 효율적으로 관리하고 쉽게 찾는 방법에는 어떤 것이 있는가?
  (사무행정 – 문서관리 – 문서 수·발신)

직무수행능력 평가요소	업무역량, 전문지식	직업기초능력 평가요소	자원관리능력

- 워크숍 진행 중 약속된 강사가 갑작스러운 사정으로 강의를 진행하지 못하게 되었을 때 어떻게 대처하겠는가?
  (직업기초 – 문제해결능력 – 문제처리능력)

직무수행능력 평가요소	업무역량, 수행태도	직업기초능력 평가요소	문제해결능력

한국시설안전공단은 임원진면접과 실무진면접으로 구성된 多 대 多 인성·직무역량 구술면접을 실시하고 있다. 자기소개서를 기반으로 한 질문이 주어지며 어떤 상황이 주어졌을 때 지원자 개인의 판단과 대처 방안에 대하여 묻는 질문을 통해 공사 직원으로서의 필요한 역량을 검증한다. 따라서 지원자는 다양한 질문에 대하여 한국시설안전공단의 핵심가치를 반영한 답변을 준비할 필요가 있다. 또한, 면접 진행 시 성별, 신체조건, 용모, 학력, 연령, 출신지, 가족사항 등 블라인드 위반 사항에 대한 언급이 있을 경우 감점사항이므로 유의해야 한다.

기출 엿보기

- 창의적으로 일한 경험에 대해 말해보시오.
- 조직 내 비리가 생겼을 때 어떻게 행동할 것인지 말해보시오.
- 이전 직장에서는 어떤 일을 하였는가?
- 본인의 장점에 대해 말해보시오.
- 한국시설안전공단이 하는 일이 무엇인가?
- 분쟁이 발생했을 시, 어떻게 해결할 것인가?
- 지원동기를 말해보시오.
- 본인은 주로 조언을 하는 편인지 듣는 입장인지 말해보시오.
- 한정된 자원을 활용한 적이 있는가? 있다면 어떻게 활용하였는가?
- 이직사유가 무엇인가?
- 지원한 분야에 대해 아는 대로 말해보시오.
- 근무지가 지방인데 장기간 근무가 가능한가?
- 한국시설안전공단에 입사한다면 어느 부서에서 일하고 싶은가?
- 마음에 들지 않는 상사와 같은 프로젝트를 하면 어떻게 하겠는가?
- 한국시설안전공단의 입장에서 미세먼지 저감방법에 대해 말해보시오.
- 시설안전과 건설안전 중에 무엇이 더 중요한가?
- 자신의 가치관을 말해보시오.
- 지원한 부서에서 어떤 일을 하는지 알고 있는가?
- 다른 사람들과 협동해서 일을 해결한 경험이 있다면 말해보시오.
- 자기소개를 해보시오.
- 본인이 생각하는 성공이란 무엇이며, 그 성공을 이룬 후의 계획에 대해 말해보시오.
- 살면서 가장 억울했던 일과 그때의 대처에 대해 말해보시오.
- 최저임금제 인상에 대해 어떻게 생각하는가? 시장의 수요 공급의 원리와 연관지어 말해보시오.
- 공단의 예산이 얼마일 것 같은지 추정해보고, 예산 편성을 담당하게 된다면 어떻게 사용할 것인지 말해보시오.
- 책임감을 가지고 성공적으로 일한 사례와 느낀점을 말해보시오.

MEMO

I wish you the best of luck!

시대에듀 www.sdedu.co.kr/winsidaero

3

PART

실전모의고사

제1회
실전모의고사

※ 실전모의고사는 채용공고를 기준으로 구성한 것으로 실제 시험과 다를 수
  있습니다.
※ 제1회 실전모의고사는 채용형 인턴을 기준으로 구성되어 있습니다.

■ 취약영역 분석

번호	O/X	영역	번호	O/X	영역	번호	O/X	영역
1			18		수리능력	35		
2			19			36		
3			20			37		정보능력
4			21			38		
5			22			39		
6		의사소통능력	23			40		
7			24			41		
8			25		문제해결능력	42		
9			26			43		
10			27			44		
11			28			45		
12			29			46		조직이해능력
13			30			47		
14		수리능력	31			48		
15			32		정보능력	49		
16			33			50		
17			34					

평가 문항	50문항	맞힌 개수	문항	시작시간	:
평가 시간	60분	취약 영역		종료시간	:

정답 및 해설 p. 36

🕐 시험시간 : (   ) / 60분   ⓢ 맞힌 개수 : (   ) / 50문항

☑ 확인 Check! ○ △ ✕

01 다음 중 경청하는 태도로 가장 적절하지 않은 것은?

> 김 사원 : 직원교육시간이요, 조금 귀찮기는 하지만 다양한 주제에 대해서 들을 수 있어서 좋은 것 같아요.
> 한 사원 : 그렇죠? 이번 주 강의도 전 꽤 마음에 들더라고요. 그러고 보면, 어떻게 하면 말을 잘 할지는 생각해볼 수 있지만 잘 듣는 방법에는 소홀하기 쉬운 것 같아요.
> 김 사원 : 맞아요. 잘 듣는 것이 대화에서 큰 의미를 가지는데도 그렇죠. 오늘 강의에서 들은 내용대로 노력하면 상대방이 전달하는 메시지를 제대로 이해하는 데 문제가 없을 것 같아요.

① 상대방의 이야기를 들으면서 동시에 그 내용을 머릿속으로 정리한다.
② 상대방의 이야기를 들을 때 상대가 다음에 무슨 말을 할지 예상해본다.
③ 선입견이 개입되면 안 되기 때문에 나의 경험은 이야기와 연결 짓지 않는다.
④ 이야기를 듣기만 하는 것이 아니라 대화 내용에 대해 적극적으로 질문한다.
⑤ 내용뿐만 아니라 말하는 사람의 모든 것에 집중해서 듣는다.

☑ 확인 Check! ○ △ ✕

02 다음 글의 예시로 적절하지 않은 것은?

> 현대사회는 익명성을 바탕으로 많은 사람과 소통할 수 있다. 그러나 바로 그 환경 때문에 대면 접촉을 통한 소통이 점차 경시되고 있으며 접촉 범위는 넓어졌으나 소통의 깊이 면에서는 예전과 큰 차이를 보이지 않고 있다. 이러한 상황에서 사람 간의 소통은 같은 사회적 기반을 갖추고 있지 않는 한 제대로 이루어지지 않고 있다. 특히 우리 사회는 집단 간 소통이 큰 문제로 부각되고 있다. 그로 인해 같은 집단 내에서만 공감과 대화가 활발할 뿐 다른 집단 간의 대화는 종종 싸움으로 번져 서로에 대한 비방으로 끝이 나는 경우가 많다.

① 가만히 앉아서 우리의 피땀으로 제 주머니만 불리는 돼지 같은 경영자들!
② 요즘 젊은 애들은 배가 불러서 그래. 우리는 더 힘든 상황에서도 열심히 일했는데 말이야.
③ 저 임대 아파트 애들은 게으르고 더러우니까 함께 놀지 마라.
④ A지역에 국가 산업 단지가 들어온다고? 로비라도 했나? 이번 정부는 A지역만 챙기는군.
⑤ 이번에 B기업에서 낸 신제품 봤어? 무리하게 할인을 해서라도 저 제품을 꺾자고.

03 다음 글의 제목으로 적절한 것은?

> 많은 경제학자는 제도의 발달이 경제 성장의 중요한 원인이라고 생각해 왔다. 예를 들어 재산권 제도가 발달하면 투자나 혁신에 대한 보상이 잘 이루어져 경제 성장에 도움이 된다는 것이다. 그러나 이를 입증하기는 쉽지 않다. 제도의 발달 수준과 소득 수준 사이에 상관관계가 있다 하더라도, 제도는 경제 성장에 영향을 줄 수 있지만 경제 성장으로부터 영향을 받을 수도 있으므로 그 인과관계를 판단하기 어렵기 때문이다.

① 경제 성장과 소득 수준
② 경제 성장과 제도 발달
③ 소득 수준과 제도 발달
④ 소득 수준과 투자 수준
⑤ 제도 발달과 투자 수준

04 다음 글의 서술상 특징으로 적절한 것은?

> 법조문도 언어로 이루어진 것이기에, 원칙적으로 문구가 지닌 보편적인 의미에 맞춰 해석된다. 일상의 사례로 생각해 보자. "실내에 구두를 신고 들어가지 마시오."라는 팻말이 있는 집에서는 손님들이 당연히 글자 그대로 구두를 신고 실내에 들어가지 않는다. 그런데 팻말에 명시되지 않은 '실외'에서 구두를 신고 돌아다니는 것은 어떨까? 이에 대해서는 금지의 문구로 제한하지 않았기 때문에, 금지의 효력을 부여하지 않겠다는 의미로 당연하게 받아들인다. 이처럼 문구에서 명시하지 않은 상황에 대해서는 그 효력을 부여하지 않는다고 해석하는 방식을 '반대 해석'이라 한다.
>
> 그런데 팻말에는 운동화나 슬리퍼에 대해서는 쓰여 있지 않다. 하지만 누군가 운동화를 신고 마루로 올라가려 하면, 집주인은 팻말을 가리키며 말릴 것이다. 이 경우에 '구두'라는 낱말은 본래 가진 뜻을 넘어 일반적인 신발이라는 의미로 확대된다. 이런 식으로 어떤 표현을 본래의 의미보다 넓혀 이해하는 것을 '확장 해석'이라 한다.

① 현실의 문제점을 분석하고 그 해결책을 제시한다.
② 비유의 방식을 통해 상대방의 논리를 반박하고 있다.
③ 일상의 사례를 들어 독자들의 이해를 돕고 있다.
④ 기존 견해를 비판하고 새로운 견해를 제시한다.
⑤ 하나의 현상에 대한 여러 가지 관점을 대조하며 비판한다.

05 제시된 문단을 읽고, 이어질 내용을 논리적 순서에 맞게 나열한 것은?

'낙수 이론(Trickle-down Theory)'은 '낙수 효과(Trickle-down Effect)'에 의해서 경제 상황이 개선될 수 있다는 것을 골자로 하는 이론이다. 이 이론은 경제적 상위계층의 생산 혹은 소비 등의 전반적 경제활동에 따라 경제적 하위계층에게도 그 혜택이 돌아간다는 모델에 기반을 두고 있다.

(A) 한국에서 이 낙수 이론에 의한 경제구조의 변화를 실증적으로 나타내는 것이 바로 70년대 경제 발전기의 경제 발전 방식과 그 결과물이다. 한국은 대기업 중심의 경제 발전을 통해서 경제의 규모를 키웠고, 이는 기대 수명 증가 등 긍정적 결과로 나타났다.

(B) 그러나 낙수 이론에 기댄 경제정책이 실증적인 효과를 낸 전력이 있음에도 불구하고, 낙수 이론에 의한 경제발 전모델이 과연 전체의 효용을 바람직하게 증가시켰는지에 대해서는 비판들이 있다.

(C) 사회적 측면에서는 계층 간 위화감 조성이라는 문제점 또한 제기된다. 결국 상류층이 돈을 푸는 것으로 인하여 하류층의 경제적 상황에 도움이 되는 것이므로, 상류층과 하류층의 소비력의 차이가 여실히 드러나고, 이는 사 회적으로 위화감을 조성시킨다는 것이다.

(D) 제일 많이 제기되는 비판은 경제적 상류계층이 경제활동을 할 때까지 기다려야 한다는 낙수 효과의 본질적인 문제점에서 연유한다. 결국 낙수 효과는 상류계층의 경제활동에 의해 이루어지는 것이므로, 당사자가 움직이지 않는다면 발생하지 않기 때문이다.

① (A) – (D) – (B) – (C)
② (A) – (C) – (D) – (B)
③ (C) – (A) – (D) – (B)
④ (A) – (B) – (D) – (C)
⑤ (A) – (B) – (C) – (D)

06 다음 글의 전개 방식으로 적절한 것은?

법은 필요악이다. 법은 우리의 자유를 막고 때로는 신체적 구속을 행사하는 경우도 있다. 이런 점에서 법은 달가운 존재가 아니며 기피와 증오의 대상이 되기도 한다. 그러나 법이 없으면 안전한 생활을 할 수 없다는 점에서 법은 없어서는 안 될 존재이다. 이와 같이 법의 양면성은 울타리의 그것과 비슷하다. 울타리는 우리의 시야를 가리고 때로는 바깥출입의 자유를 방해한다. 그러나 낯선 사람의 눈총과 외부 침입자로부터 안전하고 포근한 삶을 보장한다는 점에서 울타리는 우리에게 고마운 존재이다.

① 대상의 차이점을 부각해 내용을 전개하고 있다.
② 주장에 대한 구체적인 근거로 내용을 전개하고 있다.
③ 권위 있는 학자의 주장을 인용하여 내용을 전개하고 있다.
④ 두 대상의 공통점을 근거로 내용을 전개하고 있다.
⑤ 글쓴이 자신의 경험을 토대로 논지를 전개하고 있다.

07 최근 신입사원으로 입사한 A사원은 회사 업무용 메신저를 사용할 때나 상사와 대화할 때 언어 사용에 대한 고민이 많아 올바른 언어 사용에 대한 글을 읽었다. 다음 글을 기반으로 올바른 언어 사용을 하는 사람은?

> 말을 많이 하는 것보다 말을 어떻게 하는가가 더 중요하고 회사 내에서는 알맞은 호칭과 적절한 단어를 사용하는 것만으로도 높은 경쟁력을 확보할 수 있다. 그렇다면 어떤 말을 어떻게 활용해야 품위 있고 왜곡 없는 전달이 가능할까?
>
> 먼저 상하관계가 확실한 직장에서 지켜야 할 호칭의 문제를 살펴보자. 윗사람을 향한 존칭은 누구나 늘 긴장을 하는 부분이다. 그렇다면 아랫사람을 부를 때는 어떻게 해야 현명할까. 일반적으로 '~씨'라는 호칭을 붙여 부를 것이다. 누군가는 '~씨'보다는 '~님'을 써야 한다고 주장하기도 하지만 보통의 언어생활에서 '~님'은 어울리지 않는 느낌을 준다. 직함이 없는 경우 '~씨'는 사람을 높여 부르는 말이기에 동료나 아랫사람을 부를 때 자연스럽게 쓰인다. 그러나 엄연히 직함이 있을 때는 문제가 달라진다. 부하직원이 대리나 과장 등 정확한 직함을 달고 있는데도 언제나 '~씨'라고 부른다면 잘못된 언어 습관이다. 아무리 부하직원이라지만 직위에 알맞은 책임이나 권위를 무시하는 행위이기 때문이다.
>
> 상사에 관해서는 '밥'과 관련된 인사를 할 때 주의해야 한다. 바로 '식사'와 '진지'의 차이다. 보통 상사에게 밥을 먹었는지 물어볼 때 '식사하셨나요?'라고 묻는다. 물론 식사는 끼니로 음식을 먹는 행위를 뜻하는 점잖은 한자 표현이지만 의미상 '밥'과 일맥상통하기 때문에 '밥하셨나요?'라는 뜻이 된다. 밥의 높임말은 '진지'. 물론 큰 차이가 나지 않는 선배에게 '진지 드셨어요?'라고 묻는다면 어색하겠지만 부장이나 본부장, 사장에게 말하는 경우라면 밥을 높여 '진지 드셨어요?'라고 하는 것이 공손한 표현이다.
>
> 정확한 언어를 사용하면 현란한 어휘와 화술로 말의 외피를 두르는 것보다 훨씬 더 깊이 있는 품격을 드러낼 수 있다. 우리 주변에는 흔히 쓰지만 알고 보면 틀린 말들이 많다. 대표적인 단어는 '피로회복제'. 재밌게도 피로회복제로는 절대 피로를 풀 수 없다. 무슨 말일까? '회복'이란 단어는 원래 상태를 되찾는다는 걸 의미한다. 건강 회복, 신뢰 회복, 주권 회복 등 회복이 쓰이는 말을 살펴보면 알아챌 수 있다. 그러므로 '피로회복제'는 몸을 다시 피로한 상태로 되돌린다는 말이 된다. 피로회복제라는 말은 '피로해소제'로 바꾸거나 '원기회복제'로 바꾸는 게 맞다.
>
> 피로회복제와 비슷한 경우로 '뇌졸증'이 있다. 결론부터 말하자면 '뇌졸증'은 아무도 걸리지 않는다. 우리가 말하고자 하는 병명은 아마 '뇌졸중'일 테다. 증상이나 병을 나타내는 단어에 대부분 증(症)이 붙어 혼동하는 단어다. 뇌졸중의 졸중(卒中)은 졸중풍(卒中風)의 줄임말이므로 뇌졸중은 뇌에 갑자기 풍을 맞았다는 뜻을 가진다. '뇌졸중'은 현대의학에서 뇌출혈, 뇌경색 등 뇌혈관 질환을 통틀어 이르는 말이며 '뇌졸증'은 아예 없는 말이다.
>
> 실제로 하는 말뿐만 아니라 최근에는 SNS나 메신저 앱으로 많은 대화가 오가기 때문에 맞춤법에도 민감하고 단어를 정확하게 표기하는 것이 중요하다. 특히 일상대화에서 자주 쓰는 사자성어 중에 잘못 알고 있는 경우가 많다. 포복졸도는 포복절도(抱腹絶倒), 홀홀단신은 혈혈단신(孑孑單身), 전입가경은 점입가경(漸入佳境), 고분분투는 고군분투(孤軍奮鬪), 절대절명은 절체절명(絶體絶命)이 맞다. 사자성어를 통해 상황을 정확하게 설명하려다 되레 체면을 구길 수 있으니 꼼꼼하게 체크한 후 쓰도록 하자.

① A부장 : K씨, 우리 부서에서 개인 인센티브 지급을 대리급 이상 사원 중 가장 성과가 많은 분에게 지급한다고 해서 K씨가 지급받게 되었어요. 수고 많았어요.
② B대리 : 본부장님, 식사 맛있게 하셨습니까? 이번 달 지출품의서 결재 부탁드립니다.
③ C사원 : G주임님, 어제 축구 경기 보셨어요? 절대절명의 순간에 결승골이 터져서 정말 짜릿했어요.
④ D대리 : 겨울엔 뇌졸중을 조심해야겠어요. 아는 지인이 경미한 뇌졸증으로 병원에 입원했다고 하네요.
⑤ E과장 : 어제 회식하느라 다들 고생했어요. 피로회복제 하나씩 먹고 오늘 하루도 다들 힘내봅시다.

※ 평소 환경에 관심이 많은 A씨는 인터넷에서 다음과 같은 글을 보았다. 다음 글을 읽고 이어지는 질문에 답하시오.
[8~9]

마스크를 낀 사람들이 더는 낯설지 않다. "알프스나 남극 공기를 포장해 파는 시대가 오는 게 아니냐."는 농담을 가볍게 웃어 넘기기 힘든 상황이 되었다. 황사, 미세먼지, 초미세먼지, 오존, 자외선 등 한 번 외출할 때마다 꼼꼼히 챙겨야 할 것들이 한둘이 아니다. 중국과 인접한 우리나라의 환경오염 피해는 더욱 심각한 상황이다. 지난 4월 3일 서울의 공기품질은 최악을 기록한 인도 델리에 이어 불명예 2위를 차지했다.

또렷한 환경오염은 급격한 기후변화의 촉매제가 되고 있다. 지난 1912년 이후 지구의 연평균 온도는 꾸준히 상승해 평균 0.75℃가 올랐다. 우리나라는 세계적으로 유래를 찾아보기 어려울 만큼 연평균 온도가 100여 년간 1.8℃나 상승했으며, 이는 지구 평균치의 2배를 웃도는 수치이다. 기온 상승은 다양한 부작용을 낳고 있다. 1991년부터 2010년까지 20여 년간 폭염일수는 8.2일에서 10.5일로 늘어났고, 열대야지수는 5.4일에서 12.5일로 증가했다. 1920년대에 비해 1990년대 겨울은 한 달이 짧아졌다. 이러한 이상 기온은 우리 농어촌에 악영향을 끼칠 수밖에 없다.

기후변화와 더불어, 세계 인구의 폭발적 증가는 식량난 사태로 이어지고 있다. 일부 저개발 국가에서는 굶주림이 일반화되고 있다. 올해 4월을 기준으로 전 세계 인구수는 74억 9,400만 명을 넘어섰다. 인류 역사상 가장 많은 인류가 지구에 사는 셈이다. 이 추세대로라면 오는 2050년에는 97억 2,500만 명을 넘어설 것으로 전망된다. 한정된 식량 자원과 급증하는 지구촌 인구수 앞에 결과는 불 보듯 뻔하다. 곧 글로벌 식량위기가 가시화될 전망이다.

우리나라는 식량의 75% 이상을 해외에서 조달하고 있다. 이는 국제 식량가격의 급등이 식량안보 위협으로 이어질 수도 있음을 뜻한다. 미 국방성은 '수백만 명이 사망하는 전쟁이나 자연재해보다 기후변화가 가까운 미래에 더 심각한 재앙을 초래할 수 있다.'는 내용의 보고서를 발표하였다.

이뿐 아니라 식량이 부족한 상황에서 식량의 질적 문제도 해결해야 할 과제이다. 삶의 질을 중시하면서 친환경적인 안전 먹거리에 대한 관심과 수요는 증가하고 있지만, 급변하는 기후변화와 부족한 식량자원은 식량의 저질화로 이어질 가능성을 높이고 있다. 일손 부족 등으로 인해 친환경 먹거리 생산의 대량화 역시 쉽지 않은 상황이다.

☑ 확인 Check! ○△✕

08 다음 중 글의 주제로 적절한 것은?

① 지구온난화에 의한 기후변화의 징조
② 환경오염에 따른 기후변화가 우리 삶에 미치는 영향
③ 기후변화에 대처하는 자세
④ 환경오염을 예방하는 방법
⑤ 환경오염과 인구증가의 원인

☑ 확인 Check! ○△✕

09 다음 중 A씨가 글을 읽고 이해한 것으로 올바른 것은?

① 기후변화는 환경오염의 촉매제가 되어 우리 농어촌에 악영향을 끼치고 있다.
② 알프스나 남극에서 공기를 포장해 파는 시대가 도래하였다.
③ 세계 인구의 폭발적인 증가는 저개발 국가의 책임이 크다.
④ 우리나라의 식량자급률의 특성상 기후변화가 계속된다면 식량난이 심각해질 것이다.
⑤ 친환경 먹거리는 급변하는 기후 속 식량난을 해결하는 방법의 하나다.

10 다음 중 ⊙과 ⓒ에 들어갈 말을 바르게 나열한 것은?

> 이동통신이 유선통신에 비하여 어려운 점은 다중 경로에 의해 통신 채널이 계속 변화하여 통신 품질이 저하된다는 것이다. 다중 경로는 송신기에서 발생한 신호가 수신기에 어떠한 장애물을 거치지 않고 직접 도달하기도 하고 장애물을 통과하거나 반사하여 간접적으로 도달하기도 하기 때문에 발생한다. 이 다중 경로 때문에 송신기에서 발생한 신호가 안테나에 도달할 때 신호마다 시간 차이가 발생한다. 이렇게 하나의 송신 신호가 시시각각 수신기에 다르게 도달하기 때문에 이동통신 채널은 일반적으로 유선통신 채널보다 빈번히 변화한다. 일반적으로 거쳐 오는 경로가 길수록 수신되는 진폭은 작아지고 지연 시간도 길어지게 된다. 다중 경로를 통해 전파가 전송되어 오면 각 경로의 거리 및 전송 특성 등의 차이에 의해 수신기에 도달하는 시간과 신호 세기의 차이가 발생한다.
> 시간에 따라 변화하는 이동통신의 품질을 극복하기 위해 개발된 것이 A기술이다. 이 기술을 사용하면 하나의 송신기로부터 전송된 하나의 신호가 다중 경로를 통해 안테나에 수신된다. 이때 안테나에 수신된 신호 중 일부 경로를 통해 수신된 신호의 크기가 작더라도 나머지 다른 경로를 통해 수신된 신호의 크기가 크면 수신된 신호 중 가장 큰 것을 선택하여 안정적인 송수신을 이루려는 것이 A기술이다. A기술은 마치 한 종류의 액체를 여러 배수관에 동시에 흘려보내 가장 빨리 나오는 배수관의 액체를 선택하는 것에 비유할 수 있다. 여기서 액체는 ___⊙___ 에 해당하고, 배수관은 ___ⓒ___ 에 해당한다.

	⊙	ⓒ
①	송신기	안테나
②	신호	경로
③	신호	안테나
④	안테나	경로
⑤	안테나	신호

11 C사원은 본사 이전으로 인해 집과 회사가 멀어져 근처로 집을 구하려고 한다. K시에 있는 아파트와 빌라 총 세 곳의 월세를 알아 본 C사원이 월세와 교통비를 생각해 집을 결정할 때 제시된 자료를 바탕으로 올바른 것은?

구분	월세	거리(편도)
A빌라	280,000원	2.8km
B빌라	250,000원	2.1km
C아파트	300,000원	1.82km

※ 월 출근일 : 20일
※ 교통비 : 1km당 1,000원

① 월 예산 40만 원으로는 세 집 모두 불가능하다.
② B빌라에 살 경우 회사와 집만 왕복하면 한 달에 33만 4천 원으로 살 수 있다.
③ C아파트의 교통비가 가장 많이 든다.
④ C아파트는 A빌라보다 한 달 금액이 20,000원 덜 든다.
⑤ B빌라에 두 달 살 경우, A빌라와 C아파트의 한 달 금액을 합친 것보다 비싸다.

12 다음 그래프를 보고 이해한 것으로 옳지 않은 것은?

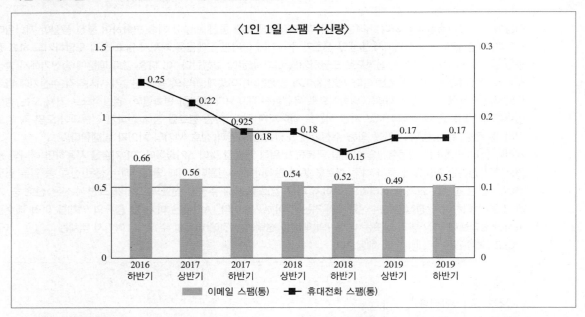

① 이메일과 휴대전화 스팸 수신량이 가장 높은 시기는 2017년 하반기이다.

② 이메일 스팸 수신량이 휴대전화 스팸 수신량보다 항상 많다.

③ 이메일과 휴대전화 스팸 수신량 사이에 밀접한 관련이 있다고 보기 어렵다.

④ 이메일 스팸 총 수신량의 평균은 휴대전화 스팸 총 수신량 평균의 3배 이상이다.

⑤ 컴퓨터 사용량과 이메일 스팸 수신량이 정비례 관계에 있다고 한다면, 2017년 하반기 우리나라 국민의 평균 컴퓨터 사용량이 제일 높았을 것이다.

※ 다음은 2012년부터 2019년까지 화재발생 건수와 이로 인해 발생한 사망자 및 부상자 현황을 나타낸 자료이다. 다음 자료를 참고하여 이어지는 질문에 답하시오. [13~14]

<화재발생 건수 및 인명피해자 수>

(단위 : 건, 명)

구분	화재발생 건수	사망자 수	부상자 수
2012년	41,863	827	964
2013년	44,373	( )	( )
2014년	41,774	899	811
2015년	44,281	841	1,028
2016년	46,790	936	1,245
2017년	44,265	747	1,343
2018년	41,693	929	1,268
2019년	44,278	774	1,250

※ 인명피해자 수는 사망자와 부상자 수를 합한 값이다.

✓ 확인 Check! ○△✕

13 2013년에 발생한 사망자는 전년도보다 4% 증가했으며, 2014년에 발생한 부상자는 2013년보다 20% 감소했다고 할 때, 2013년에 발생한 인명피해자는 몇 명인가?(단, 소수점 이하 첫째 자리에서 반올림한다)

① 1,874명   ② 1,878명
③ 1,885명   ④ 1,886명
⑤ 1,891명

✓ 확인 Check! ○△✕

14 자료에 대한 설명으로 옳지 않은 것은?(단, 소수점 이하 둘째 자리에서 반올림한다)

① 2013 ~ 2019년 전년 대비 인명피해자가 가장 크게 감소한 해는 2019년도이다.
② 2012 ~ 2019년 총 인명피해자 중 50% 이상은 부상자이다.
③ 전년 대비 화재발생 건수 증감률이 가장 큰 해는 2015년이다.
④ 2013 ~ 2019년 화재발생 건수는 매년 전년 대비 2,500건 이상의 변화를 보인다.
⑤ 2017년 사망자는 전년 대비 20% 이상 감소했다.

※ 다음은 요식업 사업자 현황에 관한 자료이다. 이어지는 질문에 답하시오. [15~16]

〈요식업 사업자 현황〉

(단위 : 명)

구분	2016년	2017년	2018년	2019년
커피음료점	25,151	30,446	36,546	43,457
패스트푸드점	27,741	31,174	32,982	34,421
일식전문점	12,997	13,531	14,675	15,896
기타외국식전문점	17,257	17,980	18,734	20,450
제과점	12,955	13,773	14,570	15,155
분식점	49,557	52,725	55,013	55,474
기타음식점	22,301	24,702	24,818	24,509
한식전문점	346,352	360,209	369,903	375,152
중식전문점	21,059	21,784	22,302	22,712
호프전문점	41,796	41,861	39,760	37,543
간이주점	19,849	19,009	17,453	16,733
구내식당	35,011	31,929	29,213	26,202
합계	632,026	659,123	675,969	687,704

☑ 확인 Check! ○ △ ✕

15 2016년 대비 2019년 사업자 수의 감소율이 두 번째로 큰 업종의 감소율을 올바르게 구한 것은?(단, 소수점 이하 둘째 자리에서 반올림한다)

① 25.2%

② 18.5%

③ 15.7%

④ 10.2%

⑤ 9.9%

☑ 확인 Check! ○ △ ✕

16 다음 중 제시된 자료에 대한 설명으로 옳지 않은 것은?(단, 소수점 이하 셋째 자리에서 반올림한다)

① 기타음식점의 2019년 사업자는 전년보다 309명 감소했다.

② 2017년의 전체 요식업 사업자에서 분식점이 차지하는 비중과 패스트푸드점이 차지하는 비중의 차이는 5%p 미만이다.

③ 사업자가 해마다 감소하는 업종은 두 곳이다.

④ 2016년 대비 2018년 일식전문점 사업자의 증감률은 약 15.2%이다.

⑤ 전체 요식업 사업자 중 구내식당의 비중은 2016년에 가장 높다.

17 귀하는 S회사의 인사관리부서에서 근무 중이다. 오늘 회의시간에 생산부서의 인사평가 자료를 취합하여 보고해야 하는데 자료 취합 중 파일에 오류가 생겨 일부 자료가 훼손되었다. 다음 중 (가), (나), (다), (라)에 들어갈 점수로 가장 적절한 것은?(단, 각 평가는 100점 만점이고, 종합순위는 각 평가지표 점수의 총합으로 결정한다)

〈인사평가 점수 현황〉

(단위 : 점)

구분	역량	실적	자기계발	성실성	종합순위
A사원	70	(가)	80	70	5
B사원	80	85	(나)	70	1
C대리	(다)	85	70	75	3
D과장	80	80	60	70	4
E부장	85	85	70	(라)	2

※ 점수는 5점 단위로 부여한다.

	(가)	(나)	(다)	(라)
①	60	70	55	60
②	65	70	65	60
③	65	65	65	65
④	75	65	55	65
⑤	75	65	65	65

18 P연구원과 K연구원은 공동으로 연구를 끝내고 보고서를 제출하려 한다. 이 연구를 혼자 할 경우 P연구원 8일이 걸리고, K연구원은 14일이 걸린다. 처음 이틀은 같이 연구하고, 이후엔 K연구원 혼자 연구를 하다가 보고서 제출 이틀 전부터 같이 연구하였다. 보고서를 제출할 때까지 총 며칠이 걸렸는가?

① 6일   ② 7일

③ 8일   ④ 9일

⑤ 10일

19 다음은 2019년 9개 국가의 실질세부담률에 관한 자료이다. 조건에 근거하여 A ~ E에 해당하는 국가를 바르게 나열한 것은?

〈2019년 국가별 실질세부담률〉

구분 국가	독신 가구 실질세부담률(%)			다자녀 가구 실질세부담률(%)	독신 가구와 다자녀 가구의 실질세부담률 차이(%p)
		2009년 대비 증감(%p)	전년 대비 증감(%p)		
A	55.3	−0.20	−0.28	40.5	14.8
일본	32.2	4.49	0.26	26.8	5.4
B	39.0	−2.00	−1.27	38.1	0.9
C	42.1	5.26	0.86	30.7	11.4
한국	21.9	4.59	0.19	19.6	2.3
D	31.6	−0.23	0.05	18.8	12.8
멕시코	19.7	4.98	0.20	19.7	0.0
E	39.6	0.59	−1.16	33.8	5.8
덴마크	36.4	−2.36	0.21	26.0	10.4

> **조건**
> • 2019년 독신 가구와 다자녀 가구의 실질세부담률 차이가 덴마크보다 큰 국가는 캐나다, 벨기에, 포르투갈이다.
> • 2019년 독신 가구 실질세부담률이 전년 대비 감소한 국가는 벨기에, 그리스, 스페인이다.
> • 스페인의 2019년 독신 가구 실질세부담률은 그리스의 2019년 독신 가구 실질세부담률보다 높다.
> • 2009년 대비 2019년 독신 가구 실질세부담률이 가장 큰 폭으로 증가한 국가는 포르투갈이다.

	A	B	C	D	E
①	벨기에	그리스	포르투갈	캐나다	스페인
②	벨기에	스페인	캐나다	포르투갈	그리스
③	캐나다	스페인	포르투갈	벨기에	그리스
④	캐나다	그리스	스페인	포르투갈	벨기에
⑤	그리스	스페인	벨기에	캐나다	포르투갈

20 다음은 도로별 일평균 교통량에 대한 자료이다. 이에 대한 설명으로 옳지 않은 것은?

〈고속국도의 일평균 교통량〉

(단위 : 대)

구분	2015년	2016년	2017년	2018년	2019년
승용차	28,864	31,640	32,593	33,605	35,312
버스	1,683	1,687	1,586	1,594	1,575
화물차	13,142	11,909	12,224	13,306	13,211
합계	43,689	45,236	46,403	48,505	50,098

〈일반국도의 일평균 교통량〉

(단위 : 대)

구분	2015년	2016년	2017년	2018년	2019년
승용차	7,951	8,470	8,660	8,988	9,366
버스	280	278	270	264	256
화물차	2,945	2,723	2,657	2,739	2,757
합계	11,176	11,471	11,587	11,991	12,379

〈국가지원지방도의 일평균 교통량〉

(단위 : 대)

구분	2015년	2016년	2017년	2018년	2019년
승용차	5,169	5,225	5,214	5,421	5,803
버스	230	219	226	231	240
화물차	2,054	2,126	2,059	2,176	2,306
합계	7,453	7,570	7,499	7,828	8,349

① 조사기간 중 고속국도의 일평균 승용차 교통량은 일반국도와 국가지원지방도의 일평균 승용차 교통량의 합보다 항상 많았다.

② 전년 대비 일반국도의 일평균 화물차 교통량은 2017년까지 감소하다가 2018년부터 다시 증가하고 있다.

③ 2016 ~ 2019년 동안 국가지원지방도의 일평균 버스 교통량 중 전년 대비 증가율이 가장 큰 해는 2019년이다.

④ 조사기간 중 고속국도와 일반국도의 일평균 버스 교통량의 증감 추이는 같다.

⑤ 2019년 고속국도의 일평균 화물차 교통량은 2019년 일반국도와 국가지원지방도의 일평균 화물차 교통량의 합의 2.5배 이상이다.

※ A회사는 업무의 효율적인 관리를 위해 새롭게 부서를 통합하고 사무실을 옮기려고 한다. 〈조건〉을 보고 이어지는 질문에 답하시오. **[21~22]**

• 팀 조직도

디자인	경영 관리	경영 기획	인사	총무	VM	법무	영업 기획	영업 관리	콘텐츠 개발	마케팅	전산

　※ VM(Visual Marketing)팀

• 사무실 배치도

1	2
3	4

4F

1	2
3	4

5F

1	2
3	4

6F

조건

• 4층은 디자인과 마케팅뿐만 아니라 영업까지 전부 담당하기 위해 영업홍보부서로 개편한다.
• 경영기획관리부서는 새로운 콘텐츠 발굴부터 매장의 비주얼까지 전부 관리할 것이다.
• 6층에서는 회사의 인사, 급여, 전산관리와 같은 전반적인 일들을 관리할 것이다.
• 팀명에 따라 가나다순으로 1 ~ 4팀으로 배치되며 영어이름일 경우 한글로 변환하여 가나다순으로 배치한다.

☑ 확인 Check! ○ △ ✕

21 부서마다 4개의 팀이 배정된다. 다음 중 영업홍보부서에 포함될 팀으로 올바르지 않은 것은?

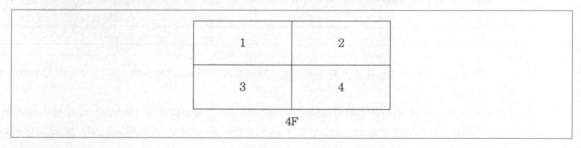

1	2
3	4

4F

① VM팀　　　　　　　　　　　② 디자인팀
③ 마케팅팀　　　　　　　　　　④ 영업관리팀
⑤ 영업기획팀

22 A회사는 팀 배정을 끝마치고 각자 내선번호를 부여하기로 했다. 〈조건〉을 바탕으로 할 때, 변경된 내선번호가 옳게 짝지어진 것은?

> **조건**
>
> 내선번호는 3자리 숫자이다.
> – 첫 번째 자리는 층 번호이다.
> – 두 번째 자리는 각 층의 팀 이름 순번으로 1 ~ 4까지 부여한다.
> – 세 번째 자리는 직급으로 부장, 과장, 대리, 사원 순서로 1 ~ 4까지 부여한다.

> [받는 이] H대리(VM팀)
>
> [내용] 안녕하십니까? 부서 개편으로 인해 내선번호가 새롭게 부여되었음을 안내드립니다. H대리님의 번호는 00 – __(가)__ (이)며 이에 대한 궁금한 점이 있으시다면 00 – __(나)__ (으)로 연락주시기 바랍니다.
>
> [보낸 이] A사원(총무팀)

	(가)	(나)
①	321	622
②	422	544
③	533	644
④	513	632
⑤	412	631

23 제시된 명제가 모두 참일 때, 다음 중 옳지 않은 것은?

> • 건강한 사람은 건강한 요리를 좋아한다.
> • 건강한 요리를 좋아하면 혈색이 좋다.
> • 건강하지 않은 사람은 나쁜 인상을 갖는다.
> • 건강한 요리를 좋아하는 사람은 그렇지 않은 사람보다 콜레스테롤 수치가 낮다.

① 건강한 사람은 혈색이 좋다.
② 좋은 인상을 가진 사람은 건강한 요리를 좋아한다.
③ 건강한 사람은 그렇지 않은 사람보다 콜레스테롤 수치가 낮다.
④ 좋은 인상을 가진 사람은 그렇지 않은 사람보다 콜레스테롤 수치가 높다.
⑤ 혈색이 좋지 않으면 나쁜 인상을 갖는다.

24 업무상 중국 베이징에서 열린 회의에 참석한 김 대리는 회사에서 급한 연락을 받았다. 자사 공장이 있는 다롄에도 시찰을 다녀오라는 것이었다. 김 대리가 선택할 수 있는 교통수단이 다음과 같을 때, 어떤 교통편을 선택하겠는 가?(단, 김 대리는 기준에 따른 금액이 가장 적은 교통편을 선택한다)

교통편명	교통수단	시간(h)	요금(원)
CZ3650	비행기	2	500,000
MU2744	비행기	3	200,000
G820	고속열차	5	120,000
D42	고속열차	8	70,000

※ (김 대리의 기준)=[시간(h)]×1,000,000×0.6+[요금(원)]×0.8

① CZ3650   ② MU2744
③ G820   ④ D42
⑤ 없음

25 전주국제영화제에 참석한 충원이는 A, B, C, D, E, F영화를 〈조건〉에 맞춰 5월 1일부터 5월 6일까지 하루에 한 편씩 보려고 한다. 다음 중 항상 옳은 것은?

> **조건**
> • F영화는 3일과 4일 중 하루만 상영한다.
> • D영화는 C영화가 상영된 날 이틀 후에 상영한다.
> • B영화는 C, D영화보다 먼저 상영된다.
> • 첫째 날 B영화를 볼 가능성이 가장 높다면 5일에 반드시 A영화를 본다.

① A영화는 C영화보다 먼저 상영될 수 없다.
② C영화는 E영화보다 먼저 상영된다.
③ D영화는 5일이나 폐막작으로 상영될 수 없다.
④ B영화는 1일 또는 2일에 상영된다.
⑤ E영화는 개막작이나 폐막작으로 상영된다.

26 귀하의 팀은 출장근무를 마치고 서울로 복귀하고자 한다. 다음의 대화를 고려했을 때, 서울에 도착할 수 있는 가장 이른 시각은 언제인가?

〈상황〉

- 귀하가 소속된 팀원은 총 4명이다.
- 대전에서 출장을 마치고 서울로 돌아가려고 한다.
- 고속버스터미널에는 은행, 편의점, 화장실, 패스트푸드점 등이 있다.

※ 시설별 소요시간 : 은행 30분, 편의점 10분, 화장실 20분, 패스트푸드점 25분

〈대화 내용〉

- A과장 : 긴장이 풀려서 그런가? 배가 출출하네. 햄버거라도 사 먹어야겠어.
- B대리 : 저도 출출하긴 한데 그것보다 화장실이 더 급하네요. 금방 다녀오겠습니다.
- C주임 : 그럼 그사이에 버스표를 사야 하니 은행에 들러 현금을 찾아오겠습니다.
- 귀하 : 저는 그동안 버스 안에서 먹을 과자를 편의점에서 사 오겠습니다.
- A과장 : 지금이 16시 50분이니까 다들 각자 볼일 보고 빨리 돌아와. 다 같이 타고 가야 하니까.

〈시외버스 배차정보〉

대전 출발	서울 도착	잔여좌석 수
17:00	19:00	6
17:15	19:15	8
17:30	19:30	3
17:45	19:45	4
18:00	20:00	8
18:15	20:15	5
18:30	20:30	6
18:45	20:45	10
19:00	21:00	16

① 17:45
② 19:15
③ 19:45
④ 20:15
⑤ 20:45

※ 귀하가 근무하는 건설회사에서는 ○○지역에 학교건물을 신축하는 프로젝트를 담당하게 되었다. 프로젝트와 관련된 자료를 보고 이어지는 질문에 답하시오. **[27~28]**

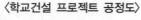

〈학교건설 프로젝트 공정도〉

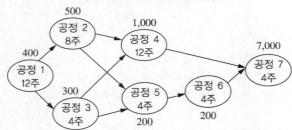

※ 화살표의 진행방향은 선행관계를 나타낸다. 그리고 타원 안의 아래에 위치하는 숫자는 정규 공사기간을 의미한다. 또한 타원 바깥의 숫자는 공사기간을 1주 줄이는 데 소요되는 비용(단위 : 만 원)을 나타낸다(공사기간 단축은 공정 1부터 순차적으로 진행되어야 한다).

모든 공정은 선행단계를 끝내야만 다음 단계로 진행할 수 있다. 그리고 진행상 서로 다른 공정이 동시에 진행될 수도 있다.
- 공정 1은 설계도면의 작성으로 12주가 소요된다.
- 공정 2는 기초 공사로 8주가 소요된다.
- 공정 3은 건설자재 주문과 운송으로 4주가 소요된다.
- 공정 4는 건물 건축으로 12주가 소요된다.
- 공정 5는 건물 내부 페인트 선택으로 4주가 소요된다.
- 공정 6은 건물 내부 집기의 주문과 운송으로 4주가 소요된다.
- 공정 7은 마감공사로 4주가 소요된다.

〈학교건설 프로젝트〉

(단위 : 주, 만 원)

공정	정규 공사기간	Crash Time	총 단축 가능한 공사기간	1주 공사기간 단축 시 부담할 추가 공사비용
1	12	7	5	400
2	8	5	3	500
3	4	3	1	300
4	12	9	3	1,000
5	4	1	3	200
6	4	1	3	200
7	4	3	1	7,000

※ 추가로 공사비용을 부담할 경우 공사기간을 단축할 수 있는데, 더 많은 공사비용이 투입될 경우 위의 Crash Time까지 공사기간을 단축할 수 있다.
　예 공정 7인 마감공사에 정규적으로는 4주가 소요되는데 공사비용 7,000만 원을 추가 투입하여 인력을 보강한 경우 1주의 공사기간을 단축하여 3주 후에 마감공사를 끝낼 수 있다.

27 다음은 학교건설 프로젝트에 대한 자료를 보고 나눈 대화이다. 다음 중 옳은 내용을 말한 사람은?

> 이 대리 : 추가적인 공사비용을 전혀 투입하지 않고 정규적으로 공사할 경우 소요되는 총 공사기간은 48주가 걸리겠어요.
>
> 김 사원 : 3월 학교개강에 맞추어 공사를 끝내기 위하여 정규적으로 공사할 때보다 10주의 공사기간 단축이 필요할 경우, 추가로 드는 최소 비용은 2,700만 원으로 예상됩니다.
>
> 박 주임 : 3월 학교개강에 맞추어 공사를 끝내기 위하여 정규적으로 공사할 때보다 6주의 공사기간 단축이 필요할 경우, 추가로 드는 비용은 2,500만 원이네요.

① 이 대리　　　　　　　　　　　② 김 사원
③ 박 주임　　　　　　　　　　　④ 이 대리, 김 사원
⑤ 김 사원, 박 주임

28 공사 시작이 예정보다 늦어졌기 때문에 공사기간을 단축하기 위해 추가로 배정받은 예산이 4,500만 원이다. 이 비용을 가장 효율적으로 활용해서 공사를 완성하려 했을 때 최대한 공사를 단축할 수 있는 기간은?

① 8주　　　　　　　　　　　　② 9주
③ 10주　　　　　　　　　　　④ 11주
⑤ 12주

※ A회사는 1년에 15일의 연차를 제공하고, 매달 3일까지 연차를 쓸 수 있다. 이어지는 질문에 답하시오. **[29~30]**

<A ~ E사원의 연차 사용 내역(1 ~ 9월)>

1 ~ 2월	3 ~ 4월	5 ~ 6월	7 ~ 9월
• 1월 9일 : D, E사원 • 1월 18일 : C사원 • 1월 20 ~ 22일 : B사원 • 1월 25일 : D사원	• 3월 3 ~ 4일 : A사원 • 3월 10 ~ 12일 : B, D사원 • 3월 23일 : C사원 • 3월 25 ~ 26일 : E사원	• 5월 6 ~ 8일 : E사원 • 5월 12 ~ 14일 : B, C사원 • 5월 18 ~ 20일 : A사원	• 7월 7일 : A사원 • 7월 18 ~ 20일 : C, D사원 • 7월 25 ~ 26일 : E사원 • 9월 9일 : A, B사원 • 9월 28일 : D사원

☑ 확인 Check! ○△✕

29 다음 중 연차를 가장 적게 쓴 사원은 누구인가?

① A사원 ② B사원
③ C사원 ④ D사원
⑤ E사원

☑ 확인 Check! ○△✕

30 A회사에서는 11월을 집중 근무 기간으로 정하여 연차를 포함한 휴가를 전면 금지할 것이라고 9월 30일 현재 발표하였다. 이런 상황에서 휴가에 관한 손해를 보지 않는 사원은?

① A, C사원 ② B, C사원
③ B, D사원 ④ C, D사원
⑤ D, E사원

31 워드프로세서의 인쇄용지 중 낱장 용지에 대한 설명으로 옳은 것은?

① 낱장 인쇄용지 중 크기가 가장 큰 용지는 A1이다.

② 낱장 인쇄용지의 가로 : 세로의 비율은 1 : 2이다.

③ B4는 A4보다 2배 크다.

④ 규격은 전지의 종류와 전지를 분할한 횟수를 사용하여 표시한다.

⑤ 용지를 나타내는 숫자가 1씩 커질수록 용지의 크기도 2배씩 커진다.

32 다음 중 워드프로세서의 커서 이동키에 대한 설명으로 옳은 것은?

① 〈Home〉 : 커서를 현재 문서의 맨 처음으로 이동시킨다.

② 〈End〉 : 커서를 현재 문단의 맨 마지막으로 이동시킨다.

③ 〈Back Space〉 : 커서를 화면의 맨 마지막으로 이동시킨다.

④ 〈Page Down〉 : 커서를 한 화면 단위로 하여 아래로 이동시킨다.

⑤ 〈Alt〉+〈Page Up〉 : 커서를 파일의 맨 처음으로 이동시킨다.

33 다음 글에서 설명하는 함수로 알맞은 것은?

> 주어진 조건에 의해 지정된 셀들의 합계를 구하는 함수로, 특정 문자로 시작하는 셀들의 합계를 구하는 경우, 특정 금액 이상의 셀 합계를 구하는 경우, 구분 항목별 합계를 구하는 경우 등 다양하게 사용할 수 있다.

① SUM   ② COUNT

③ AVERAGEA   ④ SUMIF

⑤ COUNTIF

34 다음은 워드프로세서(한글 2010)의 기능을 설명한 것이다. (가), (나)에 들어갈 용어를 바르게 나열한 것은?

> 워드프로세서의 기능 중 자주 쓰이는 문자열을 따로 등록해 놓았다가, 필요할 때 등록한 준말을 입력하면 본말 전체
> 가 입력되도록 하는 기능을 [(가)](이)라고 하고, 본문에 들어가는 그림이나 표, 글상자, 그리기 개체, 수식에
> 번호와 제목, 간단한 설명 등을 붙이는 기능을 [(나)](이)라고 한다.

	(가)	(나)
①	매크로	캡션달기
②	매크로	메일머지
③	상용구	메일머지
④	상용구	캡션달기
⑤	스타일	캡션달기

35 다음 중 아래 차트에 설정되어 있지 않은 차트 요소는?

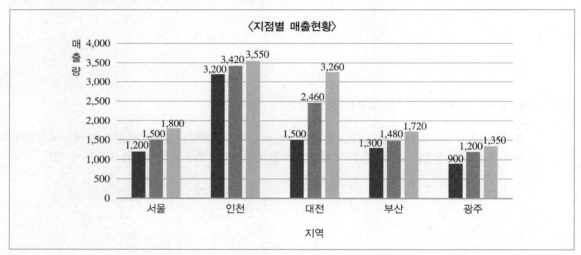

① 범례   ② 차트 제목
③ 축 제목   ④ 데이터 레이블
⑤ 눈금선

※ 귀하는 지점별 매출 및 매입 현황을 정리하고 있다. 이어지는 질문에 답하시오. [36~37]

	A	B	C	D	E	F
1	지점명	매출	매입			
2	주안점	2,500,000	1,700,000			
3	동암점	3,500,000	2,500,000		최대 매출액	
4	간석점	7,500,000	5,700,000		최소 매출액	
5	구로점	3,000,000	1,900,000			
6	강남점	4,700,000	3,100,000			
7	압구정점	3,000,000	1,500,000			
8	선학점	2,500,000	1,200,000			
9	선릉점	2,700,000	2,100,000			
10	교대점	5,000,000	3,900,000			
11	서초점	3,000,000	1,900,000			
12	합계	(가)	(나)			

36 다음 중 (가)와 (나)를 구할 때 사용할 함수는?

① REPT
② CHOOSE
③ SUM
④ AVERAGE
⑤ DSUM

37 다음 중 [F3] 셀을 구하는 함수식으로 옳은 것은?

① =MIN(B2:B11)
② =MAX(B2:C11)
③ =MIN(C2:C11)
④ =MAX(C2:C11)
⑤ =MAX(B2:B11)

38 다음 프로그램에서 최근 작업 문서를 열 때 사용하는 단축키는?

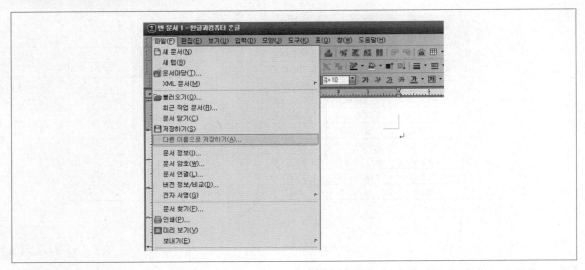

① 〈Alt〉+〈N〉　　　　　　　　② 〈Ctrl〉+〈N〉, 〈M〉

③ 〈Alt〉+〈S〉　　　　　　　　④ 〈Alt〉+〈O〉

⑤ 〈Alt〉+〈F3〉

39 다음 중 추세선을 추가할 수 있는 차트 종류는?

① 방사형　　　　　　　　　　② 분산형

③ 원형　　　　　　　　　　　④ 표면형

⑤ 도넛형

40 A대리는 비밀번호 자동저장으로 인한 사내 정보 유출을 막기 위해 관련 공문을 보내려고 한다. 다음 중 공문에 첨부할 스크린샷 화면으로 올바른 것은?

①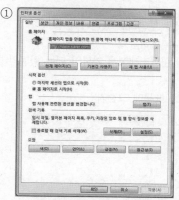

②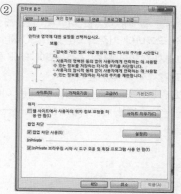

③

④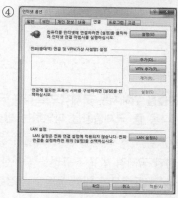

⑤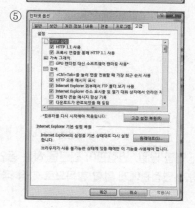

41 A ~ D사원이 경제뉴스에서 본 내용을 이야기 하고 있다. 대화 중 경제 상식에 대해 잘못 알고 있는 사람은 누구인가?

> A사원 : 주식을 볼 때, 미국은 나스닥, 일본은 자스닥, 한국은 코스닥을 운영하고 있던가?
> B사원 : 응, 국가마다 기준이 다른데 MSCI지수를 통해 상호 비교할 수 있어.
> C사원 : 그렇지 그리고 요즘 기축통화에 대해 들었어? 한국의 결제나 금융거래에서 기본이 되는 화폐인데 이제 그 가치가 더 상승한대.
> D사원 : 그래? 고도의 경제성장률을 보이는 이머징마켓에 속한 국가들 때문에 그런가?

① A사원 ② B사원
③ C사원 ④ D사원
⑤ 모두 옳다.

42 기업의 해외 진출을 위해서는 국제적으로 다른 국가들이 어떤 방향성을 가졌는지 파악해야 하는데 이를 국제동향이라고 한다. 다음 중 국제동향을 파악하는 방법으로 적절하지 않은 것은?

① 신문, 인터넷 등 각종 매체를 통해 국제적 동향을 파악한다.
② 업무와 관련된 국제적 법규나 규정을 숙지한다.
③ 특정 국가의 관련 업무에 대한 동향을 점검한다.
④ 국제적인 상황변화에 관심을 두도록 한다.
⑤ 현지인의 의견보다는 국내 전문가의 의견에 따른다.

43 귀하는 6개월간의 인턴 기간을 마치고 정규직 채용 면접에 참가했다. 면접 당일, 면접관이 인턴을 하는 동안 우리 조직에 대해서 알게 된 것을 말해보라는 질문을 던졌다. 다음 중 귀하가 면접관에게 말할 항목으로 가장 적절하지 않은 것은 무엇인가?

① 조직의 구조 ② 주요 업무 내용
③ 사무실의 구조 ④ 업무 환경
⑤ 업무 처리 과정

44 다음 사례의 쟁점과 협상전략을 바르게 묶은 것은?

> 대기업 영업부장인 김봉구 씨는 기존 재고를 처리할 목적으로 업체 W사와 협상 중이다. 그러나 W사는 자금 부족을 이유로 이를 거절하고 있다. 김봉구 씨는 자신의 회사에서 물품을 제공하지 않으면 W사가 매우 곤란한 지경에 빠진다는 사실을 알고 있다. 그래서 김봉구 씨는 앞으로 W사와 거래하지 않을 것이라는 엄포를 놓았다.

① 자금 부족 – 협력전략
② 재고 처리 – 갈등전략
③ 재고 처리 – 경쟁전략(강압전략)
④ 정보 부족 – 양보전략(유화전략)
⑤ 정보 부족 – 경쟁전략(강압전략)

45 인사담당자 B는 채용설명회를 준비하며 포스터를 만들려고 한다. 다음 제시된 인재상을 실제 업무환경과 관련지어 포스터에 문구를 삽입하려고 할 때 올바른 문구가 아닌 것은?

인재상	업무환경
1. 책임감 2. 고객지향 3. 열정 4. 목표의식 5. 글로벌 인재	1. 토요 격주 근무 2. 자유로운 분위기 3. 잦은 출장 4. 고객과 직접 대면하는 업무 5. 해외지사와 업무협조

① 고객을 최우선으로 생각하고 행동하는 인재
② 자기 일을 사랑하고 책임질 수 있는 인재
③ 어느 환경에서도 잘 적응할 수 있는 인재
④ 중압적인 분위기를 잘 이겨낼 수 있는 열정적인 인재
⑤ 세계화에 발맞춰 소통으로 회사의 미래를 만드는 인재

46 다음은 K공사의 해외시장 진출 및 지원 확대를 위한 전략과제의 필요성을 제시한 자료이다. 이를 통해 도출된 과제의 추진방향으로 가장 적절하지 않은 것은?

전략과제 필요성
1. 해외시장에서 기관이 수주할 수 있는 산업 발굴
2. 국제사업 수행을 통한 경험축적 및 컨소시엄을 통한 기술·노하우 습득
3. 해당 산업 관련 민간기업의 해외진출 활성화를 위한 실질적 지원

① 국제기관의 다양한 자금을 활용하여 사업을 발굴하고, 해당 사업의 해외진출을 위한 기술역량을 강화한다.

② 해외봉사활동 등과 연계하여 기관 이미지 제고 및 사업에 대한 사전조사, 시장조사를 통한 선제적 마케팅 활동을 추진한다.

③ 국제경쟁입찰의 과열 경쟁 심화와 컨소시엄 구성 시 민간기업과 업무배분, 이윤 추구성향 조율에 어려움이 예상된다.

④ 해당 산업 민간(중소)기업을 대상으로 입찰 정보제공, 사업전략 상담, 동반 진출 등을 통한 실질적 지원을 확대한다.

⑤ 국제사업에 참여하여 경험을 축적시키고, 컨소시엄을 통해 습득한 기술 등을 재활용할 수 있는 사업을 구상하고 연구진을 지원한다.

47 신입사원 A는 입사 후 처음으로 보고서를 작성하게 되었는데, 보고서라는 양식 자체에 대한 이해가 부족하다는 생각이 들어서 인터넷을 통해 보고서에 대해 알아보았다. 다음 중 A사원이 이해한 내용으로 가장 적절한 것은?

① 전문용어는 이해하기 어렵기 때문에 최대한 사용하지 말아야 해.

② 상대가 요구하는 것이 무엇인지 파악하는 것이 가장 중요해. 상대의 선택을 받아야 하니까.

③ 이해를 돕기 위해서 관련 자료는 최대한 많이 첨부하는 것이 좋아.

④ 문서와 관련해서 받을 수 있는 질문에 대비해야 해.

⑤ 한 장에 담아내는 것이 원칙이니까 내용이 너무 길어지지 않게 신경 써야겠어.

48 S회사는 매년 사내 직원을 대상으로 창의공모대회를 개최하여 최고의 창의적 인재를 선발해 큰 상금을 수여한다. 이번 해에 귀하를 포함한 동료들은 창의공모대회에 참가하기로 하고 대회에 참가하는 동료들과 함께 창의적인 사고에 대해 생각을 공유하는 시간을 가졌다. 대화 중 귀하가 받아들이기에 타당하지 않은 것은?

① 누구라도 자기 일을 하는 데 있어 요구되는 지능 수준을 가지고 있다면, 그 분야에서 누구 못지않게 창의적일 수 있어.

② 창의적인 사고를 하기 위해서는 고정관념을 버리고, 문제의식을 느껴야 해.

③ 창의적으로 문제를 해결하기 위해서는 문제의 원인이 무엇인가를 분석하는 논리력이 매우 뛰어나야 해.

④ 창의적인 사고는 선천적으로 타고나야 하고, 후천적인 노력에는 한계가 있어.

⑤ 창의적인 사고는 아이디어를 내고 그 유용성을 생각해 보는 활동이라고 볼 수 있어.

49 업무와 관련지어 다음 글을 가장 잘 이해한 것은?

> 총무부는 회사에 필요한 사무용품을 대량으로 주문하였다. 주문서는 메일로 보냈는데, 배송 온 사무용품을 확인하던 중 책꽂이의 수량과 연필꽂이의 수량이 바뀌어서 배송된 것을 알았다. 주문서를 보고 주문한 수량을 한 번 더 확인한 후 바로 문구회사에 전화를 하니 상담원은 처음 발주한 수량대로 제대로 보냈다고 한다. 메일을 확인해보니, 수정 전의 파일이 발송되었다.

① 문구회사는 주문서를 제대로 보지 못하였다.
② 주문서는 메일로 보내면 안 된다.
③ 메일에 자료를 첨부할 때는 꼼꼼히 확인하여야 한다.
④ 책꽂이는 환불을 받는다.
⑤ 연필꽂이의 수량이 책꽂이보다 많았다.

50 김 팀장은 박 대리에게 다음과 같은 업무지시를 내렸다. 다음 중 박 대리가 가장 먼저 처리해야 할 일은 무엇인가?

> 김 팀장 : 박 대리, 지난주에 요청했던 사업계획서는 문제없이 진행되고 있나요? 이번 주 금요일까지 완료해서 부장님께 제출해 주세요. 그리고 오늘 오후 5시에는 본사에서 진행되는 금년도 사업현황보고 회의에 함께 참석해야 합니다. 따라서 금일 업무 보고는 오후 6시가 아닌 오후 4시에 받도록 하겠습니다. 오후 4시까지 금일 업무 보고서를 작성해서 전달해 주세요. 참! 이틀 전 박 대리가 예약한 회의실이 본사 2층의 대회의실이었나요? 혹시 모를 상황에 대비하여 적어도 회의 시작 3시간 전에 사내 인트라넷의 회의실 예약 현황을 확인하고, 변동사항이 있다면 저에게 알려주세요.

① 금일 업무 보고서 작성
② 본사 사업현황보고 회의 참석
③ 본사 대회의실 사용 신청
④ 부장님께 사업계획서 제출
⑤ 회의실 예약 현황 확인

제2회

실전모의고사

※ 실전모의고사는 채용공고를 기준으로 구성한 것으로 실제 시험과 다를 수 있습니다.

※ 제2회 실전모의고사는 일반직 9급을 기준으로 구성되어 있습니다.

■ 취약영역 분석

번호	O/X	영역	번호	O/X	영역	번호	O/X	영역
1			18			35		
2			19			36		
3			20			37		문제해결능력
4			21			38		
5			22			39		
6			23			40		
7			24		수리능력	41		
8		의사소통능력	25			42		
9			26			43		
10			27			44		
11			28			45		
12			29			46		정보능력
13			30			47		
14			31			48		
15			32			49		
16		수리능력	33		문제해결능력	50		
17			34					

평가 문항	50문항	맞힌 개수	문항	시작시간	:
평가 시간	60분	취약 영역		종료시간	:

정답 및 해설 p. 46

🕐 시험시간 : ( ) / 60분 💡 맞힌 개수 : ( ) / 50문항

☑ 확인 Check! ○ △ ✕

01 다음 글에 이어질 내용으로 가장 적절한 것은?

> 테레민이라는 악기는 손을 대지 않고 연주하는 악기이다. 이 악기를 연주하기 위해 연주자는 허리 높이쯤에 위치한 상자 앞에 선다. 오른손은 상자에 수직으로 세워진 안테나 주위에서 움직인다. 오른손의 엄지와 집게손가락으로 고리를 만들고 손을 흔들면서 나머지 손가락을 하나씩 펴면 안테나에 손이 닿지 않고서도 음이 들린다. 이때 들리는 음은 피아노 건반을 눌렀을 때 나는 것처럼 정해진 음이 아니고 현악기를 연주하는 것과 같은 연속음이며, 소리는 손과 손가락의 움직임에 따라 변한다. 왼손은 손가락을 펼친 채로 상자에서 수평으로 뻗은 안테나 위에서 서서히 오르내리면서 소리를 조절한다.
>
> 오른손으로는 수직 안테나와의 거리에 따라 음고(音高)를 조절하고 왼손으로는 수평 안테나와의 거리에 따라 음량을 조절한다. 따라서 오른손과 수직 안테나는 음고를 조절하는 회로에 속하고 왼손과 수평 안테나는 음량을 조절하는 또 다른 회로에 속한다. 이 두 회로가 하나로 합쳐지면서 두 손의 움직임에 따라 음고와 음량을 변화시킬 수 있다.
>
> 어떻게 테레민에서 다른 음고의 음이 발생하는지 알아보자. 음고를 조절하는 회로는 가청주파수 범위 바깥의 주파수를 갖는 서로 다른 두 개의 음파를 발생시킨다. 이 두 개의 음파 사이에 존재하는 주파수의 차이 값에 의해 가청주파수를 갖는 새로운 진동이 발생하는데 그것으로 소리를 만든다. 가청주파수 범위 바깥의 주파수 중 하나는 고정된 주파수를 갖고 다른 하나는 연주자의 손 움직임에 따라 주파수가 바뀐다. 이렇게 발생한 주파수의 변화에 의해 진동이 발생하고 이 진동의 주파수는 가청주파수 범위 내에 있기 때문에 그 진동을 증폭시켜 스피커로 보내면 소리가 들린다.

① 수직 안테나에 손이 닿으면 소리가 발생하는 원리
② 왼손의 손가락 모양에 따라 음고가 바뀌는 원리
③ 수평 안테나와 왼손 사이의 거리에 따라 음량이 조절되는 원리
④ 음고를 조절하는 회로에서 가청주파수의 진동이 발생하는 원리
⑤ 오른손 손가락으로 가상의 피아노 건반을 눌러 음량을 변경하는 원리

02 다음 굴뚝 원격감시 체계에 대한 설명으로 옳은 것은?

> 대기오염 중 27%는 공업단지와 같은 산업시설에서 발생하는 굴뚝 매연이다. 따라서 굴뚝 매연을 효과적으로 관리한다면 대기오염을 상당 부분 줄일 수 있다. 굴뚝 매연을 감시하려는 노력은 계속해서 이어져 왔다. 그러나 종전에는 사람이 매번 사업장을 방문해 검사해야 하는 등 여러 불편이 따랐다. 1988년 도입된 Clean SYS(굴뚝 원격감시 체계)는 사업장 굴뚝에 자동측정기기를 설치해 배출되는 대기 오염물질 농도를 24시간 원격으로 감시할 수 있는 시스템이다. 측정기기를 통해 먼지, 암모니아, 염화수소 등의 오염물질을 5분 또는 30분 단위로 측정해서 자료를 수집한다. K공단은 수집된 자료를 통해 사업장의 대기 오염물질 배출현황을 상시 감독하며, 자료를 분석하여 관련 기관에 제공한다. 환경부, 지자체 등 관련 기관은 이를 토대로 오염물질 배출 부과금 도입, 대기오염 정책 개선 등에 나서고 있다. 2015년 자료에 따르면 578개 사업장의 1,531개 굴뚝에 시스템이 운영되고 있으며 앞으로도 계속해서 설치 지역 및 사업장은 늘어날 예정이다. Clean SYS는 사업장이 오염물질 배출 허용기준을 초과할 것으로 우려될 경우 자동으로 통보하는 '예·경보 시스템'을 갖추고 있다. 또한, 원격제어 시스템을 통해 측정기기에 표준가스를 주입함으로써 사업장에 방문하지 않아도 측정기의 정상작동 여부를 확인할 수 있다. 첨단 기술을 도입한 덕분에 더욱 효과적으로 굴뚝의 오염물질 배출 여부를 파악하고 대기오염을 예방하고 있다.

① 굴뚝에 자동측정기기를 설치해 배출되는 대기 오염물질 농도를 12시간 주기로 감시하는 시스템이다.
② K공단은 수집된 자료를 분석하여 대기오염 정책 개선에 노력한다.
③ 측정기기를 통해 오염물질을 1시간 단위로 측정해서 자료를 수집한다.
④ 예·경보 시스템을 통해 측정기기에 표준가스를 주입함으로써, 측정기의 정상작동 여부를 알 수 있다.
⑤ 사업장이 오염물질 배출 허용기준을 초과할 것으로 우려될 경우 예·경보 시스템이 작동한다.

03 다음 중 일반적으로 문서를 작성해야 하는 상황이 아닌 것은?

① 타 부서의 확인이나 요청이 필요한 상황
② 팀원 간 자유롭게 브레인스토밍을 통해 제시된 모든 의견
③ 동료나 상사의 업무상 과오를 공식화해야 하는 경우
④ 새로운 일이 생겼을 때 가장 적합한 사람을 사내에서 추천하고자 하는 경우
⑤ 곧 개최될 회사 창립기념일 행사와 관련된 정보를 제공해야 할 경우

04 〈보기〉의 문장이 들어갈 위치로 가장 적절한 것은?

탄수화물은 사람을 비롯한 동물이 생존하는 데 필수적인 에너지원이다. (가) 탄수화물은 섬유소와 비섬유소로 구분된다. 사람은 체내에서 합성한 효소를 이용하여 곡류의 녹말과 같은 비섬유소를 포도당으로 분해하고 이를 소장에서 흡수하여 에너지원으로 이용한다. (나) 소, 양, 사슴과 같은 반추 동물도 섬유소를 분해하는 효소를 합성하지 못하는 것은 마찬가지이지만, 비섬유소와 섬유소를 모두 에너지원으로 이용하며 살아간다. (다) 위(胃)가 넷으로 나누어진 반추 동물의 첫째 위인 반추위에는 여러 종류의 미생물이 서식하고 있다. 반추 동물의 반추위에는 산소가 없는데, 이 환경에서 왕성하게 생장하는 반추위 미생물들은 다양한 생리적 특성이 있다. (라) 식물체에서 셀룰로스는 그것을 둘러싼 다른 물질과 복잡하게 얽혀 있는데, F가 가진 효소 복합체는 이 구조를 끊어 셀룰로스를 노출시킨 후 이를 포도당으로 분해한다. F는 이 포도당을 자신의 세포 내에서 대사 과정을 거쳐 에너지원으로 이용하여 생존을 유지하고 개체 수를 늘림으로써 생장한다. (마) 이런 대사 과정에서 아세트산, 숙신산 등이 대사산물로 발생하고 이를 자신의 세포 외부로 배출한다. 반추위에서 미생물들이 생성한 아세트산은 반추 동물의 세포로 직접 흡수되어 생존에 필요한 에너지를 생성하는 데 주로 이용되고 체지방을 합성하는 데에도 쓰인다. (바)

보기

㉠ 반면, 사람은 풀이나 채소의 주성분인 셀룰로스와 같은 섬유소를 포도당으로 분해하는 효소를 합성하지 못하므로 섬유소를 소장에서 이용하지 못한다.

㉡ 그중 피브로박터 숙시노젠(F)은 섬유소를 분해하는 대표적인 미생물이다.

	㉠	㉡			㉠	㉡
①	(가)	(라)		②	(가)	(마)
③	(나)	(라)		④	(나)	(마)
⑤	(다)	(바)				

05 다음은 불만고객 응대를 위한 8단계 프로세스이다. 다음 자료를 참고하여 고객 상담을 하고 있는 상담사가 '감사와 공감 표시' 단계에서 언급해야 할 발언으로 적절한 것은?

〈불만고객 응대를 위한 8단계 프로세스〉

경청 ⇒ 감사와 공감 표시 ⇒ 사과 ⇒ 해결약속 ⇒ 정보파악 ⇒ 신속처리 ⇒ 처리확인과 사과 ⇒ 피드백

① 고객님, 혹시 어떤 부분이 불편하셨는지 구체적으로 말씀해주시면 감사하겠습니다.

② 이렇게 전화 주셔서 너무 감사합니다. 비도 오고 날도 추운데 고생 많으셨겠습니다.

③ 고객님이 말씀하신 내용이 어떤 내용인지 정확히 확인한 후 바로 도움을 드리도록 하겠습니다.

④ 내용을 확인하는 데 약 1분 정도 시간이 소요될 수 있는 점 양해 부탁드립니다.

⑤ 고객님, 불편하신 점 처리 끝났고요. 처리 과정 및 서비스 만족도 설문해 주시면 감사하겠습니다.

06 다음 글의 ㉠ ~ ㉤에 대한 고쳐 쓰기 방안으로 적절하지 않은 것은?

시간을 잘 관리하는 사람은 서두르지 않으면서 늦는 법이 없다. 시간의 주인으로 살기 때문이다. 반면, 시간을 잘 관리하지 못하는 사람은 잡다한 일로 늘 바쁘지만 놓치는 것이 많다. 시간에 묶이기 때문이다. 당신은 어떤 사람인가. ㉠하지만 이 말이 일분일초의 여유도 없이 빡빡하게 살라는 말은 아니다. 주어진 순간순간을 밀도 있게 사는 것은 중요하다. 우리는 목표를 정하고 부수적인 것들을 정리하면서 삶의 곳곳에 비는 시간을 ㉡만들어져야 한다. 자동차와 빌딩으로 가득한 도시에 공원이 필요하듯 우리의 시간에도 여백이 필요한 것이다. 조금은 비워 두고 무엇이든 자유롭게 할 수 있는 여백은 우리 삶에서 꼭 필요하다. ㉢인생의 기쁨은 자존감에 바탕을 둔 배려심에서 나온다. 목표를 향해 가면서 우리는 예상치 못한 일에 맞닥뜨릴 수 있다. 그러한 뜻밖의 상황에서 시간의 여백이 없다면 우리는 문제를 해결하지 못해 목표와 방향을 잃어버릴지도 모른다. ㉣그러므로 시간의 여백의 만드는 것은 현명한 삶을 위한 최고의 시간 관리라 할 수 있다. ㉤따라서 우리는 시간을 체계적이고 확실한 방법으로 1분 1초의 여유도 남기지 않고 빡빡하게 일정을 계획해야 한다.

① ㉠ : 문맥을 고려하여 뒷문장과 순서를 바꾸는 것이 좋겠어.

② ㉡ : 문장 성분 간의 호응을 고려하여 '만들어야'로 고치는 것이 좋겠어.

③ ㉢ : 글의 통일성을 고려하여 삭제하는 것이 좋겠어.

④ ㉣ : 문장의 연결 관계를 고려하여 '또한'으로 바꾸는 것이 좋겠어.

⑤ ㉤ : 문장이 전체 글의 흐름과 상반되는 내용이므로 삭제하는 것이 좋겠어.

※ 글을 읽고 이어지는 질문에 답하시오. [7~8]

딸기에는 비타민 C가 귤의 1.6배, 레몬의 2배, 키위의 2.6배, 사과의 10배 정도 함유되어 있다. 딸기 5 ~ 6개를 먹으면 하루에 필요한 비타민 C를 전부 섭취할 수 있다. 비타민 C는 신진대사 활성화에 도움을 줘 원기를 회복하고 체력을 증진시킨다. 또한, 멜라닌 색소가 축적되는 것을 막아 기미, 주근깨를 예방해준다. 멜라닌 색소가 많을수록 피부색이 검어지므로 미백 효과도 있는 셈이다. 피부 저항력을 높여줘 알레르기성 피부나 홍조가 짙은 피부에도 좋다. 비타민 C가 내는 신맛은 식욕 증진 효과가 있고 스트레스도 해소해준다. 비타민 C만큼 풍부하게 함유된 성분이 항산화 물질인데, 이는 암세포 증식을 억제하는 동시에 콜레스테롤 수치를 낮춰주는 기능을 한다. 그래서 심혈관계 질환, 동맥경화 등에 좋고 눈의 피로를 덜어주며 시각기능을 개선해주는 효과도 있다. 딸기는 식물성 섬유질 함량도 높은 과일이다. 섬유질 성분은 콜레스테롤을 낮추고 혈액을 깨끗하게 만들어준다. 뿐만 아니라 소화 기능을 촉진하고 장운동을 활발히 해 변비를 예방한다. 딸기 속 철분은 빈혈 예방 효과가 있어 혈색이 좋아지게 한다. 더불어 모공을 축소시켜 피부 탄력도 증진시킨다. 딸기와 같은 붉은 과일에는 라이코펜이라는 성분이 들어있는데, 이 성분은 면역력을 높이고 혈관을 튼튼하게 해 노화 방지 효과를 낸다. 주의할 점은 당도가 높으므로 하루에 5 ~ 10개 정도만 먹는 것이 적당하다. 물론 달달한 맛에 비해 칼로리는 100g당 27kcal로 높지 않아 다이어트 식품으로 선호도가 높다.

☑ 확인 Check! ○ △ ✕

07 윗글의 제목으로 올바른 것은?

① 딸기 속 비타민 C를 찾아라!
② 비타민 C의 신맛의 비밀
③ 제철과일, 딸기 맛있게 먹는 법
④ 다양한 효능을 가진 딸기
⑤ 딸기를 먹을 때 주의해야 할 몇 가지

☑ 확인 Check! ○ △ ✕

08 윗글을 마케팅에 이용할 때, 대상으로 올바르지 않은 것은?

① 잦은 야외활동으로 주근깨가 걱정인 사람
② 스트레스로 입맛이 사라진 사람
③ 콜레스테롤 수치 조절이 필요한 사람
④ 당뇨병으로 혈당 조절을 해야 하는 사람
⑤ 피부 탄력과 노화 예방에 관심이 많은 사람

09 다음 공고문을 보고 나눈 대화 중 올바르지 않은 내용은?

〈제6회 우리 농산물로 만드는 UCC 공모전〉

우리 농산물로 만드는 나만의 요리 레시피를 공개하세요!

우리 땅에서 자란 제철 농산물로 더 건강한 대한민국 만들기!

◇ 접수기간

　　2019년 8월 16일(화) ~ 9월 18일(일)

◇ 참가대상

　　우리 농산물을 사랑하는 누구나 참여 가능(개인 혹은 2인 1팀으로만 응모 가능)

◇ 대상품목

　　오이, 토마토, 호박, 가지, 풋고추, 파프리카, 참외, 딸기(8개 품목)

　　※ 대상품목을 주재료로 한 요리 레시피를 추천해주세요.

◇ 작품규격

　　avi, mkv, wmv, mp4, mpg, mpeg, flv, mov 형태의 3분 이내(50Mb 이하의 동영상)

◇ 접수방법

　　UCC 공모전 홈페이지(www.ucc-contest.com)에서 UCC 업로드

◇ 선발방법

　　1차 예선(온라인) 20팀 내외 선발 → 2차 현장(오프라인) 시연 → 수상자 선발 및 시상식

◇ 2차심사

　　(현장 요리 시연) 2019년 9월 29일(목)

◇ 시상내역

　　최우수상(농협중앙회장상, 1점) : 100만 원 농촌사랑 상품권

　　우수상(대한영양사협회・한국식생활개발연구회, 각 1점) : 각 70만 원 농촌사랑 상품권

　　특별상(현장 평가 시 협의 후 선정, 3점) : 각 50만 원 농촌사랑 상품권

　　입상(15점 내외) : 각 30만 원 농촌사랑 상품권

◇ 기타사항

　　• 수상작은 추후 주최기관의 다양한 홍보 콘텐츠에 활용될 수 있습니다(단, 이 경우 수상자와 별도로 약정하여 정함).

　　• 타 공모전 수상작, 기존 작품, 모방 작품의 경우 수상 취소 및 경품이 반환될 수 있습니다.

　　• 수상작 선정은 전문심사단의 평가로 진행되며 1인 중복 수상은 불가합니다.

　　• 수상자의 경품 제세공과금은 주최측 부담입니다.

　　• 기타 자세한 내용은 UCC 공모전 홈페이지를 참고하시기 바랍니다.

◇ 문의처

　　농협 요리 UCC 공모전 운영사무국

　　02-2000-6300, 02-555-0001(내선 125)

　　※ 주관 : 농협품목별전국협의회・농협중앙회

　　※ 후원 : 대한영양사협회・한국식생활개발연구회

---

① A : UCC로 만들 수 있는 대상품목은 오이, 토마토, 호박, 가지, 풋고추, 파프리카, 참외, 딸기 등 총 8개 품목이야.

② B : 1차 예선 발표는 접수 마감일 일주일 후인 9월 25일이야.

③ C : 혹시 모를 2차 현장 시연을 위해서 요리 연습을 미리 해둬야겠어.

④ D : 현장 요리 시연은 9월 29일 목요일이야.

⑤ E : UCC 내용은 대상품목을 주재료로 한 추천 요리 레시피야.

10 K공사에서 근무하는 C대리는 공사의 환경경영 실천과제에 대한 구체적인 계획을 수립하고자 한다. C대리가 팀원들과 나눈 대화로 적절하지 않은 것은?

〈K공사 환경경영 실천과제〉

추진전략	세부 추진전략	실천과제
통합환경경영 체계 강화	환경경영 조직 강화 및 마인드 제고	• 환경경영 추진 조직체계 강화 • 환경경영 교육계획 수립 및 시행
	환경경영 프로그램 도입	• ISO 14001 인증 추진 및 지속적 관리 • 환경성과 평가시스템 도입 및 정착 • 환경회계 시스템 도입 및 정착 • 녹색구매 시스템 강화 • 에코 효율성 기법 도입 및 정착 • 환경성적표지 인증 취득 • 환경데이터 관리시스템 구축
	전력그룹사 통합환경경영 확대	• 통합환경경영 기반 구축 • 환경경영 성과 통합관리
환경위험 대응역량 강화	업무활동 환경영향 저감	• 사내 용수 및 에너지 사용 저감 • 수송 환경영향 저감
	폐기물 배출 최소화	• 폐기물 배출량 저감
	유해물질 위험 최소화	• PCBs 적정 저감 • 비상사태대응 시스템 구축
	설비 친환경화 확대	• 녹지 확대 • 지중화 및 옥내화 확대 • 친환경공법 확대 적용
대외 파트너십 강화	환경경영 리더십 확보	• 환경경영 리더십 구축 • 국내외 환경경영 관련 단체 가입 • 환경경영 일반인 교육 확대
	생태계 보존 프로그램 확대	• 자연보호활동 강화
	친환경 커뮤니케이션 확대	• 환경정보 내·외부 공개 확대 • 친환경 IR 강화
	환경 민원 최소화	• 민원 및 법규 위반 효율적 대응
능동적 기후변화 대응	기후변화 대응역량 강화	• 전력그룹사 공동대응 추진 • 신재생에너지 발전 확대 • 기후변화 관련 신규 수익기회 창출
	온실가스 직접배출 저감	• CO_2 배출 저감 • SF_6 배출 저감
	온실가스 간접배출 저감	• 체계적인 전력 수요 관리 • 송배전 손실률 저감

※ ISO 14001 : 국제표준화기구 기술위원회에서 제정한 환경경영 규격 시리즈 중 환경경영체제
※ PCBs : 폴리염화비페닐로 발암 작용, 기형아 출산 등 인체에 해로운 유기화합물
※ IR : 기업의 정보를 제공하기 위한 문서
※ SF_6 : 육불화황을 의미하며 대표적인 온실가스의 하나

① 신재생에너지 발전 확대에 관련한 TF팀을 신설하여 기후변화라는 위기를 기회로 바꿔야 할 것입니다.

② 자연이 파괴되지 않도록 지키고 더 좋은 환경으로 만드는 데에 이바지해야 할 것입니다.

③ 제품이 환경개선이나 환경보전에 어떤 영향을 미치는가에 관한 정보를 제품에 표기하는 제도를 실천해야 합니다.

④ 생물학적인 원리와 특성을 활용하여 정보통신 기술을 생명체 현상과 접목해야 할 것입니다.

⑤ 환경 문제에 대해 주민들의 요구사항이 많습니다. 이에 대해 효율적으로 대응할 수 있도록 매뉴얼을 만드는건 어떨까요?

☑ 확인 Check! ○ △ ✕

11 다음 글의 내용과 일치하지 않는 것은?

> 현재 전해지는 조선시대의 목가구는 대부분 조선 후기의 것들로 단단한 소나무, 느티나무, 은행나무 등의 곧은결을 기둥이나 쇠목으로 이용하고, 오동나무, 느티나무, 먹감나무 등의 늘결을 판재로 사용하여 자연스런 나뭇결의 재질을 살렸다. 또한 대나무 혹은 엇갈리거나 소용돌이 무늬를 이룬 뿌리 부근의 목재 등을 활용하여 자연스러운 장식이 되도록 하였다.
>
> 조선시대의 목가구는 대부분 한옥의 온돌에서 사용되었기에 온도와 습도 변화에 따른 변형을 최대한 방지할 수 있는 방법이 필요하였다. 그래서 단단하고 가느다란 기둥재로 면을 나누고, 기둥재에 홈을 파서 판재를 끼워 넣는 특수한 짜임과 이음의 방법을 사용하였으며, 꼭 필요한 부위에만 접착제와 대나무 못을 사용하여 목재가 수축·팽창하더라도 뒤틀림과 휘어짐이 최소화될 수 있도록 하였다. 조선시대 목가구의 대표적 특징으로 언급되는 '간결한 선'과 '명확한 면 분할'은 이러한 짜임과 이음의 방법에 기초한 것이다. 짜임과 이음은 조선시대 목가구 제작에 필수적인 방법으로, 겉으로 드러나는 아름다움은 물론 보이지 않는 내부의 구조까지 고려한 격조 높은 기법이었다.
>
> 한편 물건을 편리하게 사용할 수 있게 해주며, 목재의 결합부위나 모서리에 힘을 보강하는 금속 장석은 장식의 역할도 했지만 기능상 반드시 필요하거나 나무의 질감을 강조하려는 의도에서 사용되어, 조선 시대 목가구의 절제되고 간결한 특징을 잘 살리고 있다.

① 조선시대 목가구는 온도와 습도 변화에 따른 변형을 방지할 방법이 필요했다.

② 금속 장석은 장식의 역할도 했지만, 기능상 필요에 의해서도 사용되었다.

③ 나무의 곧은결을 기둥이나 쇠목으로 이용하고, 늘결을 판재로 사용하였다.

④ 접착제와 대나무 못을 사용하면 목재의 수축과 팽창이 발생하지 않게 된다.

⑤ 목재의 결합부위나 모서리에 힘을 보강하기 위해 금속 장석을 사용하였다.

12 다음 글을 읽고 이해한 내용으로 적절하지 않은 것은?

> 세슘은 알칼리 금속에 속하는 화학 원소로 무르고 밝은 금색이며 실온에서 액체 상태로 존재하는 세 가지 금속 중 하나이다. 세슘은 공기 중에서도 쉽게 산화하며 가루 세슘 또한 자연발화를 하는 데다 물과 폭발적으로 반응하기 때문에 소방법에서는 위험물로 지정하고 있다. 나트륨이나 칼륨은 물에 넣으면 불꽃을 내며 타는데, 세슘의 경우에는 물에 넣었을 때 발생하는 반응열과 수소 기체가 만나 더욱 큰 폭발을 일으킨다. 세슘에는 약 30종의 동위원소가 있는데, 이중 세슘 – 133만이 안정된 형태이며 나머지는 모두 자연적으로 붕괴한다. 이중 세슘 – 137은 감마선을 만드는데, 1987년에 이 물질에 손을 댄 4명이 죽고 200명 이상이 피폭당한 고이아니아 방사능 유출사고가 있었다.

① 세슘은 실온에서 액체로 존재하는 세 가지 금속 중 하나이다.
② 액체 상태의 세슘은 위험물에서 제외하고 있다.
③ 세슘은 물에 넣었을 때 큰 폭발을 일으킨다.
④ 세슘 – 137을 부주의하게 다룰 경우 생명이 위독할 수 있다.
⑤ 세슘의 동위원소 대부분은 안정적이지 못하다.

13 다음 글에서 알 수 있는 것이 아닌 것은?

> 참여예산제는 예산 편성의 단계에서 시민들의 참여를 가능하게 하는 제도이다. 행정부의 독점적인 예산 편성은 계층제적 권위에 의한 참여의 부족을 불러와 비효율성의 또 다른 원인이 될 수 있기 때문에, 참여예산제의 시행은 재정 민주주의의 실현을 위해서 뿐만 아니라 예산 배분의 효율성 제고를 위해서도 필요한 것이라 할 수 있다. 그러나 참여가 형식에 그치게 되거나 예기치 못한 형태의 주민 간 갈등이 나타날 수 있다는 문제점이 존재한다. 또 인기 영합적 예산 편성과 예산 수요의 증가 및 행정부 의사 결정의 곤란과 같은 문제점도 지적된다.

① 참여예산제의 시행은 민주성의 실현이라는 의의가 있다.
② 참여예산제의 시행은 예산 편성상의 효율성을 제고할 것이다.
③ 참여예산제는 주민들의 다양한 이익을 반영할 수 있을 것이다.
④ 참여예산제는 재정 상태를 악화시킬 것이다.
⑤ 참여예산제의 시행은 행정부의 권위주의를 견제하기 위해서 필요할 것이다.

14 다음 지문을 읽고 이해한 것으로 옳지 않은 것은?

> 데미스 하사비스(Demis Hassabis)는 영국의 인공지능 과학자이자 구글 딥마인드의 대표이다. 이세돌 9단과 바둑 대결로 유명해진 알파고를 개발한 개발자로, 그는 어릴 때부터 남달랐다. 10대 초반 체스 최고 등급인 체스마스터가 됐을 뿐만 아니라 세계랭킹 2위까지 올랐고, 게임 개발사에 들어가 게임 프로그래머로 명성을 얻었으며 이후 케임브리지대 컴퓨터과학과에 진학했다. 그리고 대학원에서 인지신경과학 박사학위를 받은 이듬해인 2010년 딥마인드를 세웠다. 창업한 지 4년 만에 구글에서 4억 유로를 주고 딥마인드를 인수했으며 그때부터 '구글 딥마인드(Google DeepMind)'가 된다. 그가 밝힌 현재 진행 중인 딥마인드의 임무는 학습 알고리즘을 통해 사람처럼 여러 가지 문제를 해결하는 범용 인공지능을 개발하는 것이다. 범용 인공지능이란 백지상태에서 출발하여 학습을 통해 다양한 분야에서 문제 해결 능력을 갖춘 인공지능이다. 결국 그의 최종 목표는 인간의 뇌와 비슷하게 작동하는 프로그램을 만들어 내는 것이다.

① 알파고의 다음 상대는 체스가 되겠네.
② 알파고는 사람처럼 스스로 학습할 수 있게 설계되었군.
③ 데미스 하사비스가 알파고를 만든 배경에는 컴퓨터과학과 인지신경과학이 모두 작용했겠어.
④ 구글이 딥마인드를 인수하기 위해 큰 비용을 들였군.
⑤ 데미스 하사비스는 게임 프로그래머이기도 했구나.

15 다음 글의 내용을 통해 알 수 없는 것은?

> 최근 민간 부문에 이어 공공 부문의 인사관리 분야에 '역량(Competency)'의 개념이 핵심 주제로 등장하고 있다. '역량'이라는 개념은 1973년 사회심리학자인 맥클레랜드에 의하여 '전통적 학업 적성 검사 혹은 성취도 검사의 문제점 지적'이라는 연구에서 본격적으로 논의된 이후 다양하게 정의되어 왔으나, 여기서 역량의 개념은 직무에서 탁월한 성과를 나타내는 고성과자(High Performer)에게서 일관되게 관찰되는 행동적 특성을 의미한다. 즉, 지식·기술·태도 등 내적 특성들이 상호작용하여 높은 성과로 이어지는 행동적 특성을 말한다. 따라서 역량은 관찰과 측정할 수 있는 구체적인 행위의 관점에서 설명된다. 조직이 필요로 하는 역량 모델이 개발된다면 이는 채용이나 선발, 경력 관리, 평가와 보상, 교육·훈련 등 다양한 인사관리 분야에 적용될 수 있다.

① 역량의 개념 정의는 역사적으로 다양하였다.
② 역량은 개인의 내재적 특성을 포함하는 개념이다.
③ 역량은 직무에서 높은 성과로 이어지는 행동적 특성을 말한다.
④ 역량 모델은 공공 부문보다 민간 부문에서 더욱 효과적으로 작용한다.
⑤ 역량 모델의 개발은 조직의 관리를 용이하게 한다.

16 S카드회사에서는 새로운 카드상품을 개발하기 위해 고객 1,000명을 대상으로 카드 이용 시 선호하는 부가서비스에 대해 조사하였다. 조사 결과를 토대로 S카드회사 상품개발팀 직원들이 나눈 대화 중 적절한 것은?

〈카드 이용 시 고객이 선호하는 부가서비스〉

(단위 : %)

구분	남성	여성	전체
포인트 적립	19	21	19.8
무이자 할부	17	18	17.4
주유 할인	15	6	11.4
쇼핑 할인	8	15	10.8
외식 할인	8	9	8.4
영화관 할인	8	11	9.2
통화료 / 인터넷 할인	7	8	7.4
은행수수료 할인	8	6	7.2
무응답	10	6	8.4

※ 총 8가지 부가서비스 중 선호하는 서비스 택 1, 무응답 가능

① P대리 : 이번 조사 자료는 S카드를 이용하고 계신 고객 중 1,000명을 대상으로 선호하는 부가서비스에 대해 조사한 것으로 성별 비율은 각각 50%입니다.

② L사원 : 조사 과정에서 응답하지 않은 고객은 남성 50명, 여성 34명으로 총 84명입니다.

③ S주임 : 남성과 여성 모두 가장 선호하는 부가서비스는 포인트 적립서비스이며, 두 번째로는 남성은 주유 할인, 여성은 무이자 할부로 차이를 보이고 있습니다.

④ K과장 : 부가서비스별로 선호하는 비중의 표준편차가 남성에 비해 여성이 더 큽니다.

⑤ R부장 : 이번 조사 결과를 참고했을 때, 남성과 여성이 선호하는 부가서비스가 서로 정반대인 것으로 보이니 성별을 구분하여 적합한 부가서비스를 갖추도록 개발해야겠습니다.

17 다음은 A시 마을의 상호 간 태양광 생산 잉여전력 판매량에 관한 자료이다. 이에 대한 설명으로 옳지 않은 것은? (단, A시 마을은 제시된 4개 마을이 전부이며, 모든 마을의 전력 판매가는 같다고 가정한다)

(단위 : kW)

판매량＼구매량	갑 마을	을 마을	병 마을	정 마을
갑 마을	–	180	230	160
을 마을	250	–	200	190
병 마을	150	130	–	230
정 마을	210	220	140	–

※ (거래수지)＝(판매량)－(구매량)

① 총 거래량이 같은 마을은 없다.
② 갑 마을이 을 마을에 40kW를 더 판매했다면, 을 마을의 구매량은 병 마을보다 많게 된다.
③ 태양광 전력 거래 수지가 흑자인 마을은 을 마을뿐이다.
④ 전력을 가장 많이 판매한 마을과 가장 많이 구매한 마을은 각각 을 마을과 갑 마을이다.
⑤ 구매량이 거래량의 40% 이하인 마을은 없다.

18 화물 출발지와 도착지 간 거리가 A기업은 100km, B기업은 200km이며, 운송량은 A기업은 5톤, B기업은 1톤이다. 국내 운송 시 수단별 요금체계가 다음과 같을 때, A기업과 B기업에 최소 운송비용 측면에서 가장 유리한 운송수단은?(단, 다른 조건은 동일하다)

구분		화물자동차	철도	연안해송
운임	기본운임	200,000원	150,000원	100,000원
	km·톤당 추가운임	1,000원	900원	800원
km·톤당 부대비용		100원	300원	500원

① A, B 모두 화물자동차 운송이 저렴하다.
② A는 화물자동차가 저렴하고, B는 모든 수단이 동일한 비용이다.
③ A는 모든 수단이 동일한 비용이고, B는 연안해송이 저렴하다.
④ A, B 모두 철도운송이 저렴하다.
⑤ A는 연안해송, B는 철도운송이 저렴하다.

19 다음은 2019년 H공기업 직능별 인력현황에 대한 자료이다. 〈보기〉 중 자료에 대한 옳은 설명을 한 사람을 모두 고른 것은?(단, 비율은 소수점 둘째 자리에서 반올림한다)

〈H공기업 직능별 인력현황〉

구분	전체		기업체		연구기관	
	인원(명)	비율(%)	인원(명)	비율(%)	인원(명)	비율(%)
연구기술직	4,116	59.6	3,242	54.1	874	95.4
사무직	1,658	24.0	1,622	27.1	36	3.9
생산직	710	10.3	710	11.9	–	–
기타	420	6.1	414	6.9	6	0.7
합계	6,904	100.0	5,988	100.0	916	100.0

보기

김 사원 : H공기업의 기업체 연구기술직 인원은 기업체 사무직 인원의 2배 이상이다.
이 주임 : 전체 연구기술직 인력 중 기업체 연구기술직 인력이 차지하는 비율은 70% 이상이다.
박 주임 : 연구기관의 사무직 인력이 전체 사무직 인력 중 차지하는 비율은 3.9%이다.
김 대리 : 전체 인력 중 기타로 분류된 인원은 사무직 인원의 25% 이상이다.

① 김 사원, 이 주임
② 김 사원, 박 주임
③ 이 주임, 박 주임
④ 이 주임, 김 대리
⑤ 박 주임, 김 대리

20 A부서에서는 연말 부서 성과금을 직원들에게 나누어 주려고 한다. 한 사람에게 50만 원씩 주면 100만 원이 남고, 60만 원씩 주면 500만 원이 부족하다고 할 때, 직원은 모두 몇 명인가?

① 50명
② 60명
③ 70명
④ 80명
⑤ 90명

21 다음은 2019년도 Y대의 A과목에서의 학점 비율을 나타낸 표이다. 이 과목을 수강한 총 학생 수는 200명이고, A학점을 받은 학생 수의 비율은 D학점을 받은 학생 수의 비율의 1.5배이며 B학점을 받은 학생 수의 비율은 F학점을 받은 학생 수 비율의 4배이다. 그리고 C학점을 받은 학생 수의 비율은 B학점과 F학점을 받은 학생 수 비율의 합의 2배이다. 이때, 2018년도에 F학점을 받은 학생 수는?(단, 2018년과 2019년의 A과목 학점 비율은 같고 2018년도 수강생은 120명이다)

〈Y대 A과목 학점 비율〉

(단위 : %)

성적	A	B	C	D	E	F	합계
2019년도 학생 수의 비율				10			100

① 6명
② 10명
③ 18명
④ 20명
⑤ 30명

22 서로 다른 인터넷 쇼핑몰 A, B에서 상품을 주문했다. A쇼핑몰의 상품은 오늘 오전에 도착할 예정이고, B쇼핑몰의 상품은 내일 오전에 도착할 예정이다. 택배가 정시에 도착할 확률은 $\frac{1}{3}$, 늦게 도착할 확률은 $\frac{1}{2}$ 이라고 할 때, A쇼핑몰의 상품은 예정대로 도착하고, B쇼핑몰의 상품은 예정보다 늦게 도착할 확률은?

① $\frac{1}{6}$
② $\frac{1}{3}$
③ $\frac{2}{3}$
④ $\frac{5}{6}$
⑤ $\frac{3}{5}$

23 고장난 차를 견인하기 위해 A와 B, 두 업체에서 견인차를 보내려고 한다. 고장난 차량은 B업체보다 A업체와 40km 더 가깝고, A업체의 견인차가 시속 63km의 일정한 속력으로 달리면 40분 만에 도착한다. B업체에서 보낸 견인차가 A업체의 견인차보다 늦게 도착하지 않으려면 B업체의 견인차가 내야 하는 최소 속력은?

① 119km/h
② 120km/h
③ 121km/h
④ 122km/h
⑤ 123km/h

24 다음은 우리나라의 초혼에 관한 자료이다. 자료를 해석한 것으로 옳지 않은 것은?

〈성별 평균 초혼연령〉

〈평균 초혼연령 및 초혼부부 혼인건수〉

(단위 : 세, 천 건, %)

구분	평균 초혼연령		혼인 건수	여성 연상	구성비	동갑	구성비	남성 연상	구성비
	아내	남편							
1990	24.8	27.8	356.6	31.2	8.8	32.3	9.0	293.2	82.2
1995	25.3	28.4	341.6	29.7	8.7	35.3	10.3	276.6	81.0
2000	26.5	29.3	271.8	29.1	10.7	34.8	12.8	207.9	76.5
2005	27.7	30.9	232.0	28.2	12.1	35.0	15.1	168.9	72.8
2010	28.9	31.8	254.6	37.9	14.9	40.8	16.0	175.9	69.1
2011	29.1	31.9	258.6	39.5	15.3	42.3	16.4	176.8	68.4
2012	29.4	32.1	257.0	40.0	15.6	41.7	16.2	175.3	68.2
2013	29.6	32.2	255.6	41.3	16.2	41.4	16.2	172.8	67.6
2014	29.8	32.4	239.4	38.9	16.2	38.5	16.1	162.1	67.7
2015	30.0	32.6	238.3	38.9	16.3	38.2	16.0	161.1	67.6

① 여성의 평균 초혼연령은 2015년에 처음으로 30대에 진입했다.
② 1990년에 비해 2015년의 초혼부부 혼인건수는 십만 건 이상 줄었다.
③ 남성과 여성 모두 평균 초혼연령은 지속적으로 증가했다.
④ 초혼연령이 높아지는 이유는 경제적 상황이 좋지 않기 때문이다.
⑤ 우리나라의 초혼부부의 대부분은 남성이 연상이다.

25 다음은 대형마트 이용자를 대상으로 소비자 만족도를 조사한 결과이다. 다음 중 귀하가 이해한 내용으로 올바른 것은?

〈대형마트 업체별 소비자 만족도〉

(단위 : 점 / 5점 만점)

업체명	종합 만족도	서비스 품질					서비스 쇼핑 체험
		쇼핑 체험 편리성	상품 경쟁력	매장환경 / 시설	고객접점 직원	고객관리	
A마트	3.72	3.97	3.83	3.94	3.70	3.64	3.48
B마트	3.53	3.84	3.54	3.72	3.57	3.58	3.37
C마트	3.64	3.96	3.73	3.87	3.63	3.66	3.45
D마트	3.56	3.77	3.75	3.44	3.61	3.42	3.33

〈대형마트 인터넷 / 모바일쇼핑 소비자 만족도〉

(단위 : 점 / 5점 만점)

분야별 이용 만족도	이용률	A마트	B마트	C마트	D마트
인터넷쇼핑	65.4%	3.88	3.80	3.88	3.64
모바일쇼핑	34.6%	3.95	3.83	3.91	3.69

① 종합만족도는 5점 만점에 평균 3.61점이며, 업체별로는 A마트가 가장 높고, C마트, B마트, D마트 순서로 나타났다.

② 인터넷쇼핑과 모바일쇼핑의 소비자 만족도가 가장 큰 차이를 보이는 곳은 D마트이다.

③ 서비스 품질 부문에 있어 대형마트는 평균적으로 쇼핑 체험 편리성에 대한 만족도가 상대적으로 가장 높게 평가되었으며, 반대로 고객접점직원 서비스가 가장 낮게 평가되었다.

④ 대형마트를 이용하면서 느낀 감정이나 기분을 반영한 서비스 쇼핑 체험 부문의 만족도는 평균 3.41점 정도로 서비스 품질 부문들보다 낮았다.

⑤ 대형마트 인터넷쇼핑몰 이용률이 65.4%로 모바일쇼핑에 비해 높으나, 만족도에서는 모바일쇼핑이 평균 0.1점 정도 더 높게 평가되었다.

26 다음은 지역별·용도지역별 지가변동률에 대한 자료이다. 이에 대한 설명으로 옳은 것은?

〈2019년 1월 전년 대비 지역별·용도지역별 지가변동률〉

(단위 : %)

구분	평균	주거지역	상업지역	공업지역	보전관리지역	농림지역
전국	3.14	3.53	3.01	1.88	2.06	2.39
서울특별시	3.88	3.95	3.34	5.3	0	0
부산광역시	3.79	4.38	5.28	−0.18	0	0
대구광역시	3.87	5.00	3.65	−0.97	0	1.4
인천광역시	3.39	3.64	3.37	3.35	2.78	2.82
광주광역시	4.29	4.59	3.00	1.60	1.92	6.45
대전광역시	2.38	2.84	1.68	1.09	1.28	0
울산광역시	1.01	1.46	1.16	−0.22	2.42	1.08
세종특별자치시	4.55	3.83	3.39	4.44	6.26	2.44
경기도	3.23	3.47	2.38	2.36	2.10	3.04
강원도	2.54	2.97	2.13	1.84	1.23	2.49
충청북도	2.08	1.64	1.64	2.06	1.53	1.8
충청남도	1.34	1.88	1.06	0.64	0.87	1.38
전라북도	2.23	2.21	1.83	−0.42	2.88	2.75
전라남도	3.61	4.02	3.14	3.12	3.52	3.57
경상북도	2.06	2.15	1.73	0.21	2.05	2.24
경상남도	0.80	0.22	0.67	−1.61	1.77	1.45
제주특별자치도	2.21	1.67	1.67	0.09	1.61	0

① 전년 대비 공업지역 지가가 감소한 지역의 농림지역 지가는 전년 대비 증가하였다.

② 전라북도 상업지역의 지가변동률은 충청북도의 주거지역의 지가변동률보다 30% 이상 높다.

③ 대구광역시 공업지역의 지가변동률과 경상남도 보전관리지역의 지가변동률 차이는 1.59%p이다.

④ 전국 평균 지가변동률보다 평균 지가변동률이 높은 지역은 주거지역 지가변동률도 전국 평균보다 높다.

⑤ 보전관리지역 지가변동률 대비 농림지역 지가변동률의 비율은 경기도보다 강원도가 높다.

27 다음은 2019년 A국 초·중·고생 스마트폰 중독 현황에 대한 자료이다. 다음 자료에 대한 설명으로 옳지 않은 것을 모두 고른 것은?

〈2019년 A국 초·중·고생 스마트폰 중독 비율〉

(단위 : %)

구분		전체	초등학생 (9 ~ 11세)	중·고생 (12 ~ 17세)
전체		32.38	31.51	32.71
아동성별	남자	32.88	33.35	32.71
	여자	31.83	29.58	32.72
가구소득별	기초수급	30.91	30.35	31.05
	차상위	30.53	24.21	30.82
	일반	32.46	31.56	32.81
거주지역별	대도시	31.95	30.80	32.40
	중소도시	32.49	32.00	32.64
	농어촌	34.50	32.84	35.07
가족유형별	양부모	32.58	31.75	32.90
	한부모·조손	31.16	28.83	31.79

※ 각 항목의 전체 인원은 그 항목에 해당하는 초등학생 수와 중고생 수의 합을 말한다.

보기

ㄱ. 초등학생과 중고생 모두 남자의 스마트폰 중독비율이 여자의 스마트폰 중독비율보다 높다.
ㄴ. 한부모·조손 가족의 스마트폰 중독 비율은 초등학생의 경우가 중고생보다 낮다.
ㄷ. 조사대상 중 대도시에 거주하는 초등학생 수는 중고생 수보다 많다.
ㄹ. 초등학생과 중고생 모두 기초수급가구의 경우가 일반가구의 경우보다 스마트폰 중독 비율이 높다.

① ㄴ
② ㄱ, ㄷ
③ ㄱ, ㄹ
④ ㄱ, ㄷ, ㄹ
⑤ ㄴ, ㄷ, ㄹ

28 다음은 소비자원이 20개 품목의 권장소비자가격과 판매가격 차이를 조사한 자료이다. 이 자료를 보고 판단한 내용 중 올바르지 않은 것은?

(단위 : 개, 원, %)

구분	조사 제품 수			권장소비자가격과의 괴리율		
	합계	정상가 판매 제품 수	할인가 판매 제품 수	권장소비자 가격	정상가 판매시 괴리율	할인가 판매시 괴리율
세탁기	43	21	22	640,000	23.1	25.2
유선전화기	27	11	16	147,000	22.9	34.5
와이셔츠	32	25	7	78,500	21.7	31.0
기성신사복	29	9	20	337,500	21.3	32.3
VTR	44	31	13	245,400	20.5	24.3
진공청소기	44	20	24	147,200	18.7	21.3
가스레인지	33	15	18	368,000	18.0	20.0
냉장고	41	23	18	1,080,000	17.8	22.0
무선전화기	52	20	32	181,500	17.7	31.6
청바지	33	25	8	118,400	14.8	52.0
빙과	19	13	6	2,200	14.6	15.0
에어컨	44	25	19	582,000	14.5	19.8
오디오세트	47	22	25	493,000	13.9	17.7
라면	70	50	20	1,080	12.5	17.2
골프채	27	22	5	786,000	11.1	36.9
양말	30	29	1	7,500	9.6	30.0
완구	45	25	20	59,500	9.3	18.6
정수기	17	4	13	380,000	4.3	28.6
운동복	33	25	8	212,500	4.1	44.1
기성숙녀복	32	19	13	199,500	3.0	26.2

※ [권장소비자가격과의 괴리율(%)]$=\dfrac{(권장소비자가격)-(판매가격)}{(권장소비자가격)}\times100$

※ 정상가 : 할인판매를 하지 않는 상품의 판매가격
※ 할인가 : 할인판매를 하는 상품의 판매가격

① 정상가 판매 시 괴리율과 할인가 판매 시 괴리율의 차가 가장 큰 종목은 청바지이다.
② 할인가 판매제품 수가 정상가 판매제품 수보다 많은 품목은 8개이다.
③ 할인가 판매제품 수와 정상가 판매제품 수의 차이가 가장 크게 나는 품목은 라면이다.
④ 권장소비자가격과 정상 판매가격의 격차가 가장 큰 품목은 세탁기이고, 가장 작은 품목은 기성숙녀복이다.
⑤ 할인가 판매 시 괴리율이 40%가 넘는 품목은 2개이다.

29 다음은 우편매출액에 관한 자료이다. 자료에 대한 해석으로 올바르지 않은 것은?

〈우편매출액〉

(단위 : 만 원)

구분	2015년	2016년	2017년	2018년	2019년				
					소계	1분기	2분기	3분기	4분기
일반통상	11,373	11,152	10,793	11,107	10,899	2,665	2,581	2,641	3,012
특수통상	5,418	5,766	6,081	6,023	5,946	1,406	1,556	1,461	1,523
소포우편	3,390	3,869	4,254	4,592	5,017	1,283	1,070	1,292	1,372
합계	20,181	20,787	21,128	21,722	21,862	5,354	5,207	5,394	5,907

① 매년 매출액이 가장 높은 분야는 일반통상 분야이다.
② 1년 집계를 기준으로 매년 매출액이 꾸준히 증가하고 있는 분야는 소포우편 분야뿐이다.
③ 2019년 1분기 특수통상 분야의 매출액이 차지하고 있는 비율은 20% 이상이다.
④ 2019년 소포우편 분야의 2015년 대비 매출액 증가율은 70% 이상이다.
⑤ 2018년에는 일반통상 분야의 매출액이 전체의 50% 이상을 차지하고 있다.

30 다음은 2015 ~ 2019년 4종목의 스포츠 경기에 대한 경기 수를 나타낸 자료이다. 다음 중 자료에 대한 설명으로 옳지 않은 내용은?

〈국내 연도별 스포츠 경기 수〉

(단위 : 회)

구분	2015년	2016년	2017년	2018년	2019년
농구	413	403	403	403	410
야구	432	442	425	433	432
배구	226	226	227	230	230
축구	228	230	231	233	233

① 농구의 경기 수는 2016년 전년 대비 감소율이 2019년 전년 대비 증가율보다 높다.
② 2015년 농구와 배구 경기 수 차이는 야구와 축구 경기 수 차이의 90% 이상이다.
③ 2015년부터 2019년까지 야구 평균 경기 수는 축구 평균 경기 수의 2배 이하이다.
④ 2016년부터 2018년까지 경기 수가 꾸준히 증가하는 스포츠는 1종목이다.
⑤ 2019년 경기 수가 5년 동안의 각 종목별 평균 경기 수보다 적은 스포츠는 1종목이다.

31 H은행 A지점은 ○○구의 신규 입주아파트 분양업자와 협약체결을 통하여 분양 중도금 관련 집단대출을 전담하게 되었다. A지점에 근무하는 귀하는 한 입주예정자로부터 평일에는 개인사정으로 인해 영업시간 내에 방문하지 못한다는 문의에 근처 다른 지점에 방문하여 대출신청을 진행할 수 있도록 안내하였다. 〈조건〉을 토대로 입주예정자의 대출신청을 완료하는 데까지 걸리는 최소시간은 얼마인가?(단, 각 지점 간 숫자는 두 영업점 간의 거리[km]를 의미한다)

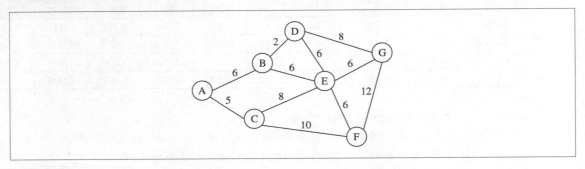

조건
- 입주예정자는 G지점 근처에 거주하고 있어, 영업시간 내에 언제든지 방문 가능함
- 대출과 관련한 서류는 A지점에서 G지점까지 행낭을 통해 전달함
- 은행 영업점 간 행낭 배송은 시속 60km로 운행하며 요청에 따라 배송지 순서는 변경(생략)할 수 있음(단, 연결된 구간으로만 운행 가능)
- 대출신청서 등 대출 관련 서류는 입주예정자 본인 또는 대리인(대리인증명서 필요)이 작성하여야 함(작성하는 시간은 총 30분이 소요됨)
- 대출신청 완료는 A지점에 입주예정자가 작성한 신청서류가 도착했을 때를 기준으로 함

① 46분
② 49분
③ 57분
④ 1시간 2분
⑤ 1시간 5분

32 각각 다른 심폐기능 등급을 받은 A, B, C, D, E 5명 중 등급이 가장 낮은 2명의 환자에게 건강관리 안내문을 발송하려 한다. 다음 중 발송 대상자는?

- E보다 심폐기능이 좋은 환자는 2명 이상이다.
- E는 C보다 한 등급 높다.
- B는 D보다 한 등급 높다.
- A보다 심폐기능이 나쁜 환자는 2명이다.

① B, C

② B, D

③ B, E

④ C, D

⑤ C, E

33 다음은 자동차 외판원인 A, B, C, D, E, F의 판매실적 비교에 대한 설명이다. 이로부터 올바르게 추리한 것은?

- A는 B보다 실적이 높다.
- C는 D보다 실적이 낮다.
- E는 F보다 실적이 낮지만, A보다는 높다.
- B는 D보다 실적이 높지만, E보다는 낮다.

① 실적이 가장 높은 외판원은 F이다.

② 외판원 C의 실적은 꼴찌가 아니다.

③ B의 실적보다 낮은 외판원은 3명이다.

④ 외판원 E의 실적이 가장 높다.

⑤ A의 실적이 C의 실적보다 낮다.

PART 3

※ 다음은 비품 가격표이다. 이어지는 질문에 답하시오. **[34~35]**

<비품 가격표>

품명	수량(개)	단가(원)
○○문구		
라벨지 50mm(SET)	1	18,000
1단 받침대	1	24,000
블루투스 마우스	1	27,000
★특가★ 문서수동세단기(탁상용)	1	36,000
AAA건전지(SET)	1	4,000

※ 3단 받침대는 2,000원 추가
※ 라벨지 91mm 사이즈 변경 구매 시 SET당 5% 금액 추가
※ 블루투스 마우스 3개 이상 구매 시 건전지 3SET 무료 증정

34 A회사에서는 2분기 비품 구매를 하려고 한다. 다음 주문서대로 주문 시 총액으로 올바른 것은?

주문서			
라벨지 50mm	2SET	1단 받침대	1개
블루투스 마우스	5개	AAA건전지	5SET

① 148,000원
② 183,000원
③ 200,000원
④ 203,000원
⑤ 205,000원

35 비품 구매를 담당하는 A사원은 주문 수량을 잘못 기재해서 주문 내역을 수정하였다. 수정 내역대로 비품을 주문했을 때 주문총액으로 올바른 것은?

주문서			
라벨지 91mm	4SET	3단 받침대	2개
블루투스 마우스	3개	AAA건전지	3SET
문서수동세단기	1개		

① 151,000원
② 244,600원
③ 252,600원
④ 256,600원
⑤ 262,600원

36 다음은 ○○구청의 민원사무처리규정 일부이다. 이를 참고하여 A, B, C가 요청한 민원이 처리·완료되는 시점을 각각 구한다면, 다음 중 가장 적절한 것은?

■ 민원사무처리기본표(일부)

소관별	민원명	처리기간(일)	수수료(원)
공통	진정, 단순질의, 건의	7	없음
	법정질의	14	없음
주민복지	가족, 종중, 법인묘지설치허가	7 ~ 30	없음
	개인묘지설치(변경)신고	5	없음
	납골시설(납골묘, 납골탑)설치신고	7 ~ 21	없음
종합민원실	토지(임야)대장등본	즉시	500
	지적(임야)도등본	즉시	700
	토지이용계획확인서	1	1,000
	등록사항 정정	3	없음
	토지거래계약허가	15	없음
	부동산중개사무소 등록	7	개인 : 20,000 / 법인 : 3,000
	토지(임야)분할측량	7	별도

■ 민원사무처리기간 산정방식(1일 근무시간은 8근무시간으로 한다)
- 민원사무처리기간을 '즉시'로 정한 경우
  - 정당한 사유가 없으면 접수 후 3근무시간 내에 처리하여야 한다.
- 민원사무처리기간을 '5일' 이하로 정한 경우
  - 민원 접수 시각부터 '시간' 단위로 계산한다.
  - 토요일과 공휴일은 산입하지 않는다.
- 민원사무처리기간을 '6일' 이상으로 정한 경우
  - 초일을 산입하여 '일' 단위로 계산한다.
  - 토요일은 산입하되, 공휴일은 산입하지 않는다.
- 신청서의 보완이 필요한 기간은 처리기간에 포함되지 않는다.

[4월 29일(금) 민원실 민원접수 현황]
01. 오전 10시 / A씨 / 부동산중개사무소 개점으로 인한 등록신청서 제출
02. 오후 12시 / B씨 / 토지의 소유권을 이전하는 계약을 체결하고자 허가서 제출
03. 오후 14시 / C씨 / 토지대장에서 잘못된 부분이 있어 정정요청서 제출
※ 공휴일 : 5/5 어린이날, 5/6 임시공휴일, 5/14 석가탄신일

	A씨	B씨	C씨
①	5/9(월)	5/19(목)	5/4(수) 10시
②	5/9(월)	5/19(목)	5/4(수) 14시
③	5/9(월)	5/23(월)	5/10(월) 14시
④	5/10(화)	5/19(목)	5/3(화) 14시
⑤	5/10(화)	5/23(월)	5/4(수) 14시

37 S전자의 영업지원팀 무 팀장은 새로 출시한 제품 홍보를 지원하기 위해 월요일부터 목요일까지 매일 남녀 한 명씩 두 사람을 홍보팀으로 보내야 한다. 영업지원팀에는 현재 남자 사원 4명(기태, 남호, 동수, 지원)과 여자 사원 4명(고은, 나영, 다래, 리화)이 근무하고 있다. 다음 〈조건〉을 만족할 때, 다음 중 옳지 않은 것은?

> **조건**
>
> (가) 매일 다른 사람을 보내야 한다.
> (나) 기태는 화요일과 수요일에 휴가를 간다.
> (다) 동수는 다래의 바로 이전 요일에 보내야 한다.
> (라) 고은은 월요일에는 근무할 수 없다.
> (마) 남호와 나영은 함께 근무할 수 없다.
> (바) 지원은 기태 이전에 근무하지만 화요일은 갈 수 없다.
> (사) 리화는 고은과 나영 이후에 보낸다.

① 고은이 수요일에 근무한다면 기태는 리화와 함께 근무한다.
② 다래가 수요일에 근무한다면 화요일에는 동수와 고은이 근무한다.
③ 리화가 수요일에 근무한다면 남호는 화요일에 근무한다.
④ 고은이 화요일에 근무한다면 지원은 월요일에 근무할 수 없다.
⑤ 지원이 수요일에 근무한다면 다래는 화요일에 근무한다.

38 최 씨 남매와 김 씨 남매, 박 씨 남매 총 6명은 야구 경기를 관람하기 위해 함께 야구장에 갔다. 다음 〈조건〉을 참고할 때, 항상 옳은 것은?

> **조건**
>
> • 관람석의 끝자리에는 같은 성별이 앉지 않는다.
> • 박 씨 여성은 왼쪽에서 세 번째 자리에 앉는다.
> • 김 씨 남매는 서로 인접하여 앉지 않는다.
> • 박 씨와 김 씨는 인접하여 앉지 않는다.
> • 김 씨 남성은 맨 오른쪽 끝자리에 앉는다.

[야구장 관람석]

① 최 씨 남매는 왼쪽에서 첫 번째 자리에 앉을 수 없다.
② 최 씨 남매는 서로 인접하여 앉는다.
③ 박 씨 남매는 서로 인접하여 앉지 않는다.
④ 최 씨 남성은 박 씨 여성과 인접하여 앉는다.
⑤ 김 씨 여성은 최 씨 여성과 인접하여 앉지 않는다.

39 D공사에 근무하는 A, B, C 세 명은 협력업체를 방문하기 위해 택시를 타고 가고 있다. 다음 〈조건〉을 참고할 때, 다음 중 항상 옳은 것은?

> **조건**
> • 세 명의 직급은 각각 과장, 대리, 사원이다.
> • 세 명은 각각 검은색, 회색, 갈색 코트를 입었다.
> • 세 명은 기획팀, 연구팀, 디자인팀이다.
> • 택시 조수석에는 회색 코트를 입은 과장이 앉아있다.
> • 갈색 코트를 입은 연구팀 직원은 택시 뒷좌석에 앉아있다.
> • 셋 중 가장 낮은 직급의 C는 기획팀이다.

① A – 대리, 갈색 코트, 연구팀
② A – 과장, 회색 코트, 디자인팀
③ B – 대리, 갈색 코트, 연구팀
④ B – 과장, 회색 코트, 디자인팀
⑤ C – 사원, 검은색 코트, 기획팀

40 다음은 기후변화협약에 관한 국가군과 특정의무에 관한 자료이다. 이 자료에 대한 내용으로 올바르지 않은 것은?

〈국가군과 특정의무〉

구분	부속서 Ⅰ(Annex Ⅰ) 국가	부속서 Ⅱ(Annex Ⅱ) 국가	비부속서 Ⅰ(Non-Annex Ⅰ) 국가
국가	협약체결 당시 OECD 24개국, EU와 동구권 국가 등 40개국	Annex Ⅰ 국가에서 동구권 국가가 제외된 OECD 24개국 및 EU	우리나라 등
의무	온실가스 배출량을 1990년 수준으로 감축 노력, 강제성을 부여하지 않음	개발도상국에 재정지원 및 기술이전 의무를 가짐	국가 보고서 제출 등의 협약상 일반적 의무만 수행
부속서 Ⅰ	오스트레일리아, 오스트리아, 벨라루스, 벨기에, 불가리아, 캐나다, 크로아티아, 덴마크, 에스토니아, 핀란드, 프랑스, 독일, 그리스, 헝가리, 아이슬란드, 아일랜드, 일본, 라트비아, 리투아니아, 룩셈부르크, 네덜란드, 뉴질랜드, 노르웨이, 폴란드, 포르투갈, 루마니아, 러시아, 슬로바키아, 슬로베니아, 스페인, 스웨덴, 터키, 우크라이나, 영국, 미국, 모나코, 리히텐슈타인 등		
부속서 Ⅱ	오스트레일리아, 오스트리아, 벨기에, 캐나다, 덴마크, 핀란드, 프랑스, 독일, 그리스, 아이슬란드, 아일랜드, 이탈리아, 일본, 룩셈부르크, 네덜란드, 뉴질랜드, 노르웨이, 포르투갈, 스페인, 스웨덴, 스위스, 영국, 미국 등		

① 우리나라는 비부속서 Ⅰ 국가에 속해 협약상 일반적 의무만 수행하면 된다.
② 아일랜드와 노르웨이는 개발도상국에 재정지원 및 기술이전 의무가 있다.
③ 리투아니아와 모나코는 온실가스 배출량을 1990년 수준으로 감축하도록 노력해야 한다.
④ 부속서 Ⅰ에 속하는 국가가 의무를 지키지 않을 시 그에 상응하는 벌금을 내야 한다.
⑤ 비부속서 Ⅰ 국가가 자발적으로 온실가스 배출량을 감축할 수 있다.

41 한글에서 파일을 다른 이름으로 저장할 때 사용하는 단축키는 무엇인가?

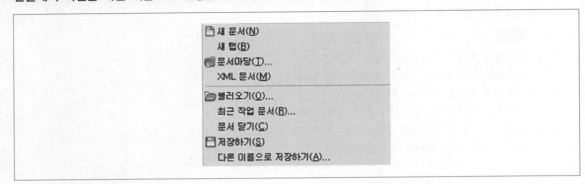

① 〈Alt〉+〈N〉

② 〈Ctrl〉+〈N〉, 〈P〉

③ 〈Alt〉+〈S〉

④ 〈Alt〉+〈P〉

⑤ 〈Alt〉+〈V〉

42 다음 중 디지털 컴퓨터와 아날로그 컴퓨터의 차이점에 관한 설명으로 옳은 것은?

① 디지털 컴퓨터는 전류, 전압, 온도 등 다양한 입력 값을 처리하며, 아날로그 컴퓨터는 숫자 데이터만을 처리한다.

② 디지털 컴퓨터는 증폭 회로로 구성되며, 아날로그 컴퓨터는 논리 회로로 구성된다.

③ 아날로그 컴퓨터는 미분이나 적분 연산을 주로 하며, 디지털 컴퓨터는 산술이나 논리 연산을 주로 한다.

④ 아날로그 컴퓨터는 범용이며, 디지털 컴퓨터는 특수 목적용으로 많이 사용된다.

⑤ 디지털 컴퓨터는 연산속도가 빠르지만 아날로그 컴퓨터는 느리다.

43 다음 중 다양한 상황과 변수에 따른 여러 가지 결괏값의 변화를 가상의 상황을 통해 예측하여 분석할 수 있는 도구는?

① 시나리오 관리자

② 목표값 찾기

③ 부분합

④ 통합

⑤ 데이터 표

※ 병원에서 근무하는 귀하는 건강검진 관리 현황을 정리하고 있다. 이어지는 질문에 답하시오. [44~45]

▲	A	B	C	D	E	F
1	〈건강검진 관리 현황〉					
2	이름	검사구분	주민등록번호	검진일	검사항목 수	성별
3	강민희	종합검진	960809-2******	2019-11-12	18	
4	김범민	종합검진	010323-3******	2019-03-13	17	
5	조현진	기본검진	020519-3******	2019-09-07	10	
6	최진석	추가검진	871205-1******	2019-11-06	6	
7	한기욱	추가검진	980232-1******	2019-04-22	3	
8	정소희	종합검진	001015-4******	2019-02-19	17	
9	김은정	기본검진	891025-2******	2019-10-14	10	
10	박미옥	추가검진	011002-4******	2019-07-21	5	

☑ 확인 Check! ○ △ ✕

44 다음 중 2019년 하반기에 검진받은 사람의 수를 확인하려 할 때 사용해야 할 함수로 옳은 것은?

① COUNT ② COUNTA
③ SUMIF ④ MATCH
⑤ COUNTIF

☑ 확인 Check! ○ △ ✕

45 주민등록번호를 통해 성별을 구분하려고 할 때, 각 셀에 필요한 함수식으로 옳은 것은?

① [F3] : =IF(AND(MID(C3,8,1)="2",MID(C3,8,1)="4"),"여자","남자")
② [F4] : =IF(AND(MID(C4,8,1)="2",MID(C4,8,1)="4"),"여자","남자")
③ [F7] : =IF(OR(MID(C7,8,1)="2",MID(C7,8,1)="4"),"여자","남자")
④ [F9] : =IF(OR(MID(C9,8,1)="1",MID(C9,8,1)="3"),"여자","남자")
⑤ [F6] : =IF(OR(MID(C6,8,1)="2",MID(C6,8,1)="3"),"남자","여자")

46 아래 워크시트에서 [A1:B1] 영역을 선택한 후 채우기 핸들을 이용하여 [B3] 셀까지 드래그 했을 때, [A3] 셀과 [B3] 셀의 값으로 옳은 것은?

◢	A	B
1	가—011	01월15일
2		
3		
4		

	[A3]	[B3]
①	다—011	01월17일
②	가—013	01월17일
③	가—013	03월15일
④	다—011	03월15일
⑤	가—011	01월15일

47 B대리는 해외에 있는 지사로부터 방대한 양의 납품 자료를 한눈에 파악할 수 있게 데이터를 요약해서 보내라는 연락을 받았다. B대리가 이러한 상황에 대응하기 위한 엑셀 사용 방법으로 가장 적절한 것은?

① 매크로 기능을 이용한다.
② 조건부 서식 기능을 이용한다.
③ 피벗 테이블 기능을 이용한다.
④ 유효성 검사 기능을 이용한다.
⑤ 필터 검사 기능을 이용한다.

48 워드프로세서의 복사(Copy)와 잘라내기(Cut)에 대한 설명으로 옳은 것은?

① 복사하거나 잘라내기를 할 때 영역을 선택한 다음에 해야 한다.
② 한 번 복사하거나 잘라낸 내용은 한 번만 붙이기를 할 수 있다.
③ 복사한 내용은 버퍼(Buffer)에 보관되며, 잘라내기한 내용은 내문서에 보관된다.
④ 복사하거나 잘라내기를 하여도 문서의 분량에는 변화가 없다.
⑤ 〈Ctrl〉+〈C〉는 잘라내기, 〈Ctrl〉+〈X〉는 복사하기의 단축키이다.

49 다음 중 컴퓨터 시스템을 안정적으로 사용하기 위한 관리 방법으로 적절하지 않은 것은?

① 컴퓨터를 이동하거나 부품을 교체할 때는 반드시 전원을 끄고 작업하는 것이 좋다.

② 직사광선을 피하고 습기가 적으며 통풍이 잘되고 먼지 발생이 적은 곳에 설치한다.

③ 시스템 백업 기능을 자주 사용하면 시스템 바이러스 감염 가능성이 높아진다.

④ 디스크 조각 모음에 대해 예약 실행을 설정하여 정기적으로 최적화시킨다.

⑤ 강한 자성 물질을 저장 매체 근처에 놓지 않아야 한다.

50 다음은 A회사 인트라넷에 올라온 컴퓨터의 비프음과 관련된 문제 해결 방법에 대한 공지사항이다. 부팅 시 비프음 소리와 해결방법에 대한 설명으로 올바르지 않은 것은?

> 안녕하십니까.
> 최근 사용하시는 컴퓨터를 켤 때 비프음 소리가 평소와 다르게 들리는 경우가 종종 있습니다.
> 해당 비프음 소리별 해결원인과 방법을 공지하오니 참고해주시기 바랍니다.
>
> 〈비프음으로 진단하는 컴퓨터 상태〉
>
> – 짧게 1번 : 정상
> – 짧게 2번 : 바이오스 설정이 올바르지 않은 경우, 모니터에 오류 메시지가 나타나게 되므로 참고하여 문제 해결
> – 짧게 3번 : 키보드가 불량이거나 올바르게 꽂혀 있지 않은 경우
> – 길게 1번+짧게 1번 : 메인보드 오류
> – 길게 1번+짧게 2번 : 그래픽 카드의 접촉 점검
> – 길게 1번+짧게 3번 : 쿨러의 고장 등 그래픽 카드 접촉 점검
> – 길게 1번+짧게 9번 : 바이오스의 초기화, A/S 점검
> – 아무 경고음도 없이 모니터가 켜지지 않을 때 : 전원 공급 불량 또는 합선, 파워서플라이의 퓨즈 점검, CPU나 메모리의 불량
> – 연속으로 울리는 경고음 : 시스템 오류, 메인보드 점검 또는 각 부품의 접촉 여부와 고장 확인

① 짧게 2번 울릴 때는 모니터에 오류 메시지가 뜨니 원인을 참고해 해결할 수 있다.

② 비프음이 길게 1번, 짧게 1번 울렸을 때 CPU를 교체해야 한다.

③ 길게 1번, 짧게 9번 울리면 바이오스 ROM 오류로 바이오스의 초기화 또는 A/S가 필요하다.

④ 키보드가 올바르게 꽂혀 있지 않은 경우 짧게 3번 울린다.

⑤ 연속으로 울리는 경고음은 시스템 오류일 수 있다.

PART 3

합격의 공식 **시대에듀**

(주)**시대고시기획**에서 제안하는

공사·공단
합격 로드맵

공사·공단 입사 어떻게 준비하세요? 핵심만 짚어주는 교재!
(주)시대고시기획의 공사·공단 교재로 합격을 준비하세요.

사람이 길에서 우연하게 만나거나 함께 살아가는 것만이
인연은 아니라고 생각합니다.
책을 펴내는 출판사와 그 책을 읽는 독자의 만남도 소중한 인연입니다.

(주)시대고시기획은 항상 독자의 마음을 헤아리기 위해
노력하고 있습니다.
늘 독자와 함께하겠습니다.

공사·공단 합격!
(주)시대고시기획과 함께라면 문제없습니다.

합격을 위한 최고의 선택!
2020 공사·공단 NCS 합격 대표도서!

코레일 한국철도공사

코레일 한국철도공사
직렬별 봉투모의고사

코레일 한국철도공사
기출문제 + 모의고사

부산교통공사

부산교통공사
봉투모의고사

한국가스공사

LH 한국토지주택공사
봉투모의고사

LH 한국토지주택공사
업무직/무기계약직

한국공항공사

건강보험심사평가원
(심평원)

국민연금공단

국민연금공단
봉투모의고사

인천국제공항공사

국민건강보험공단

국민건강보험공단
봉투모의고사

한국수력원자력

한국수력원자력
봉투모의고사

한국전력공사
봉투모의고사

한국중부발전

한국가스공사
봉투모의고사

※ YES 24 국내도서 해당분야 월별, 주별 BEST 기준 및 네이버 책 누적판매량
※ 도서의 표지 및 구성은 달라질 수 있습니다.

이 시대의 모든 합격 시대에듀

합격의 공식 **시대에듀**

NCS **2020년 최/신/판**

2020년 채용 대비

1위
기업별 NCS 시리즈
누적 판매량

한국시설 안전공단

NCS 기출예상문제 + 실전모의고사 4회

NCS직무능력연구소 편저

온라인 모의고사
합격시대
무료쿠폰 제공

AI면접
이젠, 모바일로!
win시대로
모바일로 준비하는 채용 면접

합격,
여기에 있다!

정답 및 해설

(주)시대고시기획

한국시설
안전공단

NCS 기출예상문제 + 실전모의고사 4회

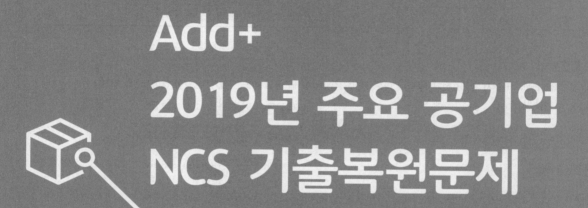

Add+
2019년 주요 공기업
NCS 기출복원문제

정답 및 해설

01	02	03	04	05	06	07	08	09	10	11	12	13	14	15	16	17	18	19	20
①	③	④	④	①	③	③	③	①	⑤	③	④	②	②	⑤	①	④	④	②	④
21	22	23	24	25	26	27	28	29	30	31	32	33	34	35	36	37	38	39	40
③	④	②	④	①	①	①	②	①	④	③	④	④	①	①	④	①	⑤	④	④
41	42	43	44	45	46	47	48	49	50	51	52	53	54	55	56	57	58	59	60
④	④	④	②	④	②	③	⑤	①	③	①	②	③	⑤	③	④	⑤	②	③	③

01 정답 ①

태양광 전기 350kWh 사용 시 한 달 전기사용량에 따른 정상요금에서 실제요금의 비율은 전기사용량이 많아질수록 커진다.

- 350kWh : $\frac{1,130}{62,900} \times 100 \fallingdotseq 1.8\%$
- 400kWh : $\frac{3,910}{78,850} \times 100 \fallingdotseq 5.0\%$
- 450kWh : $\frac{7,350}{106,520} \times 100 \fallingdotseq 6.9\%$
- 500kWh : $\frac{15,090}{130,260} \times 100 \fallingdotseq 11.6\%$
- 600kWh : $\frac{33,710}{217,350} \times 100 \fallingdotseq 15.5\%$
- 700kWh : $\frac{62,900}{298,020} \times 100 \fallingdotseq 21.1\%$
- 800kWh : $\frac{106,520}{378,690} \times 100 \fallingdotseq 28.1\%$

오답분석

② 2015 ~ 2019년까지 태양광 발전기 대여 설치 가구의 전년 대비 증가량은 다음과 같다.

구분	전년 대비 증가량(가구)	구분	전년 대비 증가량(가구)
2014년	$256-0=256$	2017년	$1,664-523=1,141$
2015년	$428-256=172$	2018년	$4,184-1,664=2,520$
2016년	$523-428=95$	2019년	$7,580-4,184=3,396$

2015년과 2016년의 태양광 발전기 대여 설치 가구의 증가량은 전년 대비 감소하였다.

③ 2014년부터 전체 태양광 발전기 설치 가구 중 대여 설치 가구의 비율은 다음과 같고, 대여 설치하지 않은 가구의 비율이 점차 감소한다는 것은 대여 설치한 가구의 비율이 증가한다는 것과 같다.

구분	대여 설치 가구 수 비율(%)	구분	대여 설치 가구 수 비율(%)
2014년	$\frac{256}{18,767} \times 100 \fallingdotseq 1.4$	2017년	$\frac{1,664}{65,838} \times 100 \fallingdotseq 2.5$
2015년	$\frac{428}{26,988} \times 100 \fallingdotseq 1.6$	2018년	$\frac{4,184}{101,770} \times 100 \fallingdotseq 4.1$
2016년	$\frac{523}{40,766} \times 100 \fallingdotseq 1.3$	2019년	$\frac{7,580}{162,145} \times 100 \fallingdotseq 4.7$

따라서 2016년은 전체 설치 가구 중 대여 설치 가구의 비율이 전년보다 낮아졌으므로 대여 설치하지 않은 가구의 비율은 높아졌음을 알 수 있다.

④ 2014년 태양광 발전기를 대여 설치한 가구는 256가구이며, 한 달 전기사용량 350kWh를 태양광으로 사용할 경우 전기요금은 총 $256 \times 1,130=$ 289,280원으로 30만 원 미만이다.

⑤ 2017년과 2018년 태양광 발전기 대여 설치 가구의 전년 대비 증가율은 각각 $\frac{1,664-523}{523} \times 100 ≒ 218.2\%$, $\frac{4,184-1,664}{1,664} \times 100 ≒ 151.4\%$이다. 따라서 두 증가율의 차이는 $218.2-151.4=66.8\%p$이다.

02 　정답　 ③

시장점유율이 수출액에서 차지하는 비율과 동일할 때, 2019년 반도체 수출액은 99,712백만 달러이며 이중 C회사의 수출액은 $99,712 \times 0.045=$ 4,487.04백만 달러이다. 따라서 수출액은 40억 달러 이상이다.

오답분석

① 2018년 수출액이 전년 대비 증가한 반도체인 '개별소자 반도체'의 2019년의 전년 대비 수출액 증가율은 9.6%이고, 2018년에는 10.5%이므로 2019년 전년 대비 증가율이 더 낮다.

② 2019년 환율이 1,100원/달러로 일정할 때, 실리콘 웨이퍼의 4분기 수출액은 1분기보다 $(185-153) \times 1,100=35,200$백만 원=352억 원 더 많다.

④ A ~ E회사의 2019년 시장점유율의 합은 $15.9+11.8+4.5+4.2+3.9=40.3\%$이며, I회사 점유율(2.7%)의 $\frac{40.3}{2.7} ≒ 15$배이다.

⑤ 반도체 수출 현황에서 2018 ~ 2019년 동안 수출액이 많은 순서는 '집적회로 반도체>개별소자 반도체>실리콘 웨이퍼'로 매년 동일하다.

03 　정답　 ④

입학인원 대비 합격률이 가장 낮은 곳은 57.28%인 J대학이며, 응시 대비 불합격률은 26.25%이다. 따라서 입학인원 대비 합격률의 50%는 $57.28 \times 0.5=28.64$로 응시 대비 불합격률보다 크므로 옳지 않은 해석이다.

오답분석

① B대학과 I대학의 입학인원 차이는 $110-70=40$명이고, 석사학위 취득자의 차이는 $85-60=25$명으로 입학인원 차이가 석사학위 취득자보다 $40-25=15$명 더 많다.

② A ~ J대학 중 응시 대비 합격률이 가장 높은 로스쿨 3곳은 응시 대비 불합격률이 가장 낮은 3곳으로 A, C, E대학이며, 응시 대비 합격률은 각각 $100-4.88=95.12\%$, $100-6.25=93.75\%$, $100-10.53=89.47\%$이다.

③ 입학자 중 석사학위 취득자 비율은 D대학$\left(\frac{104}{129} \times 100 ≒ 80.6\%\right)$이 G대학$\left(\frac{95}{128} \times 100 ≒ 74.2\%\right)$보다 $80.6-74.2=6.4\%p$ 더 높다.

⑤ A ~ J대학 전체 입학인원은 $154+70+44+129+127+66+128+52+110+103=983$명이고, D, E, F대학의 총 입학인원은 $129+127+66=322$명이다. 따라서 전체 입학인원 대비 D, E, F대학의 총 입학인원 비율은 $\frac{322}{983} \times 100 ≒ 32.8\%$이다.

04 　정답　 ④

㉠ 수행성취, ㉡ 모델링, ㉢ 사회적, ㉣ 정서적 각성

05 　정답　 ①

철도차량을 소유하거나 운영하는 자가 철도차량 개조승인을 받으려면 먼저 철도안전법 시행규칙 제75조의3 제1항에 나타난 서류와 개조승인신청서를 제출하여야 한다. 개조신청이 접수되면 철도차량의 개조가 철도차량기술기준 등에 적합한지 여부에 대한 검토가 진행된다. 검토 결과 적합하다고 인정된 경우 국토교통부 장관의 개조승인을 받을 수 있다. 따라서 철도차량의 개조는 '개조신청 – 사전기술 검토 – 개조승인'의 순서로 진행된다.

06 정답 ③

개조승인 신청 이후 개조검사 계획서가 통지되는 기한은 알 수 있으나, 이후 실시되는 개조승인 검사가 얼마 동안 진행되는지는 알 수 없다.

오답분석
① 철도안전법 시행규칙 제75조의3 제1항
② 철도안전법 시행규칙 제75조의6 제1항
④ 철도안전법 시행규칙 제75조의3 제2항
⑤ 철도안전법 시행규칙 제75조의5

07 정답 ③

가중평균은 원값에 해당되는 가중치를 곱한 총합을 가중치의 합으로 나눈 것을 말한다. A의 가격을 a만 원이라고 가정하여 가중평균에 대한 방정식을 구하면 다음과 같다.

$$\frac{(a\times30)+(70\times20)+(60\times30)+(65\times20)}{30+20+30+20}=66 \rightarrow \frac{30a+4,500}{100}=66 \rightarrow 30a=6,600-4,500 \rightarrow a=\frac{2,100}{30} \rightarrow a=70$$

따라서 A의 가격은 70만 원이다.

08 정답 ③

A, B, C설탕물의 설탕 질량을 구하면 다음과 같다.
• A설탕물의 설탕 질량 : $200\times0.12=24$g
• B설탕물의 설탕 질량 : $300\times0.15=45$g
• C설탕물의 설탕 질량 : $100\times0.17=17$g

A, B설탕물을 합치면 설탕물 500g에 들어있는 설탕은 $24+45=69$g, 농도는 $\frac{69}{500}\times100=13.8\%$이다. 합친 설탕물을 300g만 남기고, C설탕물과 합치면 설탕물 400g이 되고 여기에 들어있는 설탕의 질량은 $300\times0.138+17=58.4$g이다. 또한 이 합친 설탕물도 300g만 남기면 농도는 일정하므로 설탕물이 $\frac{3}{4}$으로 줄어든 만큼 설탕의 질량도 같이 줄어든다. 따라서 설탕의 질량은 $58.4\times\frac{3}{4}=43.8$g이다.

09 정답 ①

작년과 올해 공제받은 금액 중 1,200만 원 초과금을 x, y만 원이라 하고 공제받은 총 금액에 관한 방정식으로 x, y를 구하면 다음과 같다.

• 작년 : $(72+x)\times0.15=4,000\times0.05 \rightarrow 72+x=\frac{200}{0.15} \rightarrow x=\frac{200}{0.15}-72\fallingdotseq1,261$

• 올해 : $(72+y)\times0.15=4,000\times0.1 \rightarrow 72+y=\frac{400}{0.15} \rightarrow y=\frac{400}{0.15}-72\fallingdotseq2,594$

따라서 작년 대비 올해 증가한 소비 금액은 $(2,594+1,200)-(1,261+1,200)=1,333$만 원이다.

10 정답 ⑤

A, B기차의 길이를 각각 a, bm라고 가정하고 터널을 지나는 시간에 대한 방정식을 세우면 다음과 같다.

• A기차 : $\frac{600+a}{36}=25 \rightarrow 600+a=900 \rightarrow a=300$

• B기차 : $\frac{600+b}{36}=20 \rightarrow 600+b=720 \rightarrow b=120$

따라서 A기차의 길이는 300m이며, B기차의 길이는 120m이다.

11 정답 ③

숫자 21을 2, 8, 16진수로 바꾸면 다음과 같다.
- 2진수

  2) 21
  2) 10 ⋯ 1
  2) 5 ⋯ 0
  2) 2 ⋯ 1
      1 ⋯ 0

  아래부터 차례대로 적으면 10101이 21의 2진수 숫자이다.
- 8진수

  8) 21
     2 ⋯ 5

  21의 8진수는 25이다.
- 16진수

  16) 21
       1 ⋯ 5

  21의 16진수는 15이다.

따라서 옳지 않은 대답을 한 사람은 C사원이다.

12 정답 ④

알파벳의 순서를 숫자로 바꾸어 나열하면 1, 2, 3, 5, 8, 13, ( ), 34이다. 이는 피보나치 수열로 앞의 두 항의 합이 다음 항에 해당하므로 빈칸은 $8+13=21$번째의 알파벳 'u'가 적절하다.

13 정답 ②

집으로 다시 돌아갈 때 거리 2.5km를 시속 5km로 걸었기 때문에 이때 걸린 시간은 $\frac{2.5}{5}=0.5$시간(30분)이고, 회사로 자전거를 타고 출근하는 데 걸린 시간은 $\frac{5}{15}=\frac{20}{60}$시간(20분)이다. 따라서 총 50분이 소요되어 회사에 도착한 시각은 오전 7시 10분+50분=오전 8시이다.

14 정답 ②

미지수 a와 b에 가능한 수는 60의 약수이다. 따라서 a에 12개(1, 2, 3, 4, 5, 6, 10, 12, 15, 20, 30, 60)의 숫자가 가능하므로 이에 속하지 않은 9가 정답이다.

15 정답 ⑤

서머타임을 적용하면 헝가리는 서울보다 -6시간, 호주는 $+2$시간이고, 베이징은 서머타임을 적용하지 않으므로 서울보다 -1시간이다. 헝가리의 시간이 오전 9시일 때, 서울은 $9+6=$오후 3시이며, 호주는 $15+2=$오후 5시, 베이징은 $15-1=$오후 2시이다.
두 번째 조건에서 호주는 현지시간으로 오후 2시부터 오후 5시까지 회의가 있고, 첫 번째 조건에서 헝가리는 현지시간으로 오전 10시부터 낮 12시까지 외부출장이 있어 오전에 화상 회의를 하게 되면 오전 9시부터 1시간만 가능하다. 따라서 해외지사 모두 화상 회의가 가능한 시간은 서울 기준으로 오후 3시부터 4시까지이다.

16 정답 ①

9월은 30일까지 있으며, 주말은 9일간, 추석은 3일간이지만 추석연휴 중 하루는 토요일이므로 평일에 초과근무를 할 수 있는 날은 $30-(9+3-1)=19$일이다. 또한, 특근하는 날까지 포함하면 추석 연휴기간을 제외한 27일 동안 초과근무가 가능하다.

적어도 하루는 특근할 확률을 구하기 위해 전체에서 이틀 모두 평일에 초과근무를 하는 확률을 빼면 빠르게 구할 수 있다. 따라서 하루 이상 특근할 확률은 $1-\dfrac{_{19}C_2}{_{27}C_2}=1-\dfrac{19}{39}=\dfrac{20}{39}$이며, 분자와 분모는 서로소이므로 $p+q=20+39=59$이다.

17 정답 ④

1차 면접시험 응시자를 x명으로 가정하면, 2차 면접시험 응시자는 $0.6x$명이다. 2차 면접시험 남성 불합격자는 63명이며, 남녀 성비는 $7:5$이므로 여성 불합격자는 $7:5=63:a \rightarrow 5\times63=7a \rightarrow a=45$, 45명이다. 따라서 2차 면접시험 불합격자 총인원은 $45+63=108$명임을 알 수 있다. 세 번째 조건에서 2차 면접시험 불합격자는 2차 면접시험 응시자의 60%이므로 2차 면접시험 응시자는 $\dfrac{108}{0.6}=180$명이고, 1차 면접시험 응시자는 $x=\dfrac{180}{0.6}=300$명이 된다. 따라서 1차 면접 합격자는 응시자의 90%이므로 $300\times0.9=270$명이다.

18 정답 ④

독일과 일본의 국방예산 차액은 $461-411=50$억 원이고, 영국과 일본의 차액은 $487-461=26$억 원이다. 따라서 영국과 일본의 차액은 독일과 일본의 차액의 $\dfrac{26}{50}\times100=52\%$를 차지한다.

오답분석

① 국방예산이 가장 많은 국가는 러시아(692억 원)이며, 가장 적은 국가는 한국(368억 원)으로 두 국가의 예산 차액은 $692-368=324$억 원이다.

② 사우디아라비아의 국방예산은 프랑스의 국방예산보다 $\dfrac{637-557}{557}\times100\fallingdotseq14.4\%$ 많다.

③ 인도보다 국방예산이 적은 국가는 영국, 일본, 독일, 한국, 프랑스이다.

⑤ 8개 국가 국방예산 총액은 $692+637+487+461+411+368+559+557=4,172$억 원이며, 한국이 차지하는 비중은 $\dfrac{368}{4,172}\times100\fallingdotseq8.8\%$이다.

19 정답 ②

$2011\sim2018$년 가계대출이 전년 대비 가장 많이 증가한 해는 $583.6-530=53.6$조 원인 2016년도이다.

(단위 : 조 원)

연도	2011년	2012년	2013년	2014년
가계대출 증가액	$427.1-403.5=23.6$	$437.5-427.1=10.4$	$450-437.5=12.5$	$486.4-450=36.4$
연도	2015년	2016년	2017년	2018년
가계대출 증가액	$530-486.4=43.6$	$583.6-530=53.6$	$621.8-583.6=38.2$	$640.6-621.8=18.8$

오답분석

① 2012년, 2013년, 2017년, 2018년은 주택담보대출의 전년 대비 증가액이 부동산담보대출 증가액보다 높지 않다.

③ 부동산담보대출이 세 번째로 많은 해는 2016년이며, 이때의 주택담보대출은 가계대출의 $\dfrac{421.5}{583.6}\times100\fallingdotseq72.2\%$이다.

④ 2018년 주택담보대출의 2016년 대비 증가율은 $\dfrac{455-421.5}{421.5}\times100\fallingdotseq7.9\%$이고, 기업대출 증가율은 $\dfrac{584.3-539.4}{539.4}\times100\fallingdotseq8.3\%$이므로 기업대출 증가율이 더 높다.

⑤ 2015년 은행대출의 2010년 대비 증가율은 $\dfrac{(530+527.6)-(403.5+404.5)}{(403.5+404.5)}\times100=\dfrac{1,057.6-808}{808}\times100\fallingdotseq30.9\%$이다.

20 정답 ④

주어진 명제를 정리하면 다음과 같다.
- p : 도보 이용
- q : 자가용 이용
- r : 자전거 이용
- s : 버스 이용

$p \rightarrow \sim q$, $r \rightarrow q$, $\sim r \rightarrow s$이며, 두 번째 명제의 대우인 $\sim q \rightarrow \sim r$이 성립함에 따라 $p \rightarrow \sim q \rightarrow \sim r \rightarrow s$가 성립한다. 따라서 명제 '도보로 걷는 사람은 버스를 탄다.'는 반드시 참이 된다.

21 정답 ③

$(평균속력)=\dfrac{(전체\ 이동거리)}{(전체\ 이동시간)}$ 공식으로 평균속력을 구하면 다음과 같다.

전체 이동거리는 $10+4+7=21$km이고, 전체 이동시간은 $1+0.5+1.5=3$시간이다. 따라서 평균속력은 $21\div3=7$km/h이다.

22 정답 ④

작년 남자 사원수를 x명, 여자 사원수를 y명이라 가정하면
$x+y=500 \cdots \bigcirc$
$0.9x+1.4y=500\times1.08 \rightarrow 0.9x+1.4y=540 \cdots \bigcirc\!\bigcirc$
$\bigcirc$과 $\bigcirc\!\bigcirc$을 연립하면 $x=320$, $y=180$이 나온다.
따라서 작년 남자 사원은 320명이다.

23 정답 ②

각각 20개씩 구입할 때 사과는 $120\times20=2,400$원, 귤은 $40\times20=800$원, 배는 $260\times20=5,200$원으로 총 예산에서 이 금액을 제외하면 $20,000-(2,400+800+5,200)=11,600$원이 남는다. 남은 돈으로 사과, 배, 귤을 $11,600\div(120+40+260)=27.6\cdots$개, 즉 27개씩 구입이 가능하다. 이때의 비용은 $27\times(120+40+260)=11,340$원으로 남은 금액은 $11,600-11,340=260$원이다. 남은 금액이 배 한 개를 구입할 수 있는 금액이므로 배의 최소 개수는 $20+27+1=48$개이다.

24 정답 ④

각 상품의 가격은 다음과 같다.
- 상품 A
  - 포스터 : $(60+30)\times10+90=990$원
  - 다이어리 : $(50+15)\times40+70=2,670$원
  - 팸플릿 : $(20+30)\times10=500$원
  - 도서 : $(60+20)\times700=56,000$원
  - $\rightarrow 990+2,670+500+56,000=60,160$원
- 상품 B
  - 포스터 : $(40+20)\times15=900$원
  - 다이어리 : $(40+10)\times60+50=3,050$원
  - 팸플릿 : $(40+40)\times15=1,200$원
  - 도서 : $(80\times600)+(6\times90)=48,000+540=48,540$원
  - $\rightarrow 900+3,050+1,200+48,540=53,690$원

- 상품 C
  - 포스터 : $(80+35)\times20+100=2,400$원
  - 다이어리 : $(20+5)\times80=2,000$원
  - 팸플릿 : $(20+30)\times16=800$원
  - 도서 : $(50+10)\times800=48,000$원
  - → $2,400+2,000+800+48,000=53,200$원
- 상품 D
  - 포스터 : $(100+40)\times10=1,400$원
  - 다이어리 : $(60+20)\times50=4,000$원
  - 팸플릿 : $(10+20)\times12+20=380$원
  - 도서 : $(45\times900)+(9\times50)=40,500+450=40,950$원
  - → $1,400+4,000+380+40,950=46,730$원

따라서 상품 D가 46,730원으로 가장 저렴하다.

25 정답 ①

전 세계 인구를 100명이라 했을 때, 이 중 실제로 Z병에 걸린 사람은 10%로 10명이며, 90명은 병에 걸리지 않았다. 이때 오진일 확률이 90%이므로, 정확한 진단을 받은 사람은 10%이다. Z병에 걸린 사람과 걸리지 않은 사람으로 나누어 오진일 확률을 구하면 다음과 같다.

- 실제로 Z병에 걸린 사람 : 10명
  - 오진(Z병에 걸리지 않았다는 진단) : $10\times0.9=9$명
  - 정확한 진단(Z병에 걸렸다는 진단) : $10\times0.1=1$명
- 실제로 Z병에 걸리지 않은 사람 : 90명
  - 오진(Z병에 걸렸다는 진단) : $90\times0.9=81$명
  - 정확한 진단(Z병에 걸리지 않았다는 진단) : $90\times0.1=9$명

따라서 병에 걸리지 않았다고 진단받은 사람은 $9+9=18$명이고, 이때 오진이 아닌 정확한 진단을 받은 사람은 9명이므로 A가 검사 후 병에 걸리지 않았다고 진단받았을 때 오진이 아닐 확률은 $\frac{9}{18}\times100=50\%$이다.

26 정답 ①

여성 가입고객 중 예금을 가입한 인원은 35명, 적금을 가입한 인원은 30명이므로 여성 가입고객 중 예·적금 모두 가입한 인원은 $(35+30)-50=15$명이다. 또한 남성 전체 고객 50명 중 예·적금 모두 가입한 인원은 20%라고 했으므로 $50\times0.2=10$명이 된다. 따라서 전체 가입고객 100명 중 예·적금 모두 가입한 고객은 $15+10=25$명이므로 비중은 $\frac{25}{100}\times100=25\%$이다.

27 정답 ①

세 종류의 스낵을 가장 많이 사기 위해서는 가격이 가장 저렴한 스낵을 많이 구매하면 된다. a, b, c스낵을 한 개씩 구매한 금액은 $1,000+1,500+2,000=4,500$원이고, 남은 금액은 $50,000-4,500=45,500$원이다. 이때 a, c스낵은 천 원 단위이므로 오백 원을 맞추기 위해 b스낵을 하나 더 사야 하고, 남은 금액 모두 가장 저렴한 a스낵을 $44,000\div1,000=44$개 구매한다. 따라서 a스낵 $44+1=45$개, b스낵 2개, c스낵 1개를 구입하여 최대 $45+2+1=48$개의 스낵을 구입할 수 있다.

28 정답 ②

두 소금물을 합하면 소금물의 양은 800g이 되고, 이 소금물을 농도 10% 이상인 소금물로 만들기 위한 물의 증발량을 xg이라고 가정할 때, 소금물 농도에 대한 부등식을 세우면 다음과 같다.

$$\frac{(300\times0.07)+(500\times0.08)}{800-x}\times100\geq10 \rightarrow (21+40)\times10\geq800-x \rightarrow x\geq800-610$$
$$\rightarrow x\geq190$$

따라서 800g인 소금물에서 물 190g 이상을 증발시켜야 농도 10% 이상인 소금물을 얻을 수 있다.

29 정답 ①

원탁 자리에 다음과 같이 임의로 번호를 지정하고, 기준이 되는 C를 앉히고 나머지를 배치한다.

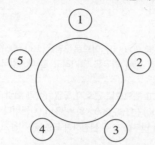

C를 1번에 앉히면, 첫 번째 조건에서 C 바로 옆에 E가 앉아야 하므로 E는 5번 또는 2번에 앉는다. 만약 E가 2번에 앉으면 세 번째 조건에 따라 D가 A의 오른쪽에 앉아야 한다. A, D가 4번과 3번에 앉으면 B가 5번에 앉게 되어 첫 번째 조건에 부합하지 않는다. 또한 A가 5번, D가 4번에 앉는 경우 B는 3번에 앉게 되지만 두 번째 조건에서 D와 B는 나란히 앉을 수 없어 불가능하다.
E를 5번에 앉히고 A는 3번, D는 2번에 앉게 되면 B는 4번에 앉아야 하므로 모든 조건을 만족하게 된다. 따라서 C를 포함하여 세 번째에 있는 사람은 3번 자리에 앉는 A이다.

30 정답 ④

작년보다 제주도 숙박권은 20%, 여행용 파우치는 10%를 더 준비했다고 했으므로 제주도 숙박권은 10×0.2=2명, 여행용 파우치는 20×0.1=2명이 경품을 더 받는다. 따라서 작년보다 총 4명이 경품을 더 받을 수 있다.

31 정답 ③

정상가로 A, B, C과자를 2봉지씩 구매할 수 있는 금액은 (1,500+1,200+2,000)×2=4,700×2=9,400원이다. 이 금액으로 A, B, C과자를 할인된 가격으로 2봉지씩 구매하고 남은 금액은 9,400-{(1,500+1,200)×0.8+2,000×0.6}×2=9,400-3,360×2=9,400-6,720=2,680원이다. 따라서 남은 금액으로 A과자를 $\frac{2,680}{1,500×0.8}$≒2.23, 2봉지 더 구매할 수 있다.

32 정답 ④

흡연자 A씨가 금연프로그램에 참여하면서 진료 및 상담 비용과 금연보조제(니코틴패치) 구매에 지불해야 하는 부담금은 지원금을 제외한 나머지이다. 따라서 A씨가 부담하는 금액은 총 30,000×0.1×6+12,000×0.25×3=18,000+9,000=27,000원이다.

33 정답 ④

항목별 직원 수에 따른 원점수는 다음 표와 같다.

구분	전혀 아니다	아니다	보통이다	그렇다	매우 그렇다
원점수	21×1=21점	18×2=36점	32×3=96점	19×4=76점	10×5=50점
가중치 적용 점수	21×0.2=4.2점	36×0.4=14.4점	96×0.6=57.6점	76×0.8=60.8점	50×1.0=50점

따라서 10명의 직원이 선택한 설문지 가중치를 적용한 점수의 평균은 $\frac{4.2+14.4+57.6+60.8+50}{10}$=18.7점이다.

34　정답　①

건설업체에서 신규 외국인근로자 1명을 고용하고자 도입위탁과 취업교육을 신청할 때, 도입위탁 60,000원과 건설업 취업교육 224,000원이 든다. 따라서 총 수수료는 60,000+224,000=284,000원이다.

오답분석

② 근로자 도입위탁 대행의 신규 입국자 수수료는 1인당 60,000원이므로 2명은 120,000원을 지불해야 한다.
③ 외국인 신규 입국자 2명을 민간 대행기관에 각종신청 대행 업무를 맡기려고 할 때, 입국 전·후 행정 대행료 61,000원씩을 내야한다. 따라서 A씨는 총 61,000×2=122,000원을 지불할 것이다.
④ 제조업에 종사하는 D씨는 공단에 위탁업무를 맡겼다고 했으므로 근로자 도입위탁과 취업교육 비용을 지불해야 한다. 1명은 재입국자이고, 2명은 신규 입국자이므로 총 비용은 (60,000×2+119,000)+(195,000×3)=824,000원이다.
⑤ 서비스업체에서 신규 근로자 1명의 필수 및 선택 대행 업무를 모두 신청하여 드는 총 비용은 60,000+195,000+61,000+72,000=388,000원이다.

35　정답　①

메달 및 상별 점수는 다음 표와 같다.

구분	금메달	은메달	동메달	최우수상	우수상	장려상
총 개수(개)	40	31	15	41	26	56
개당 점수(점)	3,200÷40=80	2,170÷31=70	900÷15=60	1,640÷41=40	780÷26=30	1,120÷56=20

따라서 금메달은 80점, 은메달은 70점, 동메달은 60점임을 알 수 있다.

오답분석

② 경상도가 획득한 메달 및 상의 총 개수는 4+8+12=24개이며, 가장 많은 지역은 13+1+22=36개인 경기도이다.
③ 표를 참고하면 전국기능경기대회 결과표에서 동메달이 아닌 장려상이 56개로 가장 많다.
④ 울산에서 획득한 메달 및 상의 총점은 (3×80)+(7×30)+(18×20)=810점이다.
⑤ 장려상을 획득한 지역은 대구, 울산, 경기도이며 세 지역 중 금·은·동메달 총 개수가 가장 적은 지역은 금메달만 2개인 대구이다.

36　정답　④

모든 채널의 만족도가 4.0점 이상인 평가 항목은 없다.

오답분석

① 실생활 정보에 도움을 주는 프로그램의 척도는 내용 항목에서 알 수 있으므로 채널 중 WORK TV가 4.2점으로 만족도가 가장 높다.
② 가중치를 적용한 두 채널의 만족도 점수를 구하면 다음과 같다.
   - 연합뉴스 TV : (3.5×0.3)+(3.4×0.2)+(4.5×0.1)+(3.4×0.4)=3.54점
   - JOBS : (3.8×0.3)+(3.0×0.2)+(3.1×0.1)+(3.2×0.4)=3.33점
   따라서 JOBS는 연합뉴스 TV보다 3.54-3.33=0.21점 낮다.
③ 가중치는 전체 집단에서 개별 구성요소가 차지하는 중요도를 수치화한 값을 말한다. 따라서 가중치의 크기로 비교하면 만족도 평가 항목의 중요도는 '편의성-유익성-내용-진행' 순서로 중요하다.
⑤ 직업방송 관련 채널 만족도 점수가 가장 높은 두 채널은 EBS(3.94점), 방송대학 TV(3.68점)이다.
   - WORK TV : (3.4×0.3)+(4.2×0.2)+(3.5×0.1)+(3.1×0.4)=3.45점
   - 연합뉴스 TV : (3.5×0.3)+(3.4×0.2)+(4.5×0.1)+(3.4×0.4)=3.54점
   - 방송대학 TV : (3.5×0.3)+(3.0×0.2)+(4.3×0.1)+(4.0×0.4)=3.68점
   - JOBS : (3.8×0.3)+(3.0×0.2)+(3.1×0.1)+(3.2×0.4)=3.33점
   - EBS : (3.8×0.3)+(4.1×0.2)+(3.8×0.1)+(4.0×0.4)=3.94점

37 정답 ①

기본급은 180만 원이며, 시간외근무는 10시간이므로 $1,800,000 \times \frac{10}{200} \times 1.5 = 135,000$원이다.

38 정답 ⑤

오답분석

① 9일 경영지도사 시험은 전문자격시험일이므로 두 번째 조건에 따라 책임자 한 명은 있어야 한다. 따라서 다음날인 10일에 직원 모두 출장은 불가능하다.
② 17일은 전문자격시험에 해당되는 기술행정사 합격자 발표일이며, 네 번째 조건에 따라 합격자 발표일에 담당자는 사무실에 대기해야한다.
③ 19일은 토요일이며, 일곱 번째 조건에 따라 출장은 주중에만 갈 수 있다.
④ 23일은 기술행정사 시험 접수일로 세 번째 조건에 따라 외부출장을 갈 수 없다.

39 정답 ④

노후준비지원실은 복지이사 산하에 속한다.

오답분석

①·② 중앙노후준비지원센터와 지역노후준비지원센터는 노후준비지원실 산하에 속한다.

40 정답 ④

한글 맞춤법에 따르면 '률(率)'은 모음이나 'ㄴ' 받침 뒤에서는 '이자율, 회전율'처럼 '율'로 적고, 그 이외의 받침 뒤에서는 '능률, 합격률'처럼 '률'로 적는다. 따라서 '수익률'이 올바른 표기이다.

오답분석

① 추계(推計) : '일부를 가지고 전체를 미루어 계산함'의 의미를 지닌 단어로 재정 추계는 국가 또는 지방 자치 단체가 정책을 시행하기 위해 필요한 자금을 추정하여 계산하는 일을 말한다.
② 그간(-間) : '조금 멀어진 어느 때부터 다른 어느 때까지의 비교적 짧은 동안'이라는 의미를 지닌 한 단어이다.
③ 전제(前提) : '어떠한 사물이나 현상을 이루기 위하여 먼저 내세우는 것'의 의미를 지닌 단어로 옳은 표기이다.

41 정답 ④

조직은 영리성을 기준으로 영리조직과 비영리조직으로 구분할 수 있다.
㉠ 영리조직 : 재산상의 이익을 목적으로 활동하는 조직
㉡ 비영리조직 : 자체의 이익을 추구하지 않고 공익을 목적으로 하는 조직

42 정답 ④

업사이클이란 개선한다는 의미의 업그레이드(Upgrade)와 재활용(Recycle)의 합성어로, 버려진 물건을 활용해 아이디어와 디자인을 가미한 새로운 작품을 만드는 활동을 의미한다. 쓰던 것을 다시 사용하는 옷 물려 입기는 재활용(Recycle)에 해당한다.

오답분석

① 운영을 중단한 철도역을 미술관으로 재탄생시킨 파리의 오르세 미술관은 공간 업사이클의 대표적 사례이다.

43 정답 ④

맥킨지의 3S 기법은 상대방의 감정을 최대한 덜 상하게 하면서 거절하는 커뮤니케이션 기법이다.

맥킨지의 3S 기법
• Situation(Empathy) : 상대방의 마음을 잘 이해하고 있음을 표현하고, 공감을 형성한다.
• Sorry(Sincere) : 거절에 대한 유감과 거절할 수밖에 없는 이유를 솔직하게 표현한다.
• Suggest(Substitute) : 상대방의 입장을 생각하여 새로운 대안을 역으로 제안한다.

오답분석

① Sorry(Sincere)
② · ③ Suggest(Substitute)

44 정답 ②

10월의 전기세는 기타 계절의 요금으로 구한다.
먼저 전기요금을 구하면 기본요금은 341kWh를 사용했으므로 1,600원이다.
전력량 요금은 341kWh을 사용했으므로 다음과 같다.
• 1단계 : 200kWh×93.3원/kWh=18,660원
• 2단계 : 141kWh×187.9원/kWh=26,493.9원
따라서 전기요금은 $1,600+(18,660+26,493)=1,600+45,153=46,753$원, 부가가치세는 $46,753×0.1≒4,675$원, 전력산업기반기금은 $46,753×0.037≒1,720$원이므로 10월 청구금액은 $46,753+4,675+1,720=53,140$원이다.

45 정답 ④

B의 예금 1년 이자는 $1,200,000×0.006=7,200$원이다.
A의 금액은 월 10만 원씩 납입, 연이자율 2% 단리에 따른 이자를 구하면 다음과 같다.

• 1개월 후 : $100,000×\dfrac{1×2}{2}×\dfrac{0.02}{12}≒167$원

• 2개월 후 : $100,000×\dfrac{2×3}{2}×\dfrac{0.02}{12}=500$원

• 3개월 후 : $100,000×\dfrac{3×4}{2}×\dfrac{0.02}{12}=1,000$원

• 4개월 후 : $100,000×\dfrac{4×5}{2}×\dfrac{0.02}{12}≒1,667$원

$\vdots$

• 8개월 후 : $100,000×\dfrac{8×9}{2}×\dfrac{0.02}{12}=6,000$원

• 9개월 후 : $100,000×\dfrac{9×10}{2}×\dfrac{0.02}{12}=7,500$원

$\vdots$

• 12개월 후 : $100,000×\dfrac{12×13}{2}×\dfrac{0.02}{12}=13,000$원

따라서 9개월 후 A의 단리적금 이자가 B의 예금 이자보다 더 많아진다.

46　정답 ②

2018년	2019년	2020년	확률
C등급	A등급	C등급	$0.1 \times 0.1 = 0.01$
	B등급		$0.22 \times 0.33 = 0.0726$
	C등급		$0.68 \times 0.68 = 0.4624$

따라서 2018년 C등급이 2020년에도 C등급으로 유지될 가능성은 $0.01 + 0.0726 + 0.4624 = 0.545$이다.

47　정답 ③

• 간헐적(間歇的) : 얼마 동안의 시간 간격을 두고 되풀이하여 일어나는
• 이따금 : 얼마쯤씩 있다가 가끔

오답분석
① 근근이 : 어렵사리 겨우
② 자못 : 생각보다 매우
④ 빈번히 : 번거로울 정도로 도수(度數)가 잦게
⑤ 흔히 : 보통보다 더 자주 있거나 일어나서 쉽게 접할 수 있게

48　정답 ⑤

전화를 처음 발명한 사람으로 알려진 알렉산더 그레이엄 벨이 전화에 대한 특허를 받았음을 이야기하는 (라) 문단이 첫 번째 문단으로 적절하며, 다음으로 벨이 특허를 받은 뒤 치열한 소송전이 이어졌다는 (다) 문단이 오는 것이 적절하다. 이후 벨은 그레이와의 소송에서 무혐의 처분을 받으며 마침내 전화기의 발명자는 벨이라는 판결이 났다는 (나) 문단과 지금도 벨의 전화 시스템이 세계 통신망에 뿌리를 내리고 있다는 (가) 문단이 차례로 오는 것이 적절하다.

49　정답 ①

누가 먼저 전화를 발명했는지에 대한 치열한 소송이 있었지만, (나) 문단의 1887년 재판에서 전화의 최초 발명자는 벨이라는 판결에 따라 법적으로 전화를 처음으로 발명한 사람은 벨임을 알 수 있다.

오답분석
② 벨과 그레이는 1876년 2월 14일 같은 날에 특허를 신청했으나, 누가 먼저 제출했는지는 글을 통해 알 수 없다.
③ 무치는 1871년 전화에 대한 임시 특허만 신청하였을 뿐, 정식 특허로 신청하지 못하였다.
④ 벨이 만들어낸 전화 시스템은 현재 세계 통신망에 뿌리를 내리고 있다.
⑤ 소송 결과 그레이가 전화의 가능성을 처음 인지하긴 하였으나, 전화를 완성하기 위한 후속 조치를 취하지 않았다고 판단되었다.

50　정답 ③

빈칸 앞 문장에서 변혁적 리더는 구성원의 욕구 수준을 상위 수준으로 끌어올린다고 하였으므로 구성원에게서 기대되었던 성과만을 얻어내는 거래적 리더십을 발휘하는 리더와 달리 변혁적 리더는 구성원에게서 보다 더 높은 성과를 얻어낼 수 있을 것임을 추론해볼 수 있다. 따라서 빈칸에 들어갈 내용으로는 '기대 이상의 성과를 얻어낼 수 있다.'는 ③이 가장 적절하다.

51　정답 ①

합리적 사고와 이성에 호소하는 거래적 리더십과 달리 변혁적 리더십은 감정과 정서에 호소하는 측면이 크다. 따라서 변혁적 리더십을 발휘하는 변혁적 리더는 구성원의 합리적 사고와 이성이 아닌 감정과 정서에 호소한다.

52 정답 ②

임대보증금 전환은 연 1회 가능하므로 다음 해에 전환할 수 있다.

1년 동안 A대학생이 내는 월 임대료는 $500,000 \times 12 = 6,000,000$원이고, 이 금액에서 최대 56%까지 보증금으로 전환이 가능하므로 $6,000,000 \times 0.56 = 3,360,000$원을 보증금으로 전환할 수 있다. 보증금에 전환이율 6.72%를 적용하여 환산한 환산보증금은 $3,360,000 \div 0.0672 = 50,000,000$원이 된다. 즉, 월세를 최대로 낮췄을 때의 월세는 $500,000 \times (1-0.56) = 220,000$원이며, 보증금은 환산보증금 5천만 원을 추가하여 8천만 원이 된다.

53 정답 ③

엘리베이터 적재용량이 305kg이고, H사원이 타기 전 60kg의 J사원이 80kg의 사무용품을 싣고 타 있는 상태이기 때문에 남은 적재용량은 $305 - 140 = 165$kg이다. H사원의 몸무게가 50kg이므로 $165 - 50 = 115$kg의 A4용지를 실을 수 있고, A4용지 한 박스는 10kg이므로 $115 \div 10 = 11.5$, 11박스의 A4용지를 가지고 엘리베이터에 탈 수 있다.

54 정답 ⑤

각 사진별로 개수에 따른 총 용량을 구하면 다음과 같다.

• 반명함 : $150 \times 8,000 = 1,200,000$KB
• 신분증 : $180 \times 6,000 = 1,080,000$KB
• 여권 : $200 \times 7,500 = 1,500,000$KB
• 단체사진 : $250 \times 5,000 = 1,250,000$KB

사진 용량 단위 KB를 MB로 전환하면

• 반명함 : $1,200,000 \div 1,000 = 1,200$MB
• 신분증 : $1,080,000 \div 1,000 = 1,080$MB
• 여권 : $1,500,000 \div 1,000 = 1,500$MB
• 단체사진 : $1,250,000 \div 1,000 = 1,250$MB

따라서 모든 사진의 총 용량을 더하면 $1,200 + 1,080 + 1,500 + 1,250 = 5,030$MB이고, 5,030MB는 5.03GB이므로 필요한 USB 최소 용량은 5GB이다.

55 정답 ②

모든 일에는 지켜야 할 질서와 차례가 있음에도 불구하고 이를 무시한 채 무엇이든지 빠르게 처리하려는 한국의 '빨리빨리' 문화는 일의 순서도 모르고 성급하게 덤빔을 비유적으로 이르는 ②와 가장 관련이 있다.

오답분석

① 모양이나 형편이 서로 비슷하고 인연이 있는 것끼리 서로 잘 어울리고, 사정을 보아주며 감싸 주기 쉬움을 비유적으로 이르는 말
③ 속으로는 가기를 원하면서 겉으로는 만류하는 체한다는 뜻으로, 속생각은 전혀 다르면서 말로만 그럴듯하게 인사치레함을 비유적으로 이르는 말
④ 한마디 말을 듣고 여러 가지 사실을 미루어 알아낼 정도로 매우 총기가 있다는 말
⑤ 작은 힘이라도 꾸준히 계속하면 큰일을 이룰 수 있음을 비유적으로 이르는 말

56 정답 ④

K주임이 가장 먼저 해야 하는 일은 오늘 2시에 예정된 팀장 회의 일정을 P팀장에게 전달해야 하는 것이다. 다음으로 내일 진행될 언론홍보팀과의 회의 일정에 대한 답변을 오늘 내로 전달해달라는 요청을 받았으므로 먼저 익일 업무 일정을 확인 후 회의 일정에 대한 답변을 전달해야 한다. 이후 회의 전에 미리 숙지해야 할 자료를 확인하는 것이 적절하다. 따라서 K주임은 ④의 순서로 업무를 처리하는 것이 가장 옳다.

57 정답 ⑤

마지막 문단에서는 UPS 사용 시 배터리를 일정 주기에 따라 교체해 주어야 한다고 이야기하고 있을 뿐, 배터리 교체 방법에 대해서는 알 수 없다.

오답분석
① 첫 번째 문단에 따르면 일관된 전력 시스템의 필요성이 높아짐에 따라 큰 손실과 피해를 야기할 수 있는 급격한 전원 환경의 변화를 방지할 수 있는 UPS가 많은 산업 분야에서 필수적으로 요구되고 있다.
② 두 번째 문단에 따르면 UPS는 일종의 전원 저장소로, 갑작스러운 전원 환경의 변화로부터 기업의 서버를 보호한다.
③ 세 번째 문단에 따르면 UPS를 구매할 때는 용량을 고려하여 필요 용량의 1.5배 정도인 UPS를 구입하는 것이 적절하다.
④ 마지막 문단에 따르면 가정용 UPS에 사용되는 MF배터리의 수명은 1년 정도이므로 이에 맞춰 주기적인 교체가 필요하다.

58 정답 ②

기존에 상위 40%와 하위 20%의 입찰금액을 제외했던 종합심사제 균형가격 산정 기준은 이번 개정을 통해 상·하위 20% 입찰금액으로 완화되었다.

오답분석
① 개정된 계약기준은 공단 홈페이지 및 전자조달시스템 사이트에 공개되었다.
③ 용역 분야에서 신용평가 등급 기준을 BBB-로 낮추고, 신기술개발 및 투자실적 평가의 만점 기준을 완화하여 중소기업의 경영 부담을 줄였다.
④ 공사 분야 사망사고에 대한 신인도 감점을 회당 -2점에서 -5점으로 강화하여 철도 건설 현장의 안전을 제고하였다.

59 정답 ③

한국철도시설공단의 호남고속철도 건설사업은 건설 초기 2010년 2월부터 UN 청정개발체제사업으로 추진되었으나, 2015년 국내 탄소 시장이 개설됨에 따라 국내 배출권거래제 외부사업으로 전환되었다. 따라서 국내 탄소 시장은 2010년이 아닌 2015년에 개설되었음을 알 수 있다.

오답분석
① 배출권거래제는 정부가 온실가스를 배출하는 기업에 연간 정해진 배출권을 할당하고, 부족분과 초과분에 대해 업체 간 거래를 허용하는 제도이다. 이를 통해 정부가 기업의 연간 온실가스 배출량을 제한하고 있음을 알 수 있다.
② 배출권거래제 외부사업은 배출권거래제 대상이 아닌 기업이 온실가스 감축 활동에 참여하는 것이므로 배출권거래제 외부사업의 승인을 받은 한국철도시설공단은 배출권거래제 대상 기업이 아님을 알 수 있다.
④ 호남고속철도 건설사업에서 승인 기간(10년) 동안 약 380억 원의 탄소배출권 매각 수익을 창출할 수 있을 것으로 예상된다는 내용을 통해 알 수 있다.

60 정답 ③

제6조의3 제2항 제2호에 따르면 감사인이 감사대상업무의 의사결정과정에 직·간접적으로 관여한 경우 해당 감사에 관여할 수 없다.

오답분석
① 제4조 제3호
② 제4조의2 제1항
④ 제6조의3 제3항

PART

1

직업기초능력평가

정답 및 해설

01	02	03	04	05	06	07	08	09	10
⑤	④	④	③	④	①	②	②	③	②
11	12	13	14	15	16	17	18	19	20
③	⑤	②	④	④	①	④	②	③	①

01 정답 ⑤

의미 전달에 중요하지 않은 경우에는 한자 사용을 자제하도록 하며, 상용한자의 범위 내에서 사용하여야 상대방의 문서이해에 도움이 된다.

02 정답 ④

제시문은 '온난화 기체 저감을 위한 습지 건설 기술'에 대한 내용으로, (B) 인공 습지 개발 가정 → (C) 그에 따른 기술적 성과 → (A) 개발 기술의 활용 → (D) 기술 이전에 따른 효과 기대 순서로 나열해야 한다.

03 정답 ④

오답분석

①은 두 번째 문장, ②는 제시문의 흐름, ③과 ⑤는 마지막 문장에서 각각 확인할 수 있다.

04 정답 ③

㉠과 ③은 '무엇을 매개로 하거나 중개하다.'라는 의미이다.

오답분석

① 말이나 문장 따위의 논리가 이상하지 아니하고 의미의 흐름이 적절하게 이어져 나가다.
② 막힘이 없이 흐르다.
④・⑤ 마음 또는 의사나 말 따위가 다른 사람과 소통되다.

05 정답 ④

고속도로 등에서 자동차를 운행할 수 없게 되었을 때에는 자동차를 고속도로 등이 아닌 다른 곳으로 옮겨 놓는 등의 필요한 조치를 해야 한다.

06 정답 ①

서론에서 환경오염이 점차 심각해지고 있음을 지적하며, 본론에서는 환경오염에 대해 일부 사람들이 그 심각성을 인식하지 못하고 있음을 화제로 삼고 있다. 따라서 결론에서는 환경오염의 심각성을 전 국민이 인식하고 이를 방지하기 위한 노력이 필요하다는 내용이 와야 하며, 제목으로는 환경오염에 대한 인식이 가장 적절하다.

07 정답 ②

예비심사는 필요 시에 시행한다.

오답분석

① 1차 접수 기간은 4월 1일까지이다.
③ 지원대상 선정과 사업 수행 협약 체결은 4월과 8월로 같다.
④ 사업 수행 단계에서 방송광고 제작 계약서는 협약 후 45일 이내에 제출하여야 하며, 사업 수행 완료 후 기금 지원 신청 단계에서 '완성된 방송광고물'이 필요하므로 협약 후 3개월 이내에 방송광고물을 완성해야 한다.
⑤ 지원 신청란의 신청자격을 통해 알 수 있다.

08 정답 ②

빈칸의 앞 문장에서는 제3세계 환자들과 제약회사 간의 신약 가격에 대한 딜레마를 이야기하며 제3의 대안이 필요하다고 설명하고 있다. 빈칸의 뒤 문장에서는 그 대안이 실현되기 어려운 이유를 '자신의 주머니에 손을 넣어 거기에 필요한 비용을 꺼내는 순간 알게 될 것'이라고 하였으므로 개인 차원의 대안을 제시했음을 추측할 수 있다. 따라서 빈칸에 들어갈 내용으로 ②가 적절하다.

09 정답 ③

두 번째 문단에서 1948년 대한민국 정부가 수립된 이후 애국가가 현재의 노랫말과 함께 공식 행사에 사용되었다고 하였으므로 『독립신문』에는 현재의 노랫말이 게재되지 않았다.

오답분석

① 두 번째 문단에서 1935년 해외에서 활동 중이던 안익태가 오늘날 우리가 부르고 있는 국가를 작곡하였고 이 곡은 해외에서만 퍼져나갔다고 하였으므로, 1940년에 해외에서는 애국가 곡조를 들을 수 있었다.

② 네 번째 문단에서 국기강하식 방송, 극장에서의 애국가 상영 등은 1980년대 후반 중지되었다고 하였으므로 1990년대 초반까지 애국가 상영이 의무화되었다는 말은 올바르지 않다.

④ 마지막 문단에서 연주만 하는 의전행사나 시상식·공연 등에서는 전주곡을 연주해서는 안 된다고 하였으므로 올바르지 않다.

⑤ 두 번째 문단을 통해 안익태가 애국가를 작곡한 때는 1935년, 대한민국 정부 공식 행사에 사용된 해는 1948년이므로 13년이 걸렸다.

10　정답 ②

다각도로 '사고'하는 과정을 통해 '진실'이 밝혀진다고 했으므로, ㉠과 ㉡의 관계는 '과정과 결과'의 관계이다. 또한 '사고'는 '진실'을 밝혀내기 위한 수단으로 볼 수도 있으므로 ㉠과 ㉡의 관계를 '수단과 목적'의 관계로도 볼 수 있다. ②의 경우도 '운동'하는 과정을 통해 '건강'을 얻을 수 있으며, 또한 '운동'은 '건강'을 얻기 위한 수단이므로, 둘 사이의 관계가 ㉠과 ㉡ 사이의 관계와 유사하다고 볼 수 있다.

11　정답 ③

제시문은 전국 곳곳에 마련된 기획바우처 행사를 소개하는 글이다. (다)는 가족과 함께 하는 문화행사로 문화소외계층을 상대로 하는 기획바우처의 취지와는 거리가 멀기 때문에 글의 흐름상 필요 없는 문장에 해당한다.

12　정답 ⑤

제시문에 자동차의 통행수요를 줄임으로써 미세먼지를 감소시키고 대기오염을 줄이자는 내용은 있지만, 친환경 자동차 공급에 대한 내용은 언급하지 않았다.

13　정답 ②

먼지의 지름이 $2.5\mu\text{m}<x<10\mu\text{m}$일 경우 미세먼지, 지름이 $x\leq2.5\mu\text{m}$일 경우에는 초미세먼지라고 분류한다.
따라서 지름이 $x\leq3\mu\text{m}$인 경우를 모두 초미세먼지라고 분류하는 것은 아니다.

14　정답 ④

'해독'이라는 표현은 질병을 진단·치료·경감·처치 또는 예방, 의학적 효능·효과와 관련된 것으로 금지 표현으로 지정되어 있다.

15　정답 ④

오답분석

①·② 인체적용 시험자료 또는 인체 외 시험자료로 입증한다.

③·⑤ 기능성화장품에서 해당 기능을 실증한 자료로 입증한다.

16　정답 ①

제시된 문단의 마지막 문장을 통해 이어질 내용이 초콜릿의 기원임을 유추할 수 있으므로 역사적 순서에 따라 나열하면 (B) → (C) → (D)가 되고, 그러한 초콜릿의 역사가 한국에서 나타났다는 내용의 (A)는 마지막에 위치한다.

17　정답 ④

각 코스의 특징을 설명하면서 코스 주행 시 습득하는 운전요령을 언급하고 있다.

18　정답 ②

유류세 상승으로 인해 발생하는 장점들을 열거함으로써 유류세 인상을 정당화하고 있다.

19　정답 ③

보에티우스의 건강을 회복할 방법은 병의 원인이 되는 잘못된 생각을 바로잡아 주는 것이다. 그것은 만물의 궁극적인 목적이 선을 지향하는 데 있다는 것을 모르고 있다는 것과 세상은 결국에는 불의가 아닌 정의에 의해 다스려지게 된다는 것이다. 따라서 적절한 것은 ③이다.

오답분석

ㄷ. 두 번째 문단에서 보에티우스가 모든 소유물을 박탈당했다고 생각하는 것은 운명의 본모습을 모르기 때문이라고 말하고 있다.

20　정답 ①

기사문에서 안전띠를 제대로 착용하지 않은 경우, 사고가 났을 때 일어날 수 있는 상해 가능성을 제시하며 안전띠의 중요성을 언급하고 있다.

01	02	03	04	05	06	07	08	09	10	11	12	13	14	15	16	17	18	19	20
③	④	②	⑤	③	③	②	④	③	④	⑤	④	⑤	①	①	⑤	④	③	①	④

01 　정답　③

다음과 같이 비례식을 통해 이산화탄소량을 구한다.
- 연탄 10장 : 65kgCO_2＝연탄 14장 : $a \rightarrow a=91\text{kgCO}_2$
- 도시가스 15Nm^3 : 33kgCO_2＝도시가스 33Nm^3 : $b \rightarrow b ≒ 73\text{kgCO}_2$
- 전기 300kWh : 127kgCO_2＝전기 451kW : $c \rightarrow c ≒ 191\text{kgCO}_2$
- LPG 25,000원 : 58kgCO_2＝LPG 37,500원 : $d \rightarrow d=87\text{kgCO}_2$

∴ $a+b+c+d=91+73+191+87=442\text{kgCO}_2$

02 　정답　④

〈표3〉은 완제의약품 특허출원 중 다이어트제 출원 현황을 나타낸 자료이다. 즉, 다국적기업에서 출원한 완제의약품 특허출원 중 다이어트제 출원 비중은 제시된 자료에서 확인할 수 없다.

오답분석
① 〈표1〉의 합계를 살펴보면 매년 감소하고 있음을 확인할 수 있다.

② 2019년 전체 의약품 특허출원에서 기타 의약품이 차지하는 비중 : $\dfrac{1,220}{4,719} \times 100 ≒ 25.85\%$

③ • 2019년 원료의약품 특허출원건수 : 500건
   • 2019년 다국적기업의 원료의약품 특허출원건수 : 103건

   ∴ 2019년 원료의약품 특허출원에서 다국적기업 특허출원이 차지하는 비중 : $\dfrac{103}{500} \times 100 = 20.6\%$

03 　정답　②

2017년도 전체 인구수를 100명으로 가정했을 때, 같은 해 문화예술을 관람한 비율은 60.8%이므로 $100 \times 0.608 ≒ 61$명이다. 61명 중 그 해 미술관 관람률은 10.2%이므로 미술관을 관람한 사람은 $61 \times 0.102 ≒ 6$명이다.

오답분석
① 문화예술 관람률은 52.4% → 54.5% → 60.8% → 64.5%로 꾸준히 증가하고 있다.
③ 문화예술 관람률이 접근성과 관련이 있다면 조사기간 동안 가장 접근성이 떨어지는 것은 관람률이 가장 낮은 무용이다.
④ 문화예술 관람률에서 남자보다는 여자가 관람률이 높으며, 고연령층에서 저연령층으로 갈수록 관람률이 높아진다.
⑤ 60세 이상 문화예술 관람률의 2013년 대비 2019년의 증가율은 $\dfrac{28.9 - 13.4}{13.4} \times 100 ≒ 115.7\%$이므로 100% 이상 증가했다.

04 정답 ⑤

2016 ~ 2019년 음원 매출액의 2배를 구한 뒤 게임 매출액과 비교하면 다음과 같다.
- 2016년 : 199×2=398백만 원<485백만 원
- 2017년 : 302×2=604백만 원>470백만 원
- 2018년 : 411×2=822백만 원>603백만 원
- 2019년 : 419×2=838백만 원>689백만 원

즉, 2016년 게임 매출액은 음원 매출액의 2배 이상이나, 2017 ~ 2019년 게임 매출액은 음원 매출액의 2배 미만이다.

오답분석

① · ④ 제시된 자료를 통해 확인할 수 있다.
② 유형별로 전년 대비 2019년 매출액 증가율을 구하면 다음과 같다.

- 게임 : $\dfrac{689-603}{603}\times100 ≒ 14.26\%$

- 음원 : $\dfrac{419-411}{411}\times100 ≒ 1.95\%$

- 영화 : $\dfrac{1,510-1,148}{1,148}\times100 ≒ 31.53\%$

- SNS : $\dfrac{341-104}{104}\times100 ≒ 227.88\%$

따라서 2019년의 전년 대비 매출액 증가율이 가장 큰 콘텐츠 유형은 SNS이다.
③ 2012 ~ 2019년 전체 매출액에서 영화 매출액이 차지하는 비중을 구하면 다음과 같다.

- 2012년 : $\dfrac{371}{744}\times100 ≒ 49.87\%$ - 2013년 : $\dfrac{355}{719}\times100 ≒ 49.37\%$

- 2014년 : $\dfrac{391}{797}\times100 ≒ 49.06\%$ - 2015년 : $\dfrac{508}{1,020}\times100 ≒ 49.80\%$

- 2016년 : $\dfrac{758}{1,500}\times100 ≒ 50.53\%$ - 2017년 : $\dfrac{1,031}{2,111}\times100 ≒ 48.84\%$

- 2018년 : $\dfrac{1,148}{2,266}\times100 ≒ 50.67\%$ - 2019년 : $\dfrac{1,510}{2,959}\times100 ≒ 51.03\%$

따라서 영화 매출액은 매년 전체 매출액의 40% 이상이다.

05 정답 ③

A사와 B사의 전체 직원 수를 알 수 없으므로, 비율만으로는 판단할 수 없다.

오답분석

① 여직원 비율이 높을수록, 남직원 비율이 낮을수록 값이 작아진다. 따라서 여직원 비율이 가장 높으면서, 남직원 비율이 가장 낮은 D사의 비율이 최저이고, 남직원 비율이 여직원 비율보다 높은 A사의 비율은 최고이다.
② B, C, D사 각각 남직원보다 여직원의 비율이 높다. 따라서 B, C, D사 모두에서 남직원 수보다 여직원 수가 많다. 즉, B, C, D사의 직원 수를 다 합했을 때도 남직원 수는 여직원 수보다 적다.
④ A사의 전체 직원 수를 a명, B사의 전체 직원 수를 b명이라 하면, A사의 남직원 수는 $0.54a$명, B사의 남직원 수는 $0.48a$명이다.

∴ $\dfrac{0.54a+0.48b}{a+b}\times100=52 \rightarrow 54a+48b=52(a+b)$

∴ $a=2b$
⑤ A, B, C사의 전체 직원 수를 a명이라 하면, 여직원의 수는 각각 $0.46a$명, $0.52a$명, $0.58a$명이다. 따라서 $0.46a+0.58a=2\times0.52a$이므로 옳은 설명이다.

06　정답　③

다음은 R대리가 각 교통편 종류를 택할 시 왕복 교통비용이다.
- 일반버스 : 24,000원×2=48,000원
- 우등버스 : 32,000원×2×0.99=63,360원
- 무궁화호 : 28,000원×2×0.85=47,600원
- 새마을호 : 36,000원×2×0.8=57,600원
- KTX : 58,000원

따라서 무궁화호가 47,600원으로 가장 저렴하다.

07　정답　②

3L의 폐수에는 P균이 3×400=1,200mL, Q균이 3×200=600mL 포함되어 있다.
문제의 정보에 따를 때, 실험을 거치면서 폐수 3L에 남아있는 P균과 Q균의 변화는 다음과 같다.

구분	P균	Q균
공정 1	$1,200×(1-0.4)=720$mL	$600×(1+0.3)=780$mL
공정 2	$720×\dfrac{2}{5}=288$mL	$780×\dfrac{1}{3}=260$mL
공정 3	$288×(1-0.2)=230.4$mL	$260×(1-0.5)=130$mL
공정 2	$230.4×\dfrac{2}{5}≒92.2$mL	$130×\dfrac{1}{3}≒43.3$mL

따라서 공정 4단계를 모두 마쳤을 때, 3L의 폐수에 남아있는 P균은 92.2mL, Q균은 43.3mL이다.

08　정답　④

30점의 백분위수는 100%이고 29점의 백분위수는 98.75%이다. 30점에 해당하는 인원은 1명이고 이때 백분위수의 차는 $100-98.75=1.25$%p, 즉 1명이 차지하는 비중은 1.25%이다. 그러므로 A기업에서 채용할 상위득점자 20명의 비중은 $1.25\%×20=25\%$, 탈락자의 비중은 $100-25=75\%$이 다. 백분위수 75%에 해당하는 24점까지는 불합격이고 그 위로는 합격이므로 합격자는 최소 25점 이상을 받았다.

09　정답　③

동남아 국제선의 도착 운항 1편당 도착 화물량은 $\dfrac{36,265.70}{16,713}≒2.17$톤이므로 옳은 설명이다.

오답분석

① 계산상의 편의를 위해 100을 곱하면, 중국 국제선의 출발 여객 1명당 출발 화물량은 $\dfrac{31,315.80}{1,834,699}×100≒1.7$이며, 도착 여객 1명당 도착 화물량은

$\dfrac{25,217.60}{1,884,697}×100≒1.3$이므로 틀린 설명이다.

② 미국 국제선의 전체 화물 중 도착 화물이 차지하는 비중은 $\dfrac{106.7}{125.1}×100≒85.3\%$로 90%보다 작으므로 틀린 설명이다.

④ 중국 국제선의 도착 운항편수는 12,427편이며, 일본 국제선의 도착 운항편수의 70%인 $21,425×0.7≒14,997.5$편 미만이므로 틀린 설명이다.

⑤ 동남아 도착 화물 비중은 $\dfrac{36,265.70}{76,769.20}×100≒47.2\%$, 일본 도착 화물 비중은 $\dfrac{49,302.60}{99,114.90}×100≒49.7\%$로 틀린 설명이다.

10 정답 ④

ㄴ. 2019년 건설부문 도시가스 소비량의 전년 대비 증가율은 $\dfrac{2,796-1,808}{1,808}\times100 ≒ 54.6\%$로, 30% 이상 증가하였으므로 옳은 설명이다.

ㄷ. 2019년 온실가스 배출량 중 간접배출이 차지하는 비중은 $\dfrac{28,443}{35,639}\times100 ≒ 79.8\%$이고, 2018년 온실가스 배출량 중 고정연소가 차지하는 비중은 $\dfrac{4,052}{30,823}\times100 ≒ 13.1\%$이다. 그 5배는 $13.1\times5=65.5\%$로 2019년 온실가스배출량 중 간접배출이 차지하는 비중인 79.8%보다 작으므로 옳은 설명이다.

오답분석

ㄱ. 에너지 소비량 중 이동부문에서 경유가 차지하는 비중은 2018년에 $\dfrac{196}{424}\times100 ≒ 46.2\%$이고, 2019년에 $\dfrac{179}{413}\times100 ≒ 43.3\%$로, 전년 대비 2.9%p 감소하였으므로 틀린 설명이다.

11 정답 ⑤

ㄱ. 2018년 어린이보호구역 지정대상은 전년 대비 감소한 것을 알 수 있다.

ㄷ. 2018년 어린이보호구역으로 지정된 구역 중 학원이 차지하는 비중은 $\dfrac{36}{16,355}\times100 ≒ 0.22\%$이며, 2017년에는 $\dfrac{56}{16,085}\times100 ≒ 0.35\%$이므로 2018년에 전년 대비 감소한 것을 알 수 있다.

ㄹ. 2013년 어린이보호구역으로 지정된 구역 중 초등학교가 차지하는 비중은 $\dfrac{5,917}{14,921}\times100 ≒ 39.7\%$이므로 틀린 설명이며, 나머지 연도에도 모두 40% 이하의 비중을 차지한다.

오답분석

ㄴ. 2014년 어린이보호구역 지정대상 중 어린이보호구역으로 지정된 구역의 비율은 $\dfrac{15,136}{18,706}\times100 ≒ 80.9\%$이므로 옳은 설명이다.

12 정답 ④

• 이 주임 : 2017년 부채는 4,072백만 원, 2018년 부채는 3,777백만 원으로, 2018년 전년 대비 감소율은 $\dfrac{4,072-3,777}{4,072}\times100 ≒ 7.2\%$이다. 따라서 옳은 설명이다.

• 박 사원 : 자산 대비 자본의 비율은 2017년에 $\dfrac{39,295}{44,167}\times100 ≒ 89.0\%$이고, 2018년에 $\dfrac{40,549}{44,326}\times100 ≒ 91.5\%$로 증가하였으므로 옳은 설명이다.

오답분석

• 김 대리 : 2016 ~ 2018년 당기순이익의 전년 대비 증감방향은 '증가 – 증가 – 증가'이나, 부채의 경우 '증가 – 증가 – 감소'이므로 옳지 않은 설명이다.

• 최 주임 : 2017년의 경우, 부채비율이 전년과 동일하므로 옳지 않은 설명이다.

13 정답 ⑤

대표이사를 제외한 나머지 6명이 일렬로 서는 경우의 수와 같다.
따라서 대표이사가 가운데에 서는 경우의 수는 $6!=6\times5\times4\times3\times2\times1=720$가지이다.

14 정답 ①

줄다리기 대표는 3명이므로 대표이사의 오른쪽 또는 왼쪽에 이웃해서 서야 한다.
• 대표이사를 기준으로 줄다리기 대표 3명이 서는 방향의 수 : 2가지
• 줄다리기 대표 3명이 일렬로 서는 경우의 수 : 3!=3×2×1=6가지
• 나머지 종목 대표 3명이 일렬로 서는 경우의 수 : 3!=3×2×1=6가지
따라서 구하는 경우의 수는 2×6×6=72가지이다.

15 정답 ①

자료는 비율을 나타내기 때문에 실업자의 수는 알 수 없다.

오답분석
② 실업자 비율은 2%p 증가하였다.
③ 경제활동인구 비율은 80%에서 70%로 감소하였다.
④ 취업자 비율은 12%p 감소했지만 실업자 비율은 2%p 증가하였기 때문에 취업자 비율의 증감폭이 더 크다.
⑤ 비경제활동인구의 비율은 20%에서 30%로 증가하였다.

16 정답 ⑤

ㄴ. 보험금 지급 부문에서 지원된 금융구조조정자금 중 저축은행이 지원받은 금액의 비중은 $\frac{72,892억}{303,125억} \times 100 ≒ 24.0\%$로 20%를 초과한다.

ㄷ. 제2금융에서 지원받은 금융구조조정자금 중 보험금 지급 부문으로 지원받은 금액이 차지하는 비중은 $\frac{182,718억}{217,080억} \times 100 ≒ 84.2\%$로, 80% 이상이다.

ㄹ. 부실자산 매입 부문에서 지원된 금융구조조정자금 중 은행이 지급받은 금액의 비중은 $\frac{81,064억}{105,798억} \times 100 ≒ 76.6\%$로, 보험사가 지급받은 금액의 비중의 20배인 $\frac{3,495억}{105,798억} \times 100 \times 20 ≒ 66.1\%$ 이상이므로 옳은 설명이다.

오답분석
ㄱ. 출자 부문에서 은행이 지원받은 금융구조조정자금은 222,039억 원으로, 증권사가 지원받은 금융구조조정자금의 3배인 99,769억×3=299,307억 원보다 적다.

17 정답 ④

온실가스 총량은 2017년에 한번 감소했다가 다시 증가한다.

오답분석
① 이산화탄소의 배출량이 2015 ~ 2019년 동안 가장 많았다. 따라서 이산화탄소는 2015 ~ 2019년 동안 가장 큰 비중을 차지한다.
②・③ 연도별 가계 부문과 산업 부문의 배출량 차이를 구하면 다음과 같다.
• 2015년 : 58,168.8-25,449.1=32,719.7ppm
• 2016년 : 59,160.2-26,182.8=32,977.4ppm
• 2017년 : 60,030-24,984.3=35,045.7ppm
• 2018년 : 64,462.4-21,875.9=42,586.5ppm
• 2019년 : 65,491.52-22,769.85=42,721.67ppm
따라서 가계 부문과 산업 부문의 배출량 차이는 지속적으로 증가하며, 2019년에 가장 크다.
⑤ 메탄은 항상 아산화질소보다 가계, 산업부문을 통틀어 더 많이 배출되고 있다.

18 정답 ③

$$(2030년\ 전국\ 노년부양비) = \frac{24.1}{64.7} ≒ 0.37$$

19 정답 ①

2010년에 전남의 노인인구비는 21.3%로 초고령사회에 처음 진입했다.

20 정답 ④

2017년 출생아 수는 그 해 사망자 수의 $\frac{438,420}{275,895} ≒ 1.59$배이며, 1.7배 미만이므로 옳지 않은 설명이다.

오답분석

① 출생아 수가 가장 많았던 해는 2017년이므로 옳은 설명이다.
② 표를 보면 사망자 수가 2016년부터 2019년까지 매년 전년 대비 증가하고 있음을 알 수 있다.
③ 사망자 수가 가장 많은 2019년은 사망자 수가 285,534명이고, 가장 적은 2015년은 사망자 수가 266,257명으로, 두 연도의 사망자 수 차이는
   285,534-266,257=19,277명으로 15,000명 이상이다.
⑤ 2016년 출생아 수는 2019년 출생아 수보다 $\frac{435,435-357,771}{357,771} \times 100 ≒ 21.7\%$ 많으므로 옳은 설명이다.

01	02	03	04	05	06	07	08	09	10	11	12	13	14	15	16	17	18	19	20
③	④	③	④	④	③	①	②	⑤	④	④	③	④	③	④	⑤	④	①	④	②

01 정답 ③

연경, 효진, 다솜, 지민, 지현의 증언을 차례대로 검토하면서 모순 여부를 찾아내면 쉽게 문제를 해결할 수 있다.
1) 먼저 연경이의 증언이 참이라면, 효진이의 증언도 참이다. 그런데 효진이의 증언이 참이라면 지현이의 증언은 거짓이 된다.
2) 지현이의 증언이 거짓이라면, '나와 연경이는 꽃을 꽂아두지 않았다.'는 말 역시 거짓이 되어 연경이와 지현이 중 적어도 한 명은 꽃을 꽂아두었다고 봐야 한다. 그런데 효진이의 증언은 지민이를 지적하고 있으므로 역시 모순이다. 결국 연경이와 효진이의 증언은 거짓이다.
그러므로 다솜, 지민, 지현이의 증언이 참이 되며, 참과 거짓을 바탕으로 이야기를 조합해보면 다솜이가 꽃을 꽂아두었다.

02 정답 ④

한 분야의 모든 사람이 한 팀에 들어갈 수는 없으므로 가와 나는 한 팀이 될 수 없다.

오답분석
① 갑과 을이 한 팀이 되는 것과 상관없이 가와 나는 한 분야의 모든 사람이 한 팀에 들어갈 수 없기 때문에 반드시 다른 팀이어야 한다.
② 두 팀에 남녀가 각각 2명씩 들어갈 수도 있지만, (남자 셋, 여자 하나), (여자 셋, 남자 하나)의 경우도 있다.
③ a와 c는 성별이 다르기 때문에 같은 팀에 들어갈 수 있다.
⑤ 조건에 따라 배치하면 c와 갑이 한 팀이 되면 한 팀의 인원이 5명이 된다.

03 정답 ③

네 번째, 다섯 번째 명제에 의해, A와 C는 각각 2종류의 동물을 키운다. 또한 첫 번째, 두 번째, 세 번째 명제에 의해, A는 토끼를 키우지 않는다. 따라서 A는 개와 닭, C는 토끼와 고양이를 키운다. 첫 번째 명제에 의해 D는 닭을 키우므로 C는 키우지 않지만 D가 키우는 동물은 닭이다.

오답분석
① 세 번째 명제에 의해 B는 개를 키운다.
② B가 토끼는 키우지 않지만, 고양이는 키울 수도 있다.
④ A, B, D 또는 B, C, D는 같은 동물 종류를 키울 수 있다.
⑤ B 또는 D는 3가지 종류의 동물을 키울 수 있다.

04 정답 ④

내년 식사 순서의 규칙을 살펴보면, 첫 번째 규칙은 모든 부서가 올해 식사 순서와는 달리 새로운 순서로 식사를 하기로 했다는 것이다. 예를 들면, A부서는 첫 번째가 아닌 순서에서 식사하고 B부서도 두 번째가 아닌 순서에서 식사해야 한다. 두 번째 규칙은 E부서 식사 후에는 C부서가 바로 이어서 식사하게 된다는 것이다.
이러한 두 규칙을 적용하여 경우의 수를 살펴보면 다음과 같다.
• 식사 순서 경우의 수
  – B부서 → A부서 → D부서 → E부서 → C부서
  – B부서 → A부서 → E부서 → C부서 → D부서

- B부서 → D부서 → A부서 → E부서 → C부서
- B부서 → D부서 → E부서 → C부서 → A부서
- D부서 → A부서 → B부서 → E부서 → C부서
- D부서 → A부서 → E부서 → C부서 → B부서
- E부서 → C부서 → A부서 → B부서 → D부서
- E부서 → C부서 → B부서 → A부서 → D부서
- E부서 → C부서 → D부서 → A부서 → B부서
- E부서 → C부서 → D부서 → B부서 → A부서

D부서가 가장 먼저 식사를 한다고 가정하면, 두 번째 순서에 B부서는 자신의 원래 순서이므로 위치하지 못한다. C부서 역시 E부서 뒤에 위치해야 하므로 두 번째 순서에 위치하지 못한다. 또한, E부서가 두 번째 순서에 위치하면 C부서가 세 번째 순서 즉, 자신의 원래 위치하게 된다. 따라서 D부서가 첫 번째 순서라면 A부서만이 두 번째 순서에 위치할 수 있다.

05 정답 ④

• ○○문구

비품가격은 32,000+31,900+2,500=66,400원이다. 20%를 할인받을 수 있는 쿠폰을 사용하면 총주문금액은 66,400×0.8=53,120원이다. 배송료를 더하면 53,120+4,000=57,120원이므로 견적금액은 57,100원이다(∵ 백 원 미만 절사).

• △△문구

비품가격은 25,000+22,800+1,800=49,600원이다. 4만 원 이상 구매 시 판매가의 7%를 할인받으므로 총주문금액은 49,600×0.93=46,128원이다. 배송료를 더하면 46,128+2,500=48,628원이므로 견적금액은 48,600원이다(∵ 백 원 미만 절사).

• ㅁㅁ문구

문서 파일을 제외한 비품가격은 24,100+28,000=52,100원이다. 5만 원 이상 구매 시 문서 파일 1개를 무료 증정하기 때문에 문서 파일은 따로 살 필요가 없다. 즉, 견적금액은 52,100−4,000(∵ 첫 구매 적립금)=48,100원이며, 배송료를 더하면 48,100+4,500=52,600원이다.

06 정답 ③

월요일에는 늦지 않게만 도착하면 되므로, 서울역에서 8시에 출발하는 KTX를 이용한다. 수요일에는 최대한 빨리 와야 하므로, 사천공항에서 19시에 출발하는 비행기를 이용한다.

따라서 소요되는 교통비는 65,200+22,200+21,500+93,200×0.9=192,780원이다.

07 정답 ①

자동차의 용도별 구분을 보면 비사업용 자동차에 사용할 수 있는 문자기호는 'ㅏ, ㅓ, ㅗ, ㅜ'뿐이다. 따라서 ①은 올바르지 않다.

08 정답 ②

84배 7895는 사업용인 택배차량이다.

오답분석

①・③・④・⑤ 비사업용 화물차량이다.

09 정답 ⑤

완성품 납품 수량은 총 100개이다. 완성품 1개당 부품 A는 10개가 필요하므로 총 1,000개가 필요하고, B는 300개, C는 500개가 필요하다. 이때 각 부품의 재고 수량에서 A는 500개를 가지고 있으므로 필요한 1,000개에서 가지고 있는 500개를 빼면 500개의 부품을 주문해야 한다. 이와 같이 계산하면 부품 B는 180개, 부품 C는 250개를 주문해야 한다.

10 정답 ④

신입사원의 수를 x명이라고 하자.
1인당 지급하는 국문 명함은 150장이므로 1인 기준 국문 명함 제작비용은 $10,000(100장)+3,000(추가 50장)=13,000$원이다.
$13,000x=195,000$
$\therefore x=15$

11 정답 ④

1인당 지급하는 영문 명함은 200장이므로 1인 기준 영문 명함 제작비용(일반종이 기준)은 $15,000(100장)+10,000(추가 100장)=25,000$원이다.

이때 고급종이로 영문 명함을 제작하므로 해외영업부 사원들의 1인 기준 영문 명함 제작비용은 $25,000\left(1+\dfrac{1}{10}\right)=27,500$원이다.

따라서 8명의 영문 명함 제작비용은 $27,500\times8=220,000$원이다.

12 정답 ③

[부서배치]
· 성과급 평균은 48만 원이므로, A는 영업부 또는 인사부에서 일한다.
· B와 D는 비서실, 총무부, 홍보부 중에서 일한다.
· C는 인사부에서 일한다.
· D는 비서실에서 일한다.
따라서 A – 영업부, B – 총무부, C – 인사부, D – 비서실, E – 홍보부에서 일한다.

[휴가]
A는 D보다 휴가를 늦게 간다.
따라서 C – D – B – A 또는 D – A – B – C 순으로 휴가를 간다.
D의 성과급은 60만 원, C의 성과급은 40만 원이므로 ③이 옳다.

오답분석

① A : $20\times3=60$만 원, C : $40\times2=80$만 원
② C가 제일 먼저 휴가를 갈 경우, A가 제일 마지막으로 휴가를 가게 된다.
④ 휴가를 가지 않은 E는 두 배의 성과급을 받기 때문에 총 120만 원의 성과급을 받게 되고, D의 성과급은 60만 원이기 때문에 두 사람의 성과급
　차이는 두 배이다.
⑤ C가 제일 마지막에 휴가를 갈 경우, B는 A보다 늦게 출발한다.

13 정답 ④

첫 번째 지원계획을 보면 지원금을 받는 모임의 구성원은 6명 이상 9명 미만이므로 A모임과 E모임은 제외한다. 나머지 B, C, D모임의 총지원금을
구하면 다음과 같다.
· B모임 : $1,500+100\times6=2,100$천 원
· C모임 : $(1,500+120\times8)\times1.3=3,198$천 원
· D모임 : $2,000+100\times7=2,700$천 원
따라서 D모임이 두 번째로 많은 지원금을 받는다.

14 정답 ③

· 철수 : C, D, F는 포인트 적립이 안 되므로 해당 사항이 없다.
· 영희 : A는 배송비가 없으므로 해당 사항이 없다.
· 민수 : A, B, C는 주문 취소가 가능하므로 해당 사항이 없다.
· 철호 : A, D는 배송비, E는 송금수수료, F는 환불 및 송금수수료가 없으므로 해당 사항이 없다.

15 정답 ④

회사 근처 모텔에서 숙박 후 버스 타고 공항 이동 : 40,000(모텔요금)+20,000(버스요금)+30,000(시간요금)=90,000원

오답분석

① 공항 근처 모텔로 버스 타고 이동 후 숙박 : 20,000(버스요금)+30,000(시간요금)+80,000(공항 근처 모텔요금)=130,000원
② 공항 픽업 호텔로 버스 타고 이동 후 숙박 : 10,000(버스요금)+10,000(시간요금)+100,000(호텔요금)=120,000원
③ 공항 픽업 호텔로 택시 타고 이동 후 숙박 : 20,000(택시요금)+5,000(시간요금)+100,000(호텔요금)=125,000원
⑤ 회사 근처 모텔에서 숙박 후 택시 타고 공항 이동 : 40,000(모텔요금)+40,000(택시요금)+15,000(시간요금)=95,000원

16 정답 ⑤

• 1월 8일
  출장지는 D시이므로 출장수당은 10,000원이고, 교통비는 20,000원이다. 그러나 관용차량을 사용했으므로 교통비에서 10,000원이 차감된다.
  그러므로 1월 8일의 출장여비는 10,000+(20,000-10,000)=20,000원이다.
• 1월 16일
  출장지는 S시이므로 출장수당은 20,000원이고, 교통비는 30,000원이다. 그러나 출장 시작 시각이 14시이므로 출장수당에서 10,000원이 차감된다.
  그러므로 1월 16일의 출장여비는 (20,000-10,000)+30,000=40,000원이다.
• 1월 19일
  출장지는 B시이므로 출장수당은 20,000원이고, 교통비는 30,000원이다. 그러나 업무추진비를 사용했으므로 출장수당에서 10,000원이 차감된다.
  그러므로 1월 19일의 출장여비는 (20,000-10,000)+30,000=40,000원이다.

따라서 K사원이 1월 출장여비로 받을 수 있는 금액은 20,000+40,000+40,000=100,000원이다.

17 정답 ④

A상무는 기계의 성능을 모두 같게 보는데 E사 제품이 성능 면에서 뒤처진다고 설득하는 내용이므로 A상무를 설득하기에는 부족하다.

18 정답 ①

〈조건〉에 따라 가중치를 적용한 각 후보 도서들의 점수를 나타내면 다음과 같다.

도서명	흥미도 점수	유익성 점수	1차 점수	2차 점수
재테크, 답은 있다	6×3=18	8×2=16	34	34
여행학개론	7×3=21	6×2=12	33	33+1=34
부장님의 서랍	6×3=18	7×2=14	32	–
IT혁명의 시작	5×3=15	8×2=16	31	–
경제정의론	4×3=12	5×2=10	22	–
건강제일주의	8×3=24	5×2=10	34	34

1차 점수가 높은 3권은 '재테크, 답은 있다', '여행학개론', '건강제일주의'로, 이 중 '여행학개론'은 해외저자의 서적이므로 2차 선정에서 가점 1점을 받는다.
그러면 1차 선정된 도서 3권의 2차 점수가 34점으로 모두 동일하여, 유익성 점수가 가장 낮은 '건강제일주의'가 탈락한다.
따라서 최종 선정될 도서는 '재테크, 답은 있다'와 '여행학개론'이다.

19 정답 ④

- 1단계
주민등록번호 앞 12자리 숫자에 가중치를 곱하면 다음과 같다.

숫자	2	4	0	2	0	2	8	0	3	7	0	1
가중치	2	3	4	5	6	7	8	9	2	3	4	5
(숫자)×(가중치)	4	12	0	10	0	14	64	0	6	21	0	5

- 2단계
1단계에서 구한 값을 합하면
$4+12+0+10+0+14+64+0+6+21+0+5=136$
- 3단계
2단계에서 구한 값을 11로 나누어 나머지를 구하면
$136 \div 11 = 12 \cdots 4$
즉, 나머지는 4이다.
- 4단계
11에서 나머지를 뺀 수는 $11-4=7$이다. 7을 10으로 나누면 $7 \div 10 = 0 \cdots 7$
따라서 ㉠에 들어갈 수는 7이다.

20 정답 ②

- 본부에서 36개월 동안 연구원으로 근무 → $0.03 \times 36 = 1.08$점
- 지역본부에서 24개월 근무 → $0.015 \times 24 = 0.36$점
- 특수지에서 12개월 동안 파견근무(지역본부 근무경력과 중복되어 절반만 인정) → $0.02 \times 12 \div 2 = 0.12$점
- 본부로 복귀 후 현재까지 총 23개월 근무 → $0.03 \times 23 = 0.69$점
- 현재 팀장(과장) 업무 수행 중
  - 내부평가결과 최상위 10% 총 12회 → $0.012 \times 12 = 0.144$점
  - 내부평가결과 차상위 10% 총 6회 → $0.01 \times 6 = 0.06$점
  - 금상 2회, 은상 1회, 동상 1회 수상 → $(0.25 \times 2)+(0.15 \times 1)+(0.1 \times 1)=0.75$점 → 0.5점(∵ 인정범위 조건)
  - 시행결과평가 탁월 2회, 우수 1회 → $(0.25 \times 2)+(0.15 \times 1)=0.65$점 → 0.5점(∵ 인정범위 조건)
따라서 K과장의 가점은 3.454점이다.

01	02	03	04	05	06	07	08	09	10
③	⑤	①	②	③	④	②	②	②	①

01 정답 ③

여러 셀에 숫자, 문자 데이터 등을 한 번에 입력하려면 여러 셀이 선택된 상태에서 〈Ctrl〉+〈Enter〉 키를 눌러서 입력해야 한다.

02 정답 ⑤

사용자 지정 형식은 양수, 음수, 0, 텍스트와 같이 4개의 구역으로 구성되며, 각 구역은 세미콜론(;)으로 구분된다. 즉 양수서식;음수서식;0서식;텍스트서식으로 정리될 수 있다. 문제에서 양수는 파란색으로, 음수는 빨간색으로 표현해야 하기 때문에 양수서식에는 [파랑], 음수서식에는 [빨강]을 입력해야 한다. 그리고 표시결과가 그대로 나타나야 하기 때문에 양수는 서식에 '+' 기호를 제외하며, 음수는 서식에 '−' 기호를 붙여주도록 한다.

오답분석

① 양수가 빨간색, 음수가 파란색으로 표현되며, 음수의 경우 '−' 기호도 사라진다.
② 양수가 빨간색, 음수가 파란색으로 표현된다.
③ 양수에 '+' 기호가 표현된다.
④ 음수에 '−' 기호가 표현되지 않는다.

03 정답 ①

엑셀 고급 필터 조건 범위의 해석법은 다음과 같다. 우선 같은 행의 값은 '이고'로 해석한다(AND 연산 처리). 다음으로 다른 행의 값은 '거나'로 해석한다(OR 연산 처리). 그리고 엑셀에서는 AND 연산이 OR 연산에 우선한다(행우선).
그리고 [G3] 셀의 「=C2>=AVERAGE($C$2:$C$8)」은 [C2] ~ [C8]의 실적이 [C2:C8]의 실적 평균과 비교되어 그 이상이 되면 TRUE(참)를 반환하고, 미만이라면 FALSE(거짓)를 반환하게 된다.
따라서 부서가 '영업1팀'이고 이름이 '수'로 끝나거나, 부서가 '영업2팀'이고 실적이 실적의 평균 이상인 데이터가 나타난다.

04 정답 ②

창 나누기를 수행하면 셀 포인터의 왼쪽과 위쪽으로 창 구분선이 표시된다.

05 정답 ③

오답분석

• A : 기억하기 쉬운 비밀번호는 타인이 사용할 가능성이 있어 개인 정보가 유출될 가능성이 크기 때문에 개인 정보 유출 방지책으로 옳지 않다.
• F : 회사 업무에 필요한 개인 정보들뿐만 아니라 개인 정보를 공유하는 것은 개인 정보를 유출시키는 요인 중 하나이다. 개인 정보를 공유하지 않는 것이 옳은 개인 정보 유출 방지책이다.

06 정답 ④

워드프로세서의 머리말은 한 페이지의 맨 위에 한두 줄의 내용이 고정적으로 반복되게 하는 기능이다.

07 정답 ②

RANK 함수는 범위에서 특정 데이터의 순위를 구할 때 사용하는 함수이다. RANK 함수의 형식은 「=RANK(인수,범위,논리값)」인데, 논리값의 경우 0이면 내림차순, 1이면 오름차순으로 나타나게 된다. 발전량이 가장 높은 곳부터 순위를 매기려면 내림차순으로 나타내야 하므로 (B)셀에는 「=RANK(F5,$F$5:$F$12,0)」을 입력해야 한다.

08 정답 ②

「=SMALL(B3:B9,2)」은 [B3:B9] 범위에서 2번째로 작은 값을 구하는 함수이므로 7이 출력된다.
「=MATCH(7,B3:B9,0)」는 [B3:B9] 범위에서 7의 위치 값을 나타내므로 값은 4가 나온다.
따라서 「=INDEX(A3:E9,4,5)」의 결괏값은 [A3:E9]의 범위에서 4행, 5열에 위치한 대전이다.

09 정답 ②

반복적인 작업을 간단히 실행키에 기억시켜 두고 필요할 때 빠르게 바꾸어 사용하는 기능은 매크로이며, 같은 내용의 편지나 안내문 등을 여러 사람에게 보낼 때 쓰이는 기능은 메일 머지이다.

10 정답 ①

오답분석

② 결괏값에 출근과 지각이 바뀌어 나타난다.
③・④・⑤ 9시 정각에 출근한 손흥민이 지각으로 표시된다.

01	02	03	04	05	06	07	08	09	10
④	④	④	②	②	④	②	②	⑤	⑤

01 정답 ④

'7S 모델'은 맥킨지(Mckinsey) 기업에서 개발한 조직문화를 구성하는 7가지(7S 모델)로 공유가치(Shared Value), 리더십 스타일(Style), 구성원(Staff), 제도와 절차(System), 구조(Structure), 전략(Strategy), 관리기술(Skill)이다.

02 정답 ④

기업이 공익을 침해할 경우 우선 합리적인 절차에 따라 문제 해결을 해야 하며, 기업 활동의 해악이 심각할 경우 근로자 자신이 피해를 볼지라도 신고할 윤리적 책임이 있다.

오답분석

ㄱ. 신고자의 동기가 사적인 욕구나 이익을 충족시켜서는 안 된다.

03 정답 ④

중요도와 긴급성에 따라 우선순위를 둔다면 1순위는 회의 자료 준비이다. 업무 보고서는 내일 오전까지 시간이 있으므로 회의 자료를 먼저 준비하는 것이 옳다. 그러므로 4번이 가장 좋은 행동이라 할 수 있다. 반면 1번은 첫 번째 우선순위로 놓아야 할 회의자료 작성을 전혀 고려하지 않고 있으므로 가장 적절하지 않은 행동이라 할 수 있다.

04 정답 ②

비판적 사고는 주관적 판단이 아닌 객관적 증거에 비추어 사태를 비교·검토하고, 인과관계를 명백히 하여 얻어진 판단에 따라 결론을 도출해야 한다.

05 정답 ②

②는 시각, 청각, 후각, 촉각, 미각의 다섯 가지 감각을 통해 만들어진 감각 마케팅으로 개인화 마케팅의 사례로 보기 어렵다.

오답분석

① 고객들의 개인적인 사연을 기반으로 광고 서비스를 제공함으로써 개인화 마케팅의 사례로 적절하다.

③ 고객들이 자신이 직접 사과를 받는 듯한 효과를 얻게 됨으로써 개인화 마케팅의 사례로 적절하다.

④ 댓글 작성자의 이름을 기반으로 이벤트를 진행하는 것으로 개인화 마케팅의 사례로 적절하다.

⑤ 고객의 이름을 불러주고 서비스를 제공해줌으로써 개인화 마케팅의 사례로 적절하다.

06 정답 ④

새로운 사회환경을 접할 때는 개방적 태도를 갖되 자신의 정체성은 유지하도록 해야 한다.

07 정답 ②

C주임은 최대 작업량을 잡아 업무를 진행하면 능률이 오를 것이라는 오해를 하고 있다. 하지만 이럴 경우 시간에 쫓기게 되어 오히려 능률이 떨어질 가능성이 있다. 실현 가능한 목표를 잡고 우선순위를 세워 진행하는 것이 옳다.

08 정답 ②

①·③·④·⑤는 인터뷰 준비를 위한 업무처리 내용이고, ②는 인터뷰 사후처리에 대한 내용이므로 우선순위 면에서는 가장 낮다.

09 정답 ⑤

특별한 상황이 없는 한, 개인의 단독 업무보다는 타인·타 부서와 협조된 업무를 우선적으로 처리해야 한다. 현재 시각이 오전 11시이므로 오전 중으로 처리하기로 한 업무를 가장 먼저 처리해야 한다. 따라서 오전 중으로 고객에게 보내기로 한 자료 작성(ㄹ)을 가장 먼저 처리한다. 다음으로 오늘까지 처리해야 하는 업무 두 가지(ㄱ, ㄴ) 중 비품 신청(ㄱ)보다 부서장이 지시한 부서 업무 사항(ㄴ)을 먼저 처리하는 것이 적절하다. 따라서 '고객에게 보내기로 한 자료 작성 – 부서 업무 사항 – 인접 부서의 협조 요청 – 단독 업무인 비품 신청' 순서로 업무를 처리해야 한다.

10 정답 ⑤

필리핀에서 한국인을 대상으로 범죄가 이루어지고 있다는 것은 심각하게 고민해야 할 사회문제이지만, 그렇다고 우리나라로 취업하기 위해 들어오려는 필리핀 사람들을 막는 것은 적절하지 않은 행동이다.

I wish you the best of luck!

2

PART

실전모의고사

정답 및 해설

01	02	03	04	05	06	07	08	09	10	11	12	13	14	15	16	17	18	19	20
③	⑤	②	③	④	④	④	②	④	②	②	①	①	③	③	④	②	②	①	④
21	22	23	24	25	26	27	28	29	30	31	32	33	34	35	36	37	38	39	40
①	③	④	①	④	③	③	②	①	③	④	④	④	④	①	③	⑤	⑤	②	③
41	42	43	44	45	46	47	48	49	50										
③	⑤	③	③	④	③	④	④	③	⑤										

01 정답 ③

상대방의 이야기를 들을 때 자신의 경험과 연결 지어 생각해보면 이해와 집중에 도움이 된다.

02 정답 ⑤

⑤는 경쟁사 간의 갈등으로, 다른 사회적 기반을 가진 집단 사이의 갈등이 아니다.

오답분석
① 노사 갈등
② 세대 갈등
③ 빈부 갈등
④ 지역 갈등

03 정답 ②

제시문은 재산권 제도의 발달에 따른 경제 성장을 예로 들어 제도의 발달과 경제 성장의 상관관계에 대해 설명하고 있다. 더불어 제도가 경제 성장에 영향을 줄 수는 있지만 동시에 경제 성장으로부터 영향을 받을 수도 있다는 점에서 그 인과관계를 판단하기 어려운 한계점을 제시하고 있다. 따라서 제목으로 적절한 것은 '경제 성장과 제도 발달'이다.

04 정답 ③

제시문에서는 법조문과 관련된 '반대 해석'과 '확장 해석'의 개념을 일상의 사례를 들어 설명하고 있다.

05 정답 ④

제시문은 낙수 이론에 대해 설명하고, 그 실증적 효과를 논한 후에 비판을 제기하고 있다. 따라서 제시된 문단 뒤에 일반론에 이은 효과를 설명하는 (A)가 오고, 비판을 시작하는 (B)가 (A) 뒤에 와야 한다. (D)에는 '제일 많이'라는 수식어가 있고, (C)에는 '또한 제기된다.'라고 명시되어 있으므로 (D)가 (C) 앞에 오는 것이 글의 구조상 적절하다. 따라서 (A) – (B) – (D) – (C)의 순서로 나열해야 한다.

06 정답 ④

법은 우리의 자유를 막고 때로는 신체적 구속을 행사하는 경우도 있지만 법이 없으면 안전한 생활을 할 수 없다는 점에서 없어서는 안 될 존재이다. 이와 마찬가지로 울타리는 우리의 시야를 가리고 때로는 바깥출입의 자유를 방해하지만 한편으로는 안전하고 포근한 삶을 보장한다는 점에서 고마운 존재이다. 제시문은 법과 울타리의 '양면성'이라는 공통점을 근거로 내용을 전개하고 있다.

07 정답 ④

뇌졸중은 현대의학에서 뇌출혈, 뇌경색 등 뇌혈관 질환을 통틀어 이르는 말이다. 흔히 잘못 사용하는 '뇌졸증'은 없는 말이다.

오답분석
① 부하직원이 대리나 과장 등 정확한 직함을 달고 있는데도 '~씨'라고 부르는 것은 잘못된 언어 습관이다. 직위에 알맞은 책임이나 권위를 무시하는 행위이기 때문이다.
② 식사는 끼니로 음식을 먹는 행위를 뜻하는 점잖은 한자 표현이지만 의미상 '밥'과 일맥상통하기 때문에 '밥 하셨나요?'라는 뜻이 된다. 부장이나 본부장, 사장에게 말하는 경우라면 밥을 높여 '진지 드셨어요?'라고 하는 것이 공손한 표현이다.
③ 절대절명은 잘못 사용한 사자성어이다. 절체절명(絶體絶命)이 올바르다.
⑤ '회복'이란 단어는 원래 상태를 되찾는다는 걸 의미한다. 따라서 '피로해소제'나 '원기회복제'로 사용하는 것이 올바르다.

08 정답 ②

제시문에서는 환경오염은 급격한 기후변화의 촉매제 역할을 하고 있으며, 이는 농어촌과 식량 자원에 악영향을 미치고 있다고 이야기하고 있다. 따라서 글의 주제로 ②가 적절하다.

09 정답 ④

우리나라는 식량의 75% 이상을 해외에서 조달해오고 있다. 이러한 특성상 기후변화가 계속된다면 식량공급이 어려워져 식량난이 심각해질 수 있다.

오답분석
① 기후변화가 환경오염의 촉매제가 된 것이 아니라, 환경오염이 기후변화의 촉매제가 되었다.
② 알프스나 남극 공기를 포장해 파는 시대가 올지도 모른다는 말은 그만큼 공기 질 저하가 심각하다는 것을 나타낸 것이다.
③ 한정된 식량 자원에 의한 굶주림이 일부 저개발 국가에서 일반화되었지만, 저개발 국가에서 인구의 폭발적인 증가가 일어났다고는 볼 수 없다.
⑤ 친환경적인 안전 먹거리에 대한 수요가 증가하고 있지만 일손 부족 등으로 친환경 먹거리 생산량의 대량화가 쉽지 않다. 따라서 급변하는 기후 속 식량난의 해결방법으로 보기 어렵다.

10 정답 ②

A기술의 특징은 전송된 하나의 신호가 다중 경로를 통해 안테나에 수신될 때, 전송된 신호들의 크기가 다르더라도 그중 신호의 크기가 큰 것을 선택하여 안정적인 송수신을 이루는 것이다. 따라서 한 종류의 액체는 전송된 하나의 신호가 되고, 빨리 나오는 배수관은 다중 경로 중 크기가 큰 신호가 전송되는 경로이다.

11 정답 ②

(B빌라 월세)+(한 달 교통비)=250,000+2.1×2×20×1,000=334,000원
따라서 B빌라에서 33만 4천 원으로 살 수 있다.

오답분석
① A빌라는 392,000원, B빌라는 334,000원, C아파트는 372,800원으로 모두 40만 원으로 가능하다.
③ C아파트가 편도 거리 1.82km로 교통비가 가장 적게 든다.
④ C아파트는 372,800원으로 A빌라보다 19,200원 덜 든다.
⑤ B빌라에 두 달 살 경우 668,000원이고 A빌라와 C아파트를 합한 금액은 764,800원이므로 적절하지 않다.

12 정답 ①

이메일 스팸 수신량이 가장 높은 시기는 2017년 하반기이지만, 휴대전화 스팸 수신량이 가장 높은 시기는 2016년 하반기이다.

오답분석

② 매해 수치를 보면 이메일 스팸 수신량이 휴대전화 스팸 수신량보다 많다.

③ 이메일 스팸 수신량의 증가·감소 시기와 휴대전화 스팸 수신량의 증가·감소 시기가 일치하지 않으므로 서로 밀접한 관련이 있다고 보기 어렵다.

④ 이메일 스팸 총 수신량의 평균은 0.6이고, 휴대전화 스팸 총 수신량의 평균은 약 0.19이다.

따라서 $\frac{0.6}{0.19} ≒ 3.16$으로 3배 이상이다.

⑤ 컴퓨터 사용량과 이메일 스팸 수신량이 정비례 관계에 있으므로, 컴퓨터 사용량이 증가하면 스팸 수신량도 증가한다. 따라서 스팸 수신량이 가장 높은 2017년 하반기에 국민의 컴퓨터 사용량이 제일 높았을 것이다.

13 정답 ①

2013년 화재로 발생한 사망자 수는 2012년도 사망자 수보다 4% 증가했으므로 $827 \times 1.04 ≒ 860$명이 된다.

2014년도 부상자 수는 2013년도 부상자 수의 80%이므로 2013년도 부상자 수를 a명이라고 가정하면, $a \times 0.8 = 811 \rightarrow a = \frac{811}{0.8} ≒ 1,014$명임을 알 수 있다.

따라서 2013년에 발생한 인명피해자 수는 $860 + 1,014 = 1,874$명이다.

14 정답 ③

2013 ~ 2019년 화재발생 건수 전년 대비 증감률은 다음과 같다.

- 2013년 : $\frac{44,373 - 41,863}{41,863} \times 100 ≒ 6.0\%$
- 2014년 : $\frac{41,774 - 44,373}{44,373} \times 100 ≒ -5.9\%$
- 2015년 : $\frac{44,281 - 41,774}{41,774} \times 100 ≒ 6.0\%$
- 2016년 : $\frac{46,790 - 44,281}{44,281} \times 100 ≒ 5.7\%$
- 2017년 : $\frac{44,265 - 46,790}{46,790} \times 100 ≒ -5.4\%$
- 2018년 : $\frac{41,693 - 44,265}{44,265} \times 100 ≒ -5.8\%$
- 2019년 : $\frac{44,278 - 41,693}{41,693} \times 100 ≒ 6.2\%$

따라서 증감률을 절댓값으로 비교하면 2019년의 전년 대비 증가율이 6.2%로 가장 크다.

오답분석

① 2013 ~ 2019년 인명피해자와 전년 대비 증감인원은 다음과 같다.

(단위 : 명)

구분	사망자	부상자	인명피해자	전년 대비 증감인원
2012년	827	964	1,791	
2013년	860	1,014	1,874	$1,874 - 1,791 = 83$
2014년	899	811	1,710	$1,710 - 1,874 = -164$
2015년	841	1,028	1,869	$1,869 - 1,710 = 159$
2016년	936	1,245	2,181	$2,181 - 1,869 = 312$
2017년	747	1,343	2,090	$2,090 - 2,181 = -91$
2018년	929	1,268	2,197	$2,197 - 2,090 = 107$
2019년	774	1,250	2,024	$2,024 - 2,197 = -173$
총계	6,813	8,923	15,736	

따라서 전년 대비 인명피해자가 가장 크게 감소한 해는 173명이 감소한 2019년도이다.

② 총 인명피해자의 50%는 $15,736 \times 0.5 = 7,868$명으로 총 부상자 8,923명보다 적으므로 옳은 설명이다.

④ 2013 ~ 2019년 화재발생 건수의 전년 대비 증감 건수는 다음과 같이 2,500건 이상 변화가 있음을 알 수 있다.

- 2013년 : $44,373-41,863=2,510$건
- 2014년 : $41,774-44,373=-2,599$건
- 2015년 : $44,281-41,774=2,507$건
- 2016년 : $46,790-44,281=2,509$건
- 2017년 : $44,265-46,790=-2,525$건
- 2018년 : $41,693-44,265=-2,572$건
- 2019년 : $44,278-41,693=2,585$건

⑤ 2017년 사망자의 전년 대비 감소율은 $\frac{747-936}{936}\times100≒-20.2\%$로, 20% 이상 감소하였다.

15 정답 ③

2016년 대비 2019년 사업자 수가 감소한 호프전문점, 간이주점, 구내식당 세 곳의 감소율은 다음과 같다.

- 호프전문점 : $\frac{41,796-37,543}{41,796}\times100≒10.2\%$
- 간이주점 : $\frac{19,849-16,733}{19,849}\times100≒15.7\%$
- 구내식당 : $\frac{35,011-26,202}{35,011}\times100≒25.2\%$

따라서 2016년 대비 2019년 사업자 수의 감소율이 두 번째로 큰 업종은 간이주점으로 감소율은 15.7%이다.

16 정답 ④

2016년 대비 2018년 일식전문점 사업자의 증감률 : $\frac{14,675-12,997}{12,997}\times100≒12.91\%$

오답분석

① 2019년 기타음식점 사업자는 24,509명, 2018년에는 24,818명이므로 24,818-24,509=309명 감소했다.

② 2017년의 전체 요식업 사업자에서 분식점이 차지하는 비중은 $\frac{52,725}{659,123}\times100≒8.0\%$, 패스트푸드점이 차지하는 비중은 $\frac{31,174}{659,123}\times100≒$ 4.73%이므로, 둘의 차이는 8.0-4.73=3.27%p이다.

③ 제시된 자료를 통해 사업자가 해마다 감소하는 업종은 간이주점, 구내식당 두 곳임을 알 수 있다.

⑤ 전체 요식업 사업자는 해마다 증가하는 반면 구내식당 사업자는 감소하기 때문에 비중이 점점 줄어드는 것을 알 수 있다. 이를 직접 계산하여 나타내면 다음과 같다.

- 2016년 : $\frac{35,011}{632,026}\times100≒5.54\%$
- 2017년 : $\frac{31,929}{659,123}\times100≒4.84\%$
- 2018년 : $\frac{29,213}{675,969}\times100≒4.32\%$
- 2019년 : $\frac{26,202}{687,704}\times100≒3.81\%$

17 정답 ②

(가) ~ (라)에 들어갈 정확한 값을 찾으려 계산하기보다는 자료에서 해결할 수 있는 실마리를 찾아 적절하지 않은 선택지를 제거하는 방식으로 접근하는 것이 좋다.

먼저 종합순위가 4위인 D과장의 점수는 모두 공개되어 있으므로 총점을 계산해보면, 80+80+60+70=290점이다.

종합순위가 5위인 A사원의 총점은 70+(가)+80+70=220+(가)점이며, 4위 점수인 290점보다 낮아야하므로 (가)에 들어갈 점수는 70점 미만이다.

종합순위가 3위인 C대리의 총점은 (다)+85+70+75=230+(다)점이며, 290점보다 높아야 하므로 (다)에 들어갈 점수는 60점을 초과해야 한다.

②, ③에 따라 (가)=65점, (다)=65점을 대입하면, C대리의 종합점수는 230+65=295점이 된다. 종합순위가 2위인 E부장의 총점은 85+85+70+(라)=240+(라)이므로, (라)에 들어갈 점수는 55점보다 높은 점수여야 한다. 이때 ②, ③ 모두 조건을 만족시킨다.

종합순위가 1위인 B사원의 총점은 80+85+(나)+70=235+(나)점이다. 종합순위가 2위인 E부장의 총점은 240+(라)점이므로 (나)에 들어갈 점수는 (라)+5보다 높은 점수여야 한다.

따라서 (나)와 (라)의 점수가 같은 ③은 제외된다. 이제 ①·②만 남는데, C대리의 총점 230+(다)>290이어야 한다. (다)는 60보다 커야 하므로, (가), (나), (다), (라)에 들어갈 점수로 가장 적절한 것은 ②임을 알 수 있다.

18 정답 ②

일의 양을 1이라고 가정하면, P연구원과 K연구원이 하루에 할 수 있는 일의 양은 각각 $\frac{1}{8}$, $\frac{1}{14}$이다. 처음 이틀과 보고서 제출 전 이틀 총 4일은 같이 연구하고, 나머지는 K연구원 혼자 연구하였다. K연구원 혼자 연구하는 기간을 x일이라 하고 식을 세우면 다음과 같다.

$4\times\left(\frac{1}{8}+\frac{1}{14}\right)+\frac{x}{14}=1 \rightarrow \frac{1}{2}+\frac{2}{7}+\frac{x}{14}=1 \rightarrow 7+4+x=14$
$\rightarrow x=3$

따라서 K연구원이 혼자 3일 동안 연구하므로 보고서를 제출할 때까지 총 3+4=7일이 걸렸다.

19 정답 ①

• 네 번째 조건
  2009년 대비 2019년 독신 가구 실질세부담률이 가장 큰 폭으로 증가한 국가는 C이다. 즉 C는 포르투갈이다.
• 첫 번째 조건
  2019년 독신 가구와 다자녀 가구의 실질세부담률 차이가 덴마크보다 큰 국가는 A, C, D이다. 네 번째 조건에 의하여 C는 포르투갈이므로 A, D는 캐나다, 벨기에 중 한 곳이다.
• 두 번째 조건
  2019년 독신 가구 실질세부담률이 전년 대비 감소한 국가는 A, B, E이다. 즉, A, B, E는 벨기에, 그리스, 스페인 중 한 곳이다. 첫 번째 조건에 의하여 A는 벨기에, D는 캐나다이다.
  따라서 B, E는 그리스와 스페인 중 한 곳이다.
• 세 번째 조건
  E의 2019년 독신 가구 실질세부담률은 B의 2019년 독신 가구 실질세부담률보다 높다. 즉, B는 그리스, E는 스페인이다.
따라서 A는 벨기에, B는 그리스, C는 포르투갈, D는 캐나다, E는 스페인이다.

20 정답 ④

고속국도 일평균 버스 교통량의 증감 추이는 '증가 - 감소 - 증가 - 감소'이고, 일반국도 일평균 버스 교통량의 증감 추이는 '감소 - 감소 - 감소 - 감소'이다. 따라서 고속국도와 일반국도의 일평균 버스 교통량의 증감 추이는 같지 않다.

오답분석

① 2015 ~ 2019년의 일반국도와 국가지원지방도의 일평균 승용차 교통량의 합을 구하면 다음과 같다.
  • 2015년 : 7,951+5,169=13,120대
  • 2016년 : 8,470+5,225=13,695대
  • 2017년 : 8,660+5,214=13,874대
  • 2018년 : 8,988+5,421=14,409대
  • 2019년 : 9,366+5,803=15,169대
  따라서 고속국도의 일평균 승용차 교통량은 일반국도와 국가지원지방도의 일평균 승용차 교통량의 합보다 항상 많음을 알 수 있다.
② 제시된 자료를 통해 2017년까지 감소하다가 2018년부터 증가하는 것을 알 수 있다.
③ 전년 대비 교통량이 감소한 2016년을 제외하고 국가지원지방도의 각 연도별 일평균 버스 교통량의 전년 대비 증가율을 구하면 다음과 같다.
  • 2017년 : $\frac{226-219}{219}\times100 ≒ 3.20\%$
  • 2018년 : $\frac{231-226}{226}\times100 ≒ 2.21\%$
  • 2019년 : $\frac{240-231}{231}\times100 ≒ 3.90\%$
  따라서 2019년에 국가지원지방도의 일평균 버스 교통량의 전년 대비 증가율이 가장 크다.
⑤ 2019년 일반국도와 국가지원지방도의 일평균 화물차 교통량의 합은 2,757+2,306=5,063대이고, 5,063×2.5=12,657.5<13,211이다. 따라서 2019년 고속국도의 화물차 일평균 교통량은 2019년 일반국도와 국가지원지방도의 일평균 화물차 교통량 합의 2.5배 이상이다.

21 정답 ①

매장의 비주얼은 경영기획관리부서에서 관리한다고 하였으므로 VM팀은 4층이 아닌 5층에 배정된다. 따라서 4층에는 디자인, 마케팅, 영업기획, 영업관리팀이 속한다.

22 정답 ③

VM팀은 5층에 있으므로 첫 번째 번호는 5, VM을 한글로 변환하면 '비주얼 마케팅'이므로 'ㅂ'에 해당하는 자리는 3, 대리에 부여되는 번호는 3이므로 VM팀의 H대리의 내선번호는 00 – 533이다.
총무팀은 6층에 있으므로 첫 번째 번호는 6, 'ㅊ'에 해당하는 자리는 4, 사원에 부여되는 번호는 4이므로 총무팀 A사원의 내선번호는 00 – 644이다.

23 정답 ④

오답분석
① 첫 번째 명제와 두 번째 명제로 알 수 있다.
② 세 번째 명제의 대우와 첫 번째 명제를 통해 추론할 수 있다.
③ 첫 번째 명제와 네 번째 명제로 추론할 수 있다.
⑤ 두 번째 명제의 대우와 첫 번째 명제의 대우, 세 번째 명제로 추론할 수 있다.

24 정답 ①

각 교통편에 대해 김 대리의 기준에 따라 계산하면 다음과 같다.
• CZ3650 : $2 \times 1,000,000 \times 0.6 + 500,000 \times 0.8 = 1,600,000$원
• MU2744 : $3 \times 1,000,000 \times 0.6 + 200,000 \times 0.8 = 1,960,000$원
• G820 : $5 \times 1,000,000 \times 0.6 + 120,000 \times 0.8 = 3,096,000$원
• D42 : $8 \times 1,000,000 \times 0.6 + 70,000 \times 0.8 = 4,856,000$원
따라서 김 대리가 선택할 교통편은 CZ3650이다.

25 정답 ④

〈조건〉을 바탕으로 가능한 경우는 다음과 같다.

1일	2일	3일	4일	5일	6일
B	E	F	C	A	D
B	C	F	D	A	E
A	B	F	C	E	D
A	B	C	F	D	E
E	B	C	F	D	A
E	B	F	C	A	D

따라서 B영화는 항상 1일 또는 2일에 상영된다.

26 정답 ③

대화 내용을 살펴보면 A과장은 패스트푸드점, B대리는 화장실, C주임은 은행, 귀하는 편의점을 이용한다. 이는 동시에 이루어지는 일이므로 가장 오래 걸리는 일의 시간만을 고려하면 된다. 은행이 30분으로 가장 오래 걸리므로 17:20에 모두 모이게 된다. 따라서 17:00, 17:15에 출발하는 버스는 이용하지 못한다. 그리고 17:30에 출발하는 버스는 잔여석이 부족하여 이용하지 못한다. 최종적으로 17:45에 출발하는 버스를 탈 수 있으므로 서울 도착 예정시각은 19:45이다.

27 정답 ③

• 박 주임 : 6주를 단축했을 때 소요되는 비용은
2,000(∵ 공정 1, 5주)+500(∵ 공정 2, 1주)=2,500만 원이다.

오답분석
• 이 대리 : 정규적으로 공사할 경우 소요되는 총 공사기간은 길게 걸리는 공정만 더하면 되므로
12(∵ 공정 1)+8(∵ 공정 2)+12(∵ 공정 4)+4(∵ 공정 7)이므로 총 36주가 소요된다.
• 김 사원 : 10주의 공사기간 단축이 필요할 경우, 추가로 드는 최소비용은
2,000(∵ 공정 1, 5주)+1,500(∵ 공정 2, 3주)+2,000(∵ 공정 4, 2주)=5,500만 원이 소요된다.

28 정답 ②

4,500만 원의 추가예산을 효율적으로 활용해서 공사기간을 최대한 단축하려고 할 때, 소요비용은
2,000(∵ 공정 1, 5주)+1,500(∵ 공정 2, 3주)+1,000(∵ 공정 4, 1주)=4,500만 원이고 단축할 수 있는 공사기간은 총 9주이다.

29 정답 ①

A ~ E사원의 연차 사용일은 다음과 같다.
• A사원 : 7일
• B사원 : 10일
• C사원 : 8일
• D사원 : 9일
• E사원 : 8일
따라서 A사원이 총 7일로 연차를 가장 적게 썼다.

30 정답 ③

A회사에서는 연차를 한 달에 3일로 제한하고 있으므로, 11월에 휴가를 쓸 수 없다면 앞으로 총 6일(10월 3일, 12월 3일)의 연차를 쓸 수 있다. 따라서 휴가에 관해서 손해를 보지 않으려면 이미 9일 이상의 연차를 썼어야 한다. 이에 해당하는 사원은 B와 D이다.

31 정답 ④

오답분석
① 낱장 인쇄용지 중 크기가 가장 큰 용지는 B1이다.
② 1 : 2가 아니고 1 : $\sqrt{2}$ 이다.
③ A4의 2배 크기는 A3이다.
⑤ 용지를 나타내는 숫자가 1씩 커질수록 용지의 크기는 절반씩 작아진다.

32 정답 ④

오답분석
① 〈Home〉 : 커서를 행의 맨 처음으로 이동시킨다.
② 〈End〉 : 커서를 행의 맨 마지막으로 이동시킨다.
③ 〈Back Space〉 : 커서 앞의 문자를 하나씩 삭제한다.
⑤ 〈Alt〉+〈Page Up〉 : 커서를 한 쪽 앞으로 이동시킨다.

33 정답 ④

오답분석
① 셀들의 합계를 구할 때 사용하는 함수이다.
② 숫자가 들어 있는 셀의 개수를 구할 때 사용하는 함수이다.
③ 수치가 아닌 셀을 포함하는 인수의 평균값을 구할 때 사용하는 함수이다.
⑤ 지정된 범위에서 조건에 맞는 셀의 개수를 구할 때 사용하는 함수이다.

34 정답 ④

(가)는 상용구 기능을, (나)는 캡션달기 기능을 설명하고 있다.

35 정답 ①

범례는 차트에 그려진 데이터 계열의 종류를 모아놓은 표식이다.

오답분석
② 차트 제목은 '지점별 매출현황'으로 나타나 있다.
③ 축 제목은 '매출량'과 '지역'으로 나타나 있다.
④ 데이터 레이블은 데이터값이나 항목, 계열에 대한 정보를 제공하는 것으로 그래프 위에 나타나 있다.
⑤ 눈금선은 X축이나 Y축 눈금에 대한 실선을 표시한 것이다.

36 정답 ③

SUM 함수는 인수들의 합을 구할 때 사용한다.
• (가) : 「=SUM(B2:B11)」
• (나) : 「=SUM(C2:C11)」

오답분석
① REPT : 텍스트를 지정한 횟수만큼 반복한다.
② CHOOSE : 인수 목록 중에서 하나를 고른다.
④ AVERAGE : 인수들의 평균을 구한다.
⑤ DSUM : 지정한 조건에 맞는 데이터베이스에서 필드 값들의 합을 구한다.

37 정답 ⑤

• MAX : 최댓값을 구한다.
• MIN : 최솟값을 구한다.

38 정답 ⑤

오답분석
① 새 문서
② 수식 편집기
③ 저장하기
④ 불러오기

39　정답 ②

3차원 대부분의 차트와 원형, 도넛형, 표면형, 방사형과 같은 항목축과 값축의 구분이 명확하지 않은 차트 종류는 추세선을 추가할 수 없다.

40　정답 ③

비밀번호 자동 저장에 관련된 공문이므로 자동 저장 기능을 삭제하기 위한 화면을 공문에 첨부해야 한다. 비밀번호 자동 저장 기능 삭제는 [인터넷 옵션] - [내용] 탭에 들어가 '자동 완성 설정'의 '양식에 사용할 사용자 이름과 암호'란의 체크를 해제하면 된다.

41　정답 ③

'기축통화'는 국제 간의 결제나 금융거래에서 기본이 되는 화폐로 미국 예일대학의 로버트 트리핀 교수가 처음 사용한 용어이다. 대표적인 기축통화로는 미국 달러화가 있으며, 유럽에서는 유로화가 통용되고 있다.

오답분석

① 나스닥, 자스닥, 코스닥 등은 각 국가에서 운영하는 전자 주식 장외시장이다.
② MSCI지수는 서로 다른 기준을 적용하는 개별국가의 주식시장을 상호 비교할 수 있도록 각 국가의 주식시장에 모건스탠리증권사의 고유한 분석기준을 통일하게 적용해 산출한 지수이다.
④ 이머징마켓은 개발도상국 가운데 경제성장률이 높고 빠른 속도로 산업화가 진행되는 국가의 시장으로 한국, 브라질, 폴란드 등 여러 국가들이 속해있다.

42　정답 ⑤

다른 국가들의 국제동향을 파악하기 위해서는 현지인의 의견이 무엇보다 중요하다.

43　정답 ③

면접관의 질문 의도는 단순히 사무실의 구조나 회사 위치 등 눈에 보이는 정보를 묻는 것이 아니라, 실질적으로 회사를 운영하는 내부 조직에 관련된 사항을 알고 있는지를 묻는 것이다. 그러므로 사무실의 구조는 질문의 답변 내용으로 적절하지 않다.

44　정답 ③

제시된 사례의 쟁점은 재고 처리이며, 여기서 김봉구 씨는 W사에 대하여 경쟁전략(강압전략)을 사용하고 있다. 강압전략이란 내가 승리하기 위해서 당신은 희생되어야 한다는 것이며, 명시적 또는 묵시적으로 강압적 위협이나 강압적 설득, 처벌 등의 방법으로 상대방을 굴복시키거나 순응시킨다. 자신의 주장을 확실하게 상대방에게 제시하고 상대방에게 이를 수용하지 않으면 보복이 있을 것이며 협상이 결렬될 것이라는 등의 위협을 가하는 것이다. 즉, 강압전략은 일방적인 의사소통으로 일방적인 양보를 받아내려는 것이다.

45　정답 ④

업무환경에 '자유로운 분위기'라고 명시되어 있으므로 '중압적인 분위기를 잘 이겨낼 수 있다.'는 올바르지 않다.

46　정답 ③

①·②·④·⑤는 전략과제에서 도출할 수 있는 추진방향이지만, ③의 국제경쟁입찰의 과열 경쟁 심화와 컨소시엄 구성 시 민간기업과 업무배분, 이윤 추구성향 조율의 어려움 등은 문제점에 대한 언급이기 때문에 추진방향으로 가장 적절하지 않다.

47 정답 ④

어떤 사안에 대한 '보고'를 한다는 것은 그 내용에 대한 충분한 이해가 되었다는 것이다. 즉, 그 내용과 관련해서 어떤 질문을 받아도 답변이 가능해야 한다.

오답분석

① 설명서에 해당하는 설명이다.
② 기획안에 해당하는 설명이다.
③ 이해를 돕기 위한 자료라 해도 양이 너무 많으면 오히려 내용 파악에 방해가 된다.
⑤ 한 장에 담아내야 하는 원칙이 적용되는 문서는 회사 외부로 전달되는 문서인 공문서이다.

48 정답 ④

창의적인 사고가 선천적으로 타고난 사람들에게만 있다든가, 후천적 노력에는 한계가 있다는 것은 편견이다.

49 정답 ③

제시문은 총무부에서 주문서 메일을 보낼 때 꼼꼼히 확인하지 않아서 수정 전의 파일이 첨부되어 발송되었기 때문에 발생한 일이다.

50 정답 ⑤

김 팀장의 지시에 따른 박 대리의 업무 리스트를 우선순위에 따라 작성하면 다음과 같다.

〈업무 리스트〉
1. 부장님께 사업계획서 제출(이번 주 금요일)
2. 본사 사업현황보고 회의 참석(오늘 오후 5시)
3. 금일 업무 보고서 작성(오늘 오후 4시까지)
4. 회의실 예약 현황 확인(오늘 오후 2시까지)

⇩

〈업무 우선순위〉
1. 회의실 예약 현황 확인
2. 금일 업무 보고서 작성
3. 본사 사업현황보고 회의 참석
4. 부장님께 사업계획서 제출

따라서 박 대리가 가장 먼저 처리해야 할 일은 회의실 예약 현황을 확인하는 것이다.

01	02	03	04	05	06	07	08	09	10	11	12	13	14	15	16	17	18	19	20
③	⑤	②	③	②	④	④	④	②	④	④	②	④	①	④	④	②	③	④	②
21	22	23	24	25	26	27	28	29	30	31	32	33	34	35	36	37	38	39	40
①	①	⑤	④	④	⑤	④	①	④	④	⑤	④	①	④	②	②	④	①	⑤	④
41	42	43	44	45	46	47	48	49	50										
⑤	③	①	⑤	③	②	③	①	③	②										

01 정답 ③

제시문은 테레민이라는 악기를 두 손을 이용해 어떻게 연주하는가에 대한 내용이다. 두 번째 문단에서 '오른손으로는 수직 안테나와의 거리에 따라 음고를 조절하고, 왼손으로는 수평 안테나와의 거리에 따라 음량을 조절한다.'고 하였고, 마지막 문단에서는 이에 따라 오른손으로 음고를 조절하는 방법에 대해 설명하고 있다. 따라서 뒤에 이어질 내용은 왼손으로 음량을 조절하는 방법이 나오는 것이 적절하다.

02 정답 ⑤

사업장이 오염물질 배출 허용기준을 초과할 것으로 우려될 경우 자동으로 예·경보 시스템이 작동한다.

03 정답 ②

문서를 작성해야 하는 상황은 주로 요청이나 확인을 부탁하는 경우, 정보제공을 위한 경우, 명령이나 지시가 필요한 경우, 제안이나 기획을 할 경우, 약속이나 추천을 위한 경우이다. 그러나 ②의 경우 자유롭게 제시된 팀원의 모든 의견은 공식적인 것이 아니므로 문서로 작성하지 않아도 된다.

04 정답 ③

• ㉠의 '사람은 섬유소를 분해하는 효소를 합성하지 못한다.'는 내용과 (나) 바로 뒤의 문장의 '반추 동물도 섬유소를 분해하는 효소를 합성하지 못하는 것은 마찬가지'로 보아 ㉠의 적절한 위치는 (나)임을 알 수 있다.
• ㉡은 대표적인 섬유소 분해 미생물인 피브로박터 숙시노젠(F)을 소개하고 있으므로 계속해서 피브로박터 숙시노젠을 설명하는 (라) 뒤의 문장보다 앞에 위치해야 한다.

05 정답 ②

고객에게 문의 주신 것에 대한 감사와 문제가 생겨 힘들었던 점을 공감해주는 내용으로 불만고객 응대를 위한 8단계 프로세스 중 '감사와 공감 표시' 단계임을 알 수 있다.

오답분석

① 어떠한 부분이 불편했는지 질문하는 것이므로 '정보파악' 단계이다.
③ 고객이 처음에 말한 내용을 확인한 후 바로 도움을 드리겠다는 내용으로 '해결약속' 단계이다.
④ 정보파악 후 내용을 확인하고 문제를 처리하기 전 고객에게 시간 양해를 구하는 것으로 '신속처리' 단계이다.
⑤ 문제해결 후 고객에게 서비스에 대한 만족도를 묻는 것으로 마지막 '피드백' 단계이다.

06 정답 ④

'또한'은 '어떤 것을 전제로 하고 그것과 같게, 그 위에 더'를 뜻하는 부사로, 앞의 내용에 새로운 내용을 첨가할 때 사용한다. 그러나 ㉣의 앞 내용은 뒤 문장의 이유나 근거에 해당하므로 '또한'이 아닌 '그러므로'를 사용하는 것이 문맥상 자연스럽다.

07 정답 ④

제시된 글은 딸기에 들어있는 비타민 C와 항산화 물질, 식물성 섬유질, 철분 등을 언급하며 딸기의 다양한 효능을 설명하고 있다.

08 정답 ④

딸기는 건강에 좋지만 당도가 높으므로 혈당 조절이 필요한 사람을 마케팅 대상으로 삼는 것은 올바르지 않다.

09 정답 ②

접수기간만 명시되어 있고 1차 예선 발표에 대한 일정은 언급되어 있지 않다.

10 정답 ④

IT・BT 융합기술에 대한 설명으로 환경경영 실천과제와 관계가 없는 설명이다.

오답분석
① '능동적 기후변화 대응 – 기후변화 대응역량 강화 – 신재생에너지 발전 확대'에 적합한 설명이다.
② 자연보호에 대해 설명하고 있으며, 환경경영 실천과제에서 '대외 파트너십 강화 – 생태계 보존 프로그램 확대 – 자연보호활동 강화'에 적합한 설명이다.
③ 환경성적표지제도에 대해 설명하고 있으며, 환경경영 실천과제에서 '통합환경경영 체계 강화 – 환경경영 프로그램 도입 – 환경성적표지 인증 취득'에 적합한 설명이다.
⑤ 환경 문제에 대한 민원을 설명하고 있으며, 환경경영 실천과제에서 '대외 파트너십 강화 – 환경 민원 최소화 – 민원 및 법규 위반 효율적 대응'에 적합한 설명이다.

11 정답 ④

'꼭 필요한 부위에만 접착제와 대나무 못을 사용하여 목재가 수축・팽창하더라도 뒤틀림과 휘어짐이 최소화될 수 있도록 하였다.'라는 문장을 볼 때, 접착제와 대나무 못을 사용하면 수축과 팽창이 발생하지 않는다는 말은 옳지 않다.

12 정답 ②

세슘은 공기 중에서도 쉽게 산화하며 가루 세슘 또한 자연발화를 한다. 특히 물과 만나면 물에 넣었을 때 발생하는 반응열이 수소 기체와 만나 더욱 큰 폭발을 일으킨다. 하지만 제시문에서 액체 상태의 세슘을 위험물에서 제외한다는 내용은 제시되어 있지 않다.

13 정답 ④

참여예산제는 인기 영합적 예산 편성으로 예산 수요가 증가하여 재정 상태를 악화시킬 가능성이 있지만, 참여예산제 자체가 재정 상태를 악화시키지는 않는다.

14 정답 ①

알파고의 다음 상대가 누구인지는 글에 나와 있지 않다.

15 정답 ④

민간 부문에서 역량 모델의 도입에 대한 논의가 먼저 이루어진 것으로 짐작할 수는 있지만, 이것이 민간 부문에서 더욱 효과적으로 작용한다는 것을 의미한다고 보기는 어렵다.

16 정답 ④

표준편차는 변량의 분산 정도를 표시하는 척도이다. 부가서비스별로 선호하는 비중은 남성의 경우 7 ~ 19% 사이에 위치하고, 여성의 경우 6 ~ 21%에 위치하고 있다. 평균이 약 11.1%(=100%÷9)인 것을 감안했을 때, 여성의 비중이 평균에 비해 더 멀리 떨어져 있으므로 표준편차의 값은 남성보다 여성이 더 큰 것을 알 수 있다.

오답분석

① 성별 비율이 각각 50%라면, 포인트 적립 항목의 경우 전체 비율이 19%×0.5+21%×0.5=20%가 나와야한다. 하지만 표에서는 19.8%라고 하였으므로 P대리가 설명한 내용은 틀렸다. 올바르게 설명하려면 남성의 비율은 60%, 여성은 40%라고 언급해야 한다.

② 무응답한 비율은 전체 8.4%이므로 1,000×0.084=84명이 맞다. 하지만 남녀 비율이 6 : 4이므로 남성은 600×0.1=60명, 여성은 400×0.06= 24명이라고 언급하여야 한다.

③ 남성이 두 번째로 선호하는 부가서비스는 무이자 할부(17%)이다.

⑤ 남성과 여성이 선호하는 부가서비스의 종류의 차이는 있지만 선호하는 주요 부가서비스가 서로 일치한다.

17 정답 ②

주어진 자료를 토대로 각 마을의 판매량과 구매량을 구해 보면 다음과 같다.

구분	판매량	구매량	거래량 계
갑 마을	570	610	1,180
을 마을	640	530	1,170
병 마을	510	570	1,080
정 마을	570	580	1,150
합계	2,290	2,290	4,580

따라서 갑 마을이 을 마을에 40kW를 더 판매했다면, 을 마을의 구매량은 530+40=570kW가 되어 병 마을의 구매량과 같게 된다.

오답분석

① 거래량 표에서 보듯이 총 거래량이 같은 마을은 없다.

③ 위의 거래량 표에서 알 수 있듯이 을 마을의 거래 수지만 양의 값을 가짐을 알 수 있다.

④ 위의 거래량 표에서 알 수 있듯이 판매량과 구매량이 가장 큰 마을은 각각 을 마을과 갑 마을이다.

⑤ 마을별 거래량 대비 구매량의 비율은 다음과 같으므로 40% 이하인 마을은 없다.
- 갑 마을 : 610÷1,180×100 ≒ 51.7%
- 을 마을 : 530÷1,170×100 ≒ 45.3%
- 병 마을 : 570÷1,080×100 ≒ 52.8%
- 정 마을 : 580÷1,150×100 ≒ 50.4%

18 정답 ③

A기업
- 화물자동차 : $200,000+(1,000\times5\times100)+(100\times5\times100)=750,000$원
- 철도 : $150,000+(900\times5\times100)+(300\times5\times100)=750,000$원
- 연안해송 : $100,000+(800\times5\times100)+(500\times5\times100)=750,000$원

B기업
- 화물자동차 : $200,000+(1,000\times1\times200)+(100\times1\times200)=420,000$원
- 철도 : $150,000+(900\times1\times200)+(300\times1\times200)=390,000$원
- 연안해송 : $100,000+(800\times1\times200)+(500\times1\times200)=360,000$원

따라서 A는 모든 수단이 동일한 비용이고, B는 연안해송이 가장 저렴하다.

19 정답 ④

- 이 주임 : 전체 연구기술직 인력 중 기업체 연구기술직 인력이 차지하는 비율은 $\dfrac{3,242}{4,116}\times100 ≒ 78.8\%$이므로 옳은 설명이다.
- 김 대리 : 기타로 분류된 인원은 420명으로, 사무직 인원 1,658명의 25%인 414.5명보다 많으므로 옳은 설명이다.

오답분석
- 김 사원 : 기업체의 연구기술직 인원은 3,242명으로 기업체 사무직 인원의 2배인 $1,622\times2=3,244$명 미만이므로 옳지 않은 설명이다.
- 박 주임 : 연구기관의 사무직 인력은 36명으로, 전체 사무직 인력 1,658명 중 차지하는 비율은 $\dfrac{36}{1,658}\times100 ≒ 2.2\%$이므로 옳지 않은 설명이다.

20 정답 ②

직원 수를 x명이라 하자.
- 50만 원씩 나누는 경우 : $50x+100$
- 60만 원씩 나누는 경우 : $60x-500$

어떤 경우라도 총 금액은 같아야 하므로
$50x+100=60x-500$
$\rightarrow 10x=600$
$\therefore x=60$

21 정답 ①

2019년도에 F학점을 받은 학생의 비율을 a라 하면

성적	A	B	C	D	F	합계
2019년도 학생 수의 비율	15	$4a$	$10a$	10	a	100

- A학점을 받은 학생 수의 비율은 D학점을 받은 학생 비율의 1.5배이므로 $10\times1.5=15\%$
- B학점을 받은 학생 수의 비율은 F학점을 받은 학생 비율의 4배이므로 $a\times4=4a$
- C학점을 받은 학생 수의 비율은 B학점과 F학점을 받은 학생 비율의 합의 2배이므로
$(4a+a)\times2=10a \rightarrow 15+4a+10a+10+a=100$
$\therefore a=5$

따라서 F학점을 받은 학생 수의 비율이 5%이므로 2018년도에 F학점을 받은 학생 수는
$120\times\dfrac{5}{100}=6$명이다.

22 정답 ①

A쇼핑몰은 정시에 도착하고, 동시에 B쇼핑몰은 늦게 도착해야 하므로, 두 확률의 곱을 계산해야 한다.

따라서 $\frac{1}{3} \times \frac{1}{2} = \frac{1}{6}$ 이 된다.

23 정답 ⑤

B업체 견인차의 속력을 $x$km/h(단, $x \neq 0$)라 하자.

A업체 견인차의 속력이 63km/h일 때, 40분만에 사고지점에 도착하므로 A업체부터 사고지점까지의 거리는 $63 \times \frac{40}{60} = 42$km이다.

사고지점은 B업체보다 A업체에 40km 더 가까우므로 B업체에서 사고지점까지의 거리는 42+40=82km이다.

B업체의 견인차가 A업체의 견인차보다 늦게 도착하지 않으려면 사고지점에 도착하는 데 걸리는 시간이 40분보다 적거나 같아야 한다.

$$\frac{82}{x} \leq \frac{2}{3} \rightarrow 2x \geq 246$$

$\therefore x \geq 123$

24 정답 ④

제시된 자료를 통해 초혼연령이 증가하는 이유에 대해서는 알 수 없다.

25 정답 ④

서비스 품질 5가지 항목의 점수와 서비스 쇼핑 체험 점수를 비교해보면, 모든 대형마트에서 서비스 쇼핑 체험 점수가 가장 낮다는 것을 확인할 수 있다. 따라서 서비스 쇼핑 체험 부문의 만족도는 서비스 품질 부문들보다 낮다고 이해할 수 있으며 서비스 쇼핑 체험 점수의 평균은

$\frac{3.48+3.37+3.45+3.33}{4} = 3.41$이다.

오답분석

① 주어진 자료에서 단위를 살펴보면 5점 만점으로 조사되었음을 알 수 있으며, 종합만족도의 평균은 $\frac{3.72+3.53+3.64+3.56}{4} = 3.61$이다. 업체별로는 A마트 → C마트 → D마트 → B마트 순서로 종합만족도가 낮아짐을 알 수 있다.

② 대형마트 인터넷 / 모바일쇼핑 소비자 만족도 자료에서 마트별 인터넷·모바일쇼핑 만족도의 차를 구해보면 A마트 0.07점, B마트·C마트 0.03점, D마트 0.05점으로 A마트가 가장 크다.

③ 평균적으로 고객접점직원 서비스보다는 고객관리 서비스가 더 낮게 평가되었다.

⑤ 모바일쇼핑 만족도는 평균 3.845이며, 인터넷쇼핑은 평균 3.80이다. 따라서 모바일쇼핑이 평균 0.045점 높게 평가되었다고 이해하는 것이 올바르다.

26 정답 ⑤

보전관리지역 지가변동률 대비 농림지역 지가변동률의 비율은 경기도가 $\frac{3.04}{2.1} \times 100 = 144.8\%$, 강원도가 $\frac{2.49}{1.23} \times 100 = 202.4\%$로 강원도가 더 높다.

오답분석

① 부산광역시의 경우 전년 대비 공업지역의 지가는 감소하였으나, 농림지역 지가는 변동이 없었다.

② 전라북도 상업지역의 지가변동률은 충청북도 주거지역의 지가변동률보다 $\frac{1.83-1.64}{1.64} \times 100 = 12\%$ 더 높다.

③ 대구광역시 공업지역의 지가변동률과 경상남도 보전관리지역의 지가변동률 차이는 $|-0.97-1.77|=2.74$%p이다.

④ 경기도의 경우, 전국 평균 지가변동률인 3.14%보다 평균 지가변동률이 3.23%로 더 높지만, 주거지역 지가변동률은 3.47%로 전국 평균인 3.53%보다 낮다.

27   정답 ④

ㄱ. 초등학생의 경우 남자의 스마트폰 중독비율이 33.35%로 29.58%인 여자보다 높은 것을 알 수 있지만, 중고생의 경우 남자의 스마트폰 중독비율이 32.71%로 32.72%인 여자보다 0.01%p가 낮다.

ㄷ. 대도시에 사는 초등학생 수를 a, 중고생 수를 b, 전체 인원은 $a+b$로 가정하면, 대도시에 사는 학생 중 스마트폰 중독 인원에 관한 방정식은 다음과 같다.

$30.80\% \times a + 32.40\% \times b = 31.95\% \times (a+b) \rightarrow 1.15 \times a = 0.45 \times b \rightarrow b ≒ 2.6a$

따라서 대도시에 사는 중고생 수 b가 초등학생 수 a보다 2.6배 많다.

ㄹ. 초등학생의 경우 기초수급가구의 경우 스마트폰 중독비율이 30.35%로, 31.56%인 일반 가구의 경우보다 스마트폰 중독 비율이 낮다. 중고생의 경우에도 기초수급가구의 경우 스마트폰 중독비율이 31.05%로, 32.81%인 일반가구의 경우보다 스마트폰 중독 비율이 낮다.

오답분석

ㄴ. 한부모·조손 가족의 스마트폰 중독 비율은 초등학생의 경우가 28.83%로, 31.79%인 중고생보다 낮다.

28   정답 ①

청바지와의 괴리율 차이는 37.2%p이고, 운동복의 괴리율 차이는 40%p로 운동복의 괴리율 차이가 더 크다.

오답분석

② 할인가 판매제품 수가 정상가 판매제품 수보다 많은 품목은 세탁기, 유선전화기, 기성신사복, 진공청소기, 가스레인지, 무선전화기, 오디오세트, 정수기로 총 8개이다.

③ 할인가 판매제품 수와 정상가 판매제품 수의 차이가 가장 큰 품목은 라면으로, 30개 차이가 난다.

④ 괴리율이 클수록 권장소비자가격과 판매가격(정상가격 또는 할인가격)의 차이가 큰 것이다.

⑤ 할인가 판매 시 괴리율이 40%가 넘는 품목은 운동복과 청바지 2개이다.

29   정답 ④

2019년 소포우편 분야의 2015년 대비 매출액 증가율은 $\frac{5,017-3,390}{3,390} \times 100 ≒ 48.0\%$이므로 옳지 않은 설명이다.

오답분석

① 매년 매출액이 가장 높은 분야는 일반통상 분야인 것을 확인할 수 있다.

② 일반통상 분야의 매출액은 2016년, 2017년, 2019년, 특수통상 분야의 매출액은 2018년, 2019년에 감소했고, 소포우편 분야는 매년 매출액이 꾸준히 증가한다.

③ 2019년 1분기 특수통상 분야의 매출액이 차지하고 있는 비율은 $\frac{1,406}{5,354} \times 100 ≒ 26.3\%$이므로 20% 이상이다.

⑤ 2018년에는 일반통상 분야의 매출액이 전체의 $\frac{11,107}{21,722} \times 100 ≒ 51.1\%$이므로 옳은 설명이다.

30   정답 ④

2016년부터 2018년까지 경기 수가 꾸준히 증가하는 스포츠는 배구와 축구 종목이다.

오답분석

① 2016년 농구의 전년 대비 경기 수 감소율은 $\frac{413-403}{413} \times 100 ≒ 2.4\%$이며, 2019년 전년 대비 경기 수 증가율은 $\frac{410-403}{403} \times 100 ≒ 1.7\%$이다. 따라서 2016년 전년 대비 경기 수 감소율이 더 높다.

② 2015년 농구와 배구의 경기 수 차이는 $413-226=187$회이고, 야구와 축구의 경기 수 차이는 $432-228=204$회이다. 따라서 $\frac{187}{204} \times 100 ≒ 91.7\%$이므로 90% 이상이다.

③ 5년 동안의 야구와 축구의 경기 수 평균은 다음과 같다.

- 야구 : $\dfrac{432+442+425+433+432}{5}=432.8$회 　　　　　　 ・ 축구 : $\dfrac{228+230+231+233+233}{5}=231.0$회

따라서 야구 평균 경기 수는 축구 평균 경기 수의 약 $1.87\left(\dfrac{432.8}{231.0}≒1.87\right)$배로 2배 이하이다.

⑤ 2019년 경기 수가 5년 동안의 각 종목별 평균 경기 수보다 적은 스포츠는 야구$\left(\dfrac{432+442+425+433+432}{5}=432.8$회$\right)$이다.

31　정답 ④

행낭 배송 운행속도는 시속 60km로 일정하므로 A지점에서 G지점까지의 최단거리를 구한 뒤 소요시간을 구하면 된다. 우선 배송 요청에 따라 지점 간의 순서를 변경하거나 생략할 수 있으므로 거치는 지점을 최소화하여야 한다. 앞서 언급한 조건들을 고려하여 구한 최단거리는 다음과 같다.
A → B → D → G ⇒ 6+2+8=16km ⇒ 16분(∵ 60km/h=1km/min)
따라서 대출신청 서류가 A지점에 다시 도착할 최소시간은 16분(∵ A → G)+30분(∵ 작성)+16분(∵ G → A)=1시간 2분이다.

32　정답 ⑤

가장 높은 등급을 1등급, 가장 낮은 등급을 5등급이라 하면 네 번째 조건에 의해 A는 3등급을 받는다. 또한, 첫 번째 조건에 의해 E는 4등급 또는 5등급이다. 이때 두 번째 조건에 의해 C가 5등급, E가 4등급을 받고 세 번째 조건에 의해 B는 1등급, D는 2등급을 받는다. 심폐기능 등급이 좋은 환자 순서로 나열하면 B>D>A>E>C이다. 따라서 발송 대상자는 C와 E이다.

33　정답 ①

각각의 조건을 수식으로 비교해 보면 다음과 같다.
A>B, D>C, F>E>A, E>B>D
∴ F>E>A>B>D>C

34　정답 ④

라벨지와 1단 받침대, 블루투스 마우스를 차례대로 계산하면 $18,000×2+24,000+27,000×5=195,000$원이다. 그리고 블루투스 마우스를 3개 이상 구매 시 건전지 3SET를 무료 증정하기 때문에 AAA건전지는 2SET만 더 구매하면 된다.
따라서 총금액은 $195,000+4,000×2=203,000$원이다.

35　정답 ②

라벨지는 91mm로 변경 시 각 SET당 5%를 가산하기 때문에 $(18,000×1.05)×4=75,600$원, 3단 받침대는 1단 받침대에 2,000원씩을 추가하므로 $26,000×2=52,000$원이다. 그리고 블루투스 마우스는 $27,000×3=81,000$원이고 마우스 3개 이상 구매 시 AAA건전지 3SET가 사은품으로 오기 때문에 AAA건전지는 따로 주문하지 않는다. 마지막으로 문서수동세단기 36,000원을 더하면 $75,600+52,000+81,000+36,000=244,600$원이다.

36　정답 ②

주어진 자료를 토대로 민원처리 시점을 구하면 다음과 같다.
- A씨는 4/29(금)에 '부동산중개사무소 등록'을 접수하였고 민원처리기간은 7일이다. 민원사무처리기간이 6일 이상일 경우, 초일을 산입하고 '일' 단위로 계산하되 토요일은 포함하고 공휴일은 포함하지 않는다. 따라서 민원사무처리가 완료되는 시점은 5/9(월)이다.
- B씨는 4/29(금)에 '토지거래계약허가'를 접수하였고 민원처리기간은 15일이다. 민원사무처리기간이 6일 이상일 경우, 초일을 산입하고 '일' 단위로 계산하되 토요일은 포함하고 공휴일은 포함하지 않는다. 따라서 민원사무처리가 완료되는 시점은 5/19(목)이다.
- C씨는 4/29(금)에 '등록사항 정정'을 접수하였고 민원처리기간은 3일이다. 민원사무처리기간이 5일 이하일 경우, '시간' 단위로 계산하되 토요일과 공휴일은 포함하지 않는다. 따라서 민원사무처리가 완료되는 시점은 5/4(수) 14시이다.

37 정답 ④

(1) (나), (바) 조건에 의해, 지원은 화요일과 목요일에는 근무할 수 없다. 또한 기태는 월요일에 근무할 수 없다. 조건에 의해 기태는 목요일에 근무하게 된다.

(2) (다), (라), (사) 조건에 의해, 다래, 고은은 월요일에는 근무할 수 없고, 리화는 월요일과 화요일에 근무할 수 없다. 따라서 월요일에는 여자 사원 중 나영이 반드시 근무해야 한다.

(3) (마) 조건에 의해, 남호는 월요일에 근무할 수 없다. 따라서 월요일에 근무할 수 있는 사원은 동수와 지원이다.

따라서 고은이 화요일에 근무하게 될 경우 다래는 수요일 혹은 목요일에 근무할 수 있다. 다래가 수요일에 근무할 경우, 목요일에는 리화가 근무하게 되고, (다) 조건에 의해 동수가 화요일에 근무하게 되므로 남호는 수요일에, 지원은 월요일에 근무하게 된다.

오답분석

① 고은이 수요일에 근무한다면, (사) 조건에 의해 리화는 목요일에 근무하게 된다. 따라서 기태와 리화는 함께 근무하게 된다.

③ 리화가 수요일에 근무하게 되면 고은은 화요일에 근무하게 되고 다래는 목요일에 근무하게 된다. 따라서 동수는 수요일에 근무하게 된다. 이때 (바) 조건에 의해 지원은 월요일에 근무하게 되므로 남호는 화요일에 근무하게 된다.

⑤ 지원이 수요일에 근무하게 되면 (마) 조건에 의해 남호는 화요일, 동수는 월요일에 근무하게 된다. 그러면 (다) 조건에 의해 다래는 화요일, (사) 조건에 의해 고은이는 수요일, 리화는 목요일에 근무하게 된다.

38 정답 ①

〈조건〉에 따르면 김 씨는 남매끼리 서로 인접하여 앉을 수 없으며, 박 씨와도 인접하여 앉을 수 없으므로 김 씨 여성은 왼쪽에서 첫 번째 자리에만 앉을 수 있다. 또한, 박 씨 남성 역시 김 씨와 인접하여 앉을 수 없으므로 왼쪽에서 네 번째 자리에만 앉을 수 있다. 나머지 자리는 최 씨 남매가 모두 앉을 수 있으므로 6명이 앉을 수 있는 경우는 다음과 같다.

1) 경우 1

김 씨 여성	최 씨 여성	박 씨 여성	박 씨 남성	최 씨 남성	김 씨 남성

2) 경우 2

김 씨 여성	최 씨 남성	박 씨 여성	박 씨 남성	최 씨 여성	김 씨 남성

경우 1과 경우 2 모두 최 씨 남매는 왼쪽에서 첫 번째 자리에 앉을 수 없다.

39 정답 ⑤

〈조건〉에 따르면 과장은 회색 코트를 입고, 연구팀 직원은 갈색 코트를 입었으므로 가장 낮은 직급인 기획팀의 C사원은 검은색 코트를 입었음을 알 수 있다. 이때, 과장이 속한 팀은 디자인팀이며, 연구팀 직원의 직급은 대리임을 알 수 있지만, 각각 디자인팀의 과장과 연구팀의 대리가 A, B 중 누구인지는 알 수 없다. 따라서 항상 옳은 것은 ⑤이다.

40 정답 ④

부속서 I에 해당하는 국가는 온실가스 배출량을 1990년 수준으로 감축하기 위해 노력하지만 강제성을 부여하지는 않기에 벌금은 없다.

41 정답 ⑤

오답분석

① 새 문서
② 쪽 번호 매기기
③ 저장하기
④ 인쇄하기

PART 2

42 정답 ③

디지털 컴퓨터와 아날로그 컴퓨터의 비교

구분	디지털 컴퓨터	아날로그 컴퓨터
입력형태	숫자, 문자	전류, 전압, 온도
출력형태	숫자, 문자	곡선, 그래프
연산형식	산술, 논리 연산	미적분 연산
구성회로	논리 회로	증폭 회로
연산속도	느림	빠름
정밀도	필요 한도까지	제한적임
기억기능	기억이 용이하며 반영구적	기억에 제약이 있음
사용분야	범용	특수 목적용

43 정답 ①

시나리오 관리자에 대한 설명이다.

오답분석

② 목표값 찾기 : 수식의 결괏값은 알고 있지만 그 결괏값을 계산하기 위한 입력값을 모를 때, 입력값을 찾기 위해 사용
③ 부분합 : 전체 데이터를 부분(그룹)으로 분류하여 분석
④ 통합 : 동일시트나 다른 여러 시트에 입력된 데이터들을 일정한 기준에 의해 합쳐서 계산
⑤ 데이터 표 : 특정 값의 변화에 따른 결괏값의 변화 과정을 표로 표시

44 정답 ⑤

• COUNTIF : 지정한 범위 내에서 조건에 맞는 셀의 개수를 구한다.
• 함수식 : =COUNTIF(D3:D10, "＞＝2019-07-01")

오답분석

① COUNT : 범위에서 숫자가 포함된 셀의 개수를 구한다.
② COUNTA : 범위가 비어 있지 않은 셀의 개수를 구한다.
③ SUMIF : 주어진 조건에 의해 지정된 셀들의 합을 구한다.
④ MATCH : 배열에서 지정된 순서상의 지정된 값에 일치하는 항목의 상대 위치 값을 찾는다.

45 정답 ③

오답분석

①・② AND 함수는 인수의 모든 조건이 참(TRUE)일 경우에 성별을 구분하여 표시할 수 있으므로 적절하지 않다.
④ 함수식에서 "남자"와 "여자"가 바뀌었다.
⑤ 함수식에서 "2"와 "3"이 아니라, "1"과 "3"이 들어가야 한다.

46 정답 ②

데이터 입력한 다음 채우기 핸들을 해서 입력하는 경우

1. 숫자 데이터를 입력한 경우
   - 숫자 데이터 입력 후에 그냥 채우기 핸들을 하면 똑같은 데이터가 복사된다.
   - 숫자 데이터 입력 후에 〈Ctrl〉키를 누른 채로 채우기 핸들을 하면 하나씩 증가한다.
2. 문자 데이터를 입력한 경우
   - 문자 데이터를 입력한 뒤에 채우기 핸들을 하면 똑같은 데이터가 복사된다.
3. 문자+숫자 혼합하여 입력한 경우
   - 문자+숫자를 혼합하여 입력한 경우 채우기 핸들을 하면 문자는 복사되고 숫자가 하나씩 증가한다.
   - 문자+숫자를 혼합하여 입력한 후에 〈Ctrl〉키를 누른 채로 채우기 핸들을 하면 똑같은 데이터가 복사된다.
   - 숫자가 2개 이상 섞여 있을 경우에는 마지막 숫자만 하나씩 증가한다.
4. 날짜 / 시간 데이터
   - 날짜를 입력한 후에 채우기 핸들을 하면 1일 단위로 증가한다.
   - 시간을 입력한 후에 채우기 핸들을 하면 1시간 단위로 증가한다.

47 정답 ③

피벗 테이블은 대화형 테이블의 일종으로 데이터의 나열 형태에 따라서 집계나 카운트 등의 계산을 하는 기능을 가지고 있어 방대한 양의 납품 자료를 요약해서 한눈에 파악할 수 있는 형태로 만드는 데 적절하다.

48 정답 ①

오답분석

② 한 번 복사하거나 잘라낸 내용은 다른 것을 복사하거나 잘라내기 전까지 계속 붙이기를 할 수 있다.
③ 복사와 잘라내기한 내용은 클립보드(Clipboard)에 보관된다.
④ 복사는 문서의 분량에 변화를 주지 않지만, 잘라내기는 문서의 분량을 줄인다.
⑤ 〈Ctrl〉+〈X〉는 잘라내기, 〈Ctrl〉+〈C〉는 복사하기의 단축키이다.

49 정답 ③

백업은 원본이 손상되거나 잃어버릴 경우를 대비해 복사본을 만드는 과정으로 바이러스 감염과는 상관이 없다.

50 정답 ②

비프음이 길게 1번, 짧게 1번 울릴 때는 메인보드의 오류이므로 메인보드를 교체하거나 A/S 점검을 해야 한다.

NCS 직업기초능력평가 답안카드

성명

지원분야

문제지 형별기재란

형 ( )

ⓐ
ⓑ

수험번호

	⓪	①	②	③	④	⑤	⑥	⑦	⑧	⑨
	⓪	①	②	③	④	⑤	⑥	⑦	⑧	⑨
	⓪	①	②	③	④	⑤	⑥	⑦	⑧	⑨
	⓪	①	②	③	④	⑤	⑥	⑦	⑧	⑨
	⓪	①	②	③	④	⑤	⑥	⑦	⑧	⑨
	⓪	①	②	③	④	⑤	⑥	⑦	⑧	⑨
	⓪	①	②	③	④	⑤	⑥	⑦	⑧	⑨

감독위원 확인

(인)

문번	1	2	3	4	5		문번	1	2	3	4	5
1	①	②	③	④	⑤		21	①	②	③	④	⑤
2	①	②	③	④	⑤		22	①	②	③	④	⑤
3	①	②	③	④	⑤		23	①	②	③	④	⑤
4	①	②	③	④	⑤		24	①	②	③	④	⑤
5	①	②	③	④	⑤		25	①	②	③	④	⑤
6	①	②	③	④	⑤		26	①	②	③	④	⑤
7	①	②	③	④	⑤		27	①	②	③	④	⑤
8	①	②	③	④	⑤		28	①	②	③	④	⑤
9	①	②	③	④	⑤		29	①	②	③	④	⑤
10	①	②	③	④	⑤		30	①	②	③	④	⑤
11	①	②	③	④	⑤		31	①	②	③	④	⑤
12	①	②	③	④	⑤		32	①	②	③	④	⑤
13	①	②	③	④	⑤		33	①	②	③	④	⑤
14	①	②	③	④	⑤		34	①	②	③	④	⑤
15	①	②	③	④	⑤		35	①	②	③	④	⑤
16	①	②	③	④	⑤		36	①	②	③	④	⑤
17	①	②	③	④	⑤		37	①	②	③	④	⑤
18	①	②	③	④	⑤		38	①	②	③	④	⑤
19	①	②	③	④	⑤		39	①	②	③	④	⑤
20	①	②	③	④	⑤		40	①	②	③	④	⑤

문번	1	2	3	4	5
41	①	②	③	④	⑤
42	①	②	③	④	⑤
43	①	②	③	④	⑤
44	①	②	③	④	⑤
45	①	②	③	④	⑤
46	①	②	③	④	⑤
47	①	②	③	④	⑤
48	①	②	③	④	⑤
49	①	②	③	④	⑤
50	①	②	③	④	⑤

※ 본 답안지는 마킹연습용 모의 답안지입니다.

NCS 직업기초능력평가 답안카드

성 명	

지원분야	

문제지 형별기재란	Ⓐ
(형)	Ⓑ

수 험 번 호

0	1	2	3	4	5	6	7	8	9
0	1	2	3	4	5	6	7	8	9
0	1	2	3	4	5	6	7	8	9
0	1	2	3	4	5	6	7	8	9
0	1	2	3	4	5	6	7	8	9
0	1	2	3	4	5	6	7	8	9
0	1	2	3	4	5	6	7	8	9

감독위원 확인	
㉑	

번호	①	②	③	④	⑤		번호	①	②	③	④	⑤		번호	①	②	③	④	⑤
1	①	②	③	④	⑤		21	①	②	③	④	⑤		41	①	②	③	④	⑤
2	①	②	③	④	⑤		22	①	②	③	④	⑤		42	①	②	③	④	⑤
3	①	②	③	④	⑤		23	①	②	③	④	⑤		43	①	②	③	④	⑤
4	①	②	③	④	⑤		24	①	②	③	④	⑤		44	①	②	③	④	⑤
5	①	②	③	④	⑤		25	①	②	③	④	⑤		45	①	②	③	④	⑤
6	①	②	③	④	⑤		26	①	②	③	④	⑤		46	①	②	③	④	⑤
7	①	②	③	④	⑤		27	①	②	③	④	⑤		47	①	②	③	④	⑤
8	①	②	③	④	⑤		28	①	②	③	④	⑤		48	①	②	③	④	⑤
9	①	②	③	④	⑤		29	①	②	③	④	⑤		49	①	②	③	④	⑤
10	①	②	③	④	⑤		30	①	②	③	④	⑤		50	①	②	③	④	⑤
11	①	②	③	④	⑤		31	①	②	③	④	⑤							
12	①	②	③	④	⑤		32	①	②	③	④	⑤							
13	①	②	③	④	⑤		33	①	②	③	④	⑤							
14	①	②	③	④	⑤		34	①	②	③	④	⑤							
15	①	②	③	④	⑤		35	①	②	③	④	⑤							
16	①	②	③	④	⑤		36	①	②	③	④	⑤							
17	①	②	③	④	⑤		37	①	②	③	④	⑤							
18	①	②	③	④	⑤		38	①	②	③	④	⑤							
19	①	②	③	④	⑤		39	①	②	③	④	⑤							
20	①	②	③	④	⑤		40	①	②	③	④	⑤							

※ 본 답안지는 마킹연습용 모의 답안지입니다.

성 명

지원분야

문제지 형별기재란

( )형 Ⓐ Ⓑ

수험번호

	⓪ ① ② ③ ④ ⑤ ⑥ ⑦ ⑧ ⑨
	⓪ ① ② ③ ④ ⑤ ⑥ ⑦ ⑧ ⑨
	⓪ ① ② ③ ④ ⑤ ⑥ ⑦ ⑧ ⑨
	⓪ ① ② ③ ④ ⑤ ⑥ ⑦ ⑧ ⑨
	⓪ ① ② ③ ④ ⑤ ⑥ ⑦ ⑧ ⑨
	⓪ ① ② ③ ④ ⑤ ⑥ ⑦ ⑧ ⑨
	⓪ ① ② ③ ④ ⑤ ⑥ ⑦ ⑧ ⑨

감독위원 확인

(인)

1	① ② ③ ④ ⑤	21	① ② ③ ④ ⑤	41	① ② ③ ④ ⑤
2	① ② ③ ④ ⑤	22	① ② ③ ④ ⑤	42	① ② ③ ④ ⑤
3	① ② ③ ④ ⑤	23	① ② ③ ④ ⑤	43	① ② ③ ④ ⑤
4	① ② ③ ④ ⑤	24	① ② ③ ④ ⑤	44	① ② ③ ④ ⑤
5	① ② ③ ④ ⑤	25	① ② ③ ④ ⑤	45	① ② ③ ④ ⑤
6	① ② ③ ④ ⑤	26	① ② ③ ④ ⑤	46	① ② ③ ④ ⑤
7	① ② ③ ④ ⑤	27	① ② ③ ④ ⑤	47	① ② ③ ④ ⑤
8	① ② ③ ④ ⑤	28	① ② ③ ④ ⑤	48	① ② ③ ④ ⑤
9	① ② ③ ④ ⑤	29	① ② ③ ④ ⑤	49	① ② ③ ④ ⑤
10	① ② ③ ④ ⑤	30	① ② ③ ④ ⑤	50	① ② ③ ④ ⑤
11	① ② ③ ④ ⑤	31	① ② ③ ④ ⑤		
12	① ② ③ ④ ⑤	32	① ② ③ ④ ⑤		
13	① ② ③ ④ ⑤	33	① ② ③ ④ ⑤		
14	① ② ③ ④ ⑤	34	① ② ③ ④ ⑤		
15	① ② ③ ④ ⑤	35	① ② ③ ④ ⑤		
16	① ② ③ ④ ⑤	36	① ② ③ ④ ⑤		
17	① ② ③ ④ ⑤	37	① ② ③ ④ ⑤		
18	① ② ③ ④ ⑤	38	① ② ③ ④ ⑤		
19	① ② ③ ④ ⑤	39	① ② ③ ④ ⑤		
20	① ② ③ ④ ⑤	40	① ② ③ ④ ⑤		

※ 본 답안지는 마킹연습용 모의 답안지입니다.

NCS 직업기초능력평가 답안카드

※ 본 답안지는 마킹연습용 모의 답안지입니다.

성 명	

지원 분야	

문제지 형별기재란	( )형	Ⓐ Ⓑ

수험번호	

| 0 1 2 3 4 5 6 7 8 9 |
| 0 1 2 3 4 5 6 7 8 9 |
| 0 1 2 3 4 5 6 7 8 9 |
| 0 1 2 3 4 5 6 7 8 9 |
| 0 1 2 3 4 5 6 7 8 9 |
| 0 1 2 3 4 5 6 7 8 9 |
| 0 1 2 3 4 5 6 7 8 9 |

감독위원 확인	(인)

번호	①	②	③	④	⑤	번호	①	②	③	④	⑤	번호	①	②	③	④	⑤
1	①	②	③	④	⑤	21	①	②	③	④	⑤	41	①	②	③	④	⑤
2	①	②	③	④	⑤	22	①	②	③	④	⑤	42	①	②	③	④	⑤
3	①	②	③	④	⑤	23	①	②	③	④	⑤	43	①	②	③	④	⑤
4	①	②	③	④	⑤	24	①	②	③	④	⑤	44	①	②	③	④	⑤
5	①	②	③	④	⑤	25	①	②	③	④	⑤	45	①	②	③	④	⑤
6	①	②	③	④	⑤	26	①	②	③	④	⑤	46	①	②	③	④	⑤
7	①	②	③	④	⑤	27	①	②	③	④	⑤	47	①	②	③	④	⑤
8	①	②	③	④	⑤	28	①	②	③	④	⑤	48	①	②	③	④	⑤
9	①	②	③	④	⑤	29	①	②	③	④	⑤	49	①	②	③	④	⑤
10	①	②	③	④	⑤	30	①	②	③	④	⑤	50	①	②	③	④	⑤
11	①	②	③	④	⑤	31	①	②	③	④	⑤						
12	①	②	③	④	⑤	32	①	②	③	④	⑤						
13	①	②	③	④	⑤	33	①	②	③	④	⑤						
14	①	②	③	④	⑤	34	①	②	③	④	⑤						
15	①	②	③	④	⑤	35	①	②	③	④	⑤						
16	①	②	③	④	⑤	36	①	②	③	④	⑤						
17	①	②	③	④	⑤	37	①	②	③	④	⑤						
18	①	②	③	④	⑤	38	①	②	③	④	⑤						
19	①	②	③	④	⑤	39	①	②	③	④	⑤						
20	①	②	③	④	⑤	40	①	②	③	④	⑤						

성 명

지원분야

문제지 형별기재란

( )형 Ⓐ Ⓑ

수험번호

감독위원 확인

(인)

NCS 직업기초능력평가 답안카드

문항	①	②	③	④	⑤	문항	①	②	③	④	⑤	문항	①	②	③	④	⑤
1	①	②	③	④	⑤	21	①	②	③	④	⑤	41	①	②	③	④	⑤
2	①	②	③	④	⑤	22	①	②	③	④	⑤	42	①	②	③	④	⑤
3	①	②	③	④	⑤	23	①	②	③	④	⑤	43	①	②	③	④	⑤
4	①	②	③	④	⑤	24	①	②	③	④	⑤	44	①	②	③	④	⑤
5	①	②	③	④	⑤	25	①	②	③	④	⑤	45	①	②	③	④	⑤
6	①	②	③	④	⑤	26	①	②	③	④	⑤	46	①	②	③	④	⑤
7	①	②	③	④	⑤	27	①	②	③	④	⑤	47	①	②	③	④	⑤
8	①	②	③	④	⑤	28	①	②	③	④	⑤	48	①	②	③	④	⑤
9	①	②	③	④	⑤	29	①	②	③	④	⑤	49	①	②	③	④	⑤
10	①	②	③	④	⑤	30	①	②	③	④	⑤	50	①	②	③	④	⑤
11	①	②	③	④	⑤	31	①	②	③	④	⑤						
12	①	②	③	④	⑤	32	①	②	③	④	⑤						
13	①	②	③	④	⑤	33	①	②	③	④	⑤						
14	①	②	③	④	⑤	34	①	②	③	④	⑤						
15	①	②	③	④	⑤	35	①	②	③	④	⑤						
16	①	②	③	④	⑤	36	①	②	③	④	⑤						
17	①	②	③	④	⑤	37	①	②	③	④	⑤						
18	①	②	③	④	⑤	38	①	②	③	④	⑤						
19	①	②	③	④	⑤	39	①	②	③	④	⑤						
20	①	②	③	④	⑤	40	①	②	③	④	⑤						

수험번호 칸: ⓪ ① ② ③ ④ ⑤ ⑥ ⑦ ⑧ ⑨

※ 본 답안지는 마킹연습용 모의 답안지입니다.

NCS 직업기초능력평가 답안카드

※ 본 답안지는 마킹연습용 모의 답안지입니다.

번호	1	2	3	4	5
1	①	②	③	④	⑤
2	①	②	③	④	⑤
3	①	②	③	④	⑤
4	①	②	③	④	⑤
5	①	②	③	④	⑤
6	①	②	③	④	⑤
7	①	②	③	④	⑤
8	①	②	③	④	⑤
9	①	②	③	④	⑤
10	①	②	③	④	⑤
11	①	②	③	④	⑤
12	①	②	③	④	⑤
13	①	②	③	④	⑤
14	①	②	③	④	⑤
15	①	②	③	④	⑤
16	①	②	③	④	⑤
17	①	②	③	④	⑤
18	①	②	③	④	⑤
19	①	②	③	④	⑤
20	①	②	③	④	⑤
21	①	②	③	④	⑤
22	①	②	③	④	⑤
23	①	②	③	④	⑤
24	①	②	③	④	⑤
25	①	②	③	④	⑤
26	①	②	③	④	⑤
27	①	②	③	④	⑤
28	①	②	③	④	⑤
29	①	②	③	④	⑤
30	①	②	③	④	⑤
31	①	②	③	④	⑤
32	①	②	③	④	⑤
33	①	②	③	④	⑤
34	①	②	③	④	⑤
35	①	②	③	④	⑤
36	①	②	③	④	⑤
37	①	②	③	④	⑤
38	①	②	③	④	⑤
39	①	②	③	④	⑤
40	①	②	③	④	⑤
41	①	②	③	④	⑤
42	①	②	③	④	⑤
43	①	②	③	④	⑤
44	①	②	③	④	⑤
45	①	②	③	④	⑤
46	①	②	③	④	⑤
47	①	②	③	④	⑤
48	①	②	③	④	⑤
49	①	②	③	④	⑤
50	①	②	③	④	⑤

성 명

지원분야

문제지 형별기재란

( )형 Ⓐ Ⓑ

수험번호

⓪ ① ② ③ ④ ⑤ ⑥ ⑦ ⑧ ⑨

감독위원 확인

(인)

좋은 책을 만드는 길
독자님과 함께하겠습니다.

도서나 동영상에 궁금한 점, 아쉬운 점, 만족스러운 점이
있으시다면 어떤 의견이라도 말씀해 주세요.
시대고시기획은 독자님의 의견을 모아 더 좋은 책으로 보답하겠습니다.

www.sidaegosi.com

2020 최신판 한국시설안전공단 NCS 기출예상문제 + 실전모의고사 4회

초 판 발 행	2020년 05월 30일 (인쇄 2020년 05월 11일)
발 행 인	박영일
책 임 편 집	이해욱
편 저	NCS직무능력연구소
편 집 진 행	문성준 · 이민지
표지디자인	안병용
편집디자인	배선화 · 곽은슬
발 행 처	(주)시대고시기획
출 판 등 록	제10-1521호
주 소	서울시 마포구 큰우물로 75 [도화동 538 성지B/D] 9F
전 화	1600-3600
팩 스	02-701-8823
홈 페 이 지	www.sidaegosi.com
I S B N	979-11-254-7263-6 (13320)
정 가	20,000원

※ 이 책은 저작권법의 보호를 받는 저작물이므로 동영상 제작 및 무단전재와 배포를 금합니다.
※ 잘못된 책은 구입하신 서점에서 바꾸어 드립니다.

한국시설
안전공단
NCS 기출예상문제 + 실전모의고사 4회

한국시설
안전공단

NCS 기출예상문제 + 실전모의고사 4회

㈜시대고시기획
시대교육㈜

시험정보·자료실·이벤트
합격을 위한 최고의 선택

www.sidaegosi.com

시대에듀

자격증·공무원·취업까지
BEST 온라인 강의 제공

www.sdedu.co.kr

이슈&상식

한 달간의 주요 시사이슈
면접·자소서 등 취업 정보

매달 25일 발간

취미·실용·요리·예술·IT
생활 밀착형 활용서 개발

실용서 전문 브랜드

한국환경공단

부산환경공단

LX한국국토정보공사

SR 에스알 수서고속철도

신용보증기금&
기술보증기금

도로교통공단

TS한국교통안전공단

근로복지공단

해양환경공단
최종모의고사

한국철도시설공단
봉투모의고사

한국전기안전공사

한국지역난방공사

한국마사회

한국도로공사

강원랜드

NCS 발전회사 통합편

NCS 항만공사 통합편

NCS 의사소통능력
합격노트

NCS 수리능력 합격노트

NCS 문제해결능력/자원
관리능력 합격노트

PSAT 기출plus NCS
고득점 300제

공기업 NCS
기출문제 + 모의고사

NCS
최신기출분석집

NCS
기출동형모의고사

NCS 최신기출분석집
고졸&무기계약직

※ 도서의 이미지는 변경될 수 있습니다.

㈜시대고시기획

공사 · 공단 NCS 시리즈

합격으로 향하는 완벽한 길! ㈜시대고시기획과 함께라면 문제 없습니다.

시대에듀

시대북 통합서비스 앱 안내

연간 1,500여 종의 수험서와 실용서를 출간하는 시대고시기획, 시대교육, 시대인에서
출간 도서 구매 고객에 대하여 도서와 관련한 "실시간 푸시 알림" 앱 서비스를 개시합니다.

이제 시험정보와 함께 도서와 관련한 다양한 서비스를
스마트폰에서 실시간으로 받을 수 있습니다.

⑦ 사용방법 안내

1. 메인 및 설정화면

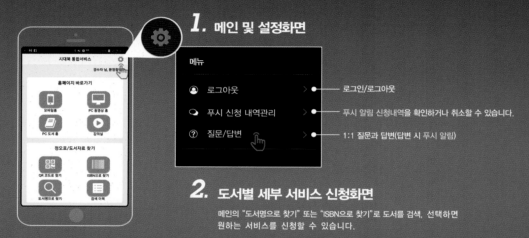

메뉴		
로그아웃	>	로그인/로그아웃
푸시 신청 내역관리	>	푸시 알림 신청내역을 확인하거나 취소할 수 있습니다.
질문/답변	>	1:1 질문과 답변(답변 시 푸시 알림)

2. 도서별 세부 서비스 신청화면

메인의 "도서명으로 찾기" 또는 "ISBN으로 찾기"로 도서를 검색, 선택하면
원하는 서비스를 신청할 수 있습니다.

| 제공 서비스 |

- 최신 이슈&상식 : 최신 이슈와 상식(주 1회)
- 뉴스로 배우는 필수 한자성어 : 시사 뉴스로 배우기 쉬운 한자성어(주 1회)
- 정오표 : 수험서 관련 정오 자료 업로드 시
- MP3 파일 : 어학 및 강의 관련 MP3 파일 업로드 시
- 시험일정 : 수험서 관련 시험 일정이 공고되고 게시될 때
- 기출문제 : 수험서 관련 기출문제가 게시될 때
- 도서업데이트 : 도서 부가 자료가 파일로 제공되어 게시될 때
- 개정법령 : 수험서 관련 법령이 개정되어 게시될 때
- 동영상강의 : 도서와 관련한 동영상강의 제공, 변경 정보가 발생한 경우

* 향후 서비스 자동 알림 신청 : 추가된 서비스에 대한 알림을 자동으로
발송해 드립니다.

* 질문과 답변 서비스 : 도서와 동영상강의 등에 대한 1:1 고객상담

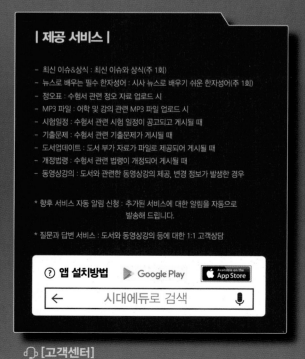

⑦ **앱 설치방법** ▶ Google Play   📱 App Store

← 시대에듀로 검색 🎤

🎧 [고객센터]

1:1문의 http://www.sdedu.co.kr/cs

대표전화 1600-3600

본 앱 및 제공 서비스는 사전 예고 없이 수정, 변경되거나 제외될 수 있고, 푸시 알림 발송의 경우 기기변경이나 앱 권한 설정,
네트워크 및 서비스 상황에 따라 지연, 누락될 수 있으므로 참고하여 주시기 바랍니다.